AF741927

Traité de contentieux administratif du Cameroun

Patrick Edgard ABANE ENGOLO

Traité de contentieux administratif du Cameroun

L'Harmattan

Du même auteur

Les transformations contemporaines du droit public en Afrique, Sous la direction de Magloire Ondoa, Patrick E. Abane Engolo, L'Harmattan, 2018.

Les fondements du droit administratif camerounais, Sous la direction de Magloire Ondoa et Patrick E. Abane Engolo, L'Harmattan, 2016.

5-7, rue de l'Ecole-Polytechnique, 75005 Paris

http://www.editions-harmattan.fr

ISBN : 978-2-343-17053-4
EAN : 9782343170534

SOMMAIRE

ABRÉVIATIONS, SIGLES ET ACRONYMES

ACFRA : Société Assureurs franco-africains

AJDA : Actualité juridique Droit administratif

AJDA : Actualité juridique de Droit administratif

AL : Alinéa

AP : Assemblée plénière

Art. : Article

BULL : Bulletin de la Chambre civile de la Cour de cassation

C. A : Chambre administrative

C. civ : Code civil

C. E : Conseil d'État

C. P. : Code Pénal

C. P. E : Commune de Plein Exercice

C. S : Cour suprême

Cass civ : Cour de Cassation-Chambre Civile

Cass. Soc. : Chambre sociale de la Cour de Cassation

CAY : Chambre administrative, Section de Yaoundé

CC : Conseil Constitutionnel

CCA : Conseil du Contentieux administratif

CE : Conseil d'État

CEFAM : Centre de formation pour l'administration communale

CFJ : Cour fédérale de justice

CFJ : Cour fédérale de Justice

CFJ/CAY : Cour fédérale de justice/Chambre administrative de Yaoundé

CGI : Code général des impôts

Chr. : Chronique

CHRON : Chronique

CIJ : Cour internationale de Justice

CNPS : Caisse Nationale de Prévoyance sociale

CONCL : Conclusion

COR : Cameroun oriental

COR : Cameroun Oriental

Cour. Cass. Crim... : Chambre criminelle de la Cour de cassation

CS : Cour suprême

CS/AP : Assemblée plénière de la Cour suprême

CS/CA : Chambre administrative de la Cour suprême

CUD :Communauté urbaine de Douala

CUY :Communauté urbaine de Yaoundé

D :Dalloz

DDHC : Déclaration des Droits de l'Homme et du Citoyen

DEA : Diplôme d'Études approfondies

DUDH : Déclaration Universelle des Droits de l'Homme et du Citoyen

E.D. : Édition

E. D. C. E. : Études et Documents du Conseil d'État

Éd. : Édition

EDLK. : Les Éditions le Kilimandjaro

ENS : École Normale Supérieure

F. S. J. P. : Faculté des Sciences Juridiques et Politiques

G. A. J. A. : Grands Arrêts de la Jurisprudence Administrative

GAJA : Les grands arrêts de la jurisprudence administrative

Ibid. (*Ibidem*) : Au même endroit

J. C. A. : Jurisclasseur de Droit administratif

J. O. : Journal Officiel

L. G. D. J. : Librairie Générale de Droit et de Jurisprudence

LGDJ : Librairie Générale de Droit et de Jurisprudence

LITEC : Librairies Techniques

MDL : Maréchal des Logis

MINDCAF : Ministère du Cadastre et des Affaires foncières

MINFI : Ministère des Finances

MINFOPRA : Ministère/ministre de la Fonction publique et de la réforme administrative

NEA : Nouvelles Éditions du Cameroun

OAMPI : African and Madagascar Office for Industrial Property

OBS : Observations

OCB : Organisation camerounaise de la banane

Op.cit (*Opus citum*) : Cité plus haut

PUA : Presses Universitaires d'Afrique

PUCAC : Presses de l'Université Catholique d'Afrique Centrale

PUD : Presses Universitaires de Dschang

PUF : Presse Universitaire de France

R. A. : Revue administrative

R. C. D. : Revue camerounaise de Droit

R. D. P : Revue de Droit Public et de Science politique en France et à l'étranger

R. F. D. A. : Revue Française de Droit administratif

R. J. P. I. C. : Revue juridique et politique indépendance et coopération

RADSP : Revue africaine de Droit et de science politique

RASJ : Revue africaine de sciences juridiques

RBSJA : Revue Béninoise de Sciences juridiques et administratives

RDP : Revue de Droit public et de Science politique en France et à l'étranger

Rec. : Recueil

Rev. Adm. : Revue administrative

Rev. Gén. Adm. : Revue Générale de Droit administratif

Rev. Jur. Afr. : Revue juridique Africaine

RJPIC :Revue juridique et Politique indépendance et coopération

S :Sirey

S. : Revue Sirey

SCB : Société camerounaise de Banque

SCOA : Société Commerciale de l'Ouest Africain

SGFPE : Statut général de la fonction publique de l'État

SMIG : Salaire minimum interprofessionnel garanti

SPIC : Service Public à caractère Industriel et Commercial

T. : Tome

T. C. : Tribunal des Conflits

T. E. :Tribunal d'État

TA : Tribunal administratif

TA/YDE : Tribunal administratif de Yaoundé

TC : Tribunal des Conflits

TGI : Tribunal de Grande Instance

TGI :Tribunal de Grande Instance

Th. : Thèse

UY : Université de Yaoundé

V. : Voir

INTRODUCTION GÉNÉRALE :

LE DROIT ADMINISTRATIF ET L'AFRIQUE

Existe-t-il un Droit administratif de l'Afrique ? L'interrogation est porteuse en ce sens qu'instinctivement, les enseignants, tout comme les étudiants, évoquent le Droit administratif africain.

Si la réponse à donner d'avance est négative, il s'avère que de nombreux facteurs agrègent les Droits administratifs en Afrique. Du point de vue de sa naissance, le Droit administratif est « découvert » en Afrique à l'occasion de la présence coloniale de la France dans ce continent. Il est donc à constater qu'avant cet instant de l'histoire africaine, le Droit administratif, pris comme ensemble de règles spéciales organisant et régissant aussi bien l'administration interne que les questions de Droit extérieures, n'existait pas.

À la vérité, cette matière juridique se greffe au système romano-germanique. C'est alors que les États africains ayant connu la domination portugaise, espagnole ou belge et plus encore française (comme le Cameroun) ont « subi » cette influence juridique. Pour prendre le cas du Cameroun, il a d'abord été par le traité germano-douala sous le protectorat allemand, mais le Droit administratif n'y a pas été implanté parce que peut-être, les intérêts et l'idéologie allemande déclinés dans le traité, ainsi que le temps qu'a duré cette collaboration ne l'a pas permis. Par ailleurs, il demeure inscrit dans les annales que c'est avec la France que le Droit administratif a fait jour au Cameroun comme dans les autres États d'Afrique noire d'expression française.

Les composantes du Droit administratif dont l'administration et ses prérogatives ne sont pas l'apanage des États consacrant un Droit administratif. Aussi, la Grande-Bretagne, les États-Unis d'Amérique ou plus proche encore le Nigéria sont les États qui ont une « Administrative Law ». Il s'agit des règles qui organisent et limitent l'administration ; il est nécessaire d'une part que ces règles soient dérogatoires au Droit commun et d'autre part, c'est la conséquence, il est question que des instances de jugement qui ne sont pas forcément constituées en ordre de juridiction, mais sont néanmoins des juridictions spécialisées, connaissent du contentieux de l'administration en y appliquant un Droit procédural particulier. Ces derniers aspects ne se trouvent pas dans « l'Administrative Law » qui se démarque donc du Droit administratif.

Le continent africain, quel que soit l'espace géographique choisi, a donc toujours connu une administration plus ou moins organisée. Les empires, les royaumes, les sultanats et autres chefferies à travers leurs autorités en sont des expressions vivantes. Mais avoir une administration ce n'est pas avoir le Droit administratif.

Le mythique arrêt « Blanco » du Tribunal des conflits en 1873 évoque ce corps de règles, comme étant du Droit spécial ; il est donc exceptionnel parce que distinct d'un Droit classique, du Droit commun régissant les rapports ordinaires entre personnes égales.

Aussi, la naissance du Droit administratif en France inaugure la naissance du Droit administratif partout où il a été exporté. Est-ce à dire que le Droit administratif de la France est le Droit administratif des États africains ?

Un Droit c'est un ensemble constitué des fondements, des sources et d'une idéologie. Ces quelques critères ramassés joignent et disjoignent les deux espaces territoriaux comparés. L'identité parfaite est impossible. Seuls les États unitaires ont en principe un Droit identique, quel que soit l'endroit où l'on se trouve. Par ailleurs, l'État régional et même l'État unitaire décentralisé accordent de plus en plus, comme c'est le cas pour la Nouvelle-Calédonie en France, le privilège du droit d'expérimentation ou loi du pays à des collectivités territoriales infra étatiques. L'identité est encore plus difficile pour les États fédéraux ; a fortiori est-elle impossible entre deux continents ou entre un État et d'autres États souverains de continents différents.

Les sources sont l'apanage de l'ordre juridique ancré dans la Constitution à la lecture de la théorie kelsénienne, de sorte qu'une source du Droit là-bas n'a aucune valeur normative ici.

S'agissant des fondements, comme il sera démontré progressivement, la liaison est indéniable, ce qui fait souvent croire à tort que le Droit administratif, ensemble normatif, est en Afrique la photocopie du même ensemble normatif de la France.

Pour le cas africain justement, au-delà d'un Droit administratif qui est un ensemble normatif spécial parce que dérogatoire au Droit commun, il faut également voir un Droit administratif spécifique parce que se distinguant à plus d'un trait du régime applicable en hexagone.

L'objectif qui est de s'intéresser au Droit administratif dans sa généralité amène à présenter et à étudier la théorie générale, le Droit des biens de l'administration, le régime juridique des personnels de l'administration, les contrats de marchés publics qu'elle conclut, et le contentieux qui peut survenir de son activité, quelle qu'elle soit.

Il revient à mettre en exergue la spécificité attachée aux acteurs principaux d'une part, mais aussi la spécificité liée au Droit administratif formulé d'autre part, ceci pour donner une identité au Droit administratif des États africains, et partant, à celui camerounais.

I. Les traits des acteurs principaux

Le Droit administratif au Cameroun ou dans n'importe quel autre État, comme en France, est l'objet d'une confluence d'acteurs. En matière de variété et de quantité, les plus nombreux à savoir les personnes privées sont dominés. Il n'est point nécessaire de dénombrer des personnes physiques c'est-à-dire les administrés, usagers du service public et autres agents publics qui sont la population d'un État, se retrouvant concernés par le dispositif du Droit administratif. Dans le même sens, il ne revient pas d'énumérer les personnes morales de Droit privé, elles également diverses et nombreuses.

En Droit administratif, ce n'est pas le nombre qui compte, car les personnes morales de Droit public à la variété réduite sont les plaques tournantes de ce Droit parce qu'elles ont la charge de sa mise en œuvre en premier lieu et également l'obligation de le constituer en second lieu, le fait étant que les administrations publiques produisent du Droit. À côté de l'administration se trouve le juge dont les rôles de garantie et d'institution du Droit administratif devraient être constatés. Mais en réalité, tandis que les administrations sont les bras séculiers de l'Exécutif, le juge est pour sa part diminué dans sa marge de manœuvre.

A. Une administration prise comme bras séculier de l'Exécutif

Sous l'ancien régime, l'administration était ouverte aux privilégiés et elle accordait des privilèges. Ceci faisait que l'accès à plusieurs fonctions publiques pouvait se faire par l'achat des charges. MONTESQUIEU lui-même, homme de liberté et magistrat, avait vendu sa charge. Le privilège statutaire et les pouvoirs conférés aux autorités administratives excluaient donc l'égalité de traitement.

Dans les États africains, l'administration publique se présente aussi effectivement comme accordant à ceux qui y travaillent une plus-value sociale, parce qu'ils sont réputés appartenir à une fonction publique dans laquelle les agents ont une stabilité de l'emploi, une sécurité de la rémunération et un prestige.

Mais alors, l'emploi étant chose rare, les agents des administrations se sentent redevables de cette administration de sorte que leur mission vise la satisfaction du service public incarné par les exigences de l'État employeur et non le service public désincarné dans la seule satisfaction de l'intérêt général.

La fonction publique qui reste en Afrique à son stade embryonnaire est en réalité celle de l'État. Elle donne à soupçonner comme c'est le cas au Cameroun, une fonction publique locale, mais point de fonction publique hospitalière ou autre. Les effectifs sont-ils pléthoriques ou non ? Difficile de répondre. Car la méthode statistique n'est pas utilisée pour établir les besoins, et il n'est donc pas facile d'établir une lisibilité des stratégies des recrutements publics.

Dans les États africains où le Droit administratif est consacré comme tel, l'organisation administrative suit le modèle français. D'abord, l'Administration demeure cette personne morale dite fictive avec qui l'on n'a jamais dîné ni ne dînera jamais. Gaston JEZE et Léon DUGUIT qui ne sont pas des ressortissants des États africains sont à ce propos cités en abondance dans les cours de Droit administratif.

Dans sa structure, l'organisation administrative de ces États reprend le modèle français qui est la concentration et la décentralisation, selon les États, en tropicalisant d'ailleurs cette dernière.

L'Administration est donc une personne morale de Droit public assujettie au respect de l'ensemble normatif qui déroge au Droit commun. Cet ensemble normatif est produit par elle ou émane d'autorités publiques qui lui sont hiérarchiquement supérieures du point de vue de la hiérarchie des organes. De plus, l'Administration doit pourvoir à l'utilité publique.

Par le foncteur déontique « doit » tel qu'utilisé, l'Administration a un devoir transcendant toute objection de droit ou de fait, à savoir pourvoir à l'utilité publique. On n'est pas loin de RIVERO, la quête de l'Administration étant de combler les attentes des usagers et de permettre qu'elle-même fonctionne non pas dans son intérêt propre, mais toujours à l'avantage des usagers. Cette mission catégorique qui lui incombe, lui impose l'usage de moyens exorbitants si besoin s'en fait sentir, le pouvoir exorbitant permettant l'atteinte de l'objectif d'utilité publique.

Présenter l'administration par ladite mission qui lui incombe ne relève pas d'une pure idéologie. Sauf que dans les États africains, si l'administration correspond à cette représentation, les autorités administratives dévoient cette vocation et cette fonction de l'administration. La mission correspondant à satisfaire l'intérêt général se trouve compromise quand il est constaté que les autorités administratives, loin d'être les serviteurs de l'administration, sont les soldats de leurs administrations. Ces autorités sont d'ailleurs mal outillées, parce qu'ignorant très souvent les contours et les règles qu'elles sont supposées mettre en application. Leurs intérêts particuliers déteignent sur leurs fonctions, mais cette question est peu juridique et relève plus de la sociologie, de l'anthropologie et de la science politique.

De même, les différentes administrations qui ne sont point confinées à la gestion de portions de territoires interviennent dans le cadre de missions techniques. Il s'agit essentiellement pour le Cameroun des établissements publics administratifs et des groupements d'intérêt public. D'autres administrations dans l'entre « public-privé » sont également créées dans l'esprit de la distinction gestion publique et gestion privée, comme cela est décliné dans l'affaire Société Commerciale de l'Ouest-africain de 1921. Les sociétés d'économie mixte et les sociétés à capitaux publics sont de ces personnes morales de Droit privé qui participent aux missions de service public, et connaissent donc une forte implication de l'administration publique dans leur création, comme dans leur fonctionnement.

Au premier regard et en dehors des reproches formulés à l'encontre des autorités administratives, il est perçu dans la structuration et le fonctionnement des administrations des États africains un alignement à celles françaises.

Pour autant, les législateurs africains sont constants quant à l'octroi des prérogatives privilégiées à l'administration d'État. L'exemple de la décentralisation technique au Cameroun peut l'illustrer, car il est constaté que les textes octroient un pouvoir d'instruction des autorités de tutelle sur celles décentralisées. À l'exemple des universités d'État considérées comme établissements administratifs, c'est le ministre qui autorise les recrutements des personnels enseignants et qui gère les promotions de grades. De même, c'est le ministre chargé de l'emploi qui y autorise les recrutements des personnels administratifs d'appui.

Pour les collectivités territoriales décentralisées supposées autonomes (qui ont d'ailleurs suggéré qu'un chapitre de cet ouvrage leur soit consacré), leur dépendance financière et les règles budgétaires et comptables produisent un resserrement de la liberté d'agir desdites collectivités publiques. D'ailleurs, les communautés urbaines qui sont des collectivités territoriales à part entière sont administrées par les délégués du gouvernement non élus, mais simplement nommés par le président de la République. L'excuse atténuante est que le texte constitutionnel dispose en son article 55 al. 2 que les collectivités territoriales décentralisées, « s'administrent librement par les conseils élus ». Cette pratique serait donc conforme à la Constitution, parce que les conseillers sont élus obligatoirement, le chef de l'Exécutif n'est élu que facultativement. Il ne faut pas ignorer que la décentralisation c'est aussi le droit des populations locales de choisir elles-mêmes leurs autorités. Et donc, accepter que les conseillers élus élisent un chef de l'Exécutif local lui-même d'ailleurs élu est commode par rapport aux principes et à l'esprit de la décentralisation.

Certes, le président de la République est issu du suffrage universel, mais il préside l'ensemble et non la partie ; il n'est pas un président local, mais le Président national. Il n'est pas élu par les populations locales, mais par celles de partout, c'est-à-dire le peuple camerounais. C'est surement sur la base de ces règles que pour les communes, le maire élu comme tous les conseillers municipaux, le devient par élection de ses pairs. Il est dont évident que l'interprétation du texte constitutionnel ignore les principes mêmes de la décentralisation, ou alors que le décret de 1987 instituant les communautés urbaines et la loi de 2004 fixant les règles applicables aux communes, textes infra constitutionnels ont voulu constituer un mécanisme propre à la décentralisation camerounaise.

Ces échantillons révèlent que les contours de l'administration sont pareils là où il y a le Droit administratif, et que pour le cas de l'Afrique, les législateurs ont choisi de produire une administration publique au service des intérêts de l'Exécutif.

B. Un juge diminué

Une spécificité du Droit administratif est d'instituer pour l'administration une instance juridictionnelle particulière. Le magistrat qui y officie est appelé juge administratif. Hier et aujourd'hui encore, s'il fallait le qualifier en Afrique, on dira qu'il est :

- lent à la décision ;
- inapte au Droit administratif ;
- intéressé par son sort.

Pour parvenir à ces conclusions, il faut remonter à ce qui fait de lui ce qu'il est. Sur ce point, il est préalable de s'intéresser à une famille du Droit qui est répulsive du Droit administratif, mais dans laquelle le juge (personne physique) et la juridiction (institution) sont des modèles de compétence et d'affranchissement. Il s'agit du système de la « Common Law ».

Affirmer que la « Common Law » est un système juridique marqué par la prégnance du juge-artisan de la jurisprudence elle-même source principale du Droit, c'est indirectement exprimer la place qu'occupe cet auteur du Droit. Ce système est en effet celui du « judge-made », car le Droit écrit y est moins important que le Droit jurisprudentiel.

Par rapport à la législation dont les réaménagements se font à l'issue de lourdes procédures, la souplesse en « Common Law » se manifeste ici par le pouvoir immédiat du juge de faire et de refaire le Droit. Par ailleurs, le Judiciaire, même quand il n'est pas formellement constitutionnalisé comme en Grande-Bretagne n'est pas moins considéré comme un pouvoir à part entière et égal au Législatif et à l'Exécutif. Le prestige de l'œuvre du juge, et donc de la fonction de juger s'établit à partir de son identification et du rôle qui est le sien par rapport à son homologue du système romano-germanique où existe la juridiction administrative.

La « Common Law » est faite par le juge et son identification montre que le souci premier est non seulement qu'il soit à la hauteur de la tâche, mais également qu'en toute impartialité et responsabilité, il rende son office. L'œuvre de justice est prioritairement confiée aux juristes, même si cette règle n'est pas absolue. Des différences apparaissent entre le juge en Angleterre et aux États-Unis, mais la souplesse et l'efficacité demeurent.

En Angleterre et au pays de Galles, il n'y a pas de ministère public. Le personnel judiciaire est une formation unie. Ce sont essentiellement des juristes praticiens et universitaires qui ont été formés pour cet office. Ce corps comprend les *solicitors*, les *barristers* et les *judges* à proprement parler. Les *solicitors* sont des professionnels inscrits à la *Law society*. Ils sont assimilables aux notaires et huissiers de notre système de Droit. Les *barristers* sont des avocats. Quant aux *judges*, leur indépendance est accentuée, car les juges des cours supérieures ne sont pas révocables, sauf si la demande est faite par les deux chambres du Parlement. Les juges des cours inférieures sont nommés à vie et ils ne peuvent être révoqués que pour faute grave.

Aux États-Unis forcément, les juges sont des juristes professionnels qui pour autant ne sont pas des magistrats professionnels et leurs modes d'accès à la fonction y contribuent. Il faut souligner comme en Angleterre l'institution du jury formé de citoyens ordinaires qui participent à l'office de trancher les litiges. Il existe un ministère public aux États-Unis.

Dans le système de la « Common Law », il ressort que le corps des juges est généralement constitué d'anciens avocats. Leur professionnalisme, leur efficacité et leur notoriété ont alors contribué à faire qu'ils accèdent à ladite charge. Cet élément a pour conséquence d'abord d'affirmer leur autorité, et donc leur indépendance, ensuite leur professionnalisme, et donc leur aptitude à formuler un droit jurisprudentiel de qualité, et enfin leur inclination à défendre les droits des parties et surtout à garantir les droits de la défense.

L'accès à la fonction obéit à diverses modalités. L'une d'elles est la nomination. En Angleterre les « *judges* » (juges professionnels), *barristers* de renom, sont nommés par la plus haute autorité, à savoir la reine sur proposition du *Lord Chancellor*. Aux États-Unis, plusieurs modalités sont associées. Les juges des Cours Fédérales sont des juges de carrière. Au sommet de la hiérarchie judiciaire figure la Cour suprême constituée de 9 membres nommés à vie par le président des États-Unis après approbation du Sénat. Dans les États fédérés, les juges des tribunaux d'État qui ne sont pas forcément des juges de carrière sont désignés suivant trois modalités distinctes. Le principe le plus répandu est l'élection des juges par les citoyens de l'État. D'autres juges sont nommés par le gouverneur avec l'approbation du Parlement de l'État, c'est le cas du New Jersey. La cooptation est également employée telle que pratiquée en Alaska. Leurs mandats sont plus ou moins longs suivant les États fédérés, certains leur accordant même un mandat à vie. Par son rôle, le juge de la « Common Law » contribue à en faire un système de *Judge-made*.

Nommé au plus haut niveau ou en majorité élu, le juge dans le système de la « Common Law » est dépositaire de la responsabilité de contribuer à l'œuvre normative, et de rendre le Droit au nom de ceux dont il tient son pouvoir. Comme l'Exécutif et le Législatif élu, le juge a davantage d'autonomie et rend plutôt compte à ceux qui devront l'évaluer à la qualité de son office. Même quand ils sont désignés, ce système de Droit les affranchit fortement de l'autorité des autres pouvoirs, notamment grâce à la notoriété dont ils jouissent et qu'ils doivent défendre.

Plus que dans le système romano-germanique, le juge de la « Common Law » est outillé pour directement faire le Droit. La procédure étant en général accusatoire, il lui revient de protéger néanmoins la victime, de garantir le procès équitable et de donner des assises logiques à son droit. C'est ainsi que ses opinions sont abondamment argumentées. Il faut aussi constater le phénomène du « *compensation culture* » par lequel le juge a tendance à rémunérer de manière disproportionnée les préjudices subis à la différence des juges des autres systèmes, moins enclins à substantiellement dédommager.

À la comparaison, le juge administratif n'a pas le même profil de compétence et de liberté. La compétence ne se résume pas ici comme dans la théorie générale en l'habilitation légale. Plutôt, il s'agit des capacités intellectuelles intrinsèques d'un magistrat qui devraient l'amener à rendre un droit conforme aux principes et règles en vigueur dans un domaine. Il faut connaître le Droit, il faut comprendre sa mécanique constituée d'interprétations constructives et de principes matriciels d'un Droit supposé non codifié.

Il est exigeant d'être juge administratif parce qu'à la différence de son collègue de la juridiction judiciaire qui a déjà des textes rassemblés, le juge administratif doit rechercher une réglementation éparse et des fois non précise sur certaines questions. Il doit donc faire œuvre de jurisprudence. L'élévation intellectuelle, la systématisation du Droit, la genèse des institutions, l'évolution du Droit en vigueur et l'impératif de justice sont trop souvent des connaissances et aptitudes échappant à nos juges administratifs, de sorte que le malheur du Droit administratif dans les États de Droit africain provient du juge administratif.

À sa décharge, il ne se fait pas juge administratif, c'est donc la faute à ceux qui l'investissent. Jamais élu et toujours nommé, il est par principe formé dans une école où il apprend le Droit judiciaire, et des fois comme c'est le cas au Gabon et depuis peu au Cameroun, le Droit administratif.

Le souci est donc la formation du magistrat administratif et sa sélection par l'administration qu'il est appelé à juger ou confusément à servir. Il y a un besoin d'affranchir le juge de l'administration. Sur ce point, des critiques fusent contre le Conseil supérieur de la magistrature qualifié de relique du ministre-juge, mais cette institution fait bien ses preuves en France. Est-ce les règles ou les individus qui posent problème en Afrique ?

En réalité, le problème c'est l'individu-juge qui est dans une constante autolimitation, parce que fébrile. Il ignore même le Droit qu'il est supposé faire appliquer et façonner. Il n'est pas étrange dans les États africains de voir un juge se considérer limité par une disposition réglementaire. C'est le cas au Cameroun où l'inattaquabilité du titre foncier, l'inaliénabilité du domaine public ou encore l'insaisissabilité de ce domaine parmi d'autres règles et principes sont disposées par des règlements que le juge considère comme s'imposant à lui. Aussi, le juge administratif a failli à son pouvoir, en se diminuant devant les actes juridiques de l'administration.

Sa faible culture est éprouvée à la lecture de ces décisions parce que le juge, non obligé de justifier ses jugements, n'explique pas sa décision et n'instruit donc pas le Droit administratif. En fait, pour faire mieux, il faut encore en être capable, d'où l'urgence de revoir les critères de sélection des juges administratifs.

Davantage, la justice constitutionnelle, plus récente que celle administrative fournit aujourd'hui avec l'exemple béninois une jurisprudence appréciable alors même que de grandes décisions des juges administratifs, de quelques États africains qu'ils soient, demeurent recherchées.

La timidité de ce juge est également attachée à une quête de construction de carrière, car pour être stable et évoluer sur le plan professionnel, il ne faut peut-être pas égratigner les intérêts de l'administration. Enfin, le juge contribue à l'État de Droit. Aussi, s'il n'est pas maîtrisé, il peut devenir dangereux pour l'administration, sanctionnant à tout vent. Le recruter peu apte, et surtout le diminuer en quantité résorbe le risque. C'est ainsi que la juridiction administrative manque de personnels, et que les juridictions administratives sont très peu nombreuses. C'est ainsi qu'elles sont en général géographiquement éloignées du justiciable administratif. L'évidence est donc de constater que le Droit administratif immanent dans les États africains est propre à eux-mêmes.

II. Un Droit administratif spécifique

En parcourant les ouvrages de Droit administratif, il s'avère pour les cas français et belge qu'il ne s'agit point de photographie de l'un par l'autre. Par exemple, ce n'est que bien tard qu'il y a eu *jurisprudentialisation* du Droit administratif belge, leur conseil d'État n'ayant été créé qu'en 1946. Dans le même sens, il n'est donc point de mise d'estimer que pour les États africains concernés, il y'ait application du Droit administratif français. L'autonomie est là, même si l'empreinte originelle demeure. Dès lors, il doit être dit après avoir répondu à la préoccupation de savoir s'il s'agit d'un Droit administratif en Afrique ou africain, qu'en l'état, il faut le considérer comme un Droit pour l'administration et par l'administration.

A. Un Droit administratif en Afrique ou un Droit administratif africain ?

Cette question devrait permettre de dire s'il existe pour le Cameroun un Droit administratif camerounais. Satisfaire à l'obligation de répondre passe par la préalable détermination de l'éventuelle existence d'un Droit africain et donc d'un Droit administratif africain.

Ce préalable exige une théorisation à constater ou non de la présence d'une famille de Droit africain. Le lien entre différents ordres juridiques est de plus en plus discuté, poussant à dire par exemple qu'il n'y a plus de famille de Droit civil, c'est-à-dire que le système romano-germanique n'existe pas ou n'existe plus. Les différences ont même conduit à la construction de trois grands groupes dans ce système avec le Droit romaniste, le Droit germanique et le Droit scandinave. Mais, il peut être avancé que ce sont trois branches d'un même arbre parce que le lien intrinsèque demeure, faisant que l'origine de cette famille du Droit et ses caractéristiques ne connaissent nullement de dilution, quel que soit l'ordre juridique en présence. C'est ainsi que la philosophie libérale dans cette famille de Droit, la prégnance des sources écrites de ce système et la division du Droit en deux branches (Droit public et Droit privé) pérennisent ce système de Droit au-delà des détails fondant les différences.

Il est plus difficile de relier les droits en vigueur en Afrique. L'histoire lointaine et précoloniale peut asseoir des ressemblances, la tiédeur des libertés également. Cependant, la présence d'une forte communauté musulmane dans la plupart des États, même ceux colonisés par la France, de même que la colonisation effectuée par l'Angleterre qui a laissé en héritage à ces États les principes de la "Common Law" sont des facteurs de distinction des ordres normatifs africains.

Il n'est donc pas loisible de proclamer l'existence d'un système de Droit africain, car les législations africaines et notamment celles des États d'expression française et anglaise se distinguent, et celles des États d'obédience chrétienne s'opposent à celles musulmanes quant à :

- la place de la femme ;
- l'influence de la religion sur le Droit ;
- la place de la jurisprudence ;
- la division des branches du Droit.

La liste n'est pas exhaustive, mais il est permis d'y voir un rejet de l'existence d'un Droit africain, et donc d'un Droit administratif africain.

En réalité, quelques États africains ont en partage le Droit administratif qui n'est pour autant nullement le même pour tous ces États. Dans le détail, les systèmes d'organisation juridictionnelle ne sont pas pareils ; l'existence d'un Code administratif ou de justice administrative sépare, et le degré de distinction d'avec le Droit administratif français n'est pas le même partout. Autant il n'y a pas de Droit administratif africain, autant ce Droit existant dans les États africains est constitué différemment de celui français. En effet, il a été adapté ci et là en fonction des impératifs économiques, des idéologies politiques et des réalités locales.

De manière indéniable, tous les droits administratifs se ressemblent, les raisons simples sont les notions communes et les fondements communs. Viendrait-il à l'esprit d'appréhender le contrat administratif en un lieu autrement que ce qu'il est ailleurs ? Il n'est point absurde de suggérer que la logique (administrative) de la doctrine, des juges et des législateurs est pareille, de manière à ce qu'un acte consensuel ne puisse jamais être autre chose qu'un acte consenti. C'est ainsi que les notions d'acte administratif unilatéral, les principes d'égalité... sont les mêmes en tout lieu où se trouve le Droit administratif. C'est le postulat de l'unité notionnelle du Droit qui prescrit un sens commun générique et général des concepts, avec des précisions pouvant néanmoins donner lieu à des différences selon le lieu.

Loin de ce ventre mou de l'unité des Droits administratifs, l'ancrage solide reste le fondement. On devrait s'interroger sur la constance des reprises dans nos cours de Droit administratif au Gabon, au Sénégal ou encore au Cameroun, notamment des actes juridiques, positions doctrinales et jurisprudence fondatrices du Droit administratif en France.

Dès lors, pour les actes juridiques et à titre d'exemple : l'Édit de Saint-Germain du 21 février 1641, la loi d'organisation judiciaire des 16-24 août 1790, le décret du 16 fructidor An III, l'Édit de Moulin en 1566 et la loi du 24 mai 1872 s'avèrent être parmi ces grands textes français incontournables dans les études de Droit administratif partout.

Les grands maîtres du Droit public africain sont recherchés. Le péché de la plupart est leur existence parce qu'en général, c'est après la mort que les œuvres produites peuvent conduire à la béatification. En fait, la doctrine administrativiste des juristes africains est encore bien récente. Aussi, très peu de juristes de renom se sont déjà installés dans ce domaine. Ceux qui semblent se démarquer sont souvent des contemporains, encore que la diffusion de la doctrine africaine n'est pas faite ; ces quelques juristes laissant davantage des œuvres nationales. Il faut donc chercher longtemps pour les trouver.

L'autre raison est peut-être que cette discipline du Droit public a été et est l'objet de nombreux assauts de la fine fleur des juristes français, d'ailleurs devanciers de ceux africains. Il est des grands noms gravés dans le marbre. Le duo AUBY et DRAGO, Charles EISENMANN, Roger BONNARD, Gaston JEZE, André de LAUBADERE, Jean RIVERO, Marcel WALINE, Edouard LAFERIERRE, et plus encore Léon DUGUIT et Maurice HAURIOU parmi quelques rares autres, sont des grands noms qui hantent le Droit administratif. De l'autre côté, les commissaires du gouvernement, célèbres par leurs conclusions, à l'exemple de GAZIER, MATTER et ROMIEU ont laissé leurs marques à ce Droit.

En s'intéressant aux Doyens DUGUIT et HAURIOU, et empruntant à la terminologie nord-américaine, il peut être dit qu'ils sont en définitive les Pères fondateurs du Droit administratif par la célébrité, l'éternité et l'opportunité de leurs œuvres. Ils ne sont pas français ou du moins ils ne le sont plus. Il faut dire en effet que leurs travaux font désormais partie du patrimoine commun du Droit administratif. C'est l'exemple même de la Déclaration Universelle des Droits de l'Homme de 1948. Ce texte de portée générale est déclaratoire en France, mais la Convention Européenne des Droits de l'Homme de 1950, tout comme la Déclaration des Droits de l'Homme et du Citoyen et l'ensemble du préambule constitutionnel de cet État montrent très bien l'interaction des règles et principes universels de garanties des droits de l'homme, dans l'ordonnancement normatif français.

Il n'est donc pas pénible de suggérer que la doctrine établie puisse être un point de contact entre les Droits administratifs, sauf à rejeter la logique des propos et la logique des positions de ces grands auteurs.

La jurisprudence est certainement l'un des fondements équivoques. Le juge statue pour une espèce et en fonction du Droit qui lui est applicable. Il ne devrait pas y avoir extension d'un cas spécifique à un autre cas spécifique, et donc d'un Droit en vigueur à un autre Droit en vigueur. Cependant, le juge est amené à puiser dans ces principes universels de justice (jusnaturalisme) et dans le dispositif positif (exemple le Droit à une justice équitable dans l'article 6 CEDH et 7 CADHP) pour dire le Droit. D'ailleurs, l'intime conviction d'un juge normalement constitué peut-elle être autre chose que ce qu'elle est partout (au-delà des acclimatations) ? Quand le Droit écrit n'a pas disposé d'une question, le juge interpellé devra néanmoins dire le Droit. D'où lui viendra l'inspiration, si ce n'est de son entendement de la solution possible, de sa connaissance de la question ailleurs, et surtout du processus intellectuel de validation d'une solution étrangère dans un contentieux national ?

Il a été maladroitement reproché au juge africain de reprendre les solutions françaises. En fait, reprendre un Droit incompatible est un problème. Par contre, reprendre une solution compatible et se l'autoapproprier ne devrait pas donner lieu à débat. La minutie est de ne pas citer l'affaire en référence, mais de s'en inspirer. Ceci n'est pas toujours un acte de faiblesse, mais une preuve de l'adéquation des raisonnements. Faut-il reprocher à un fabriquant de véhicule X de s'inspirer du processus de fabrication du véhicule Y ou encore le chirurgien camerounais doit-il pratiquer une chirurgie camerounaise ?

Concernant la jurisprudence, l'arrêt Blanco de 1873, mais aussi d'autres décisions comme l'arrêt Terrier ou Benjamin, Société immobilière de Saint-Just, société des granits porphyroïdes des Vosges, ou encore Cadot sont de ces décisions qui disent et orientent le Droit administratif. Il pourrait être envisagé que les décisions rendues appartiennent à la France, mais le processus intellectuel, les conclusions et donc le raisonnement n'ont pas de nationalité.

À y regarder de près, très peu d'objections sont recensées pour les actes juridiques, la doctrine administrativiste et la jurisprudence administrative d'avant les indépendances. Il n'est point justifiable de rejeter pour autant le Droit français intervenant après les indépendances des États africains. Il ne s'agit point d'en faire application, mais plutôt de s'en inspirer, du moment que les points du Droit dont il est question sont pertinents et compatibles avec l'ordre juridique mis en cause.

Les États africains connaissant le Droit administratif ne sont pour autant pas des moutons de Panurge. Avec de la compétence, il est même possible que les Droits produits par ces États puissent également devenir des sources d'inspiration pour des États comme la France. Toutefois, il demeure qu'un Droit administratif est inscrit dans un ordre juridique et que c'est dans cet ensemble normatif qu'il se déploie.

D'abord, il faut éviter la confusion entre fondement et source du Droit. Le fondement c'est la raison d'être, la justification, ce qui autorise une action, c'est-à-dire l'élément essentiel servant de base. La source par contre est en Droit l'assise positive, c'est-à-dire la disposition ; la clause ou la jurisprudence donnant une habilitation à agir dans un sens. À l'illustration, monsieur **A** (mécanicien), par une fausse manœuvre, a abimé le véhicule de monsieur **B**. En conséquence, monsieur **A** doit en répondre, parce que c'est à lui de le réparer, car il est l'auteur d'un préjudice : c'est le fondement. Par ailleurs, le juge le condamnera sur la base de l'article 1382 du Code civil : c'est la source.

Le Droit provient de quelque part, c'est-à-dire qu'il a un processus de formation, mais sa matérialisation est le fait de ses sources. Dans le Droit positif, la source première d'ailleurs appelée fondement de l'ordre juridique est la Constitution. Elle est le fait d'un État et ne s'emprunte pas, ne s'applique pas à un autre État, ni ne peut tenir lieu de source de Droit à toute personne qui n'en relève pas par sa nationalité ou sa résidence. C'est à la lumière de cette perception qu'il existe des Droits administratifs pour les États africains, et donc dans chacun, car les uns et les autres ont leurs propres bases constitutionnelles du Droit administratif. Par voie de conséquence et au travers de l'enchaînement du Droit, les normes infra constitutionnelles sont le propre de chaque État, avec de manière évidente des différences dans les contenus et portées. Dès lors la constitution et la loi camerounaise, les traités et accords légalement ratifiés par le Cameroun, les règlements ou encore la jurisprudence produite par le juge administratif camerounais sont les sources qui, agrégées, vont constituer le Droit administratif camerounais. L'argument d'autorité c'est qu'un ordre juridique est l'ensemble hiérarchisé des normes produites dans un État, ou auquel il est assujetti. Ce faisant donc, il existe un Droit camerounais comme il existe un droit canadien ou français. Dans cette veine, les branches du Droit et les disciplines qui en ressortent doivent être considérées comme propres à chaque ordre juridique. À l'énumération, il y a donc un Droit pénal camerounais, un Droit constitutionnel camerounais et mieux encore, un Droit administratif camerounais.

Cette théorie de l'autonomie stipule une possible similarité des trajectoires et des règles, mais surtout une évidente autonomie des sources.

Ces facteurs manquent à l'acception d'un (macro) Droit administratif africain, mais ils sont suffisants pour l'établissement d'un (micro) Droit administratif camerounais par exemple. Une autre démarcation peut néanmoins provenir de ce que le Droit administratif formulé l'est pour l'administration et par l'administration.

B. Un Droit pour l'administration et par l'administration

L'ordre juridique est cohérence, les normes se superposant et s'enchevêtrant sans s'opposer. Dans le Droit administratif de quelques États africains, qu'ils soient, et davantage dans celui camerounais, les dispositions concordent et la jurisprudence s'intègre dans cette cohérence du Droit positif, si bien que rarement se trouvent des textes, des décisions de justice, contrevenant aux autres règles ; la partie s'intégrant donc dans l'ensemble. Cette cohérence est de mise dans les États africains où, la fin justifiant les moyens, les prérogatives supérieures de l'administration dominent sur la priorité de satisfaire l'intérêt général dans le Droit de la puissance publique. La définition du Droit administratif s'en trouve perturbée parce que le service public est exposé au péril, en ceci que le Droit administratif en Afrique est plus imprégné de l'exorbitance. Ainsi, le service public est souvent affiché, et c'est la puissance publique qui est en réalité disposée et matérialisée.

S'il fallait dire qui est l'auteur du Droit administratif, notamment au Cameroun comme c'est le cas ailleurs, la réponse serait le pouvoir exécutif. La démonstration est périlleuse pour le rôle du juge administratif. Au demeurant, l'argumentaire déjà développé sur la limitation du juge administratif peut être reprise. Sa sélection et sa formation relèvent bien de l'administration qui organise les concours pour son recrutement et assure sa formation. L'emprise du président de la République et du ministre de la Justice dans la gestion de carrière des magistrats qui ont des postures de choix au sein du Conseil Supérieur de la magistrature est un aléa suggérant une dépendance des magistrats. L'option actuelle de l'Exécutif de ne pas nommer des universitaires dans les cours et tribunaux, tel que le rendent possible les textes, révèle aussi une méfiance vis-à-vis de ces hauts diplômés, réputés libres dans leurs opinions.

Le Droit administratif dans les différents États africains est très peu jurisprudentiel. Non pas que le juge ne tranche pas les litiges, mais trop souvent, ses jugements sont déclaratifs alors que la création du Droit relève du jugement constructif. D'ailleurs, le législateur s'il n'intervient avant le jugement vient a posteriori légiférer sur les questions tranchées par le juge, de sorte que le Droit jurisprudentiel perd sa substance. Par suite, il y a plus de décisions d'espèce, c'est-à-dire applicables pour une affaire que les décisions de principe qui ont vocation de déborder le cas présenté au juge. Pour prouver cette allégation, il faudrait rechercher les principes généraux du Droit émanant du juge qui ne sont pas des prescriptions du Droit écrit. De manière irréfragable, le Droit administratif des États africains, si on l'illustre par le cas camerounais, est fortement textuel. Pour citer des secteurs légiférés ou réglementés, il faut énumérer :

- la procédure administrative contentieuse ;
- les libertés de communication, d'association, d'opinion...
- les libertés politiques ;
- la décentralisation.
- la propriété publique ;
- les statuts des fonctionnaires ;
- L'urbanisme ;
- les marchés publics...

Pour les actes réglementaires, il est un truisme que de dire que l'administration en est l'auteur direct. Elle est donc juge et partie, parce qu'en amont elle émet des règles de Droit, et en aval elle en assure l'exécution.

Quant aux textes législatifs, le pouvoir exécutif détient un monopole de fait, de l'initiative de faire la loi. De nombreux projets de loi protégeant les libertés, organisant l'administration et définissant les prérogatives administratives sont ainsi conçus par l'Exécutif dont l'administration est le bras séculier. Le gouvernement va défendre le projet de loi devant les parlementaires et le président de la République le promulguera. Par conséquent, l'administration s'avère être l'auteur direct et indirect du Droit administratif qui est pourtant supposé limiter son bon vouloir.

Plus profonde encore est la restriction d'astreindre ou d'enjoindre l'administration. La France a définitivement levé le verrou en 1995, mais les États comme le Cameroun n'en sont pas véritablement là, le magistrat pouvant même être emprisonné s'il donne des ordres à l'administration. Le système mis en place muselle alors les auteurs concurrents de l'administration, dans la construction du Droit administratif, laissant la latitude et donc le monopole de fait à l'administration pour faire son Droit. S'il y a limitation ou sanction c'est que l'administration s'autoflagelle immédiatement, ou par l'entremise du juge autorisé, de manière à constater que le Droit administratif est dans les États africains très peu protecteurs des droits et libertés.

Cette constatation simplifie la définition de ce Droit administratif éloigné de sa nécessaire *jurisprudentialité*. Il peut être dit que dans les États africains, le Droit administratif est donc un Droit pour l'administration et par l'administration. L'une des expressions alarmantes est le décret camerounais du 8 mars 1995 portant statut de la magistrature. Il révèle en plein jour qu'un corps (les magistrats) d'un pouvoir (le Judiciaire) dépend statutairement d'un acte juridique pris par un autre corps (l'administration) qui appartient à un pouvoir dont il est dit séparé, à savoir l'Exécutif.

La *jurisprudentialité* est un critère du Droit administratif libéral. Quand ce Droit est textuel, il est nécessaire que le dispositif législatif soit dominant. S'il est plus réglementaire, c'est qu'il est forcément autoritaire, devenant une production d'un ensemble normatif convenable pour l'administration, au préjudice des autres sujets du Droit administratif.

L'induction et la déduction effectuées conduisent à l'observation du Droit administratif camerounais, comme revêtant les traits qui peuvent être retrouvés dans les Droits administratifs béninois, ivoiriens et d'autres États africains. De même, le regard général permet de tirer des conclusions de l'analyse des principes des Droits administratifs des autres États africains, comme se retrouvant également au Cameroun. Indiscutablement, il y aura toujours des différences. Mais à titre de regroupement, l'étude menée sur un Droit administratif, celui camerounais donne à voir un ensemble normatif non pas similaire, mais semblable, c'est-à-dire analogue à celui des autres États africains. Les caractères permettant cette affirmation sont :

- un Droit prioritairement marqué par les pouvoirs exorbitants de l'administration ;
- un Droit fortement textuel, dont les règlements formulent la grande partie des règles ;
- un juge limité par son profil et la marge de manœuvre qui lui est donnée ;
- des institutions à la recherche de leurs repères et dotées de caractéristiques défiant la théorie générale ;
- des fondements communs avec le Droit administratif français ;
- une distinction des sources, chaque État ayant son Droit administratif propre.

CHAPITRE PRÉLIMINAIRE :

LA FORMATION ET LES CARACTÈRES DU CONTENTIEUX

Le contentieux administratif est la partie du Droit administratif qui se focalise sur la survenance et le règlement par le juge administratif en cas de non-arrangement préalable, des contestations portées contre les actes de l'administration, de ses agents et des personnes qui agissent pour son compte. Le contentieux postule l'intervention d'un litige à l'occasion d'une *action ou inaction administrative.*

Le Droit administratif contient la matière utilisée par le juge administratif pour régler les contestations qui sont portées contre l'administration. À travers le contentieux administratif, il est fait appel à l'intervention du juge pour trancher un litige administratif à partir du Droit administratif qu'il façonne et dont il assure le respect. En fait, le Droit administratif émane grandement du contentieux, et le contentieux permet sa sauvegarde.

L'épine dorsale du contentieux est le procès. Cependant, le contentieux ne commence pas devant le juge. Ce qui fait que toute approche exclusivement processuelle doit être dépassée par une autre suffisamment large, permettant d'englober toutes les actions liées au litige.

En définitive, le contentieux administratif s'appréhende comme l'ensemble des règles relatives à l'organisation et à la mise en œuvre d'une action contentieuse devant le juge administratif fondées sur le préjudice administratif et le cas échant après une phase précontentieuse. Il revient d'établir la formation du contentieux administratif avant d'en exposer les règles.

Quoi d'autre qu'une réforme qui a fondé le contentieux administratif qui est un Droit processuel particulier ? La réforme du Droit judiciaire n'a pas été éclatante et brutale comme les événements de 1789[1], mais latente, elle a profondément remanié les règles juridiques de règlement des litiges devant le juge.

Dans la généralité, les études sur les fonctions de l'État postulaient qu'il fallait qu'il y ait trois corps séparés. En 1960, le premier théoricien moderne

---

[1] Date symbolique, elle est celle de la révolution française qui elle-même s'insère dans un plus vaste mouvement ayant notamment touché les colonies anglaises d'Amérique, les Pays-Bas, l'Irlande…

de la théorie de la séparation des pouvoirs, John LOCKE, fit publier ses deux traités sur le gouvernement civil. Il y mit en évidence un principe de séparation des pouvoirs dont le troisième pouvoir est celui dit fédératif qui est en fait celui de conduire les relations internationales. L'auteur dont les travaux ont été unanimement adoptés dans les législations est sans nul doute MONTESQUIEU. Pour éviter que le pouvoir ne tombe dans l'absolutisme, comme John LOCKE, il proposa en 1748 dans son *Esprit des lois* qu'il y ait trois pouvoirs. Mais à la différence de John LOCKE, le pouvoir fédératif y est remplacé par la puissance de juger (le pouvoir judiciaire[2]). Le fait qu'il soit magistrat de formation l'a probablement influencé. Mais il a vu juste[3] puisque la doctrine l'a suivi, et que les législations ont transcrit ce choix.

Les écrits issus de cette théorie[4] et l'histoire de sa mise en œuvre[5] aboutissent à la reconnaissance de trois pouvoirs avec comme troisième, le Judiciaire, souvent identifié en un bloc. Il est donc compréhensible que la dissociation en interne du pouvoir judiciaire qui n'est pas annoncée par cette théorie ne soit pas une chose qui soit d'emblée requise. Ceci expliquant cela, aux systèmes juridictionnels unifiés largement déployés dans les terres d'accueil de la « Common Law » font face ceux disloqués[6] d'autres États tels que la France[7].

Avant de donner la précision sur l'importation peu ou prou de ce système français dans les colonies avec l'attention portée sur la situation de ce Droit procédural (Section 2), il y a la préoccupation de la condition du contentieux administratif (Section 1) qu'il faut présenter pour retracer le processus de sa formation et de sa transformation, ayant notamment marqué le bicéphalisme juridictionnel dans le système judiciaire dont il est question.

Section 1 : La condition du contentieux administratif

Par condition, il faut entendre la représentation ontologique de la matière. Elle ne saurait s'opérer sans que soit fait son tracé historique (paragraphe1). Par la suite, le critère de détermination de ce qu'il est (paragraphe 2) permet

[2] FALCONE (PM), « The council of state », in *An Introduction to French administration*, la documentation française, 11A P, Paris 1996, p. 203.
[3] EISENMANN (C), L'esprit des lois et la séparation des pouvoirs, in Mélanges carré de MALBERG, 1993, p. 163 et s.
[4] BRETHE de la GRESSAYE (1), « MONTESQUIEU, Fondateur du droit public moderne »,
[5] V. notamment CARRE DE MALBERG (R), *Contribution à la théorie générale de l'État*, Éd. Dalloz 2004, tome1, p. 691 S.
[6] GRIMAL (F), MILLOTE (J-P), PACAUT (M), *Histoire générale de l'Europe*, 1re édition, PUF, Paris 1980, tome1, p. 158 s.
[7] L'expression convient bien au système allemand qui comporte 5 ordres de juridiction. cf. art. 95 de la loi fondamentale allemande du 23 mai 1949.

de l'identifier, et de l'isoler des autres disciplines du Droit pour en avoir toute la substance.

Paragraphe 1 : La constitution du contentieux administratif

Le contentieux administratif sans être le Droit administratif en est le corollaire. La séparation qui doit en être faite est que le Droit administratif constitue la matière du juge, et le contentieux est l'application de règles du Droit administratif. Mais la relation est complexe, car le caractère jurisprudentiel du Droit administratif[8] met le juge (ou encore le contentieux administratif) à la source du droit administratif. Le juge administratif élabore et garantit le respect du Droit administratif. La proximité des deux matières est aussi celle de l'identité de leur avènement dont deux périodes doivent être soulevées.

A. Avant 1789

Incidemment rattachée au Droit administratif, mais directement attachée au contentieux administratif, la période prérévolutionnaire a posé les prémisses de la naissance de ce domaine du Droit.

L'histoire du contentieux administratif trouve sa première marque forte en 1641 qui est le moment du débat de la spécialisation juridictionnelle du contentieux de l'administration. Sous l'ancien régime, la spécialisation n'existait quasiment pas. La responsabilité de l'administration relevait largement du code civil. Par exemple, l'article 2 d'une loi du 5 avril **1631** renvoyait la responsabilité de l'État pour le fait des instituteurs à l'application de l'article 1384 du code civil[9]. Encore plus illustratif était l'éclatement de la Cour des rois Capétiens (ou Curia régis) dont sont issus au XIIIe siècle la chambre des comptes et le Parlement de Paris. Ce dernier devait se voir attribuer quelques compétences juridictionnelles qu'il partageait notamment avec le Conseil du Roi.

Durant toute cette période, les contentieux sont diffus de sorte que la spécificité du contentieux administratif n'est pas encore perçue.

La longue marche commence à trouver l'orientation actuelle avec l'Édit de Saint-Germain du 21 février 1631. Son auteur, le roi Louis XIII s'adressa au Parlement en ces termes :

> « Déclarons que notre dite Cour de Parlement de Paris et toutes nos autres cours n'ont été établies que pour rendre justice à nos sujets ;

[8] *Infra*

[9] *En ses alinéas 6 et 8. Depuis la loi du 5 avril 1937, ce recours est ouvert devant le juge administratif, sauf pour le cas du défaut de surveillance imputable à un membre de l'enseignement*

nous leur faisons très expresses inhibitions et défenses (...) de prendre à l'avenir connaissance d'aucune des affaires.... qui peuvent concerner l'État, l'administration et le gouvernement que nous réservons à notre personne seule, si ce n'est que nous leur en donnions le pouvoir et le commandement spécial par nos lettres patentes ».

Cet édit condamna ainsi l'interférence des Parlements (juge judiciaire) dans les affaires administratives et y consacra l'absolutisme monarchique en la matière. Mettre le contentieux de l'administration à part, telle était l'objectif. Le contexte l'expliquait certes, le monarque devait s'affirmer, mais aussi absoudre l'administration, bras séculier exécutant ses ordres. Mais la manœuvre était procréatrice d'une spécialisation des litiges impliquant l'administration. Louis XIII mettait ainsi en mal une unité du contentieux qui était même déjà fissurée du fait de l'existence de cours spéciales telles la Cour des aides, la Cour des monnaies[10] qui furent elles-mêmes aussi dépossédées par le même édit. Sans avoir créé un ordre juridictionnel nouveau, l'acte de 1641 pose les jalons du traitement spécial du contentieux de l'administration, et par conséquent, il est le commencement d'une spécialisation de cette catégorie de recours dont l'autonomisation juridictionnelle sera faite à partir de la révolution.

B. À partir de 1789

Avant d'arriver à l'État contemporain du Contentieux administratif, deux étapes majeures ont dû être franchies à partir de 1789 ; à savoir : la séparation et la délégation.

La séparation annoncée dans l'Édit de Saint-Germain devait être affirmée en 1790. Un an auparavant, une loi interdisait au pouvoir judiciaire de troubler les administrations locales dans leurs fonctions[11]. Cette interdiction pouvait néanmoins être levée si l'accord prévu dans le texte de 1641 était donné. Le Droit révolutionnaire est venu amplifier la spécialisation avec notamment trois textes majeurs. À part le texte créant le Conseil d'État[12], deux autres l'ayant devancé doivent être présentés :

- La loi portant organisation judiciaire des 16-24 août 1790 :

« Les fonctions judiciaires sont distinctes et demeureront toujours séparées des fonctions administratives. Les juges ne pourront, à peine de forfaiture,

[10] MESTRE (J-L), *Introduction historique au Droit administratif français*, coll. Droit fondamental, PUF, n° s 119 et s.

[11] Art. 7 de la loi du 22 décembre 1789.

[12] Art. 32 et 69 de la Constitution de l'An III.

troubler de quelque manière que ce soit les opérations des corps administratifs ni citer devant eux les administrateurs à raison de leurs fonctions[13] ».

- Le décret du 16 Fructidor an III, dont son article unique réitère que :

« Défenses interactives sont faites aux tribunaux de connaître des actes d'administration de quelque espèce qu'ils soient, aux peines de Droit »

À contre-courant de la pensée générale, le Professeur Chevalier établit que la loi des 16-24 août 1790 avait en réalité pour but d'interdire aux tribunaux de faire acte d'administration[14]. Cette analyse est pertinente quant au fait que cette loi invoque une distinction des fonctions. Mais il faut également admettre qu'elle interdit aux tribunaux de juger l'administrateur et l'acte posé dans l'exercice de ses fonctions. La consécration de cette incompétence du juge judiciaire dans ce domaine à ne pas se tromper est bien une affirmation de la règle de la séparation des autorités administratives et judiciaires[15] devant par là même séparer les contentieux ; et le professeur Chevallier est pour le moins d'accord sur l'effet de la cause.

Le fait est donc que cette loi est à juste titre communément retenue comme fondatrice de l'État actuel du contentieux administratif d'autant plus que les textes postérieurs à l'exemple du décret du 16 Fructidor an III l'ont souvent amplifiée.

La délégation, second temps de la réforme, devait intervenir dans le sillage de la séparation. À titre de rappel, une forte reconnaissance du caractère non ordinaire du contentieux de l'administration s'était effectuée en 1641. L'Edit de Saint-Germain mettait alors ce contentieux à la disposition d'une personne (personne seule) : le monarque. Cette dépossession de ladite compétence à la Cour des Parlements de Paris et aux autres cours au profit de l'Exécutif tout-puissant confirmait la monarchie absolue. Elle fut parmi les sources d'une fraude parlementaire vaincue, et le principe fut ainsi réitéré[16]. Les textes de 1789 et de 1790 sont eux-mêmes venus renforcer la séparation sans changer le bénéficiaire désigné de cette compétence. La raison en est que les libéraux ayant instrumentalisé la révolution, par méfiance vis-à-vis du peuple, devaient maintenir un Exécutif fort[17], coiffé par un monarque constitutionnel (Louis XVI) qui est le seul à nommer et à révoquer les ministres et qui détient la plénitude du pouvoir exécutif à la lumière de la constitution du

---

[13] Art. 13 du titre II.

[14] CHEVALLIER (J), « Du principe de séparation au principe de dualité », RFDA, 1990, p. 712s.

[15] *Infra.*

[16] . Édit. de FONTAINEBLEAU du 8 juillet 1661.

[17] RIALS (S), « Constitutionnalisme, souveraineté et représentation », la continuité constitutionnelle en France de 1789 à 1989, colloque de l'AFC, 1990.

3 septembre 1791. C'est ainsi que la séparation se marquait par une justice retenue par l'Exécutif.

La reconnaissance du Conseil d'État comme véritable juridiction administrative[18] ne changera pas fondamentalement les choses, mais sera le premier temps de l'évolution. Elle le sera parce que le Conseil d'État était jusqu'alors un conseil du roi et qu'il oscillait alors entre organe consultatif[19] et organe politique. Sa participation au règlement des litiges a fini par faire de lui, de fait, une juridiction, parce que presque toujours consultée et bien souvent suivie dans ses avis[20], mais la réforme n'était pas complète.

Une fois la réforme complète, le dédoublement et l'autonomie juridictionnelle devaient être faits par la jurisprudence CADOT. Jusqu'alors, il y avait application de la théorie du ministre-juge qui édifiait la justice retenue parce que la justice en la matière était du ressort du chef de l'État sur consultation du Conseil d'État. L'arrêt CADOT[21] devait aller plus loin. Cet arrêt consacrera la fin de la théorie du ministre-juge et permettra que le juge soit directement saisi lorsqu'un particulier est victime de l'activité administrative, cela sans qu'il soit obligatoire de saisir au préalable l'administration. La délégation de la compétence juridictionnelle administrative était consommée et la création d'un ordre juridictionnel administratif devait ainsi éclore. Le critère du contentieux administratif (paragraphe 2) relevant de celui de son droit devait déterminer le champ d'intervention de ce juge à part.

Paragraphe 2 : Le critère du contentieux administratif

Le passage de la justice retenue à la justice déléguée devait achever de séparer les autorités et par voie de conséquence créer une autonomie du juge administratif. Cette autonomie s'est accompagnée de la mise sur pied d'un tribunal de répartition des compétences : le tribunal des conflits.

---

[18] Elle fut le fait de la loi du 24 mai 1872.

[19] LONG (M), « Le conseil d'État, rouage de l'administration et juge administratif suprême », rev. Adm, 1995, p. 5.

[20] V. BIGOT (M), « L'autorité judiciaire et le contentieux de l'administration. Vicissitude d'une ambition, 1800-1872 », LGDJ, 1999, p. 8s Le taux d'avis confirmé étant d'environ 62 % soit un chiffre supérieur à la moyenne. cf. FOUGERE (L), *Le conseil d'État, son histoire à travers les documents de l'époque (1799-1974)*, ed. du CNRS, 1974, pp. 514-516.

[21] CE, 13 décembre 1889, CADOT, rec. 1148, concl. Jagerschmidt ; S. 1892. 3 17 note HAURIOU.

Le Tribunal des conflits[22] dont l'histoire a parfois été trouble[23] fut créé pour trancher les conflits entre les ordres juridictionnels[24]. Pour lui permettre de trancher en toute indépendance, il a un statut qui fait de lui une cour autonome, car il ne relève ni de la Cour de cassation ni du Conseil d'État, même s'il est souvent associé au Conseil d'État parce qu'il siège au palais royal dans le salon de l'horloge.

Le conflit de compétence peut naître et il faut faire œuvre d'attribution. Certains déterminants permettent d'y répondre (A). Une fois le juge administratif saisi (avec ou sans intervention du tribunal des conflits), il doit rendre sa décision. L'élément le plus marquant de cette seconde étape est sans doute la source de son office (B) qui permet aussi d'isoler la matière.

A. La détermination

Identifier le contentieux administratif n'est pas chose aisée. Sa pénétration par diverses disciplines du Droit ne facilite pas l'opération. Néanmoins, les éléments originaux de la matière peuvent servir à l'appréhender et à lui donner une définition.

La détermination du contentieux administratif passe par sa délimitation. De l'édit de Saint-Germain aux lois des 16-24 août 1790 pour ne citer que ces textes porteurs, la direction donnée au contentieux administratif était la même : interdire aux tribunaux de connaître des actes d'administration, et de troubler l'administration. La détermination par prétérition serait donc que ce contentieux spécial soit d'une part celui qui n'est pas confié expressément aux tribunaux, et d'autre part celui qui a trait à l'administration.

Une dimension organique se dégage d'emblée et la terminologie ou l'intitulé de la matière le dit ; le contentieux administratif est le contentieux du corps administratif. Cet aspect fait intervenir une autre dimension, celle matérielle ; il s'agit du Droit applicable à l'administration. La complicité entre le contentieux et le Droit administratif est ainsi établie.

Le Professeur BOULOIS s'exprimait sur la question en disant que « supprimer le Droit administratif se ramène à supprimer le juge administratif...[25] ». Il établit par la suite l'impact sur le système juridictionnel. Le plus intéressant à juste titre est le point de départ de son raisonnement qui

---

[22] Il fut créé par l'art. 89 de la constitution du 4 novembre 1848 et matérialisé par la loi du 3 mars 1849 et son décret d'application pris en octobre de la même année.

[23] La chute de la IIe République devait donner naissance au premier tribunal des conflits avec le retour de la justice retenue.

[24] GAZIER (F), réflexion sur les systèmes et dissymétries du tribunal des conflits, RDFA, 1990, p. 744s. De façon critique, cf. : CHABANOL (D), « Faut-il brûler le tribunal des conflits ? » AJDA, 1988, p. 736.

[25] BOULOIS (J), *Faut-il supprimer le Droit administratif ?,* pouvoir, n° 46, le droit administratif, 1988, p. 6.

effectue la liaison entre ces deux domaines du Droit. Le fait c'est qu'ils ont la particularité de se présenter comme deux points d'une rivière avec l'un (le Droit administratif) qui porte codification des règles que l'autre (le contentieux administratif) doit observer.

Plus encore, le caractère prétorien de l'un complexifie la relation parce que le juge reste au centre en tant qu'auteur (émetteur) et garant de cette matière.

L'approche organique fait intervenir celle d'administration. La notion d'administration est diffuse, encore que la modernité a quelque peu ébranlé la théorie classique en faisant émerger dans cette catégorie des entités situées à mi-chemin entre Droit public et Droit privé. Le cas des sociétés publiques, dont le Droit qui régit les rapports entre cette entité et l'État, et celui applicable aux hauts cadres est administratif, tandis que celui qui statue sur le personnel et les rapports avec les usagers est largement privé[26].

En fait il faut retenir que, parce que liés au Droit administratif, les classiques critères de service public et de puissance publique sont de nature à indiquer les facteurs devant faire intervenir le contentieux administratif[27]. Une notion peut-être fédératrice devait faire des émules ; celle de pouvoir administratif[28]. Elle énonce la présence d'un attribut de l'administration, à savoir la fonction qu'elle doit accomplir (service public), et incorpore également la manifestation d'un pouvoir militaire[29] (puissance publique). Le commissaire du Gouvernement JAGERSCHMIDT conclut à l'ouverture du contentieux administratif « partout où il existe une autorité… pouvant prendre des décisions administratives exécutoires[30] ». L'argumentation glisse ainsi subrepticement sur le critère matériel dudit contentieux.

Le Droit du contentieux administratif vise les actes de l'administration. Il ne saurait être un Droit ordinaire au regard du caractère spécial voulu et donné à ce contentieux depuis la période révolutionnaire. La responsabilité de l'État était décidée suivant les règles du Droit civil[31] et cela ne pouvait plus convenir à la situation nouvelle. La désignation du Droit du contentieux administratif s'excipe de l'arrêt Blanco[32]. Le fond du Droit de cet arrêt est providentiellement d'écarter les principes du Code civil, au profit des règles spéciales devant être applicables aux services publics, ce droit étant spécial.

---

[26] Sur la question : FATÖME (E), MOREAU (J) et NINU (J-L), « Etablissement public et service public », AJ, 1986, p. 701. V. aussi SPILIOTOPOULOS, (E), *La distinction des institutions publiques et des institutions privées*, LGDJ, 1959.

[27] cf. GUGLIELMI (G-J), *La notion d'administration publique dans la théorie juridique française (de la révolution à l'arrêt CADOT- 1789-1889)*, LGDJ, 1990, pp. 70-73

[28] Ibid.

[29] Ibid.

[30] CE 13 Décembre 1889, CADOT, op.cit.

[31] EISENMANN (C), *Cours de droit administratif*, tome II, LGDJ, PARIS1983, p. 816.

[32] TC 8 février 1873, Blanco, rec. 1er suppl. 61, concl David.

À raison, le Droit administratif est celui qui sert de locomotive au contentieux administratif ; ce qui fait dire que le premier est le Droit administratif substantiel, et que le second est le Droit administratif processuel.

Le contentieux administratif est le « contentieux de l'action administrative porté devant la juridiction administrative[33] ». Il est l'ensemble des règles qui régissent l'action contentieuse devant la juridiction administrative. Ce Droit proscrit certains actes à l'administration et la rend comptable devant son juge au cas où elle outrepasse la limite qui lui est imposée ; il s'agit de la justiciabilité et donc de la juridicité de l'acte de l'administration. La démarcation d'avec le Droit administratif repose sur une définition stricte de la notion de contentieux administratif. Il existe un lien de proximité évident, le Droit administratif fournissant le fond, et le contentieux administratif les procédures. Aussi, le contentieux administratif s'appréhende ici comme l'ensemble des procédures par lesquelles sont réglés les litiges devant le juge administratif en incluant la phase précontentieuse. Les sources de ces procédures (B) sont à présenter pour permettre de totalement faire le tour du critère du contentieux administratif.

B. La source

La détermination stricto sensu de la notion de contentieux administratif fait de lui une représentation des procédés et méthodes par lesquels le juge administratif exerce sa mission[34]. Cette description souffre de ce qu'elle met de côté les règles qui, dans le fond, vont orienter la décision de justice. Ces règles de fond sont l'œuvre du Droit administratif.

Le fondement normatif de l'existence de la juridiction administrative[35] est la Constitution. Celle-ci en contenant des dispositions sur l'administration[36] n'a pas manqué de consacrer l'existence d'une juridiction spéciale pour l'administration tout en lui donnant notamment un cadre de dévolution.

Ce cadre est également précisé par le juge constitutionnel[37]. L'administration est soumise au Droit, c'est le principe de légalité. Par le

[33] GOHIN (O), *Contentieux administratif*, 4e éd. litec, Paris 2005, p. 19.
[34] PEISER (G), *Contentieux administratif*, 10e éd., dalloz, Paris 1997, p. 1.
[35] À la différence des fondements historiques et théoriques déjà présentés.
[36] SAVY (R), « La constitution des juges », dalloz, 1983, I, n° 105.
[37] Le Conseil constitutionnel qui fait office d'« instance compétente en matière constitutionnelle » au Cameroun a été créé par la loi constitutionnelle n° 96-06 du 18 janvier 1996. En attendant sa mise en place, la Cour suprême, « plus haute juridiction de l'État en matière judiciaire, administrative et de jugement des comptes » statue en ses lieux et places. À part ses interventions dans le contrôle de la régularité des élections politiques, et dans la réception du serment du président de la République, la Cour suprême statuant en lieu et place de la juridiction constitutionnelle n'est pratiquement pas saisie. Le régime transitoire instauré semble bien scléroser la partition du juge constitutionnel à l'édification de « la constitution du juge administratif ».

truchement de la norme, l'administration bénéficie de prérogatives et tombe sous le coup de certaines sujétions qu'elle doit observer. Ce bloc normatif est constitué de normes internationales[38], des lois et des actes pris par l'administration elle-même[39] (actes unilatéraux et bilatéraux). Ces directives de conduite de l'administration vont servir de base au juge administratif pour administrer la justice.

Pour rester dans le positivisme[40], il faut citer cette source qui est la plus importante en Droit administratif et la plus originale en contentieux administratif : la décision de justice. Le juge n'a normalement pour fonction que de dire le Droit. Le problème est que le Droit écrit ne saurait tout prédéterminer à l'avance, et ce, même quand il existe des textes juridiques tels le Code civil et le Code pénal ; et pire encore quand il n'y en a pas véritablement comme dans le contentieux administratif.

Le caractère jurisprudentiel qui auréole le Droit administratif atteint le contentieux administratif de ce domaine. Les lacunes, l'absence et la généralité des textes peuvent donner lieu au déni de justice[41] si le juge s'en tient à cet aspect du Droit[42]. Inévitablement, le juge va devoir enrichir le Droit et même le relever[43].

Pour ne rester que dans le cadre du contentieux administratif, il faut prendre à titre illustratif le domaine de compétence du juge qui est déterminé d'une part par la loi et, d'autre part, par la jurisprudence[44] ou encore celui plus précis de la reconnaissance de sa compétence dans un contrat qui n'est pas de la catégorie énoncée par le législateur dans les types de contrats administratifs. C'est effectivement du juge que les critères alternatifs et organiques[45] dudit contrat sont déterminés.

- Sur l'État transitoire en question, cf. ONDOA (M), « la constitution duale : recherches sur les dispositions constitutionnelles transitoires au Cameroun », RDSJ 2000- vol1, n° 2, p. 20s
- Pour ladite contribution en France, lire OULD BOUBOUT (A.S), l'apport du Conseil constitutionnel au Droit administratif, Economica, Paris 1987.

[38] TCHAKALOFF (M.F.C.) et GOHIN (O), « La constitution est-elle encore la norme fondamentale de la République ? », recueil Dalloz 1999, chron. p. 126.

[39] CE 17 mai 1907, philharmonique de FUMAY.

[40] Il s'agit des sources « formelles » qui sont moins contestées que l'usage et la coutume. V. TEBOUL (G), « la coutume, source formelle de droit en droit administratif », rev. Droits, 1986, n° 3, p. 97.

[41] Art. 4 C. Civ.

[42] CHEVALLIER (J), « L'État de droit », in *Problèmes sociaux*, la documentation française, n° 899, Paris 2004, p. 39.

[43] V D'AMBRA (D), *L'objet de la fonction juridictionnelle : Dire le droit et trancher les litiges*, thèses, LGDJ, Paris, 1994, p. 29.

[44] Infra.

[45] AMSELME (P), « La qualification des contrats de l'administration », AJ 1983, p. 3.

Le Droit du contentieux administratif est fait de sources externes au juge tout comme il est largement fait de sources juridictionnelles. Le juge administratif fait son Droit, détermine ses procédés d'examen des litiges. Il a la maîtrise de l'opération de jugement, même s'il subit quelque peu des contraintes normatives extérieures. Le Droit administratif (substantiel et processuel) est, à ne pas douter, fortement jurisprudentiel[46], même si la codification se fait impérialiste.

La condition du contentieux administratif présente ainsi ce domaine du Droit public comme s'étant formé avec l'histoire. La période révolutionnaire demeure celle au cours de laquelle les données actuelles de la matière ont été constituées avec notamment la consécration d'un juge spécial de l'administration appliquant un Droit particulier : le contentieux administratif. Il est le pendant même du principe de juridicité administrative et le juge administratif fait partie de ses bâtisseurs. Ces considérations générales amènent à les appliquer au Cameroun (Section 2) pour y voir l'implantation organique et matérielle du contentieux administratif.

Section 2 : La situation du contentieux administratif au Cameroun

L'origine du contentieux administratif ne pose pas de problème puisque du point de vue historique, il est le produit des évolutions et révolutions françaises ayant fait réformer le Droit processuel. Celui-ci devait être exporté.

Le 12 juillet 1884, le KAMERUN[47] signe un traité avec les Allemands. Ce traité germano-douala[48] signé principalement entre les rois akwa et Gustav NACHTIGAL porte « transfert du territoire nommé Kamerun, des droits de souveraineté, de législation et d'administration au profit de l'Allemagne[49] ».

C'est par le biais de ce traité que le Cameroun entre officiellement sous la domination de l'Allemagne et qu'elle devient sa puissance colonisatrice. Avec la fin de la Première Guerre mondiale et la défaite de l'Allemagne, le Cameroun passe officiellement par la conférence de Versailles[50] sous mandat français et anglais. L'importation des modèles institutionnels va alors s'opérer

---

[46] VEDEL (G), « Le droit administratif peut-il être indéfiniment jurisprudentiel ? », EDCE, 1979, p. 31.
[47] Ancienne appellation
[48] Parce que ratifié par les Chefs Douala. cf. MBOME (F-X), *Histoire des institutions et des faits sociaux*, Fasst édition, 2000, p. 90.
[49] Ibid., p. 92.
[50] L'Allemagne fut obligée de signer le 17 juin 1919 le Traité de Versailles établi le 28 juin de la même année. Son article 119 disposait que « l'Allemagne renonce en faveur des principales puissances alliées et associées à tous ses droits et titres sur ses possessions d'outre-mer ». Le Cameroun fut reversé dans la catégorie de gestion du Mandat C. Ibid., p. 108s.

et la tutelle n'y changera rien[51]. Les Anglais et les Français vont ainsi instaurer un système d'administration copié sur celui des métropoles. Pendant que les Anglais mettent en place un système de « Common Law », dans le Cameroun occidental, les Français implantent un système juridique et judiciaire proche du leur. Du point de vue organique (paragraphe 1), le système judiciaire devait porter l'empreinte du modèle français déjà présenté. Mais au gré de certaines fluctuations, cela ne fut pas tout à fait cela. Les traits matériels (paragraphe 2) plus que l'aspect organique révèlent une situation particulière du contentieux administratif au Cameroun.

Paragraphe 1 : L'aspect organique

La question qui se pose au lendemain de la mise du Cameroun sous mandat français, c'est celle de savoir s'il faut y implanter le système juridictionnel de la métropole. Le mandat était une forme de colonisation, et la logique de la colonisation est la domination, l'exploitation, et l'exportation des données d'un État vers un autre : la démocratie, le christianisme, l'éducation..., bref, la civilisation. L'Angleterre exporta son système juridique et son organisation judiciaire. La France fit de même[52]. Les juridictions qui ont immédiatement suivi la mise sous mandat (A) sont les premières du point de vue chronologique à être installées. Elles seront remplacées par celles de la période d'acquisition de l'indépendance (B) qui sont très proches de celles actuelles.

A. Les juridictions administratives coloniales

L'avènement du contentieux administratif au Cameroun est lié à l'importation dans ce pays d'une juridiction administrative. Cet état de choses ne veut pas dire que les actes de « l'administration » n'étaient pas jugés avant ladite importation. À leur installation, les Allemands trouvent sur place des chefferies plus ou moins organisées où les chefs, plus hautes autorités, jugent les actes de leurs collaborateurs (les notables) de façon directe, tandis que pour les litiges impliquant les simples sujets, ce sont ses collaborateurs qui tranchent, le chef intervenant en dernier ressort.

Les Allemands se sont plus contentés de mettre sur pied des tribunaux judiciaires, l'un pour les Blancs, et l'autre pour les autochtones[53].

Le contentieux propre à l'administration reçu du modèle français est implanté au Cameroun avec un Décret du 14 avril 1920 qui crée la première juridiction administrative camerounaise. Il s'agit du Conseil du Contentieux

[51] Le Cameroun fut sous tutelle des mêmes puissances dans les mêmes portions géographiques de 1945 à 1958, en vertu des articles 75 à 91 de la Charte des Nations unies. La tutelle est une avancée dans la libération des territoires « sous colonisation » de l'emprise de la métropole.
[52] *Infra*
[53] MBOME (F-X), *Histoire des institutions et des Faits sociaux*, op.cit, p. 99.

administratif. La procédure devant le Conseil du Contentieux administratif est déterminée par un arrêté du 16 décembre 1921. Cette procédure était pareille à celle appliquée devant les juridictions administratives françaises, sauf que le recours administratif n'était pas obligatoire. Le délai de recours était de trois (3) mois et le délai d'appel était de deux (2) mois.

Le Conseil du contentieux administratif était à plusieurs égards, différent des tribunaux administratifs français ; et la réorganisation qu'il a subie en 1927 et 1928 n'y a pas changé grand-chose. À part l'absence de recours administratif déjà soulevé, la requête était adressée au chef du territoire[54]. Sa composition présentait un président et des accesseurs. Y siégeaient aussi, l'administrateur en chef du territoire, deux représentants des notables locaux, le chef des travaux publics de la colonie (s'il est licencié en Droit public) et deux magistrats de l'ordre judiciaire[55]. Cette composition fait paraître le Conseil du Contentieux administratif comme un conseil de l'administration du fait de sa composition et de sa maîtrise par l'administration[56]. Son caractère biface est constaté par cet enrôlement direct (non-obligation de recours administratif) et cette présence de magistrat de l'ordre judiciaire ; le rapprochement avec la juridiction judiciaire est dès lors constitué.

Le Décret du 13 avril 1927 extraira de la composition du Conseil du Contentieux administratif les notables uniquement. C'est ainsi que cette « juridiction administrative » devait être une entorse au principe de séparation avec la présence de magistrats judiciaires en son sein. La violation atteignait le seuil de l'inacceptable du fait de la présence d'autorités administratives en son sein au mépris de la règle de la séparation de l'administration active de la juridiction administrative – le juge ne saurait être partie.

Ces entorses limitaient la capacité et la compétence de cette juridiction qui n'avait d'ailleurs pas l'attribution de connaître du contentieux de l'excès de pouvoir ni de celui du contentieux des services publics de la République française qui devaient directement être portés devant le Conseil d'État[57].

Sa compétence était ouverte au contentieux des services publics locaux[58], au contentieux des élections et de celui des fonctionnaires locaux.

Les imperfections statutaires du Conseil du Contentieux administratif devaient entrainer sa fin, et l'avènement de l'autonomie interne en offrit l'occasion. Le décret du 16 avril 1957 consécutif à la loi GASTON

---

[54] KAMDEM (J), *Contentieux administratif*, tome1, Université de Yaoundé, année 1985-1986, p. 22.

[55] Ces deux magistrats pouvaient être remplacés par deux fonctionnaires à l'appréciation du haut-commissaire du territoire.

[56] JACQUOT (H), « Le contentieux administratif au Cameroun », RCD, n° 7, 1975, p. 16.

[57] KAMDEM (J), *Contentieux administratif*, tome1, op.cit., p. 21.

[58] Ibid.

DEFERRE du 23 juin 1956 provoqua un certain nombre de modifications institutionnelles. Ceci a conduit au remplacement du Conseil du Contentieux administratif par le Tribunal d'État[59]. Quelques lenteurs retardèrent la mise en place du Tribunal d'État et c'est en 1959[60] qu'il fut officiellement créé. Il y a une avancée, mais elle est timide. Il est constitué de trois (3) membres moins le greffier et la suppléance. Il s'agit d'un président obligatoirement licencié en droit, et de deux accesseurs tous nommés par décret du Premier ministre. Le fait que ce personnel était recruté parmi les agents administratifs et les magistrats de l'ordre judiciaire et qu'ils étaient nommés par le Premier ministre entrainait les mêmes vicissitudes à savoir le non-respect de la séparation des autorités et de la distinction administration active et juridiction administrative. La compétence de la juridiction administrative est élargie[61], car par rapport à sa devancière, elle n'a plus affaire au Conseil d'État, et même si sa compétence est assignée[62] elle est large. En effet, le contentieux de l'ensemble de l'administration, et celui de l'excès de pouvoir ressortent désormais de la compétence de la juridiction administrative camerounaise.

Le plus grand reproche pouvant être fait à cette réforme est celui de l'élimination du double degré de juridiction, car le Tribunal d'État statuait en premier et dernier ressort du contentieux administratif. Il n'y avait donc qu'un seul degré de juridiction et seuls l'opposition, la tierce opposition, la révision et le recours en rectification d'erreur matérielle pouvaient permettre de réformer la décision de ce juge de l'administration. Les réaménagements post indépendance (B) vont corriger ces reproches.

B. Les juridictions administratives post indépendance

Le passage à l'indépendance et les imperfections du Tribunal d'État vont servir d'alibi à la réforme tout au moins organique du contentieux administratif camerounais « Le tribunal d'État se présentait comme un laborieux compromis entre le changement et la continuité[63] », changement parce que survenance de l'autonomie interne et continuité à cause de sa formation à la fois judiciaire et administrative[64].

[59] JACQUOT (H), « Le contentieux administratif au Cameroun », op.cit., p. 17.

[60] Par Décret n° 59-83 du 4 juin 1959, p. 832.

[61] Contrairement à la lecture que M. KAMDEM fait et qui interprète cette compétence au champ énuméré comme étant limitative. Il aurait dû se référer aux acquis par rapport à ce que la juridiction devancière pouvait faire. cf. KAMDEM (J-C), *Contentieux administratif*, op.cit. p. 24.

[62] L'article 4 du décret n° 59-83 du 4 juin 1959 devant être complété par le décret n° 59-144 du 14 août 1959 (article61), et le décret n° 59-101.

[63] OWONA (J), *Droit administratif spécial de la République du Cameroun*, Edicef, Paris 1985, p. 183

[64] Supra.

La transition vers l'indépendance ne fut pas brutale puisque le Tribunal d'État a été un temps conservé. Ce qui changea en premier lieu fut l'élimination du degré unique juridictionnel qu'il incarnait.

La Constitution du 4 mars 1960 crée une Cour suprême dont le champ d'intervention sera précisé un an plus tard[65]. Le Cameroun n'étant encore que constitué par sa partie francophone, cette Cour créée en 1960 n'aura une compétence étendue qu'au Cameroun Oriental. L'objectif de la création de cette Cour suprême était la restauration du double degré de juridiction puisque, la Cour Suprême était à titre principal juge de cassation des décisions du Tribunal d'État. La particularité est que cette modification a eu un effet rétroactif, les décisions prises par le Tribunal d'État avant l'existence de cette Cour étant déférables devant elle. Le texte de 1961 précisait que la Cour suprême « assure le respect de la compétence de celui-ci (le Tribunal d'État) par les autres juridictions », ce qui faisait d'elle un juge d'attribution dans les conflits de compétence entre le Tribunal d'État et le juge judiciaire.

La durée de vie du Tribunal d'État fut très brève ; celle de la Cour suprême le fut encore plus puisque la fédération changera cette architecture. La loi constitutionnelle du 1er septembre 1961 crée la Cour Fédérale de Justice en lieu et place de l'organisation existante. Elle est une juridiction pyramidale avec à l'une des bases une chambre administrative siégeant à Buéa, à l'autre base une chambre administrative siégeant à Yaoundé, et au sommet une Assemblée plénière[66]. La Cour Fédérale de Justice est ainsi érigée en juridiction administrative nationale[67], même si l'extension de sa compétence a été le fait d'une loi (celle de 1965) qui vient modifier une disposition constitutionnelle. Cela a d'ailleurs fait dire au Professeur Joseph OWONA que cette extension était inconstitutionnelle[68].

La Cour Fédérale de Justice est juge du contentieux administratif de l'administration fédérale, des administrations fédérées, et des administrations décentralisées. Elle est aussi juge constitutionnel [69]et juge d'attribution dans les conflits opposant les juridictions judiciaires et administratives les plus élevées des États fédérés. Le personnel de la Cour Fédérale de Justice était recruté pour les uns parmi les personnels administratifs (administrateurs civils) et pour les autres parmi les magistrats de juridictions judiciaires ; les habitudes ont la peau dure. La doctrine justifiant que ce système permettait

---

65 Loi n° 61/12 du 20 juin 1961.

66 L'Assemblée plénière en fut le premier organe à la lecture de l'article 33. Les textes qui suivent la loi constitutionnelle de 1961 améliorèrent cette organisation. cf. Ordonnance n° 61-OF-6 du 4 octobre 1961, l'ordonnance n° 62-OF-1 du 12 janvier 1962 et le Décret n° 64/DF/218 du 19 juin 1964.

67 Extension encore plus faite par la loi n° 69/LF/29 du 29 novembre 1965 et la loi n° 69/LF/1 du 14 juin 1969.

68 KAMDEM (JC), *Contentieux administratif*, cf. cit, p. 29.

69 Ibid.

une précieuse économie des dépenses[70], le principe de séparation était sacrifié à l'autel des impératifs économiques.

Le système mis en place sera remplacé par le retour à la Cour suprême en 1972. Héritière des réformes organiques effectuées pour la Cour Fédérale de Justice, elle a posé des bases solides de l'organisation de la juridiction administrative actuelle[71]. La Cour suprême qui est instituée à la suite de la réunification du pays[72] va de concert avec une profonde mutation politique et institutionnelle. Il fallait que les marques de l'unité se voient dans les institutions qui en double pour plusieurs, parce que représentées en zone anglophone et en zone francophone, devaient être réunies. Le Parlement par exemple avait deux chambres, chacune située dans chaque État fédéré, le tout coiffé par le Parlement fédéral. Il n'échappera pas à la réunification, car la mutation fit naître un Parlement unique : l'Assemblée nationale[73]. La juridiction administrative avec ses deux chambres administratives[74] devait subir le même sort.

La création de la Cour suprême est l'œuvre de la constitution du 2 juin 1972[75]. Deux autres textes vont disposer sur l'organisation et le fonctionnement[76] de cette cour.

Cette nouvelle cour est étagée avec au niveau inférieur une chambre administrative unique, fruit de la fusion des deux défuntes chambres de la cour fédérale de justice. Au niveau supérieur se trouve une assemblée plénière. Les compétences de ces deux unités de la juridiction administrative sont celles qui sont respectivement dévolues aujourd'hui au Tribunal administratif et à la Chambre administrative suivant la récente réforme[77]. Ce qu'il y a de différent est que cette Cour suprême de 1972 encore compétente en matière de recours en constitutionnalité perdra cette compétence avec la loi constitutionnelle de 1996 qui créera officiellement une juridiction constitutionnelle autonome. Il reste que la Cour suprême de 1996 comporte plusieurs chambres (judiciaire, des comptes, administrative) ce qui marque un retour au système d'avant la

---

70 Sur l'ensemble de la question. V. MBARGA (E), *La cour fédérale de justice juge administratif*, Thèse, Droit, Paris, 1970

71 Infra

72 MBARGA (E), « Évolution politique au Cameroun en 1972 : Le référendum du 20 mai 1972 et la formation de la République unie du Cameroun », Annales de la FDSE, n° 6, 1973, p. 3s.

73 Lire OWONA (J), « La nouvelle constitution camerounaise de l'État fédéral à l'État unitaire », RJPIC, n° 1, 1973. « La réforme politique et constitutionnelle du 9 juin 1979 au Cameroun », REPEA, 1980.

74 L'une à Yaoundé et l'autre à Buéa.

75 Article 33

76 L'ordonnance n° 72/6 du 26 août 1972 fixant l'organisation de la Cour suprême modifiée par la loi n° 76/28 du 14 décembre 1976 et la loi du 8 décembre 1975 fixant la procédure devant la Cour suprême statuant en matière administrative.

77 Infra.

Cour Fédérale de Justice, puisque le dualisme juridictionnel observé pendant la période fédérale en prend un coup.

La question du personnel est toujours la même étant donné que les magistrats ne sont pas les seuls à pouvoir intervenir en matière de jugement. La Cour fédérale admettait le personnel administratif (surtout les administrateurs civils). La Cour suprême, même actuelle admet les enseignants d'universités et les cadres juristes de l'administration « en service extraordinaire[78] ». Au final, les changements sont légers puisque les principes d'organisation, notamment, demeurent les mêmes. L'étude des réformes de 2006 pourra ultérieurement le démontrer.

Le contentieux administratif a ainsi connu des évolutions en dents de scie au Cameroun avec des avancées ci, et des régressions là. Ces facteurs fluctuants qui concernent également l'aspect matériel (paragraphe 2) de ce contentieux ont fondé le patrimoine ontologique de ce domaine de la science juridique au Cameroun.

Paragraphe 2 : L'aspect matériel

Les éléments mis en exergue dans le contentieux administratif sont les règles et les organes. Leur combinaison est alors faite pour établir le système juridique de règlement du litige juridictionnel dans lequel l'administration est partie. L'aspect matériel est essentiellement constitué du Droit mis à la disposition du juge (A). L'un des traits qui caractérisent le Droit administratif et donc le contentieux administratif, du fait de leur proximité, est que le Droit administré par le juge est tributaire de lui puisqu'il participe à « sa codification ». Si la règle veut que le Droit soit mis à la disposition du juge, la réalité est que le juge, c'est le cas au Cameroun, est parmi les auteurs de son Droit (B) ; et la mesure doit en être donnée.

A. Le droit du juge

Depuis le Conseil du contentieux administratif de 1921 à la Cour suprême d'aujourd'hui, il est de bon aloi de se demander quel Droit applique le juge administratif au Cameroun. Le questionnement doit être dissout sans se confiner au cas unique du Cameroun, mais en y englobant les anciennes colonies françaises d'Afrique qui ont voulu conserver le système de juridiction spécialisée chargée du contentieux administratif.

La thèse dominante qui est la plus ancienne est celle du « mimétisme ». Défendue par bon nombre d'auteurs, elle est relative à l'assimilationnisme qui était l'exportation de règles et institutions juridictionnelles par la colonisation : « L'Administration coloniale dominée par la France était

[78] Art. 8 (2) de la loi n° 2006/022 du 29 décembre 2006 fixant l'organisation et le fonctionnement des tribunaux administratifs.

largement assimilationniste. Pour des raisons de doctrine d'abord et pour des raisons pratiques ensuite, il était commode d'utiliser les mêmes organigrammes, et les mêmes règlements pour le corps métropolitain et pour le corps d'outre-mer. Ensuite, cette administration avait tendance à l'uniformisation en matière de compétence et de procédure et ignorait, dans la plupart des cas, la spécificité des espaces et celle des groupes[79] ».

Il devait y avoir donc application dans les colonies des politiques arrêtées dans la métropole[80]. Cette thèse pose alors les bases d'une reproduction institutionnelle dans les colonies du modèle de la métropole. La reproduction est organique et matérielle. Cette reprise des « phénomènes d'imitation » idéelement conçus par Jean RIVERO s'accompagnait nécessairement d'une identité de doctrine[81] qui faisait avoir aux réformes dans les colonies le même sens que celles entreprises et vécues en France.

C'est ainsi qu'il fallut admettre que le Droit en vigueur ici était celui voulu et surtout vécu là-bas. La branche dure du mimétisme conçut alors que « c'est le Droit administratif qui, telle une usine clé en main, a été importé en bloc dans les États issus de la colonisation française[82] ». À part le cas des règles prescrites et codifiées, l'aspect prétorien n'est pas oublié. Au contraire, de nombreux développements ont concerné le juge administratif africain. Le point de rencontre des tenants de la thèse du mimétisme était celui de la disqualification du juge administratif africain.

Pour abonder dans le même sens que BIPOUN WOUM, au Cameroun, « on pourrait multiplier des exemples montrant que le juge administratif camerounais vit davantage dans l'univers du juge administratif français[83] ». Ces formules qui présentaient le Droit administratif d'Afrique comme étant fortement légiféré admettaient néanmoins en ce qui concerne le juge que le mimétisme n'est pas total. Cette petite pierre de l'angle devait pourtant devenir un élément important de l'édifice de la thèse contraire qui, sans plus être, présente la réalité[84].

Ne pas survoler, mais déterminer la nature du Droit administratif d'Afrique par le détail de plusieurs indicateurs doit servir la démonstration de l'assertion

---

[79] BOUGNICOURT (J), « le mimétisme administratif en Afrique, obstacle majeur au développement », RFSP, 1973, p. 1254.
[80] GONIDEC (P-F), *Les droits africains. Évolution et sources*, LGDJ, 2e éd, Paris 1968, p. 251s
[81] YEM GOURI (M), « Bilan de l'unité du droit administratif dans les pays d'Afrique noire francophone », Penant, 1988, n° 797, pp. 293-307.
[82] CONAC (G), « Le juge de l'État en Afrique francophone » Afrique Contemporaine. N° 156, 4e trimestre 1990, numéro spécial : La justice en Afrique (s-d) de GADUSSON (Jean Dubois) et CONAC (Gérard). Economica, Paris, p. 17.
[83] BIPOUN WOUM (J-M), « Recherches sur les aspects actuels de la réception du droit administratif dans les États d'Afrique Noire d'expression française : Le cas du Cameroun », RJPIC, 1972, n° 3, p. 380.
[84] Constitution du 5 Fructidor an III.

de sa scission d'avec celui substantiel et processuel de la France. Au préalable, il faut reconnaitre qu'il existe bien une communauté juridique qui est un ensemble d'éléments juridiques présents dans les systèmes de droit présentant des similitudes de principes et de valeurs. Mais, communauté n'est pas équivalente à identité. Il existait dans la gestion des colonies françaises un principe réglant les questions de transposition des textes juridiques : celui de la spécialité législative. Au départ, les colonies françaises directement intégrées au territoire français lui-même[85] se trouvaient ipso facto dans le giron du droit de la France telles quelles. Par une lettre de cachet du 26 octobre 1774, le roi précisa aux administrateurs de ces colonies que les textes pris dans la métropole ne devaient être appliqués dans ses colonies que si lui-même en décidait ainsi[86]. C'est ainsi que naquit le principe de la spécialité législative[87] qui fut conservée[88] jusqu'à la « constitution du 4 octobre 1958 qui transfère certaines compétences internes aux territoires d'outre-mer, promus au statut d'État, au sens interne du mot…[89] ».

Pour qu'un texte de la métropole soit applicable dans les colonies, il fallait qu'il soit pris à cette fin et que sa promulgation se fasse de façon spéciale[90].

Même si le principe de spécialité connaissait plusieurs exceptions[91] et qu'il acceptait un transport du droit de la métropole vers la colonie, son effet immédiat était la non-applicabilité automatique du droit métropolitain aux colonies. Ce qui devait distendre les règles de la France de celles (quantité et qualité) de ses colonies. L'exportation sélective des droits devait se faire avec son importation elle aussi sélective par les États accédant à l'autonomie, puis à l'indépendance. C'est que les États africains étaient juridiquement libres d'accepter ou de refuser le droit appliqué pendant la colonisation. Cette liberté s'est exercée dans le sens de l'acceptation avec dans la réalité certains éléments soit rejetés, soit non appliqués. L'acceptation ne fut pas intégrale, mais plutôt sélective.

---

85 ROUSSILLON (CI), *Le régime législatif de la France d'outre-mer*, Bibliothèque juridique de l'Union française, éd. de l'Union française, Paris 1952, p. 39.

86 cf. art. 73 de la Charte du 14 juin 1814, arts 63 et 65 des Ordonnances organiques du 21 août 1825 et du 9 février 1827 : « Les lois, ordonnances et règlements de la métropole ne peuvent être rendus exécutoire que par notre (le roi) ordre ».

87 V. aussi l'article 74 de la constitution du 27 octobre 1946 qui dote les territoires d'outre-mer d'un statut particulier et affirme la continuité en la matière.

88 DEGNI SEGUI (R), *La succession d'États en Côte d'Ivoire*, Thèse d'État, AIX-Marseille, tome 2, p. 504.

89 ONDOA (M), *Le Droit de la responsabilité publique dans les États en développement : contribution à l'Étude de l'originalité des droits africains*, tome 1, Thèse de Doctorat d'État en Droit public, Université de Yaoundé II, 1997, p. 44s

90 ONDOA (M), *Le Droit de la responsabilité publique dans les États en développement…* op.cit., p. 45.

91 Ibid.

Le juge était concerné et cet état de choses était en réalité tributaire d'une idéologie : celle de la construction nationale. Les jeunes États africains doivent se construire et les fonds publics ne sauraient être sacrifiés à l'autel de l'exercice de la justice. Les règles de responsabilité publique dans leur consécration et dans leur mise en œuvre très libérale entameraient l'objectif de développement. Et le juge enclin à statuer facilement contre l'administration et à la condamner à lourdement indemniser serait l'adversaire du développement. L'idéologie de la construction nationale[92] est le support doctrinal du pays en voie de développement et son juge ne saurait le saborder en étant dispendieux.

Le Droit du développement qui ressort de cette idéologie tend ainsi à la protection de l'administration dont les fautes se justifient par « l'immensité de sa tâche de construction nationale et impliquant comme méthode, la restriction de droits et libertés individuels des citoyens[93] ». Or, le magistrat vit dans une société[94], et la situation et les impératifs doivent l'amener à protéger la puissance publique et les fonds publics. Il s'ensuit alors une acclimatation tropicale du droit du juge administratif.

La détermination du Droit du juge administratif camerounais fait qu'il soit perçu comme étant un Droit original[95]. « L'originalité d'un système de droit par rapport à un autre signifie que les solutions de fond que chacun d'eux donne à des problèmes semblables sont en fait différentes[96] ». L'originalité du contentieux administratif du Cameroun par rapport à celui de la France n'est pas seulement marquée par des dissemblances au niveau des solutions du juge[97], mais aussi quant aux procédures, aux organes de la juridiction et à leur organisation[98]. La similitude voulue par les « mimétistes » est dès lors vidée de sa substance.

Aussi, la sélection dans les textes à appliquer et les orientations du système juridique par l'idéologie de la construction nationale[99] ont fini par prendre le dessus sur la thèse de la reconduction. Le Droit du juge administratif

---

[92] cf. KAMTO (M), *Pouvoir et Droit en Afrique. Essai sur les fondements du Constitutionnalisme dans les États d'Afrique noire francophone*, LGDJ, 1987, p. 325s.
[93] ONDOA (M), *Le droit de la responsabilité publique dans les États en développement…*, op.cit., p. 65.
[94] Propos du Président de la République du Cameroun lors de la rentrée judiciaire 1983-1984.
[95] DELAUBADERE (A), « Les éléments d'originalité contractuelle de l'administration », in *Mélanges à MESTRE*, 1949, p. 384.
[96] Ibid.
[97] Infra
[98] Infra
[99] ONDOA (M), « Le Droit administratif français en Afrique francophone : Contribution à l'étude de la réception des Droits étrangers en droit interne », RJPIC, vol56, n° 3, 2002, p. 297s.

camerounais est donc original. Le juge contribue d'ailleurs par son pouvoir jurislateur à ladite originalité[100].

B. Le Droit par le juge

Comme fonction voulue, le juge administratif a pour charge de trancher les litiges qui relèvent de sa compétence. Il doit dire le Droit. Pour ce faire, le texte doit être clair et précis[101] ; c'est le postulat de la plénitude de la loi écrite[102]. Ce postulat qui a cours en Droit privé reste un mythe, car les textes présentés au juge n'ont qu'exceptionnellement cette plénitude[103].

En Droit administratif, les textes sont épars, trop peu nombreux et généralement peu clairs et précis quand ils existent. La création normative ne peut alors être déniée au juge qui, à l'occasion des litiges, va faire le Droit. Aussi, les règles de fond et de forme propres au Droit administratif de façon générale et au contentieux administratif de façon spécifique, ainsi que les règles procédurales de la juridiction administrative sont surtout d'origine jurisprudentielle.

Au Cameroun, la doctrine a souvent présenté les règles du contentieux administratif comme étant par parallèles aux États d'Afrique d'expression française, « d'élaboration surtout législative, ou en tout cas aussi législative que jurisprudentielle[104] ». Ce constat qui est par ailleurs confirmé[105] trouve sa justification dans plusieurs causes. Le vivier du Droit par le juge est le recours, mais le prétoire est déserté. C'est que les blocages à répétition de l'exécution des décisions de justice par l'administration n'encouragent pas. Ces refus d'exécuter se traduisent généralement par le silence que l'administration garde quand elle est condamnée[106]. Un facteur psychologique doit aussi être soulevé : celui du manque de combativité des administrés et autres agents de l'État[107]. Ceux-ci préfèrent laisser les injustices se perpétrer et quand bien même ils intentent une action contentieuse, elle se termine généralement en queue de poisson parce que ces derniers recourent trop souvent à leur faculté

100 KAMTO (M), *Pouvoir et Droit en Afrique*…, op.cit., p. 259.

101 Civ, 22 novembre 1932, DH. 1933, 2.

102 GENY (F), *Méthodes d'interprétation et sources en Droit positif*, paris, tome1, 1919, P XI

103 Lire D'AMBRA (D), L'objet de la fonction juridictionnelle : Dire le droit et trancher les litiges, op.cit., p. XXI.

104 BIPOUN-WOUM (J), « Recherches sur les aspects actuels de la réception du Droit administratif dans les États d'Afrique noire d'expression française : Le cas du Cameroun », op.cit., p. 361.

105 KAMDEM (J-C), *Contentieux administratif* ; op.cit., pp. 51-54.

106 ONDOA (M), *Le Droit de la responsabilité publique*…, op.cit., p. 282s

107 BIPOUN-WOUM (J-M), « Recherches sur les aspects actuels de la réception », op.cit., p. 382.

de désister. L'autre explication qui est liée au contexte politique est celle de la peur[108].

Le monolithisme politique, le contexte policier et la mystique du Chef font craindre les représailles. Par conséquent, les justiciables s'attaquent très peu à l'administration[109] et le juge n'a donc pas trop l'occasion de dire et de faire le Droit.

Les raisons d'ordre contextuel et psychologique doivent être revues. Tenant d'une époque, elles s'affirmaient par le cadre autoritaire du pouvoir. Il y a eu des avancées ; et la démocratie a libéré le justiciable qui a compris qu'il ne s'attaquait pas au pouvoir politique en place en dénonçant l'administration, mais qu'il ne faisait que réclamer un droit que les regards de la société civile et de la Communauté internationale devaient sauvegarder. Cette évolution n'a pourtant pas fait grossir le volume du contentieux administratif. Le rythme de fonctionnement de la justice administrative[110], les obstacles techniques et financiers constituent des continuations des paramètres dissuasifs de la saisine du juge administratif.

La faiblesse du contentieux administratif est donc au Cameroun une histoire de faible volume du contentieux administratif du fait de la désertion du prétoire. Il n'y a pas là sujet à héritage. Pendant qu'en France, il y'a à tous les niveaux de la juridiction administrative encombrement[111] (ce qui pose un problème d'accès au juge), au Cameroun, c'est plutôt la vacance, la désertion. Le Professeur aurait même mieux fait de ne pas parler de déclin de la fonction contentieuse[112] puisque le déclin suit logiquement l'apogée et que les résultats

---

[108] HOLO (T) « Requiem pour la chambre administrative », RBSJA, n° 10, juillet 1988, p. 7.
[109] DE GAUDUSSON (J), « Le statut de la justice en Afrique noire », in *La justice en Afrique*, (s-d) DUBOIS DE GAUDUSSON (J) et CONAC (Gérard), *Afrique contemporaine*, n° spécial, la documentation Française, 1990, p. 11.
[110] Un seul exemple qui n'est pas une exception illustre cette lenteur. Un fonctionnaire de police est illégalement révoqué du corps de la Sureté nationale. Le recours contentieux est introduit en 1987, et ce n'est qu'en 1997 soit 10 ans plus tard que la chambre administrative a annulé l'arrêté de révocation. Cette espèce laisse entrevoir ce qu'il en sera en termes de durée de l'appel formulé par l'État. Cf. CS/CA, jugement n° 58 du 27 mars 1997, DOBA Jean Calvin contre État du Cameroun.
Au support de cette illustration, une autre qui concerne un enseignant d'université. Le Sieur NGUIFFO, enseignant à la Faculté de Droit de l'Université de Yaoundé est remis à la disposition du ministre de l'Éducation pour insuffisance académique en janvier 1979. Celui-ci va intenter un recours contentieux d'abord sans succès devant la chambre administrative. Puis il fera appel et l'Assemblée plénière annulera la décision litigieuse. Seulement, l'Assemblée plénière statua 20 ans après que l'affaire ait été introduite en justice et 18 ans après que la Chambre administrative se soit prononcée en 1er ressort.
Cf. CS/CA, Arrêt n° 01 du 25 février 1999, GUIFFO Jean Philippe contre État du Cameroun.
[111] FAVOREU (E), « Résurgence de la notion de déni de justice et Droit au juge », in *mélanges Jean WALINE*, DALLOZ, 2002, p. 513s
[112] MESCHERIAKOFF (A-S), « Le déclin de la fonction administrative contentieuse au Cameroun », RJPIC, n° 4, 1980, p. 825.

quantitatifs de l'opération d'évaluation montrent que la fonction contentieuse administrative a toujours été latente au Cameroun, sauf à se contenter de peu[113].

Le Droit par le juge administratif donne également au contentieux administratif au Cameroun deux autres faiblesses, l'une relative au droit rendu, et l'autre en rapport avec la logique jurisprudentielle.

S'agissant du droit rendu, quelques décisions courageuses ont été rendues par le juge administratif à contre-courant des exigences du politique.

Il est interdit d'intervenir dans le contentieux portant désignation des chefs traditionnels[114] par une loi[115], le juge l'a contourné un temps en se déclarant compétent en 2002 pour une désignation entachée « d'erreur[116] ». Seulement, il est revenu à la situation d'antan, se déclarant à nouveau incompétent pour ce type de litige[117]. C'est que bon gré mal gré, le juge adhère à la politique des pouvoirs publics. La période d'après indépendance est caractérisée par des arrêts (tueurs) du Droit. Le Droit rendu par le juge, liberticide, est caractériel de l'idéologie de la construction nationale et de la lutte contre « les ennemis du pouvoir ».

L'exécration des maquisards, groupe de personnes ayant combattu pour l'indépendance et s'étant reconverties dans la lutte contre le pouvoir en place vu comme un allié de l'ancienne colonie, se fit. Ces derniers perpétraient des actes terroristes et l'État, en les combattant, devait éviter de subventionner le terrorisme. La subvention pouvant se faire par les dommages versés aux personnes ayant subi des actes terroristes, elles-mêmes pouvant être des complices, la politique juridique était alors de ne pas incriminer l'État.

Le juge administratif, interpellé plus d'une fois déclara les recours en réclamation de réparer les actes terroristes irrecevables[118].

Devant se prononcer sur une question de constitutionnalité, il refuse d'effectuer le contrôle de la constitutionnalité des lois par voie d'exception, prétextant qu'il ne serait pas prévu par la Constitution[119].

---

[113] V. BINYOUM (J), « Bilan de vingt ans de jurisprudence administrative de la Cour suprême au Cameroun », 1ere partie 1957-65, RCD, Série 2 n° 15 et 16, 1978 ; et 2e partie 1961-72.
[114] CS/CA, jugement n° 7 du 29 novembre 1979, ESSOMBA Marc Antoine contre État du Cameroun.
[115] La loi n° 79/17 du 30 juin 1979 et loi n° 80/31 du 27 novembre 1980.
[116] *CS/CA, jugement n° 50 du 29 août 2002, Chief TAMBE Joseph TAKAW contre État du Cameroun et Dr. ENONCHONG Henry NDIFOR (Intervenant volontaire).*
[117] *CS/CA, jugement n° 08 du 31 octobre 2002, BATEG Daniel contre État du Cameroun.*
[118] *CS/AP, Arrêt n° 96 du 20 mars 1968, NANA Levi Lucien contre État du Cameroun ; CS/AP, Arrêt n° 14 du 4 novembre 1965, SINCOA contre État du Cameroun.*
[119] *CFJ-AP, Arrêt n° 4 du 28 janvier 1970, Société des grands travaux de l'est contre État fédéral du Cameroun.*

Ces deux voies montrent bien que le juge administratif a longtemps fourni un Droit complice de la politique publique cherchant ici à faire des économies, et là à museler le Droit.

Une autre faiblesse du contentieux administratif du Cameroun fait ressortir le problème de la logique du Droit issu de l'œuvre du juge. Le juge doit éclairer le Droit[120] et son œuvre technique en est le moyen. Mais alors, le juge camerounais a le fort de flouter ses décisions, parce que souvent elles ne se suivent pas. Se disant et se contredisant, le juge administratif camerounais fait œuvre de balbutiement jurisprudentiel et laisse entrevoir une jurisprudence administrative par moment hachée[121].

Ce changement de position constant est souvent justifié par l'argument que ce juge est de formation judiciaire. Cette argumentation ne peut pas faire du vieux vin parce que c'est toujours le même juge qui des fois surprend par son audace et son raisonnement[122].

C'est pour cela que le professeur ABA'A OYONO parle de « grain de sable » pour, même s'il ne le dit pas, révéler le caractère mineur du problème de la cohérence de la jurisprudence dont il s'agit. Au demeurant, les tribunaux administratifs et en particulier le Conseil d'État comptent dans leurs compositions des membres tels que des fonctionnaires « de Droit commun[123] ». Ce qui ne les empêche pas de rendre un Droit « historique » comme quoi, on ne naît pas magistrat administratif, on le devient.

Des aspects péjoratifs à ceux appréciatifs quant à l'État de droit, le contentieux administratif au Cameroun porte ses marques. Ses faiblesses, ses forces, sa destination, ses fondations, bref son histoire et sa composition actuelle par tous les aspects précédemment dévoilés font le glissement du contentieux administratif au Cameroun au contentieux administratif camerounais. Vêtu de l'habit de son originalité, il ne peut être que ce qu'il est et pas ce qui est ailleurs. L'étude est alors fort complexe. Il n'est pas seulement question de présenter son armature, mais de le faire par temps en décelant ce qu'il a de propre, voire d'unique, ce qu'il partage avec le système français (avec en arrière-plan une affaire de vrais et faux semblants), et ce qu'il n'a probablement pas, mais qui existe chez Marianne. Le détail sera donné :

---

[120] *KAMTO (M), note sous le jugement de la Chambre administrative de la cour suprême en date du 26 avril 1984, RIKAM à NWAE HAMADOU, recueil penant, 1987, p. 363.*

[121] *V. L'intéressante étude de M. ABA'A OYONO qui parle de cacophonie pour qualifier ces secteurs de la jurisprudence. Il prend pour appui le titre foncier et surtout la désignation jurisprudentielle de l'autorité destinataire du recours gracieux. cf. ABA'A OYONO (JC), « Chronique du grain de sable dans la fluidité jurisprudentielle à la chambre administrative du Cameroun », RASJ, vol 5, n° 1, 2008, p. 51s*

[122] *Infra*

[123] *RONNY (A), « Les magistrats des tribunaux administratifs et des cours administratives d'appel », RFDA, 1988, p. 207.*

- d'abord par l'organisation de la juridiction administrative (première partie) ;
- ensuite par l'étude du procès administratif (deuxième partie) ;
- et enfin par le sort de la décision de justice (troisième partie).

PREMIÈRE PARTIE :

L'ORGANISATION DE LA JURIDICTION ADMINISTRATIVE

De 1920, date de création de la juridiction administrative au Cameroun par la puissance mandataire, à aujourd'hui, la juridiction administrative s'est véritablement transformée.

La première juridiction fut le Conseil du Contentieux administratif[124]. La détermination de sa procédure consacrant le début de son fonctionnement intervint le 16 décembre 1921. Ce qu'il faut en dire est que ce conseil se rapprochait fortement du conseil d'administration du territoire au regard de sa composition[125] qui ne respectait pas le principe de séparation des autorités, et qu'il n'avait pas la plénitude de compétence en matière de contentieux administratif[126]. La première observation fut atténuée, mais maintenue dans l'organisation de la juridiction qui lui succéda. Le Tribunal d'État puisqu'il s'agit de lui, put quand même disposer de la plénitude de compétence en matière de contentieux administratif. Mais contrairement au Conseil du contentieux administratif qui a eu une durée de vie de 39 ans, le Tribunal d'État devait quelques mois après sa création être remanié[127], puis mis aux oubliettes par la création avec la fédération, de la Cour Fédérale de Justice.

La Cour Fédérale de Justice inspira dans son organisation à quelques exceptions près[128], la Cour suprême qui devait lui succéder avec la réunification du Cameroun.

La juridiction administrative camerounaise se présente actuellement comme ayant connu une réorganisation. En 2006, un ensemble de textes a été pris pour lui faire un nouveau chemin[129]. Cela a donné lieu à l'augmentation du recrutement du nombre de magistrats et à la création d'une section précise pour le magistrat administratif dans l'institut public qui les forme.

Ce qu'il faut en extirper c'est que les organes de l'ordre juridictionnel (TITRE II) n'ont pas fondamentalement changé. Les modifications apportées doivent être révélées et mises en parallèle avec les structures issues des réformes de la juridiction administrative survenues à l'occasion de la réunification.

La quête envisagée doit au préalable déterminer les principes d'organisation (TITRE I) reçus depuis le Conseil du contentieux administratif dont la substance, tropicalisée, a assurément donné naissance à l'organisation juridictionnelle actuelle.

---

124 Institué par les Décrets français du 14 avril 1920 et du 8 juillet 1952.
125 JACQUOT (H), *Le contentieux administratif au Cameroun*, RCD, n° 7, 1975, p. 16.
126 Elle partageait le contentieux administratif avec le conseil d'État français juge d'appel qui était par ailleurs juge de premier ressort du recours pour excès de pouvoir et du contentieux des services publics de la République française.
127 Avant sa réforme, le Tribunal d'État était juge de premier et dernier du contentieux administratif parce qu'il n'y avait pas de 2e ressort pour les décisions qu'il rendait.
128 Supra.
129 Infra

TITRE I :

LES PRINCIPES D'ORGANISATION

L'Édit de Saint-Germain du 11 février 1641 pose un principe qui fondera l'organisation de la justice administrative : le principe de la séparation des autorités. Réaffirmé, ce principe devait fonder une organisation judiciaire nouvelle en France[130]. L'incidence de l'avènement du principe fut significative puisque la juridiction judiciaire devait occuper une part isolée de l'organisation judiciaire dont l'autre part était « déléguée[131] » à la juridiction administrative. C'est ainsi qu'il se fit deux ordres juridictionnels en France.

Au Cameroun, la politique assimilationniste de la France[132] va amener dans l'intention tout au moins à reconduire les préceptes de l'organisation judiciaire. « La France étend au Cameroun son dualisme juridictionnel impliquant la création d'une juridiction spécialisée dans le contentieux administratif, à côté des juridictions judiciaires. Un Décret du 14 avril 1920 crée la première juridiction administrative camerounaise[133] ». Le professeur KAMTO emboitait par ces écrits le pas à la pensée et à la réalité de l'assimilationnisme qui justifia l'instauration de la règle de la séparation des autorités au Cameroun. Le Tribunal d'État et la Cour Fédérale de Justice devaient conserver cette répartition juridictionnelle qui allait être bouleversée avec les structurations des réformes de 1972.

Les modifications de l'organisation de la juridiction administrative au Cameroun mettent en exergue les principes internes à cet ordre juridictionnel (chapitre 2) avec d'une part ce qui a changé et ce qui a été maintenu, du principe de la séparation des autorités aux autres règles ordonnançant l'organisation de ladite juridiction. Avant d'y arriver, il faut situer la juridiction administrative dans le pouvoir judiciaire puis, établir les principes de son fonctionnement avec l'Exécutif (chapitre I) qui historiquement fut dessaisi de la fonction de juger[134] par le passage de la justice retenue à la justice déléguée.

---

130 Par l'édit de FONTAINEBLEAU du 8 juillet 1661 et par la loi d'organisation judiciaire des 16-24 août 1790 et celle du 16 fructidor an III notamment.

131 CHEVALLIER (J), « Du principe de séparation au principe de dualité », RFDA, 1990, p. 712s.

132 ORDONNEAU (P), « Le costume des membres du conseil d'État », in, *le conseil d'Etat*, (S-D) Louis FOUGERE, éd. du CNRS, 1974, pp. 927-931

133 GIRAULT (A), *Les principes de colonisation et de législation coloniale*, 2e éd., 1904, tome 1. p. 160V. aussi FOYER (J), « les destinées du droit français en Afrique », penant 1962, p. 6s.

134 KAMTO (M), « La fonction administrative contentieuse de la Cour suprême du Cameroun », In les cours suprêmes en Afrique-III La jurisprudence administrative, (S-D) DE GAUDUSSON Jean et CONAC Gérard ; Economica, Paris, 1988, p. 32.

CHAPITRE 1 :

LE PRINCIPE EN RAPPORT AVEC L'EXÉCUTIF

« Au nom du peuple camerounais » est la mention par laquelle débutent les jugements et arrêts des instances juridictionnelles camerounaises[135]. Cette mention désigne la provenance de l'autorité du juge et lui donne une légitimité singulière du fait de l'émanation de son pouvoir. Il n'en a pas toujours été ainsi. Dans l'ancien régime, la justice ordinaire qui ne faisait pas la distinction entre le contentieux administratif et le contentieux de Droit commun était une Cour parlementaire[136]. L'Édit de Saint-Germain du 21 février 1641[137] est venu modifier ce régime en ce qui concerne les litiges qui ont trait à l'administration en réservant ceux-ci à la compétence du Conseil d'État ou conseil du roi par effet du rattachement de ce conseil d'État à la Cour royale à l'époque. La confusion était donc faite entre la juridiction administrative et le pouvoir exécutif.

Les confusions opérées ont ainsi joint le règlement du contentieux de l'administration aux affaires des Parlements, puis de l'Exécutif. Les théoriciens de la séparation des pouvoirs ont inauguré une autre vision de la répartition des puissances dans l'État et les textes ont suivi le discours. Le rejet de l'absolutisme et l'introduction de l'État de droit devaient être bâtis sur le socle de la séparation des pouvoirs[138]. La Déclaration des droits de l'homme et du citoyen de 1789 a introduit par le sommet de l'ordre juridique la règle de la séparation des pouvoirs, mettant en présence trois pouvoirs : l'Exécutif, le Législatif et le Judiciaire. Lesdits pouvoirs sont distincts et indépendants les uns les autres.

Ce principe d'édification du pouvoir dont fait partie l'ordre juridictionnel administratif est probablement introduit au Cameroun de façon implicite avec la mise sous mandat français. Le principe de séparation des pouvoirs est

---

[135] cf. art. 37 de la loi constitutionnelle n° 96-06 du 18 janvier 1996.
A titre illustratif cf. : art 54 de la loi n° 2006/022 du 29 décembre 2006 fixant l'organisation et le fonctionnement des tribunaux administratifs ; art 5(1) de la loi n° 2006/017 du 29 décembre 2006 fixant l'organisation, les attributions et le fonctionnement des tribunaux régionaux des comptes.

[136] MESTRE (JL), *Introduction historique au droit administratif français*, collection droit fondamental, PUF, 1985, p. 174s.

[137] Supra

[138] L'art. 16 de la Déclaration des droits de l'homme et du citoyen de 1798 proclame que « toute société dans laquelle la garantie des droits n'est pas assurée ni la séparation des pouvoirs déterminée n'a point de Constitution »

explicitement introduit au Cameroun par l'ordonnance française du 30 décembre 1958[139].

« Le transfert de la justice à l'état du Cameroun interviendra dans les conditions prévues par une convention qui devra fixer les principes de l'organisation judiciaire du Cameroun dans le respect de la séparation des autorités administratives et judiciaires, et de l'indépendance de la magistrature. »

L'autonomie interne remettait la gestion interne de l'État aux nationaux, et il fallait en déterminer les principes de gestion. En matière institutionnelle, la répartition voulue était celle d'instituer trois pôles de pouvoirs indépendants. Le principe de séparation des pouvoirs a ainsi impulsé la première règle de l'organisation de la juridiction (de façon générale) en impliquant qu'elle soit indépendante (section I). La nature de l'indépendance accordée (section II) reste tout de même un sujet à division au sein des juristes ; sa précision interpelle donc.

Section 1 : L'indépendance du pouvoir judiciaire

La convention qui est indiquée dans l'ordonnance française de 1958[140] est signée le lendemain de sa publication[141]. Cette convention a tout bonnement l'air d'être un acte d'octroi et non de consensualisme dans la mesure où l'ordonnance intervient un 30 décembre et la convention y afférente un 31 décembre. L'autre facteur intrigant est assurément le fait que sans avoir la souveraineté internationale, le Cameroun soit directement partie à une convention. L'intérêt porté à ladite convention provient de ce qu'elle procède à l'introduction de l'indépendance de « l'autorité judiciaire[142] » dans les principes devant organiser les institutions du Cameroun. Le contenu de l'indépendance consacrée (paragraphe I) montre la profondeur des implications de ce principe dans l'appréhension statutaire du corps judiciaire, et surtout dans la signification de cette règle en rapport avec l'institution judiciaire (paragraphe II).

Paragraphe 1 : Le contenu de l'indépendance du Judiciaire

L'indépendance est synonyme de liberté, c'est-à-dire d'absence d'influence. De nombreux facteurs peuvent intervenir pour réduire cette

139 Ordonnance française n° 58-1375 du 30 décembre 1958 portant statut du Cameroun ; titre II-Section III, art. 21.
140 Ibid.
141 Convention judiciaire franco-camerounaise du 31 décembre 1958.
142 Art. 3.

prérogative. Certains voient ainsi dans les médias[143] et leur rôle de diffusion d'idées et de violence symbolique,[144] un adjuvant de l'influence que subit la liberté du Judiciaire. La question de l'indépendance du Judiciaire est d'abord une affaire institutionnelle, car elle situe l'institution judiciaire au milieu des autres, mais aussi une affaire des agents qui les composent[145].

L'article 3 de la convention judiciaire franco-camerounaise du 31 décembre 1958 stipule que : « l'autorité judiciaire est indépendante de l'autorité administrative et du pouvoir législatif. Les magistrats du siège sont inamovibles... »

Précision utile, l'expression « autorité administrative » utilisée par cette convention renvoie en réalité à l'autorité ou au pouvoir exécutif qui, certainement, ne pouvait pas encore être dénommé ainsi du fait de son cantonnement général à des fonctions administratives puisque l'autonomie était encore strictement interne. Il n'est tout de même pas exclu que cette expression soit aussi utilisée dans le cadre de la séparation des autorités. Ce qu'il faut surtout tirer de cet article est la distinction qu'il établit entre fonction judiciaire, « administrative », et législative. L'indépendance n'est donc pas seulement un rapport Judiciaire-Exécutif ; il est tridimensionnel même si à la vérité, les extrapolations redoutées sont surtout celles de l'Exécutif. L'indépendance consacrée se conçoit donc prioritairement vis-à-vis de l'Exécutif. Les aspects organiques (A) font intervenir les agents de ces différents corps, tandis que les aspects matériels du principe (B) convoquent les pouvoirs de ces différents corps institués.

A. L'aspect organique

Trois pouvoirs sont consacrés par la loi constitutionnelle de 1996 : l'Exécutif, le Législatif et le Judiciaire. Le principe de séparation des pouvoirs doit être appréhendé de façon organique par le fait que ces pouvoirs, considérés comme des corps, ne doivent pas s'enchevêtrer : c'est la règle de l'incompatibilité[146].

1. La règle de l'incompatibilité

L'incompatibilité est définie comme « l'interdiction faite au titulaire d'un mandat politique de cumuler celui-ci avec des fonctions qui pourraient en compromettre l'exercice[147] ». La Constitution française de 1958 devait

---

143 BUFFELAN-LANDRE (J-P), « De l'indépendance de la magistrature », les petites Affiches, 11 juin 1993, n° 70, p. 9.
144 BOURDIEU (P), *Questions de sociologie*, Minuit, Paris 1981, p. 115s.
145 Infra
146 BURDEAU (G), « Remarques sur la classification des fonctions étatiques », RDP 1945, p. 102s.
147 GUILLIEN (R), VINCENT (J), GUINCHARD (S), MONTAGNIER (G), *Lexique des termes juridiques*, Dalloz Paris 2001, p. 299.

intégrer une incompatibilité entre les fonctions gouvernementales et celles de député ou de sénateur. Inspiré au général de Gaulle par le professeur René CAPITANT[148], il était question de clairement se démarquer de la tradition du régime parlementaire qui permet le cumul.

L'identification de l'incompatibilité telle qu'appréhendée en matière constitutionnelle ne recouvre qu'une partie de la réalité. D'une part, l'incompatibilité n'est pas que statutaire, elle s'étend à l'entrée dans la fonction et c'est cet aspect qui est le mieux exposé par les régimes dits de séparation stricte comme les États-Unis, parce que l'accession à la fonction de parlementaire ou de membre du gouvernement ne dépend pas de l'autre organe politique[149] comme cela se vit dans les régimes dits de séparation souple[150]. D'autre part, l'incompatibilité ne concerne pas seulement les fonctions électives, mais aussi toute autre fonction dont l'exercice serait dangereux.

Puisque l'incompatibilité est une affaire de corps, elle proscrit que des agents de corps censés réciproquement être indépendants n'aient pas de proximité. Aussi, l'un ne devrait pas servir de vivier au personnel constituant l'autre. L'incompatibilité est aussi un gage de la séparation des pouvoirs et de l'autonomie de la magistrature.

Le magistrat en activité ne saurait être président ou vice-président de structure chargé des élections[151] de peur qu'il ne participe de façon considérable à la désignation de membres de corps qui lui sont « étrangers ». Un parlementaire ne peut exercer les fonctions de magistrat[152]. Les fonctions de président de la République et celle des membres du gouvernement sont également incompatibles avec celles de magistrat en activité[153].

Le statut de la magistrature formule aussi les incompatibilités des fonctions de magistrat à celles des professions commerciales et d'auxiliaires de justice[154].

La seule interprétation possible est que le statut de la magistrature a pris le principe de l'indépendance de la magistrature et donc de l'incompatibilité avec les fonctions politiques comme étant un acquis, une évidence qui ne

---

148 CHANTEBOUT (B), *Droit constitutionnel*, 21e éd., Armand Colin, Paris 2004, p. 418.

149 Ibid. p. 90 s

150 cf. LE BRAZIDEC (G), René CAPITANT, CARL SCHMITT : Crise et réforme du Parlement (de WEIMAR à la cinquième République), logiques juridiques, l'Harmattan, 1998, p. 310.

151 Art.12 de la loi n° 2006/011 du 29 décembre 2006 portant création, organisation et fonctionnement d'Election's Cameroon.

152 Par exemple : art. 9 de la loi n° 2006/005 du 14 juillet 2006 fixant les conditions d'élection des sénateurs.

153 Respectivement art. 7 (4) et 13 de la loi constitutionnelle de 1996.

154 Art. 15 du décret n° 95/048 du 8 mars 1995 portant statut de la magistrature.

devrait plus être réitérée d'autant plus que des textes, hiérarchiquement supérieurs à ce décret, en font déjà mention.

2. Les implications de la règle

Par la reconnaissance de l'incompatibilité de fonction entre magistrats, membres de l'Exécutif et membres du Parlement, le législateur camerounais a créé une séparation de ces corps, corollaire du principe de la séparation des pouvoirs. L'indépendance du Judiciaire est ainsi imprégnée du fait que le magistrat est membre de la magistrature parce qu'il n'y a pas d'ingérence de corps[155]. La seule atténuation possible est le détachement.

La position de détachement place le magistrat hors de son corps d'origine (la magistrature). C'est à cette condition que le magistrat peut exercer des fonctions électives ou être nommé membre du gouvernement. Le magistrat détaché continue néanmoins à bénéficier dans son cadre des droits à l'avancement et à la retraite[156]. Et c'est dans le régime du détachement que se trouve dans leur statut implicitement disposé l'incompatibilité à l'article 15 dudit statut : « Les magistrats en position de détachement pour y exercer des fonctions de membre du Gouvernement ou une fonction publique élective à l'Assemblée nationale...[157] ». Le détachement ne s'opère que lorsqu'il y a incompatibilité normale entre la fonction d'origine et celle devant être exercée. L'autorisation du ministre de tutelle est nécessaire, et le magistrat qui l'obtient se trouve détaché, ce qui justifie la distinction magistrat en activité et magistrat en détachement. Il s'agit de garantir l'indépendance en faisant que le cumul de fonctions soit impossible. Le pouvoir judiciaire est indépendant du fait d'éléments matériels, mais aussi parce que les agents qui le constituent n'émanent pas des organes vis-à-vis desquels ils sont dits indépendants à savoir : l'Exécutif et le Législatif.

B. L'aspect matériel

À part l'incompatibilité de corps, l'indépendance de la magistrature doit également être appréhendée à partir des règles régissant l'office du magistrat. L'indépendance des juges n'est pas une indépendance personnelle concernant le magistrat individuellement pris. Elle est basée sur la nécessité de laisser le corps judiciaire accomplir sa mission aussi librement que possible. Ses aménagements sont l'inamovibilité et les latitudes de l'action.

---

[155] Conformément à l'art. 3 de la convention franco-camerounaise du 31 décembre 1958 qui donne le ton en identifiant l'indépendance comme se définissant par rapport à l'Exécutif et au Législatif, supra.
[156] OWONA (J), *Droit administratif spécial de la République du Cameroun, op.cit., pp. 65-67.*
[157] *Art. 31 (S) du statut de la magistrature.*

1. L'inamovibilité

Le texte qui introduit la règle de l'indépendance du Judiciaire au Cameroun stipule que « les magistrats du siège sont inamovibles[158] ».

Le corps de la magistrature est constitué pour les magistrats en activité, des magistrats du siège et des magistrats du Parquet[159]. Les magistrats concernés par l'inamovibilité sont ceux du siège. Les magistrats du siège bénéficient d'une indépendance bien poussée. Déjà, « ils ne relèvent dans leur fonction juridictionnelle que de la loi et de leur conscience[160] ». Ce qui signifie que leur marge de manœuvre est considérable puisqu'ils ne sont enjoints que par la loi, expression de la volonté générale, et eux-mêmes (leur conscience). En plus, ils sont inamovibles c'est-à-dire qu'ils ne peuvent être révoqués, punis ou déplacés qu'en vertu d'une procédure spéciale. Si ces faits étaient mis en œuvre à volonté par l'autorité qui les gère, il y aurait comme une instrumentalisation de leurs déplacements, révocations et sanctions selon qu'il faille récompenser ou punir quelqu'un.

La doctrine semble ne pas reconnaitre le privilège de l'inamovibilité au magistrat du siège camerounais[161]. L'argument pris est que le texte actuel ne l'annonce pas à la différence de celui de 1982 qu'il a remplacé[162]. Il ne faut pas être ainsi tranché parce que même si le principe de l'inamovibilité des magistrats du siège n'est plus énoncé de façon expresse, certains facteurs de sa survivance sont bien présents. Au préalable, il faut à nouveau préciser que l'inamovibilité n'est pas une protection incontournable ; mais il soumet les déplacements – révocations et sanctions entrepris à une procédure spéciale, il vaut mieux dire à une procédure différente de celle des magistrats du Parquet. Est-ce le cas ?

Le magistrat du siège ne saurait être puni autrement que sur appréciation directe du président de la République[163] à la différence du magistrat du parquet[164]. À la différence de ce dernier, la procédure disciplinaire de celui du siège se déroule devant le Conseil Supérieur de la magistrature[165], comme quoi, elle est spéciale.

---

158 Art. 3 de la convention franco-camerounaise précitée.
159 BOYER (C), *Les magistrats*, QSJ ?, PUF, Paris 1989, p. 15s.
160 Art. 37 (2) de la loi constitutionnelle de 1996 et art. 5 du Décret n° 95/048 du 8 mars 1995, précités.
161 SOCKENG (R), *Les institutions judiciaires au Cameroun*, op.cit., p. 83.
162 L'art du Décret n° 82-467 du 4 octobre 1982 disposait que « … les magistrats du siège sont inamovibles… »
163 Art. 49 et 50 du Décret n° 95/048 du 8 mars 1995, précité.
164 Art. 50 (b) et 52s, Ibid.
165 Art. 62.

Le texte de 1995 ne permet pas que le magistrat du siège soit révoqué de façon ordinaire[166], même si le magistrat du parquet bénéficie quasiment de la même garantie.

Au niveau du déplacement, hormis le cas de l'intérim qui est mentionné par ce texte, les modalités de déplacement sont absentes. Mais il faut savoir que l'agent public est protégé contre les déplacements arbitraires[167] et le magistrat ne saurait être traité en marge de cette règle.

Le principe de l'inamovibilité semble à plus d'un point être une règle non écrite, mais indispensable à la bonne marche de la justice. Sans cette règle, le risque est que le juge sera plus à la merci de l'autorité de gestion de sa carrière qui, pouvant instrumentaliser cette prérogative, fera des déplacements disciplinaires. Cette menace pesante sur la tête du juge le fera plier et, au lieu de ne répondre que de la loi et de sa conscience, il sera aussi (re)tenu par la main (le pouvoir) invisible de l'autorité qui peut à souhait le déplacer.

L'inconstitutionnalité sera alors que, contrairement aux dispositions de l'article 37 de la Constitution[168], le magistrat du siège sera tenu comme celui du Parquet par l'Exécutif. Peut-être un principe général du droit, mais assurément le juste complément de la prescription constitutionnelle selon laquelle le magistrat du siège ne relève que de la seule loi et de sa conscience dans son office, la règle de l'inamovibilité est donc bien présente et appliquée au Cameroun. La preuve visible en est la longévité des magistrats du siège à leurs postes dans les différentes juridictions camerounaises. Et surtout, il ne faut pas oublier que la règle de l'inamovibilité a été introduite au Cameroun par la convention judiciaire franco-camerounaise du 31 décembre 1958 en son article 3. Il est juridiquement invalide de considérer que ce principe est sorti de l'ordre juridique camerounais parce que le décret de 1995 ne l'a pas repris. La raison en est que la convention franco-camerounaise a valeur supra législative et donc qu'un décret ne peut l'abroger.

L'inamovibilité fait partie des garanties de l'indépendance des juges. S'il est vrai qu'elle ne concerne que les magistrats du siège, ceux du parquet bénéficient aussi des garanties même s'ils n'en ont pas toujours l'exclusivité. Ils peuvent notamment évoluer en marge des instructions de leur hiérarchie[169] et ils sont irrécusables (même par l'administration).

2. Les prérogatives d'action

L'indépendance de la justice implique la non-ingérence. Elle est porteuse de la séparation des fonctions en ce sens que contrairement aux Parlements et à l'Exécutif qui, dans l'ancien régime, connaissaient des affaires judiciaires,

166 Art. 47
167 CS/CA, Jugement n° 16 du 27 janvier 1983, TATSINDA Maurice contre État du Cameroun.
168 Supra.
169 Voir les développements ultérieurs sur le Ministère Public.

aujourd'hui il n'en est plus ainsi. C'est alors que les magistrats sont seuls à pouvoir trancher les litiges, quelle que soit la nature desdits litiges.

Cette indépendance n'est pas une question d'exclusivité dans la sphère d'action, mais aussi de latitude d'action. Le Professeur EISENMANN perçoit cet aspect comme étant la catégorie fonctionnelle de l'indépendance en ceci qu'elle donne au magistrat le pouvoir d'agir, de décider. La non-ingérence est constatée parce que la liberté d'appréciation reste le propre du magistrat et surtout le fait du magistrat du siège [170]qui exerce une fonction suprême parce que n'étant pas organiquement subordonné. Il oppose alors l'indépendance du juge à la dépendance des agents administratifs[171] qui sont eux soumis au pouvoir hiérarchique. Il faut dire que ce critère tient beaucoup plus pour le magistrat du siège. Mais de façon générale, l'opportunité des poursuites[172] pour le magistrat du parquet et le pouvoir de statuer du magistrat du siège sont des éléments qui présentent un magistrat libre dans son action. Les seules limitations restent celles qui sont clairement mentionnées dans le serment[173] qu'il prononce dès son entrée en fonction.

La règle de l'indépendance judiciaire permet à la magistrature de se mouvoir en tant que pouvoir, en ce sens qu'il n'est pas tenu par l'Exécutif ni le Législatif pour justement lui permettre de dire le Droit en toute impartialité.

Paragraphe 2 : Les significations du principe de l'indépendance de la justice

Non pas la valeur, mais la portée institutionnelle qui doit être appréhendée dans les significations. Il s'agit des implications profondes qui se présentent à la mise en jeu d'une certaine réciprocité à ce principe d'indépendance vis-à-vis des autres organes constitués (B). Mais surtout, il est nécessaire de constater l'impact au niveau de la posture de l'instance judiciaire auprès des autres corps constitutionnellement institués dans la partition du pouvoir d'État. Ceci permet d'entrevoir le Judiciaire comme pouvoir (A).

A. Le Judiciaire comme pouvoir

La division de l'exercice du pouvoir d'État admet qu'il y ait trois pouvoirs. À côté de l'Exécutif et du Législatif, le pouvoir judiciaire devait émerger selon

---

170 EISENMANN (C), *Cours de Droit administratif*, tome1, op.cit., p. 110.

171 Ibid., p. 179.

172 Par exemple : art. 256 s de la loi n° 2005/007 du 27 juillet 2005 portant code de procédure pénale.

173 Art. 23 (nouveau) du Décret n° 95/048 précité : « Moi... je jure devant Dieu et devant les hommes, de servir honnêtement le peuple de la République du Cameroun en ma qualité de magistrat de rendre justice avec impartialité à toute personne, conformément aux lois, règlements et coutumes du peuple camerounais, sans crainte ni faveur ni rancune, de garder le secret des délibérations, et de me conduire en tout, partout et toujours, en digne et loyal magistrat ».

les auteurs de cette théorie[174]. Pas que le secteur du règlement contentieux des litiges n'existait pas. Il s'agissait de constater son importance, de le rendre autonome et de l'élever au juste niveau qu'il devait occuper aux côtés des autres pouvoirs. Ces évolutions institutionnelles françaises n'ont pas été reçues et appliquées au Cameroun en l'état, et ce n'est qu'en 1996 que le Judiciaire a occupé sa place.

1. L'état de la question avant 1996

Annoncé par l'article 16 de la Déclaration des droits de l'homme et du citoyen de 1789, le principe de la séparation des pouvoirs eut des difficultés à s'appliquer en France, parce que l'Exécutif n'arrivait pas à se défaire de son emprise moins sur la juridiction, mais davantage sur la juridiction administrative. Aujourd'hui encore, l'abandon de la théorie du ministre-juge connait quelques résistances[175].

La loi DUFAURE du 24 mai 1872 est celle qui a officiellement marqué la fin de la dépendance de la juridiction (administrative) vis-à-vis de l'Exécutif[176]. Pour autant, le problème en France résidait dans la valeur et la dénomination du Judiciaire. Le Conseil Constitutionnel dans sa décision de principe du 22 juillet 1980[177] a reconnu la valeur constitutionnelle de l'indépendance de la juridiction administrative, tout en revoyant le fondement de cette valeur pour la juridiction judiciaire à l'article 64 du texte constitutionnel de 1958[178]. Il fallut donc que le juge constitutionnel constitutionnalise l'indépendance du Judiciaire en reconnaissant que les deux blocs de l'ordre juridictionnel n'ont pas accédé à cette valeur au même moment. De surcroit, le Judiciaire est désigné comme une autorité selon le terme utilisé.

Au Cameroun, l'évolution a aussi été lente. Au départ, le Judiciaire est considéré comme étant une autorité quand il faut le désigner. Le texte le plus ancien, la convention judiciaire franco-camerounaise du 31 décembre 1958 énonce que « l'autorité judiciaire est indépendante...[179] » Les expressions alors utilisées avant les réformes de **1972** pour désigner le Judiciaire sont : autorité[180], tribunaux[181], justice[182]. Les textes constitutionnels dont le plus

---

174 cf. TROPER (M), *La séparation des pouvoirs et l'histoire constitutionnelle française*, LGDJ, 1980, pp. 51-52.
175 GOHIN (O), *Contentieux administratif*, op.cit., p. 27.
176 Ibid.
177 Cons-const 22 juillet 1980, validation d'actes administratifs, n° 80-119, Décl-conf. : Rec Cons const 46, AJDA, 602, note carcasonne.
178 Al1er « le Président de la République est garant de l'indépendance de l'autorité judiciaire ».
179 Art. 3.
180 Ibid.
181 Art. 36 de la loi n° 59-2 du 18 février 1959 tendant à fixer le fonctionnement des pouvoirs publics.
182 Ibid., art. 35.

prestigieux qui est celui du 02 juin 1972 ne traitent du Judiciaire qu'en tant qu'« autorité ».

Le Judiciaire existe par la volonté directe du constituant. Son organisation et son fonctionnement est largement tributaire de la loi, expression de la volonté du peuple, la récusation (dissolution) du Judiciaire est inimaginable, même en circonstance d'exception. Sans être un organe politique, il jouit des mêmes prérogatives que les pouvoirs exécutif et législatif. Il était logique qu'il soit élevé à cette distinction.

2. L'état de la question à partir de 1996

Parmi les innovations majeures de la loi constitutionnelle de 1996[183] qu'il faut retenir, celle de la considération portée aux « pouvoirs constitutionnels » est importante dans la mesure où ils sont désormais trois à être reconnus comme tels à savoir : le Judiciaire[184], le Législatif et l'Exécutif[185]. Si le Droit positif français fait état de la conservation de l'ancienne appellation, le Judiciaire n'y est pas moins considéré comme étant un pouvoir. Pour des États en construction démocratique tels que le Cameroun, il fallait donner un titre fort au Judiciaire. Le terme d'autorité moins fort que celui de pouvoir est alors abandonné.

En reconnaissant au Judiciaire une indépendance vis-à-vis des autres pouvoirs institués, et en l'élevant au même niveau que lesdits pouvoirs, il fallait dans le Droit positif le revêtir du même vêtement que celui qui habille les deux autres. Le pouvoir judiciaire, puisqu'il l'est, est élevé à cette dignité en 1996 et la réforme a l'avantage d'extirper de la pensée toute vision d'infériorité du Judiciaire par rapport au Législatif et à l'Exécutif. Par le terme autorité, la subordination était plausible. Or, l'indépendance consacrée y est contraire. Par le terme pouvoir, le lien de subordination n'est plus possible.

L'élévation du Judiciaire au rang de pouvoir allait dans le sens de la consolidation de l'indépendance de ce corps par rapport à l'Exécutif et au Législatif. D'ailleurs, le principe d'indépendance du Judiciaire admet une réciprocité qui le conforte également.

B. La « réciprocité » du principe

Le pouvoir judiciaire, souvent considéré comme le parent pauvre des trois pouvoirs institués par la Constitution n'est pourtant pas dépourvu de pouvoirs. L'indépendance qui lui est attribuée doit aussi être interprétée du point de vue de sa limitation. Il existe une sorte de « réciprocité » qui veut qu'autant que

---

[183] Loi n° 96-06 du 18 janvier 1996 portant révision de la constitution du 02 juin 1972.

[184] Ibid., titre II, art. 37 (2).

[185] KAMTO (M), « Révision constitutionnelle ou écriture d'une nouvelle constitution », lex lata n° 023-024, 1996, p. 19.

les autres pouvoirs ne s'ingèrent pas dans les affaires du Judiciaire, autant ils bénéficient aussi de garanties contre la juridiction.

1. Les garanties de l'Exécutif contre la juridiction

L'Exécutif bénéficie de privilèges de protection accrus justifiés par la délicatesse et l'étendue de sa tâche. Le président de la République n'est pas directement responsable du point de vue politique, et seul le gouvernement camerounais endosse cette responsabilité[186]. S'agissant de la responsabilité des membres de l'Exécutif devant le juge, la règle veut que ceux-ci bénéficient, hormis leurs responsabilités pénales ordinaires, du privilège de juridiction pour les cas d'atteinte à la sureté de l'État à tel point qu'ils ne peuvent être jugés que devant la Haute Cour de Justice pour ces faits[187].

La théorie des actes inattaquables offre également un champ considérable à l'Exécutif quant à l'attaquabilité de certains de ses actes devant le juge administratif. Hormis des cas d'actes détachables[188], les actes de gouvernement ne sont pas justifiables devant le juge de l'excès de pouvoir[189].

Le prisme de la limitation des atteintes à l'exercice du pouvoir exécutif par le juge représente une indépendance de l'Exécutif vis-à-vis du Judiciaire. Cet aménagement ne pouvait pas être autrement que cela, dans la mesure où l'indépendance reconnue au Judiciaire, et les limitations à la non-ingérence des autres pouvoirs ne pouvaient être admises que parce que la réciproque existe, car l'indépendance de l'un par rapport aux autres implique nécessairement l'indépendance des autres par rapport à l'un.

2. L'immunité juridictionnelle du Législatif

Le sénateur et le député camerounais jouissent d'une immunité juridictionnelle du fait de leur mandat. La mise en jeu de leur responsabilité est rejetée parce que le principe veut qu'ils soient garantis contre les poursuites judiciaires pour la durée de leurs fonctions. La seule possibilité de lever le verrou de cette immunité reste le passage obligé par le vote de leurs pairs portant levée d'immunité.

À côté de la sphère personnelle, celle matérielle qui concerne la justiciabilité des actes législatifs tombe aussi sous le coup de la protection.

---

186 Sur ce cas, lire : GUIMDO DONGMO (B-R), « La responsabilité politique du Gouvernement dans la constitution camerounaise », Revue de la recherche juridique Droit prospectif 2007-4, PUAM, 120e numéro, p. 2099s.

187 Ibid. cf. BIGAUT (C) et CHANTEBOUT (B), « De l'irresponsabilité prétendue des ministres sous la Ve République », Pouvoirs n° 92, 2000, p. 77.

188 TC, 2 février 1950, Radiodiffusion française, concl. Odent ; CE, 30 MAI 1952, Dame KIRKWOOD, p. 291. Voir aussi VILARRY (M), « L'introuvable acte de Gouvernement » RDP, p. 317.

189 CS/CA, jugement n° 34 du 24 avril 1980, ESSOUGOU Benoît contre État du Cameroun. V. BILONG (S), « Le déclin de l'État de Droit au Cameroun : Le développement des immunités juridictionnelles », Juridis périodique n° 62, 2005, p. 52s.

Contrairement à certaines exceptions admises en France[190], le juge camerounais quand il n'est pas déclaré incompétent par la loi s'estime lui-même incompétent à connaitre des actes législatifs (lois et actes des services du Parlement) sans exception[191].

La réciprocité découverte au niveau des garanties offertes à l'Exécutif s'applique donc également ici parce que le juge, propriétaire du domaine judiciaire ne saurait aller perturber à volonté l'activité de ceux qui se sont trouvés interdits de connaitre des affaires judiciaires.

L'identification des pouvoirs judiciaires fait ainsi de la justice un pouvoir indépendant. Le Droit positif a voulu accorder l'indépendance en lui donnant un cadre de déploiement. Ce fait laisse entrevoir des formes d'inflexions qui sont liées au degré de l'indépendance accordée.

Section 2 : Le degré de l'indépendance accordée

L'indépendance est l'absence d'influence et de contraintes[192]. Un corps, un organe dit indépendant est donc celui qui se détermine lui-même, sans contraintes extérieures. Ce qui frappe l'observateur c'est que l'indépendance de la magistrature subit un certain nombre d'inflexions qui font penser qu'il s'agit moins d'une indépendance que son contraire. Ceci tient de la factorisation de la dépendance (paragraphe 1). La conception de l'indépendance des pouvoirs à travers la théorie de la séparation reste néanmoins le moyen certain pour récuser la position de la dépendance exprimée (paragraphe II). L'autre argument étant que le Cameroun a sur ce point suivi les pratiques institutionnelles d'ailleurs pour structurer et organiser la gestion du corps judiciaire.

Paragraphe 1 : La « factorisation » de la dépendance

Le pouvoir judiciaire camerounais est-il réellement indépendant ? Telle semble être l'interrogation appropriée au regard des prérogatives accordées à certains membres de l'Exécutif (à titre principal). Le statut de la magistrature présente en effet un corps dont la gestion ne lui est pas totalement confiée. Aux facteurs systémiques (B), il faut joindre et faire davantage attention aux

---

190 Notamment : l'ordonnance française du 12 novembre 1958, article 8. cf. CE, 14 janvier 1938, société des produits laitiers la fleurette, GAJA n° 53.

191 CFJ/AP, Arrêt n° 4 du 20 octobre 1970, Société des grands travaux de l'Est contre État du Cameroun Oriental. cf. BILONG (S), « L'insaisissable responsabilité sans faute de la puissance publique en Droit Camerounais », Annales de la FSJP de Dschang AES S.A Yaoundé, tome1, vol1, 1997 p. 95

192 Cette définition est celle que les lexiques donnent au terme « indépendance » notamment le petit Larousse.

éléments juridiques constituant les arguments solides (A) de la frilosité de l'indépendance du pouvoir judiciaire.

A. Les arguments juridiques

La lecture du statut de la magistrature[193] offre l'occasion de constater que l'argumentation sur l'hétéronomie du pouvoir judiciaire n'est pas vide de substance. La dépendance organique de ce pouvoir s'accompagne de prérogatives considérables octroyées aux pouvoirs extrajudiciaires de s'ingérer dans l'espace dévolu au corps judiciaire.

1. Les facteurs organiques

Il n'y a normalement ni subordination ni influence quand il y a indépendance. Pourtant, à l'observation, le pouvoir judiciaire est l'objet de multiples influences qui concernent surtout le corps qui le constitue ; à savoir les magistrats. L'indépendance de la magistrature est synonyme d'absence d'influence du Parlement et de l'Exécutif sur eux.

Les pratiques ayant trait à la participation de l'Exécutif à la gestion des différends : celle du ministre-juge[194] n'est plus admissible. L'implication principale est ici que les membres de l'exécutif ne peuvent connaitre des affaires judiciaires, et qu'ils ne doivent non plus s'incruster dans la gestion du corps de la magistrature. Cette seconde branche du raisonnement pose le facteur organique de l'indépendance. L'autre implication qui, elle est incidente, est que les autorités relevant de l'Exécutif (parmi lesquelles les administrateurs) ne doivent pas être membres de la juridiction. S'agissant de ce dernier aspect, il a été vu qu'au Cameroun, depuis le Conseil du Contentieux administratif jusqu'à la configuration actuelle, la juridiction administrative a toujours connu au sein de la magistrature la présence de corps étrangers[195].

Les fonctionnaires et autres enseignants d'université peuvent être nommés conseillers, juges ou substituts en service extraordinaire au sein de la juridiction[196], ce qui peut constituer un élément de dépendance. Pour être rigoureux, la règle de la séparation de l'administration active et de la juridiction administrative est contraire à la présence d'Agents de l'administration même en détachement dans le prétoire. À situation comparable, effets comparables. L'histoire des parlements est jonchée de plusieurs travers telle la pratique de la « fournée des lords[197] ».

---

[193] *Décret n° 95/048 du 8 mars 1995 portant statut de la magistrature.*

[194] *Décret français du 26 octobre 1849 art. 1er et loi française du 24 mai 1872, art. 25.*

[195] *Supra.*

[196] Art. 5 (2) de la loi n° 2006/016 du 29 décembre 2006 fixant l'organisation et le fonctionnement de la Cour Suprême ; art. 8 (2) de la loi n° 2006/022 du 29 décembre 2006 fixant l'organisation et le fonctionnement des tribunaux administratifs.

[197] Lire ROBERT (H), *La monarchie de juillet*, QSJ ?, PUF, n° 1002.

Elle consistait pour le monarque ou l'Exécutif à faire jouer sa prérogative de nomination des parlementaires. C'est ainsi qu'en cas de mésentente avec les représentants, il nommait autant de parlementaires favorables à sa cause que nécessaire pour faire passer un texte. Ce pouvoir ou la simple menace de sa mise en jeu suffisait pour faire plier le Parlement. Puisque les textes énoncent que « les besoins de service » peuvent justifier la nomination des personnels administratifs sans plus, cela veut dire que c'est l'autorité de nomination qui apprécie et le besoin de service et le nombre d'agents à nommer. On n'est pas loin de la « fournée des juges » si la situation se présente.

La mise en minorité des autorités publiques est encore plus difficile pour le magistrat parce que l'autorité de nomination est un organe administratif mis entre les mains de l'Exécutif. Si l'ingérence des administrations est dure à avaler, celle du politique l'est encore plus. La carrière du magistrat est gérée par le Conseil Supérieur de la magistrature[198], organe présidé par le président de la République, et dont le ministre de la Justice assure la vice-présidence. Les décisions de ce conseil sont prises par le président de la République après délibération dudit conseil. La composition de ce conseil pose aussi problème parce que les magistrats y sont minoritaires et y cohabitent avec des représentants des administrations[199].

Le ministre de la Justice est l'homme à tout faire du conseil. Il prépare les dossiers, motive ses avis, fait des propositions, ce qui fait que son pouvoir déjà étendu sur les magistrats du parquet le devient aussi sur ceux du siège. En France, le même problème se pose et une réforme est intervenue en 1992[200]. Cette réforme a voulu éjecter le ministre de la Justice du Conseil Supérieur parce qu'un ministre vice-président du conseil est un corps politique dangereux[201]. Cet aspect de la réforme n'aboutit pas. Par contre, le pouvoir de nomination des membres dudit conseil par le président fut supprimé. Les personnalités non-magistrates doivent désormais être désignées par le président de l'Assemblée nationale, le président du Sénat, le Conseil Constitutionnel et le Conseil d'État. Le président ne nomme que le vice-président, les membres-magistrats sont pour leur part élus[202].

2. Les facteurs matériels

Plus que la présence d'un personnel étranger à la magistrature, dans les charges de ce corps, les pouvoirs des autorités administratives et de celles

[198] Art. 6 du Décret n° 95/048, précité.
[199] V. les développements de KAMDEM (J-C), *Contentieux administratif*, op.cit., p. 47.
[200] BUFFELAN-LANDRE (J-P), « L'indépendance de la magistrature », op.cit., p. 11.
[201] Ibid.
[202] Conformément à la loi organique du 25 février 1992.

politiques sont notables. La carrière du magistrat est pour une grande partie entre les mains du ministre de la Justice et du président de la République.

À part l'emprise directe du ministre de la Justice sur les magistrats du siège qui vient d'être relevée, il faut mentionner que les magistrats du parquet et les attachés de justice sont directement sous l'autorité « administrative » du ministre de la Justice[203]. Ils lui sont hiérarchiquement subordonnés, ce qui fait qu'il détient à leur endroit un pouvoir d'instruction et de sanction[204]. Le même ministre, bras de l'Exécutif a le pouvoir de mettre les magistrats en stage[205].

Le président de la République et le ministre de la Justice peuvent infliger des sanctions respectivement aux magistrats du siège et aux magistrats du parquet. Même pour le départ à la retraite, il est dit que le président peut déroger à la limite d'âge prévue s'il juge opportun de maintenir un magistrat en service[206].

L'indépendance de la magistrature pose ainsi un problème au vu de la place qui est accordée à l'Exécutif dans la gestion du corps de la magistrature, et dans le pouvoir d'orienter (donner des instructions au parquet) qu'il détient également. Le pouvoir d'accorder des promotions, de nommer[207], ou encore de sanctionner, vont dans le sens de cette thèse que les arguments systémiques renforcent davantage.

B. Les arguments systémiques

Certains facteurs culturels sont également de nature à rejoindre la position selon laquelle l'indépendance du pouvoir judiciaire serait un mythe. Ces facteurs mettent le pouvoir judiciaire au confluent des évidences sociales et politiques qui l'empêchent d'émerger. La possibilité de devenir magistrat et l'influence des politiques publiques sur le Judiciaire en font partie.

1. L'accès à la magistrature

La voie normale pour accéder à la fonction de magistrat est le recrutement sur concours. L'admission au concours donne accès à la qualité d'auditeur de justice. Le diplôme de l'École Nationale d'Administration et de magistrature est délivré à la sortie de la formation et son titulaire est de ce fait intégré dans le corps de la magistrature[208]. Le même texte traite de la possibilité d'être nommé magistrat sans être titulaire de ce diplôme. Le magistrat sur simple nomination se distingue alors du magistrat de formation, même s'il doit soit être un juriste aguerri, soit un enseignant en Droit d'université ayant une

[203] Art. 3 (1) du Décret n° 95/048, précité.
[204] Infra.
[205] Art. 17 du Décret n° 95/048, précité
[206] Art. 71 (4).
[207] Ex : art. 27 et 29.
[208] Art. 11(1), 12 et 13 du Décret n° 95/048, précité.

certaine ancienneté, soit un greffier, un notaire ou un huissier qualifié[209]. Le statut de la magistrature ne fait pas cas des fonctionnaires de la catégorie A et les cadres contractuels titulaires d'une maîtrise en droit ayant exercé leur fonction pendant au moins quinze années consécutives comme le prévoit certains textes[210]. Les textes de 2006 qui interviennent postérieurement à celui de 1995 et qui sont des lois alors que celui de 1995 n'est qu'un décret ont alors rajouté un corps de métier dans la catégorie de ceux pouvant faire office de magistrats. Ces textes de 2006 énoncent bien le fait que ces membres originairement non-magistrats sont en service extraordinaire et que l'exercice de cette fonction leur est acquis pour une période de cinq ans.

Les juristes qui sont nommés magistrats alors qu'ils ne sont pas passés par L'École Nationale d'Administration et de magistrature sont nommés magistrats à la lecture du texte[211] au même titre que les magistrats de formation. Ils sont intégrés[212] dans le corps de la magistrature dans lequel ils ne sont pas en détachement comme ceux qui y sont en service extraordinaire, ce qui fait que leur durée dans la profession n'est également pas limitée dans le temps, car ils deviennent par leur nomination et leur intégration magistrats à part entière.

La magistrature est un corps de métier régi par un statut particulier. À la différence des autres fonctionnaires, ils bénéficient d'une protection accrue pour les actes posés dans l'exercice de leur fonction[213]. Ils ont une autorité sur les forces de sécurité et en particulier sur les officiers de police judiciaire[214]. Le traitement pécuniaire du magistrat qui est également plus avantageux que celui des fonctionnaires ordinaires et le prestige de la fonction sont tant d'éléments qui font qu'il y ait une course vers l'accession à cette fonction pleine de pouvoir.

À ce niveau intervient l'autorité de nomination ; à savoir le président de la République. Les personnes qui réussissent au concours et celles qui sont nommées éprouvent généralement de la reconnaissance à l'endroit des pouvoirs publics qui ont « bien voulu faire d'eux des privilégiés ». Il est prévisible que le tribut à payer soit la partialité devant les litiges dans lesquels l'autorité publique est mêlée. Assurément, cette hypothèse, autant que celle de la « fournée des magistrats[215] », n'est pas que chimère.

---

[209] Art. 11 (2. b).

[210] C'est le cas de l'art. 8 (2) de la loi n° 2006/022.

[211] Supra.

[212] Art. 14 du Décret n° 95/048, précité.

[213] Infra.

[214] Art. 34, art. 83, 84 s de la loi n° 2005/007 du 27 juillet 2005 portant code de procédure pénale.

[215] Supra.

2. Juge et politique publique

La justice et le juge sont-ils des électrons libres au milieu d'un contexte sociopolitique orienté ? Cette interrogation pose le problème de la neutralité de la magistrature face au contexte. Il a été vu que le juge était utilisé pour l'accomplissement de la politique publique[216] ; la politique développementaliste [217]devait emporter l'adhésion du juge à la cause de la défense des intérêts de la puissance publique.

Le contexte n'est certainement plus exactement le même, mais le juge continue d'être au centre de la manœuvre publique. La subornation du juge est toujours possible quand par le jeu d'intérêt il n'adhère pas lui-même à la partie administrative, partie au procès. Ce qui peut être démontré, c'est le pouvoir juridique de promotion du magistrat mis entre les mains de l'Exécutif par le biais du Conseil Supérieur de la Magistrature[218]. L'illustration ici peut se faire à partir de l'inscription des magistrats au tableau d'avancement pour chaque grade. L'une de ces conditions est la soutenabilité de ces avancements de sorte qu'elles ne sont effectuées que « dans la limite des crédits budgétaires[219] ». Or, celui qui détermine la limite des crédits budgétaires c'est l'Exécutif. À loisir, il peut ou non faire avancer. Il ne convient pas trop pour ceux qui souhaitent être inscrits au tableau d'avancement de se positionner comme étant les adversaires des visées et objectifs du pouvoir exécutif. Il y va de leur intérêt.

Les arguments sur les facteurs de dépendance du pouvoir judiciaire sont nombreux. Il est pourtant admissible de penser que ces arguments ne tiennent pas face à l'ampleur et à la réalité de ce qui doit être entendu par indépendance du pouvoir judiciaire.

Paragraphe 2 : La réalité : l'indépendance

Le pouvoir judiciaire est considéré comme un pouvoir au même titre que l'Exécutif et le Législatif. Cette conception mise en œuvre a donné naissance à une structuration du pouvoir d'État par laquelle, les organes et membres de chaque pouvoir sont censés être indépendants de ceux des autres ; c'est l'explication théorique (A). En plus, le principe de l'indépendance de la justice serait frileux si la séparation des pouvoirs est elle-même conçue comme étant une division parallèle des structures mise en place. Au-delà des fondements théoriques qui tendent vers la réalité de l'indépendance, il faut aussi, en guise

---

[216] ONDOA (M), *Le Droit de la responsabilité publique dans les États en développement...* op.cit., pp. 67-70

[217] KAMTO (M), *Pouvoir et droit en Afrique*, op.cit., p. 491s

[218] Art. 6 du Décret n° 95/048, précité.

[219] Art. 42 (1).

de réponse aux facteurs faisant penser qu'il y a plus dépendance, démontrer par des règles de Droit positif (B) que l'indépendance l'emporte.

A. L'explication théorique

Comprendre et admettre qu'il y a séparation des pouvoirs et indépendance du pouvoir judiciaire n'est pas chose facile. S'en tenir aux déclarations des textes avec en tête la Constitution et son préambule serait une possibilité.

Le niveau de ce texte dans la hiérarchie des normes satisfait au premier degré la justification[220], mais les remous causés par les facteurs de dépendance[221] sont de nature à compromettre la reconnaissance de l'indépendance du Judiciaire en faisant de ce principe une simple déclaration vide de substance[222]. Il faut rentrer dans les théories juridiques y afférentes pour justifier les ingérences, et reconstituer l'indépendance du pouvoir judiciaire.

1. Dans la théorie de la séparation des pouvoirs

La séparation des pouvoirs a une double origine ; la première est historique avec notamment les événements qui ont amené le Parlement britannique (Magnum concilium) à se faire en se défaisant de l'autorité monarchique[223]. La seconde est d'origine théorique[224]. Les juristes à l'observation de la pratique et surtout du régime britannique ont systématisé la théorie de la séparation des pouvoirs.

Contrairement à la rigidité présumée et répandue parfois unanimement, les auteurs classiques n'ont pas construit des systèmes d'isolement. La séparation induit l'indépendance, mais l'indépendance exclut l'isolement. Le seul exemple britannique suffisait à démontrer la survivance des rapports (quelle qu'en soit la nature) entre pouvoirs séparés. La représentation faite et reprise à l'américaine est celle de « CHECKS AND BALANCES[225] » par laquelle, le pouvoir arrête le pouvoir, car laisser chaque pouvoir isolé et dominer en toute

---

220 DE LAMY (B), « Les principes constitutionnels dans la jurisprudence judiciaire. Le juge judiciaire, juge constitutionnel ? », RDP, 2002, p. 781. V. aussi DECOCQ (A), « Le désordre juridique français », in Ecrits en hommage à Jean FOYER, PUF, 1997, p. 147.

221 Supra.

222 JEAMMAUD (A), « La règle de droit comme modèle », rec. Dalloz 1990, Chr, p. 213 ; V. aussi BETTATI (M), « Réflexions sur la portée du code international de conduite pour le transfert de technologie : éloge de l'ambiguïté », in Études offertes à C.A. COLLIARD, pedone, 1984, p. 83s.

223 CHANTEBOUT (B), *Droit constitutionnel*, Armand Colin, paris 2004, p. 90s.

224 SEURIN (J-C), « Les origines historiques de la séparation des pouvoirs », in Mélanges AUBY, 1992, p. 651. DELVOLVE (P), « Paradoxe du (paradoxe sur le) principe de séparation des autorités administrative et judiciaire » in Mélanges René CHAPUS, Montchrestien, 1992, n° 16, p. 145.

225 Sur les classiques ; cf. John LOCKE : traité sur le Gouvernement civil ; MONTESQUIEU : *l'Esprit des lois* ; BLACKSTONE : commentaire sur les lois d'Angleterre ; J-L de LOLME : Constitution de l'Angleterre, etc.

liberté dans son domaine pourrait être un facteur d'arbitraire, et devrait créer une paralysie institutionnelle.

Les travaux du Professeur EISENMANN sur la question[226] ont été édifiés sur le fait que la théorie de la séparation ne repose pas sur une totale liberté des pouvoirs séparés. Plutôt, aucun de ces pouvoirs ne saurait disposer de la totalité de sa fonction[227]. Les interventions extérieures sont le gage et la garantie du reflux de l'arbitraire ; elles doivent juste être mesurées.

Il n'est donc pas surprenant de voir l'Exécutif ou le Législatif avoir des rapports avec le Judiciaire sans que cela n'entache la règle de la séparation des pouvoirs, et celle de l'indépendance du Judiciaire. Rigide et absurde, la séparation laisserait au Judiciaire le pouvoir de voter les lois qu'il applique, de faire son budget de fonctionnement et d'investissement et d'en prélever les ressources comme l'administration fiscale dans ce cas.

Cette explication doit aussi être l'une de celle qui peut valider des pratiques tenant au non-respect catégorique de la séparation de l'administration active, de l'administration contentieuse[228] avec la présence des membres de l'Exécutif dans l'organe de gestion de la magistrature, et des d'administrateurs dans la juridiction administrative. L'autre interprétation pour l'indépendance se trouve dans la théorie des fonctions de l'État.

2. Dans la théorie des fonctions de l'État

Les analyses rationnelles sur les fonctions de l'État font ressortir plusieurs théories dominées par la théorie dualiste et celle trialiste. La théorie dualiste énonce que deux fonctions se trouvent dans l'État : la fonction législative et la fonction exécutive[229]. La fonction législative est celle de l'édiction du Droit, de la législation, c'est-à-dire de l'émission de dispositions juridiques en principe générales et abstraites[230]. Cette fonction revient au pouvoir législatif, au Parlement. Puis vient la fonction d'exécution qui est celle de l'administration et de l'Exécutif. La spécificité de ces deux organes est qu'ils ont en commun la tâche de faire appliquer ce que le législateur a décidé[231], et

---

226 EISENMANN (C), « L'esprit des lois et la séparation des pouvoirs », Mélanges carré de MALBERG, 1933, p. 163. Et « La pensée constitutionnelle de Montesquieu » in la pensée politique et constitutionnelle de MONTESQUIEU, op.cit.

227 EISENMANN (C), « La pensée constitutionnelle… », Ibid., p. 133s.

228 TROPEZ (M), *La séparation des pouvoirs et l'histoire constitutionnelle française*, LGSJ, 1990, pp. 51-52.

229 LEBEN (C), EISEINMANN (C), *Écrits de théorie du Droit, de droit constitutionnel et d'idées politiques*, éd panthéon- Assas, Paris 2002, pp. 190-191.

230 KELSEN (H), *Théorie pure du droit*, Dalloz, paris 1962, p. 303.

231 ABANE ENGOLO (P-E), *L'Application de la légalité par l'administration au Cameroun*, thèse de doctorat/PHD en droit, Université de Yaoundé II, 2009, pp. 20-24.

qu'ils peuvent eux-mêmes créer le Droit, mais un Droit fait de normes individuelles et concrètes suivant l'antithèse « legis latio et legis executio[232] ».

L'observation sur la fonction exécutive a donné naissance au trialisme qui conçoit qu'en dehors de la fonction de législation, celle exécutive présente deux organes qui eux également se distinguent l'un de l'autre. Évidemment, chargées d'exécuter « la législation », elles ont des champs d'action différents. L'administration doit mettre en œuvre la légalité[233], tandis que la juridiction doit trancher les litiges[234]. Le trialisme à ne pas se méprendre a bien des similitudes avec la théorie de la séparation des pouvoirs. Seulement ici, ce ne sont pas les pouvoirs qui sont séparés, mais les fonctions.

Chaque fonction est le propre d'un organe qui est confiné à une tâche bien précise dans l'État, à telle enseigne que ce confinement est une spécialisation des fonctions. La théorie des fonctions de l'État implique donc une séparation avec affectation de chaque fonction à l'organe qui en a la charge. Pourtant, selon CARRE DE MALBERG « une telle séparation des fonctions avec affectation exclusive à chacune d'elles d'une sorte d'organe spécial est tout à fait irréalisable[235] ».

Il faudrait que chacune ait fait la meilleure œuvre des plus complètes et que le législateur ait fait des lois précises ne nécessitant plus de mesures réglementaires d'application ; que le juge ait à sa disposition un Droit complet. L'impossibilité pratique de cette assertion explique que le juge puisse par exemple formuler la règle de Droit. À la vérité, le principe est celui de la séparation avec spécialisation des fonctions, et l'exception reste que des circonstances peuvent justifier le dépassement en consacrant à côté de l'indépendance (B) des cas d'ingérence[236].

B. La consistance en Droit

Il a été présenté que l'indépendance du pouvoir judiciaire était remise en question à cause de l'existence de facteurs juridiques et plus largement systématiques laissant penser qu'il est davantage question d'une dépendance. À la suite de l'explication théorique qui n'a pour signification que de dire que l'indépendance n'est pas à concevoir de façon rigide, tel que l'essentiel est

---

232 LEBEN (C), Charles EISEINMANN, *Ecrits de théorie du Droit, de droit constitutionnel et d'idées politiques*, op.cit.

233 KELSEN (H), *Théorie pure du droit*, op.cit. p. 351.

234 Le maître de vienne énonce que l'acte juridictionnel est aussi dans la continuation de la création du droit. Ibid., p. 320.
Vrai dans le cas où le Droit pose problème, il ne l'est pas quand le droit à appliquer convient clairement à l'espèce, ce qui d'ailleurs est la règle du pouvoir du juge. cf. CARBONNIER (J), Droit civil, PUF, 18e é, Paris 1988, p. 35.

235 CARRE DE MALBERG (R), *Contribution à la théorie générale de l'État*, Dalloz, tome 2, Paris 2007, p. 30.

236 Supra.

que la fonction de juger soit l'apanage du juge. Il faut prendre le contre-pied du prisme de la dépendance, pour avec des soutiens d'ordre juridique, rétablir l'effectivité de l'indépendance du pouvoir judiciaire.

1. Les règles d'indépendance

Parmi les règles de l'indépendance, il faut commencer par le serment du magistrat qui est plus un facteur qu'une règle. Le magistrat s'engage devant Dieu et les hommes[237] et il rend le Droit au nom du peuple camerounais. Dans ces références ne figure pas l'indication de la mainmise de l'Exécutif.

L'inamovibilité du magistrat du siège, bien que fustigée[238], est une garantie d'assurance de non-influence de ce dernier dans son office[239]. Il n'est prescrit dans aucune règle juridique le pouvoir donné à un pouvoir autre que le Judiciaire de rendre la justice sur le territoire de la République du Cameroun[240]. L'accompagnement de cette interdiction faite aux autres pouvoirs de connaitre des affaires a pour réciproque l'interdiction que le juge se reconnait de ne pas outrepasser sa fonction. Ainsi, le juge administratif camerounais s'est, de jurisprudence constante, reconnu incompétent pour connaitre de l'opportunité des actes administratifs. Les actes administratifs et les actes de Gouvernement relèvent du « Gouvernement, seul juge de l'opportunité de ses actes[241] ». Il faut interpréter l'interdiction d'enjoindre[242] et son application par le juge[243], comme allant dans le même sens.

La règle de la consécration la plus porteuse est celle de l'interdiction d'empiétements. D'ordre pénal, elle punit de six mois à cinq ans :

« – le représentant de l'autorité exécutive qui intime des ordres ou des défenses à des cours ou tribunaux ;

- Le magistrat qui intime des ordres ou des défenses à des autorités exécutives ou administratives[244] ».

2. Les garanties de l'indépendance

Si l'existence des règles consacrant et protégeant l'intégrité de l'indépendance est déjà une garantie en soi, il faut y joindre l'armature

[237] Art. 23 du décret n° 95/048, précité.
[238] cf. propos de Michel DEBRE, Ancien garde des sceaux français en 1958, in SOCKENG (R), les Institutions judiciaires au Cameroun, op.cit., p. 83.
[239] Supra.
[240] Art. 37 (1) de la loi constitutionnelle de 1996.
[241] CFJ/CAY, Arrêt n° 95 du 25 mai 1972, KAMENI Marcelin contre organisation camerounaise de la banane.
[242] Art. 126 Code pénal.
[243] CFJ/CAY, Arrêt n° 37 du 30 avril 1968, NYANDJA Félix contre État du Fédéral du Cameroun.
[244] Art. 126 du code pénal, op.cit.

institutionnelle qui s'inscrit dans le mouvement de l'émancipation permanente du pouvoir judiciaire.

L'internationalisation de l'État le met au centre de la préoccupation de certains acteurs tels que les organisations non gouvernementales dont les missions sont en rapport avec le respect des droits de l'Homme. Aussi, la conditionnalité économique nouvelle a introduit la clause des Droits de l'Homme dans ses prescriptions. Ainsi, le Droit développementaliste né de l'idéologie de la construction nationale[245] se mue en obligation pour les États de garantir les droits des citoyens, et de démocratiser les États. Manifeste ou latente, l'existence d'un pouvoir judiciaire indépendant est exigée et le développement est désormais également juridique. D'ailleurs, le pouvoir de pression médiatique, diplomatique et économique des acteurs internationaux impose à l'État de se soumettre aux exigences de l'État de droit.

La garantie nationale de l'indépendance du pouvoir judiciaire est échue au président de la République[246]. Il paraît étrange de confier la garde du bijou à son voleur. Assurément, c'est une relique de la justice retenue en France où le titulaire de la garantie était et demeure le président de la République[247]. Il faut tout de même admettre que le président de la République est oint du peuple parce qu'il est élu. Cette action lui donne la légitimité et la crédibilité de diriger les institutions républicaines de façon neutre et résolue. La garantie ou le recours au cas où il n'assurerait pas objectivement ses fonctions est le vote-sanction qui est toujours ouvert au peuple à l'occasion des scrutins.

Moins critiquable est la garantie faite par le juge constitutionnel. Au Cameroun, le texte constitutionnel donne au Conseil Constitutionnel le rôle de « régulateur du fonctionnement des institutions[248] ». La loi y afférente ne précise pas ce qu'il faut entendre par là[249]. Il peut néanmoins être interprété que la fonction de régulateur des institutions est de l'ordre de la garantie de la séparation des pouvoirs, et ici de l'indépendance du Judiciaire[250] même si ce juge ne dispose pas du pouvoir d'autosaisine.

Le principe de la séparation des pouvoirs attaché à l'indépendance du Judiciaire permet d'appréhender organiquement la juridiction de façon générale comme étant un corps indépendant. D'autres principes internes à l'ordre juridictionnel permettent d'achever d'établir les bases invisibles, mais fondatrices de l'ordre juridictionnel administratif.

---

245 Supra.

246 Art. 37 (3) de la loi constitutionnelle de 1996.

247 BUFFELAN LANDRE (J-P), « l'indépendance de la magistrature », op.cit, p. 11.

248 Art. 46 de la loi constitutionnelle de 1996.

249 Loi n° 2004/004 du 21 avril 2004 portant organisation et fonctionnement du Conseil constitutionnel.

250 *OULD BOUBOUTT (A-S), L'apport du Conseil constitutionnel au droit administratif, op.cit., pp. 230-.*

CHAPITRE 2 :

LES PRINCIPES INTERNES À L'ORDRE JURIDICTIONNEL

La détermination de l'organisation de la juridiction administrative passe par la préalable compréhension des techniques et principes mis en œuvre pour l'organiser. Le principe de la séparation des pouvoirs concerne la juridiction ou plutôt le pouvoir judiciaire de façon globale. Il situe organiquement la juridiction comme étant un organe à part, un pouvoir ne dépendant ni de l'Exécutif ni du Législatif ; c'est la règle. Conséquence ; l'ordre juridictionnel administratif qui fait partie de la juridiction est séparé du corps et des interférences du Législatif. Ceci s'applique aussi vis-à-vis de l'Exécutif et à son bras séculier qui est l'administration[251].

La juridiction est à part. C'est la première leçon de la recherche de l'organe juridictionnel administratif, partie de la juridiction.

Au sein de la juridiction, il faut maintenant situer le juge administratif. Le principe premier qui ordonnance l'organisation des juridictions est encore lié à la séparation. En fait, le système juridictionnel peut être celui de l'union ou celui de la séparation. En Droit anglais par exemple, la distinction n'existe pas parce que l'ordre juridictionnel est un[252]. Le Droit français que le Cameroun a dû suivre de façon plutôt singulière a une autre option qui est tournée vers le principe de la séparation (Section 1). Le second principe d'organisation interne à la juridiction administrative est le principe du double degré de juridiction (Section 2) qui impose une superposition organique au sein de la juridiction.

Section 1 : Le principe de la séparation des autorités administratives et judiciaires.

Le fondement du contentieux administratif est largement issu du principe de la séparation des autorités[253]. Suivant le système appliqué, la spécificité ou la banalisation[254] du contentieux administratif est perceptible. Le système de

---

[251] La séparation de l'administration active de l'autorité judiciaire.

[252] LEVY (D), « Les développements récents du droit administratif Anglais », in *Mélange René CHAPUS*, Montchrestien, 1992, p. 388.

[253] Supra

[254] Il s'agit des systèmes judiciaires où ce qui est considéré comme relevant du contentieux administratif dans notre Droit se retrouve traité de façon ordinaire. C'est-à-dire que le juge qui connait des affaires civiles est le même qui juge du contentieux public.

« Common Law » représente l'exemple type de la « banalisation » parce que le contentieux public est plus qu'ordinaire, de telle sorte qu'il relève de la juridiction normale dans laquelle il n'est qu'une matière au milieu d'autres[255]. Mineur, mais original, il faut citer l'exemple allemand dans lequel la spécialisation des contentieux est poussée à telle enseigne qu'il y a cinq ordres de juridiction (administratif, financier, professionnel, social, ordinaire[256]). Mais de façon globale, il existe deux grands types de système : le type anglo-saxon et le type français[257]. Le Cameroun ayant opté pour le second type, il s'agit d'en relever la substance (paragraphe 1) et de ressortir les éléments qui départissent la pratique française de celle camerounaise de ce principe (paragraphe 2).

Paragraphe 1 : Le contenu du principe

La résolution des litiges est confiée à un juge suivant la nature du litige. Cette règle préside à la séparation des autorités administratives et judiciaires (A). Sa réception dans l'ordre normatif (B) a fait d'elle la base de l'existence de l'ordre juridictionnel administratif.

A. La signification du principe

Le système juridictionnel camerounais a emprunté à la France le principe de la séparation des autorités[258]. Le principe érige la division des matières et l'octroi des éléments de la partition à des juridictions différentes. Le contentieux administratif est né de la séparation des autorités administratives et judiciaires[259] ; principe qui a donné au Droit processuel de l'administration son autonomie en posant une cloison étanche entre les juges et leur champ de compétence.

1. La division des contentieux

La séparation des autorités administratives et judiciaires pose la règle de la séparation des contentieux. À l'origine, les litiges ayant trait à l'administration étaient connus par le juge comme étant un contentieux ordinaire. Cela devait changer puisque défense fut faite aux tribunaux de connaître des actes d'administration[260]. Le support matériel de l'essor d'une division du contentieux était la spécificité que présentait l'administration publique. Au service du prestige du roi, elle ne pouvait pas être banalisée. L'autre différenciation provenait de ce que le juge ordinaire avait des prérogatives

[255] EISENMANN (C), *Cours de droit administratif*, tome1, LGDJ, Paris, 1982, p. 550.
[256] cf. art. 95 de la loi fondamentale du 23 mai 1949.
[257] De LAUBADERE cité par EISENMANN (C), *Cours de droit administratif*, tome1, Ibid.
[258] Infra
[259] V. BURDEAU (F), *Histoire du Droit administratif*, PUF- Thémis, 1995.
[260] GOHIN (O), *Contentieux administratif*, 4e éd. Litec, Paris 2005, p. 22.

telles que la contrainte sur corps, qu'il ne pouvait pas exercer sur une personne morale, dite de puissance publique.

Un siècle avant que le doyen Hauriou ne fasse retentir son école de la puissance publique[261], les jurisconsultes de la période révolutionnaire avaient déjà imaginé que l'administration s'identifie des entités autres par le fait de ses prérogatives « d'après une doctrine universellement admise, les actes prévus par les lois de 1790 et de l'an III sont seulement les actes et les opérations qui se rattachent à l'exercice de la puissance publique[262] ».

Il va de soi que la révolution ne changea que dans les principes la réalité de l'exercice autoritaire du pouvoir. Le monarque absolu devenu simple monarque était toujours monarque. Son administration ne pouvait pas être autre chose que l'incarnation de la force, de l'autorité.

Au-delà des querelles sur le critère de rattachement de la matière du contentieux de l'administration, il faut s'appesantir sur la leçon de l'arrêt BLANCO[263].

Le juge affirmait que l'administration publique « ne peut être régie par les principes qui sont établis dans le Code civil pour les rapports de particulier à particulier et qu'elle a ses règles spéciales qui varient suivant les besoins du service et la nécessité de concilier les droits de l'État avec les droits privés ». De ces éléments parmi d'autres, le Professeur EISENMANN devait « conclure sans hésitation que l'originalité du contenu même du fond des règles applicables à l'administration permet d'affirmer que son régime juridique est un régime distinct ; que, si cette autonomie n'existait pas dans une certaine mesure, Droit privé et Droit administratif se confondraient purement et simplement [264] ».

La compétence suit le fond et la spécificité organique et le Droit applicable à l'administration font que son contentieux ne soit pas celui qui concerne les personnes privées, que les règles applicables soient autres que celles de Droit privé et donc que le juge ne soit pas le même.

2. La spécialisation juridictionnelle

La notion de séparation porte en elle-même celle de la spécialisation dans la mesure où elle répartit et attribue, puis encadre la compétence de sorte qu'elle s'y retrouve confinée[265]. Il s'agit de donner à chaque catégorie de contentieux un juge. L'implication en est que le contentieux administratif est

---

[261] cf. LEGENDRE (P), *Histoire de l'administration de 1750 à nos jours*, PUF-Thémis,

[262] LAFERRIERE, *Traité*, tome 1, 2e édition. 1896, p. 477-478.

[263] TC 8 février 1873, Blanco, p. 61 (1er suppl), concl David, D1873.3.17, concl, S 18733. 153, concl. CE 8 mai 1874, Blanco, p. 416.

[264] EISENMANN CC, *Cours de droit administratif*, tome1, op.cit., p. 553

[265] OULD BOUBOUTT (A.S), *L'apport du conseil constitutionnel au droit administratif*, op.cit., p. 109s

l'affaire de la juridiction administrative, et le contentieux judiciaire revient au juge judiciaire.

Le système français de la séparation des autorités administratives et judiciaires a donné naissance à la dualité juridictionnelle. Dans le système de dualisme français, la juridiction administrative et la juridiction judiciaire évoluent en parallèle sans jamais se rejoindre, car les contentieux sont séparés, et à tous les niveaux[266], la juridiction administrative ne se frotte nullement à celle judiciaire. Ainsi, pas de proximité matérielle[267], pas de proximité organique et mêmes les locaux (les sièges) des juridictions sont séparés.

Ce qu'il faut retenir du principe de la séparation des autorités est qu'il procède à la délimitation du contentieux administratif et à l'autonomisation du juge administratif ; ce qui a fondé le dualisme juridictionnel français. Le principe de la séparation des autorités, consacré par les textes pose ainsi les bases de la (re)connaissance organique de l'instance juridictionnelle en charge du contentieux administratif.

B. La consécration du principe

Le principe de la séparation des autorités est tiré de la production normative française. Un ensemble de textes l'affirme et le juge administratif n'a pas et ne manque pas de réaffirmer ce principe à l'occasion des procès. Le principe a été reçu en Droit camerounais et cette introduction fait paraitre sa similitude quant à l'appartenance à la même communauté juridique[268], sauf que l'option camerounaise de l'application du principe de la séparation se démarque de celle de la France.

1. La consécration normative

À sa source, c'est-à-dire en France, la reconnaissance la plus forte et première dans la chronologie est l'édit de Saint-Germain du 21 février 1641[269]. Cet édit dépossède les juges ordinaires des contentieux qui concernent l'État, l'administration et le gouvernement, sauf autorisation spéciale du roi. Un autre édit moins rayonnant, mais tout aussi important a vingt ans plus tard réitéré le principe[270]. Puis, la loi d'organisation judiciaire

---

[266] À la différence du Cameroun.

[267] La division matérielle n'implique pas l'exclusion de zones de partage à l'exemple de la voie de fait et de l'emprise. Le partage en lui-même illustre bien la séparation.

[268] GONIDEC (P.F), L'État et le droit, in *Encyclopédie juridique de l'Afrique*, N.E.A.1982, tome1, p. 295.

[269] L'édit était un acte législatif émanant du roi. L'absence de constitution formelle, l'absence de la séparation des pouvoirs, l'absolutisme et le prisme de la loi comme expression de la volonté générale mettaient l'édit en haut du sommet de la pyramide des normes, probablement juste après les coutumes constitutionnelles.

[270] L'édit de Fontainebleau du 8 juillet 1661.

des 16 et 24 août 1790 a fortement réaffirmé le principe[271] en proscrivant au juge judiciaire de juger l'administration, ce que reprit le décret du 16 Fructidor an III[272]. La compétence en matière de contentieux administratif était réfutée au juge judiciaire, mais n'était pas dévolue au juge administratif qui n'existait pas encore de façon formelle, et c'est l'administration qui en bénéficiait.

Avec la loi Dufaure[273], la juridiction administrative prit formellement la place qui est la sienne aujourd'hui. La constitutionnalisation de la compétence de la juridiction administrative[274] est intervenue plus récemment.

Il a été vu que la mise sous mandat français du Cameroun entraina la création du Conseil du Contentieux administratif en 1920. Ce fait marque l'immixtion du principe de la séparation des autorités puisque dès lors, le juge de l'administration fut toujours séparé de celui dit judiciaire. Dans l'ordre normatif, c'est l'accession du Cameroun à la souveraineté interne qui servit de prétexte pour déterminer les règles de structuration et de restructuration institutionnelle de l'État. Le premier texte qui devait tout orienter ne fut pas camerounais. Ce texte qui portait notamment prescription du cadre de déploiement de la future organisation judiciaire est l'ordonnance française n° 58-1375 du 30 décembre 1958 portant statut du Cameroun :

« Le transfert de la justice à l'État du Cameroun interviendra dans les conditions prévues par une convention qui devra fixer les principes d'organisation judiciaire du Cameroun dans le respect de la séparation des autorités administratives et judiciaires et de l'indépendance de la magistrature[275] ».

Une loi de 1959 devait constater consacrer l'intégration du principe de la séparation des autorités en organisant la juridiction en deux « ordres » :

« Le Premier ministre veille à la bonne administration de la justice et fait respecter le principe de la séparation des autorités administratives et judiciaires qui a pour corollaire obligatoire celui de la séparation des tribunaux de l'ordre administratif et des tribunaux de l'ordre judiciaire[276] ».

L'article 36 du même texte va charger le Premier ministre de la garantie de l'indépendance des tribunaux de l'ordre judiciaire, ce qui fait dire qu'il y a un

[271] Art. 13 « Les fonctions judiciaires sont distinctes et demeurent toujours séparées des fonctions administratives. Les juges ne pourront, à peine de forfaiture, troubler de quelque manière que ce soit les opérations des corps administratifs, ni citer devant eux les administrateurs à raison de leurs fonctions ».

[272] Sur l'ensemble de la question, se reporter aux développements de l'introduction générale.

[273] Du 24 mai 1872 portant réorganisation du Conseil d'État.

[274] MORAND DEVILLER (J), *Cours de droit administratif*, 9e éd., Montchrestien, Paris 2005, pp. 15-16.

[275] Art. 21.

[276] Loi n° 59-2 du 18 février 1959 tendant à fixer le fonctionnement des pouvoirs publics ; Art. 35.

ordre autre que celui-là. La séparation était reçue et l'accession à l'indépendance n'y changea rien. L'article 35 de l'ordonnance du 1er janvier 1960 reprit in extenso les dispositions de l'article 35 de la loi de 1959 et aucun texte postérieur n'a porté abrogation de ce principe. De surcroit, les juges en se déclarant compétents ou non compétents dans certains litiges à eux présentés ont avec le règlement des conflits d'attribution irrigué ledit principe.

2. La consécration jurisprudentielle

L'arrêt de référence qui consacre la juridiction administrative comme ordre de jugement à part entière est la jurisprudence CADOT[277]. Elle marque la fin de la théorie du ministre-juge et constitue l'aboutissement de l'évolution ayant d'abord départi le juge judiciaire du contentieux administratif, puis l'administration active de la même matière. L'arrêt Blanco avait auparavant posé la règle de l'interdiction de condamner l'administration sur la base du Droit civil et donc par le juge judiciaire[278], mais la juridiction était encore entre les mains de l'administration. En fait, l'arrêt Blanco a formulé l'idée de l'autonomie de la responsabilité de l'administration.

Il n'en fallait pas plus puisque les textes avaient déjà statué là-dessus, et la jurisprudence devait donc jouer un rôle complémentaire en confortant la règle de la séparation des autorités.

De nombreuses décisions de justice camerounaise prises par le juge administratif et par le juge judiciaire tendent à explicitement consacrer le principe de la séparation des autorités, ou à implicitement le reconnaître en application d'une reconnaissance ou d'un rejet de compétence.

Dans l'affaire MBEDEY[279], une contestation est faite par le sieur MBEDEY sur un ordre de recette que l'État a constitué contre lui. Bien que le problème ne soit pas explicitement traité dans cette espèce, il ressort de l'article1er de cet arrêt que le juge a déterminé sa compétence sur la base de la reconnaissance de l'ordre de recette comme étant un acte administratif unilatéral[280]. S'il en avait été autrement, il aurait jugé le recours irrecevable. La conséquence en est que même dans la plus banale des décisions de justice, se pose la question de la compétence du juge, faisant ainsi ressortir la délimitation des domaines, et donc la séparation des autorités qui n'est que l'implication de la délimitation de la matière[281].

---

[277] CE, 13 décembre 1889, CADOT, rec. CE 1148, concl JAGERSCHMIDT.

[278] Supra.

[279] CFJ/CAY, arrêt n° 187 du 29 mars 1972, MBEDEY Norbert contre République fédérale du Cameroun.

[280] MBOME (F-X), *Les grands arrêts de la jurisprudence administrative camerounaise*, édition revue et corrigée, Yaoundé 1986, p. 208.

[281] Supra.

De manière plus significative, il faut citer quelques décisions qui ont expressément énoncé le principe.

L'affaire MONDOUBOU qui a flouté le régime de la responsabilité publique du fait des actes juridictionnels a le mérite d'avoir clairement énoncé le principe de la séparation des ordres juridictionnels[282]. Plus encore est l'énonciation de ce principe en matière de voie de fait où l'exception préjudicielle met en évidence les répartitions des compétences[283] et établit ici comme en France[284] les domaines du juge et leur distinction.

Le système camerounais de la séparation des autorités administratives et judiciaires semble être pareil à celui français. Pourtant, à la ressemblance conceptuelle, s'oppose l'incarnation organique (paragraphe 2) dans la mise en œuvre dudit principe.

Paragraphe 2 : L'originalité du système camerounais

Jusqu'à l'avènement de l'État unitaire en 1972, le système juridictionnel camerounais ayant réceptionné le principe de séparation des autorités administratives et judiciaires a toujours appliqué une dualité à la Française[285]. Ce qui veut dire que du Conseil du Contentieux de l'administratif jusqu'à la Cour Fédérale de Justice en passant par le Tribunal d'État et son réaménagement tenant à la Cour suprême du Cameroun oriental, la juridiction administrative n'a jamais eu de proximité avec celle judiciaire.

Désagréger l'union entre la juridiction administrative et la juridiction judiciaire est l'essence du système de dualité juridictionnelle français. Cette application du principe de la séparation a depuis 1972 pris un chemin différent au Cameroun. Ce caractère du système juridictionnel camerounais (A) fait ressortir une architecture qui se distingue de celle du dualisme à tel point que sa nature (B) s'en trouve identifiée et différenciée de celle de son ancienne puissance tutélaire.

---

282 CS/CA, jugement n° 43 du 26 juin 1980, MONDOUBOU Théodore contre État du Cameroun. V. aussi CS/CA, jugement n° 44 du 26 juin, YOMBI Alphonse contre État du Cameroun, et CS/CA, jugement n° 45 du 26 juin 1980, NGUIAMBA Daniel contre État du Cameroun.

283 CS/AP, arrêt n° 07 du 16 décembre 2004, KUELA Valeri et Minlo Auguste contre Adjudant-chef EBEN Edouard Steve.

284 ROUAULT (M-C), « Force doit rester à la séparation des pouvoirs. Remarques sur une interprétation stricte de la voie de fait », *Les Petites Affiches*, 8 janvier 1992, n° 4, p. 15

285 V. numéro spécial de la RFDA, n° 5, 1990, « La dualité de juridiction en France et à l'étranger », à l'occasion du bicentenaire de la loi des 16-24 août 1790.

A. Le caractère du système juridictionnel camerounais

S'il faut s'en tenir aux propos de MORAND-DEVILLER, « l'existence de deux ordres de juridictions n'est pas une nécessité [286] », il peut être procédé autrement. Le modèle allemand comporte cinq branches séparées d'organisation des contentieux juridictionnels[287], tandis que les Anglo-Saxons n'ont pas trouvé utile de séparer les juridictions. Différent, le système camerounais est hybride, mais pas uniquement en son genre puisque plusieurs autres États africains l'ont expérimenté avant lui[288]. De la base au sommet, la présentation des juridictions camerounaises s'est plutôt alignée sur le modèle espagnol[289].

1. La séparation à la base

L'organisation de la juridiction administrative issue des réformes de 1972 présente un visage différent de celui d'avant. Jusqu'à cette date, la configuration du système camerounais était semblable à celle de la France par l'application du dualisme juridictionnel « total ». À la réunification, l'État a pris l'option de concentrer la juridiction administrative au sein de la Cour suprême[290]. L'ordonnance de 1972 qui fixe l'organisation de la Cour suprême crée une Chambre administrative unique qui siège en premier ressort pour l'ensemble du contentieux administratif[291].

Le problème qui se pose ici est celui de la localisation de la Chambre administrative qui est juste une chambre parmi d'autres dans la haute juridiction.

Étant à la base de l'organisation de la juridiction administrative, la Chambre administrative se distingue par le fait qu'elle ne partage avec aucune autre juridiction sa compétence de première instance en matière de Contentieux administratif. L'exclusivité de la compétence, un personnel propre et la séparation à la base avaient toute l'allure du système dualiste.

Les choses devaient changer avec la révision constitutionnelle de 1996 et la création de « juridictions inférieures en matière de contentieux administratif[292] ». Elles l'ont été à travers les réformes de 2006. Significatives, elles ont matérialisé la prescription constitutionnelle en remaniant

---

[286] MORAND- DEVILLER (J), *Cours de droit administratif*, op.cit, p. 12.

[287] Supra

[288] La Tunisie à travers le décret beylical de 1884, le Maroc a traversé le Dahir de 1913, le Mali en 1959, le Sénégal en 1960…

Sur la question, cf. ONDOA (M), *Le droit de la responsabilité publique dans les États en développement…*, op.cit., pp. 170-195

[289] cf. Constitution de la République d'Espagne du 29 décembre 1978.

[290] Art. 10 de l'ordonnance n° 72/6 du 26 août 1972 fixant l'organisation de la Cour suprême modifiée par la loi n° 76/28 du 14 décembre 1976.

[291] Art. 9.

[292] Art. 40 de la loi constitutionnelle du 18 janvier 1996.

l'organisation et le fonctionnement des juridictions administratives, et surtout ici, « en indiquant les juridictions inférieures » incarnées par les tribunaux administratifs.

Reprenant les compétences de la défunte Chambre administrative, les tribunaux administratifs bonifient la séparation des autorités administratives et judiciaires parce qu'elles sont totalement détachées de la Cour suprême. Les tribunaux administratifs ont pour sièges les chefs-lieux de régions[293]. La différenciation de la juridiction administrative à la juridiction judiciaire ne souffre donc plus d'aucune contestation à la base, ce qui est différent au sommet.

2. La réunion au sommet

Au sommet de la juridiction administrative se trouve une Assemblée plénière[294] depuis les réformes de 1972 jusqu'à la révision constitutionnelle de 1996. La complexité vient de ce que « la Cour suprême outre les attributions prévues aux articles 7, 10 et 27 de la Constitution (de1972) est chargée de statuer souverainement sur l'ensemble du contentieux administratif[295] ». Pourtant, la Cour suprême statuant en appel n'est pas que dévouée au contentieux administratif[296]. La Cour suprême est également compétente pour statuer souverainement sur les recours en cassation contre les décisions rendues par les tribunaux et les cours d'appel[297].

C'est dire que la spécialité du contentieux administratif est maintenue dans la mesure où les recours en la matière vont être jugés par la Cour suprême en tant qu'Assemblée plénière, alors que cette Cour suprême ne revêt pas d'habit particulier quand le recours en cassation est dirigé contre une décision du juge judiciaire.

La constitution de 1996 modifie le système en octroyant la compétence de l'Assemblée plénière à la nouvelle Chambre administrative[298], désormais compétente en appel et pour les pourvois formés contre les décisions rendues par les juridictions inférieures. Avant, il était très frappant de voir un juge de l'ordre judiciaire participer au jugement de l'Assemblée plénière. La division faite autonomise plus la juridiction administrative. Seulement, la séparation

---

[293] Art. 5 de la loi n° 2006/022 du 29 décembre 2006 fixant l'organisation et le fonctionnement des tribunaux administratifs.
[294] Art. 11 de l'ordonnance n° 216, précitée.
[295] Loi n° 76/28 du 14 décembre 1976.
[296] Ordonnance n° 72/4 du 26 août 1972 portant organisation judiciaire modifiée par l'ordonnance n° 72/21 du 19 octobre 1972…
[297] Art. de l'ordonnance n° 72/6 du 26 août 1972, précitée.
[298] Art. 40 de la loi constitutionnelle du 18 janvier 1996, précitée.
V. aussi art 38 de la loi n° 2006/016 décembre 2006 fixant l'organisation et le fonctionnement de la Cour suprême.

n'est pas totalement effectuée parce que la Chambre administrative demeure mitoyenne à la chambre judiciaire au sein de la Cour suprême.

Déterminer la nature du système juridictionnel camerounais devient ainsi compliqué au vu de ces facteurs qui tantôt rapprochent, tantôt décrochent la juridiction administrative de la juridiction judiciaire.

B. La nature du système juridictionnel camerounais

Les auteurs qui se sont lancés à la quête de la détermination de la nature du système juridictionnel camerounais ont souvent abouti à des conclusions différentes sur l'application ou non du dualisme juridictionnel. La controverse doctrinale devant être éclairée dans ces développements alimente en filagramme l'argument de points de distanciation entre le Droit français et celui en vigueur dans les États d'Afrique francophone.

1. Les éléments de la controverse

Ils ne sont pas de la moindre importance. Dans la réception du principe de la séparation des autorités, la lettre de la loi de 59 détermine son « corollaire obligatoire, celui de la séparation des tribunaux de l'ordre administratif et des tribunaux de l'ordre judiciaire[299] ». Les textes qui ont suivi la loi de 1959 n'ont pas abrogé cette séparation. Le juge administratif camerounais s'est aussi prononcé indirectement sur le dualisme en statuant qu'« attendu que le principe de la séparation des ordres juridictionnels qui a pour conséquence d'interdire aux tribunaux judiciaires de connaitre des litiges nés de l'action administrative...[300] » Reconnaissant par conséquent à l'occasion l'existence de deux ordres juridictionnels distincts au Cameroun.

Le raisonnement tient à la notion d'ordre de juridiction. Il y a ordre de juridiction quand toute une catégorie de juridictions[301] liées existe sans rapport organique avec une autre catégorie existante. Le système de la « Common Law » qui n'admet qu'un seul ordre de juridiction est dit d'unité juridictionnelle. La séparation des autorités qui induit celle des ordres juridictionnels en France fait apparaître le dualisme juridictionnel[302]. En prescrivant la séparation des ordres, le législateur a introduit le dualisme juridictionnel, doit-on lire dans les conclusions de l'affaire TAGNY Mathieu.

2. La nature réelle du système juridictionnel

La dualité juridictionnelle est très contestée et à raison. En étudiant le système de la Cour Fédérale de Justice, le Professeur BIPOUN-WOUM, tout en fustigeant la séparation des pouvoirs conclut que le législateur n'a pas

[299] Art. 35 de la loi n° 59-2 du 18 février tendant à fixer le fonctionnement des pouvoirs publics.
[300] CFJ/AP, Arrêt n° 19 du 16 mars 1967, TAGNY Mathieu contre État du Cameroun.
[301] Constituée d'une ou de plusieurs juridictions.
[302] TRUCHET (D), Fusionner les juridictions administratives et judiciaires ?, in *Mélanges Jean-Marie AUBY*, Dalloz 1992, pp. 335-345.

institué de façon intégrale la dualité[303] parce que les contentieux sont séparés, mais pas les juridictions. Pour lui, la juridiction administrative n'est constituée que de la Cour Fédérale de Justice[304], ce qui laisse entendre qu'une juridiction unique ne saurait à elle toute seule constituer un ordre de juridiction. L'autre raison étant que « ce sont… les magistrats de l'ordre judiciaire qui sont appelés… à juger l'administration[305] ».

La seconde raison est amplement valable parce que ces interférences font voir que le personnel juridictionnel administratif et judiciaire est un, la séparation est bancale et le dualisme tropicalisé[306]. Quant à la première, ordre juridictionnel n'est pas forcément ordre des juridictions[307]. Une structure unique peut bien en son sein regrouper un seul degré ou plusieurs degrés de juridiction sans que cela ne la vide de sa substance ; le Tribunal d'État en fut un exemple.

Le Professeur OWONA reconnait qu'effectivement, le problème ne se posait pas avec le Tribunal d'État. Il expose que le système français de la dualité des juridictions a été appliqué au Cameroun, et que « ce principe d'organisation de la juridiction française administrative est resté constant, et cela à travers moult réformes, du Conseil du Contentieux administratif au tribunal d'État[308] ». L'auteur insinue donc qu'il y a eu dualité et que ce n'est plus le cas depuis la fin du Tribunal d'État. Ce que confirme le Professeur BIPOUN-WOUM quand il étudie la Cour Fédérale de Justice.

Plus récemment, le Professeur KAMTO l'a dit sans directement indiquer qu'il n'y a pas dualité à représenter la juridiction administrative comme étant « une juridiction spécialisée greffée sur une instance judiciaire[309] ». La liaison est faite, il n'y a pas de dualité à la française. C'est que les réformes de 1972 ont opéré un renversement en faisant cohabiter la juridiction administrative avec la juridiction judiciaire. C'était l'abolition « des ordres juridictionnels » tels que normativement reçus dans les textes de 1959 et de 1960.

---

303 BIPOUN WOUM (J-M), « recherches sur les aspects actuels de la réception du droit administratif… », Op.cit., p. 366.
304 Ibid.
305 Ibi, p. 367.
306 Il s'agit d'une phase d'installation d'une tradition juridictionnelle camerounaise. Sur le propos, cf. SIETCHOUA (C), « perspectives ouvertes à la juridiction administrative du Cameroun par la loi n° 96/06 du 18 janvier 1996 portant révision de la constitution du 02 juin 1972 », Annales de la FSJP de Dschang, AES, Yaoundé ; t1, vol1, 1997, p. 167, n° 11.
307 cf. GOHIN (O), *Contentieux administratif*, op.cit., p. 88, n° 86. V. aussi CE ASS, 13 juillet 1962, conseil national de l'ordre des médecins, rec. CE479.
308 OWONA (J), *Droit administratif spécial de la République du Cameroun*, Edicef, paris 1985, p. 180.
309 KAMTO (M), « La fonction administrative contentieuse de la cour suprême du Cameroun », op.cit., p. 36.

L'argumentation tenant à préciser l'absence de séparation parce que la juridiction administrative n'a pas de personnel propre[310] ne peut plus prospérer. Depuis peu, l'École Nationale d'Administration et de la Magistrature forme des magistrats « administratifs », et l'insuffisance de personnels associés au souci d'économiser les fonds publics n'est plus réellement d'actualité. Ainsi, même les magistrats formés à l'École du droit privé peuvent être affectés dans une juridiction administrative non de façon ponctuelle, mais plutôt de façon permanente. La séparation et la spécialisation de la magistrature mettent fin à la pratique du juge judiciaire – juge administratif.

Le système juridictionnel camerounais tel qu'issu de la loi constitutionnelle de 1996 et des lois de 2006[311] autonomise les tribunaux administratifs, mais maintient la Chambre administrative dans la Cour suprême. Elle cohabite avec la Chambre des comptes et la Chambre judiciaire[312]. En faisant de la Cour suprême la plus haute juridiction de l'État[313] dans les domaines de compétence de ces différentes chambres[314], le constituant a reconnu que le contentieux administratif est tout juste une « matière » de cette juridiction.

Le Tribunal de Grande Instance est matériellement compétent en matière pénale, en matière civile, commerciale, sociale…[315] À titre d'exemple, la matière pénale qui est reconnue à la compétence du TGI ne fait pas de cette matière un élément autonome.

En réalité, elle n'est qu'un champ de la compétence d'une juridiction. Il en est ainsi de la « matière administrative » qui fait partie d'un tout au sein d'une haute juridiction : La Cour suprême.

À la différence de la France ou de l'Allemagne, la juridiction administrative camerounaise est reliée à son sommet à une juridiction dans laquelle elle n'est pas l'exclusive matière. La dualité s'apprécie dans l'intégralité de la séparation. Le système camerounais ne présente pas cette caractéristique, la réunion au sommet fonde l'unité organique de ce système. Les spécificités tenant au personnel propre et aux règles de fonctionnement propres (dualité fonctionnelle) n'entament en rien la réalité de l'unité juridictionnelle du système camerounais.

Le rejet du dualisme juridictionnel ne constitue pas une atteinte au principe de la séparation des autorités. Les corps et les règles de la juridiction judiciaire

---

310 KAMDEM (J-C), *Le contentieux administratif*, op.cit., p. 48.

311 Supra.

312 Art. 38 (2) de la loi constitutionnelle de 1996.

313 Ibid., art. 38 (1).

314 Judiciaire, administrative et de jugement des comptes.

315 Art. 16 de la loi n° 89/017 du 28 juillet 1989 modifiant et complétant certaines dispositions de l'ordonnance n° 72/4 du 26 août 1972 portant organisation judiciaire.

et de la juridiction administrative restent néanmoins par principe distincts et c'est davantage leur rattachement organique à la haute juridiction qui rapproche ces juridictions. Le double degré de juridiction (section II) est la seconde règle qui après celle de la séparation des autorités permet de présenter l'organisation de la juridiction administrative.

Section 2 : Le double degré de juridiction

De nombreuses règles organisent l'administration de la justice. Celle du double degré y figure. Il a un effet direct sur les organes de la juridiction. Il représente la verticalité exigée dans la structuration de l'organe juridictionnel. L'énoncé de cette règle (paragraphe 1) va dans le sens de la quête de la meilleure administration de la justice, même si cette règle du double degré n'est pas d'application absolue (paragraphe 2)

Paragraphe 1 : L'énoncé de la règle

Le principe du double degré de juridiction a été affirmé par le Conseil d'État comme un droit attribué au justiciable[316]. Pour sa signification, il permet au justiciable de contester les décisions du juge (A), et a pour effet d'organiser la juridiction de façon étagée (B). Cette règle également en vigueur dans l'organisation de la juridiction judiciaire sera uniquement développée dans le contexte de la juridiction administrative.

A. La signification du double degré de juridiction

Le double degré est un principe qui influence l'organisation de la juridiction qui doit être structurée de manière à permettre au justiciable d'avoir accès à une première instance, et, si sa demande n'est pas satisfaite, qu'il puisse contester la décision de justice initiale.

1. Le droit à une décision initiale

Quand surgit un litige administratif, la personne qui estime avoir été lésée a le droit de saisir le juge administratif. La requête introductive d'instance est le recours lui-même. Au préalable, il faut une décision, un acte de l'administration qui a lésé le droit du requérant, puis un recours gracieux préalable[317]. Cette phase est administrative étant donné qu'elle est sous la maîtrise de l'administration qui n'a pas le pouvoir de la juridiction[318].

Le contentieux juridictionnel n'est ouvert qu'à partir du dépôt d'une requête introductive d'instance. L'instance est introduite devant une juridiction chargée de statuer sur la cause. La décision prise par le juge est dite

---

[316] PEISER (G), *Contentieux administratif*, op.cit., p. 12.
[317] Infra.
[318] HAURIOU (M), *Précis de droit administratif*, 2e édition, 1927, p. 365.

initiale parce qu'elle est la première, ce qui suppose qu'il peut y avoir une seconde.

Cette règle diffère de certaines pratiques anciennes. Il faut citer la pratique du ministre-juge où très souvent le requérant ne pouvait que se contenter de la première décision quitte à se pourvoir devant l'autorité exécutive après le jugement[319]. Exemple doit aussi être pris de l'organisation et du fonctionnement du Tribunal d'État camerounais. De juin 1959 à juin 1961, le Tribunal d'État, seule juridiction de l'ordre administratif a fonctionné avec un degré unique de juridiction[320]. Il était reconnu comme connaissant « de tout le contentieux administratif en premier et dernier ressort[321] ». Le premier et le dernier ressort étaient uniques de sorte qu'il n'y avait qu'un seul ressort, qu'une seule assemblée dans cette juridiction. À la différence de l'implication du principe du double degré de juridiction, il n'était pas possible dans cette version-là du Tribunal d'État de contester la décision du juge.

2. La contestation de la décision initiale

À travers le principe du double degré de juridiction, il est accordé au justiciable un droit : celui de contester le jugement. De façon matérielle, ce principe impose une organisation juridictionnelle étagée. Il n'est pas obligatoire d'avoir deux tribunaux différents, car même deux instances de la même juridiction peuvent constituer le double degré. Le cas de la Chambre administrative, logée à la même enseigne que l'Assemblée plénière c'est-à-dire tous deux dans la Cour suprême n'a jamais rompu la règle du double degré.

En fait, il est question que la juridiction ou l'instance du jugement initial soit reconnue comme étant inférieure, subordonnée du point de vue de la hiérarchie juridictionnelle à la juridiction (ou instance) devant laquelle la contestation est soulevée. Les textes en général établissent la hiérarchie des instances de jugement.

L'assortiment nécessaire à la hiérarchie des instances est la hiérarchie de la magistrature. L'instance supérieure est constituée de magistrats de grades supérieurs à ceux de l'instance initiale. « Aucun magistrat ne peut être titulaire d'un emploi soit de chef de juridiction, soit du chef de parquet, lui conférant un pouvoir de contrôle de direction sur un magistrat hiérarchiquement supérieur[322] ». La règle du double degré n'instaure pas un contrôle personnel, mais un contrôle matériel sur la décision initiale.

---

[319] SOCKENG (R), *Les institutions judiciaires au Cameroun*, 1re édition, groupe Saint-François, 1995, p. 31.

[320] Art. 4 du décret du 4 juin 1959, précité.

[321] BINYOUM (J), *Droit administratif*, Yaoundé cours polycopié, S-d, p. 194.

[322] Art. 9 (2) du décret n° 95/048 du 8 mars 1995 portant statut de la magistrature.

Autres caractéristiques du double degré : il permet non pas uniquement au requérant initial, mais à toutes les parties au procès de faire appel. Ensuite, la règle du double degré est un rejugement du fond du litige. Ce qui signifie que les recours formés contre les éléments de procédure sont en principe irrecevables et que seul compte le fond de la décision rendue par l'instance ayant initialement tranché le litige. Enfin, la règle du double degré est d'ordre public non seulement parce qu'elle confine le justiciable aux cas d'ouverture stricts prévus par la loi[323], mais aussi parce que le juge saisi doit d'office se déclarer incompétent si le degré de sa juridiction n'est pas celui qui sied au niveau du litige engagé.

B. La représentation

Le principe du double degré de juridiction influence fondamentalement l'organisation de la juridiction. En permettant au justiciable de faire un recours contre une décision de justice dite initiale, elle impose un dédoublement de la juridiction administrative dont la présentation se fera de façon pyramidale.

1. La hiérarchie de la juridiction administrative

La juridiction administrative est dédoublée et le dédoublement n'est pas horizontal. La verticalité du dédoublement pose la hiérarchie de la juridiction administrative avec à la base l'instance inférieure qui a été saisie de la requête introductive d'instance et au sommet l'instance supérieure constituée de juges plus expérimentés, chargés de vérifier les contestations soulevées contre la première décision de justice.

Pour éviter que la règle du double degré ne soit qu'une passade sans aucune réalité, il est imposé qu'il n'y ait pas identité de juges. C'est pour cela que les magistrats qui connaissent l'affaire en seconde instance doivent être différents de ceux qui ont eu l'occasion de statuer dessus[324]. Cette disposition est encore plus justifiée quand la première et la seconde instance sont toutes logées dans la Cour suprême et qu'il y a une sorte de confusion du personnel. Avec la décentralisation de la juridiction administrative telle qu'amorcée en 1996, puis en 2006, il n'y a plus cette proximité qui permettrait ces interférences. Dorénavant, les juridictions inférieures et celles supérieures ont chacune leur personnel propre.

L'identité des juges garantit la différence des vues le cas échéant. Elle permet que l'appel formé donne effectivement lieu à un « rejugement » et non à un jugement bis de l'affaire initiale. La règle du double degré participe ainsi

[323] Cass civ 22 janvier 1953 D. 1953, p. 236.

[324] Ex : art. 11 (1. a) de l'ordonnance n° 72/6 du 26 août 1972 précitée « l'assemblée plénière comprend : cinq magistrats, membres de la cour à l'exception de celui ou de ceux qui auraient participé au jugement de l'affaire en première instance ».

à la garantie de la justice. Elle est incarnée par une superposition des instances juridictionnelles de l'administration.

2. La présentation de la juridiction

Le défunt Tribunal d'État portait lors de sa création les prémices de sa fin, dont l'instauration d'un degré unique de jugement. Cette atteinte au droit du justiciable devait être comblée par la création d'une éphémère Cour suprême[325] qui allait connaitre en second ressort des jugements rendus par le Tribunal d'État, et ceci de façon rétroactive, c'est-à-dire que même les jugements de ce tribunal ayant acquis autorité de la chose jugée pouvaient être déférés devant cette Cour suprême.

Depuis 1972, la structuration de la juridiction par rapport au double degré a présenté la Chambre administrative et l'Assemblée plénière avec la première comme étant le premier degré de juridiction et la seconde comme étant le second degré[326].

Actuellement, l'organisation de cette juridiction présente au niveau inférieur les tribunaux administratifs et au niveau supérieur la Chambre administrative[327]. La loi constitutionnelle de 1996 dispose en effet que la Chambre administrative statue souverainement sur les décisions rendues par les juridictions inférieures en matière de contentieux administratif[328]. La règle du double degré est ainsi un principe organisateur de la juridiction administrative. Du point de vue fonctionnel et matériel, elle impose que la décision soit d'abord prise par une instance inférieure avant qu'elle ne soit déférée devant l'instance supérieure. La décision du juge administratif doit pouvoir être rejugée. Les limitations à cette règle fondent à penser qu'elle est organiquement impérative puisqu'elle participe à la structuration de la juridiction administrative ; mais elle est relative parce que ne s'appliquant pas à tout type de recours.

Paragraphe 2 : Les limitations de la règle

Rares, mais bien existantes, certaines matières du contentieux administratif ne donnent pas lieu en principe à plus d'un jugement. La juridiction ou le juge saisi statue dans ce cas en ressort unique. Cet état de choses peut être regrettable parce que constituant une sorte de limite du droit d'accès au prétoire. Certaines catégories de jugement tombent sous le coup de cette

---

325 Par la loi du 20 janvier 1961, précitée.

326 KAMTO (M), « la fonction administrative contentieuse de la Cour suprême du Cameroun », op.cit., p. 36 : « les deux formations spécialisées en matière de contentieux administratif sont organisées suivant la règle du double degré de juridiction ».

327 *Art. 2 de la loi n° 2006/022, précitée.*

328 *Art. 40.*

limitation (A). Le même sort est réservé à la situation particulière qu'est l'évocation[329] (B).

A. Le cas des jugements incidents : les exceptions préjudicielles

La seule hypothèse de jugement est celle des questions préjudicielles. La question préjudicielle est la question de Droit qui oblige le Tribunal à sursoir à statuer « jusqu'à ce qu'elle ait été soumise à la juridiction compétente...[330] ». Elle s'oppose à la question principale qui est celle qui porte sur l'objet même de la prétention soumise au juge[331].

Le mécanisme est simple : un litige soulève une question de droit qui est soumise à un juge ; c'est la question principale pour laquelle ce juge est compétent. Pour résoudre ledit litige, ce juge se retrouve en train de résoudre d'autres questions ou sous-questions découlant de la question principale. Et l'une de ces sous-questions ne peut pas relever de sa compétence. Conformément à ce qu'en pense MORAND-DEVILLER, « pour qu'il y ait question préjudicielle, il faut que l'interrogation soit nécessaire, pertinente c'est-à-dire de nature à influer sur la solution du litige, et sérieuse, soulevant une difficulté « de nature à faire naitre un doute » dans un esprit éclairé[332] ».

La question préjudicielle intervient nécessairement quand elle fait appel à un cas d'interprétation pour lequel le juge du fond n'est pas compétent.

Les jugements incidents naissent ici, de la question préjudicielle formée à l'occasion des emprises et des voies de fait administratives[333]. Le règlement des contentieux de l'emprise et de la voie de fait est de la compétence du juge judiciaire qui doit lors du litige, avant de statuer au fond, surseoir et saisir le juge administratif[334] pour que ce dernier détermine le caractère administratif ou non de l'acte soulevé.

Le fait est que la question soumise à l'appréciation du juge incident l'est parce que le juge du principal est incompétent. Elle lui est d'ailleurs soumise par le juge principal. Et ce juge de la question préjudicielle va se prononcer. Il n'a été prévu nulle part la possibilité de contester la décision du juge de la question préjudicielle. Cela n'a même pas été entrevu. En plus, s'agissant de l'emprise et de la voie de fait, il faut dire que la juridiction compétente pour l'exception préjudicielle est la Chambre administrative de la Cour suprême[335]

---

[329] *Infra.*

[330] GUILLIEN (R), VINCENT (J) et autres, *Lexique des termes juridiques*, 13e édition, Dalloz, 2001, p. 454.

[331] Ibid.

[332] LAFERRIERE citée par MORAND-DEVILLER (J), *Cours de droit administratif*, op.cit., p. 650.

[333] Infra.

[334] Art. 3 (2) de la loi n° 2006/022 du 29 décembre 2006 fixant l'organisation et le fonctionnement des tribunaux administratifs.

[335] Ibid.

qui n'est autre que l'instance suprême en matière de contentieux administratif. On ne peut pas aller plus haut que ça, il ne peut donc pas y avoir d'appel parce que cette instance est le degré supérieur du double degré. Le juge de la Chambre administrative n'a donc pas intérêt à se tromper dans la solution qu'il donne à la question à lui posée, parce que la réformation (B) de sa décision n'est pas possible.

B. Le cas particulier de l'évocation

La procédure administrative contentieuse admet la réformation des décisions de justice. Cette voie permet, s'il y a lieu, l'infirmation partielle ou totale de la décision du juge inférieur.

L'évocation est une catégorie particulière de la réformation de la décision de justice. À la base il y a une décision rendue par le juge de premier degré, et l'évocation elle, n'intervient qu'à l'occasion de l'examen du litige au second degré. En effet, son aménagement textuel veut que « ... la Chambre administrative dispose d'un pouvoir d'évocation lorsque l'affaire est en état d'être jugée au fond[336] ». Cette disposition unique fonde la compétence de la Chambre administrative, instance de la Cour suprême qui est l'instance supérieure en matière de contentieux administratif à pouvoir évoquer[337].

Sur ces questions, l'évocation n'est possible que si les conditions de l'appel sont réunies[338]. Auquel cas, le juge compétent peut être saisi par toute partie intéressée d'évoquer, tout comme il y a un pouvoir d'auto évocation[339]. Cette procédure permet à ce juge de trancher les points sur lesquels le juge de première instance n'a pas statué. Particularité, pour « les points sur lesquels le juge de première instance n'a pas statué », si le premier juge n'a pas statué dessus, le second juge, en le laissant fera l'office qui aurait dû être effectué en première instance. Il devient juge de premier ressort. Et comme lui-même est le seul juge supérieur du fond, sa décision sera insusceptible d'appel donc, il aura statué en second et dernier ressort. L'évocation permet à la Chambre administrative de statuer en ressort unique et brise le principe du double degré de juridiction. Le fait est que le juge de l'évocation va statuer sur le fond en se prononçant sur les éléments qui ont été omis par le premier juge et que ces éléments pourront à l'issue de ce réexamen changer le sens de la première décision. La partie ne partageant pas l'issue de la nouvelle décision n'aura pas

---

336 Art. 104 (4) de la loi n° 2006/016 précitée.

337 En France, l'évocation est aussi exclusivement réservée aux juridictions d'appel : cf. art. 568 du nouveau Code de procédure civil français ; V. CE, 14 juin 1967, nouveau syndicat intercommunal de la vallée d'orge. Rec. CE 905.

338 SIETCHOUA DJUITCHOKO (C), *L'appel dans le contentieux administratif au Cameroun : contribution à l'étude de la juridiction administrative*, thèse de doctorat en droit, AIX-Marseille, 2001, pp. 48-186.

339 DRAGO (R), « l'évocation dans la procédure administrative », RDP, 1957, p. 453s ; RICCI (J-C), *Contentieux administratif*, Hachette, Paris 2007, p. 212.

face à ces éléments anciens, mais nouvellement relevés, la possibilité de faire appel.

Deux conséquences directes en découlent :

- La première est que la procédure d'évocation est une dérogation au principe du double degré de juridiction[340].
- La seconde est que, contrairement à ce qui est véhiculé, l'évocation n'est pas une voie de réformation au sens strict du terme. La réformation est la modification de la décision du premier juge sur ce qu'il a statué. Or, l'évocation fait intervenir des éléments qu'il a occultés. L'évocation n'est pas une réformation au sens propre, même s'il est vrai que ces points non jugés par le juge d'instance peuvent modifier la première décision. Mais davantage, l'évocation est une voie de formation et non de réformation.

Tout de même, les atteintes au double degré sont minimes. Regroupées ici essentiellement dans les hypothèses de l'exception préjudicielle et l'évocation, elles ont la particularité qu'elles sont toujours incidentes et non pas principales même si elles sont susceptibles d'influencer le fond de la décision. Le principe du double degré reste donc la règle dans la procédure de jugement et dans la structuration organique de la juridiction administrative. Les organes de l'ordre juridictionnel administratif (Titre II) sont (pour les formations de jugement) les manifestations visibles des principes de séparation des pouvoirs et d'indépendance de la magistrature, de la séparation des autorités administratives et judiciaires, et du double degré de juridiction.

[340] Sur le détail, cf. ESSOMBA ONAMBELE (R-S), *Le régime juridique de l'évocation en contentieux administratif camerounais*, mémoire de DEA en Droit Public université de Yaoundé II, 2009, notamment, p. 142s.

TITRE II :

LES ORGANES DE L'ORDRE JURIDICTIONNEL ADMINISTRATIF

Au préalable, il faut rappeler qu'un ordre juridictionnel est un ensemble de tribunaux placé sous l'autorité d'une seule et même juridiction suprême. Il peut s'agir d'un ordre de juridiction composé d'une unité de premier degré et une autre de second degré tel que le fut le Tribunal d'État camerounais à l'occasion de sa réforme du 20 juin 1961[341].

Si la majorité des systèmes juridictionnels de la « Common Law » connait une unité de l'ordre des juridictions, d'autres comme les cas allemands[342] et français sont différents.

Le système français est traditionnellement qualifié de dualiste parce qu'il comporte depuis 1790[343] deux ordres de juridiction. Ces ordres sont reconnus comme tels parce qu'ils sont séparés et que chacun est doté d'une Cour suprême.

Le cas camerounais est pour le moins différent. De consécration textuelle ardue, la reconnaissance du dualisme juridictionnel issu des accords franco-camerounais de la période de l'autonomisation du Cameroun[344] n'a plus été affirmée par les textes du Cameroun indépendant. Seuls quelques fondements, dont le Droit jurisprudentiel,[345] tendent à reconnaitre au Cameroun un système dualiste pour ses juridictions. Il a été vu que cette approche était beaucoup plus une vue de l'esprit, puisque même si la séparation existe désormais au niveau des juridictions inférieures, celle-ci n'est pas effectuée quant aux instances supérieures dans la mesure où l'instance suprême de la juridiction administrative est logée à la même enseigne que celle du Judiciaire. C'est que « la Cour suprême est la plus haute juridiction de l'État en matière judiciaire, administrative et de jugement des comptes[346] ». L'implication est qu'il y a unité au sommet.

Il devient donc délicat de titrer sur « l'ordre juridictionnel administratif ». Cette option a été adoptée ici parce qu'il faut reconnaitre qu'il existe des organes propres au contentieux administratif obéissant à des modes opératoires différents de ceux du juge judiciaire. Sans donc récuser l'existence du monisme, acceptation doit être faite de l'existence d'organes juridictionnels propres au contentieux administratif.

Les organes secondaires qui participent à l'administration de la justice administrative (Chapitre II) sont des organes en partage entre « l'ordre juridictionnel administratif » et « l'ordre juridictionnel judiciaire » comme

---

341 Supra.

342 Le Constituant allemand a procédé à l'instauration d'un système judiciaire comportant cinq (5) ordres de juridiction. cf. art. 95 de la loi fondamentale allemande de 1949.

343 Loi des 16-24 août 1790

344 Supra.

345 À part les décisions déjà présentées, V. aussi : Jugement n° 89/CA/CS du 13 août 2008, KAMDEM PROSPER contre État du Cameroun.

346 Art. 38 (1) de la loi constitutionnelle n° 96-06 du 18 janvier 1996.

pour marquer d'un sceau la complicité qu'il faut constater entre les juridictions camerounaises. Les structures de jugement (chapitre I) qui sont vouées à être des organes de « l'ordre juridictionnel administratif » n'en sont pas plus loin.

CHAPITRE 1 :

LES STRUCTURES DE JUGEMENT

Il est embarrassant de parler de structures de jugement du contentieux administratif en les désignant du doigt. L'embarras persistant vient de ce que le Droit des institutions judiciaires fait sa mue au Cameroun depuis la date symbolique de 1996.

Avant cette date, le contentieux administratif ressortissait de la compétence de la Chambre administrative et de l'Assemblée plénière de la Cour suprême[347]. Le constituant de 1996 a créé des juridictions inférieures et une juridiction supérieure qui ont pour caractéristique de se distinguer par plusieurs traits de l'organisation antérieure.

Les tribunaux administratifs (Section 1) constituent dans la nouvelle organisation les instances de premier degré complétées par des instances de jugement supérieur (Section 2).

Section 1 : Les tribunaux administratifs

Dans la Rome antique, les tribuns, sortes de magistrats, devaient au sein d'un tribunat dire le Droit. Cette fonction et ce rapprochement étymologique font du tribunal le descendant du tribunat. Le tribunal est l'instance juridictionnelle chargée de trancher les litiges qui lui sont reconnus. L'une de ses particularités tient à sa composition faite de magistrats. Le Tribunal administratif n'y échappe pas. Ses particularités sont son organisation (paragraphe I) et son fonctionnement de même que son rôle (paragraphe II), car pour ce dernier, il rend des décisions susceptibles de réformation.

Paragraphe 1 : L'organisation du Tribunal administratif

La structuration interne du Tribunal administratif est d'une part constituée de l'élément lié à l'organe qui est matérialisé par le siège de ressort (A) où est d'ailleurs situé son édifice. Il faut aussi considérer l'élément lié à sa composition (B) qui permet d'avoir une vue d'ensemble sur ce qui doit être considéré comme étant l'organisation du Tribunal administratif.

---

[347] *Ordonnance n° 72/6 du 26 août 1972 fixant l'organisation de la Cour suprême modifiée par la loi n° 76/28 du 14 décembre 1976.*

A. Le Siège du ressort

L'implantation géographique de la juridiction administrative camerounaise n'a pas connu trop de fluctuations jusqu'à la grande avancée de 1996. Celle-ci n'a d'ailleurs concerné que l'implantation de la juridiction administrative inférieure.

1. La localisation du Tribunal administratif

La question de la localisation de la juridiction administrative n'a jamais été abordée au Cameroun comme facteur de spécification du Droit administratif processuel camerounais. Pourtant, cette localisation est importante.

Il est à constater que dès 1920 et notamment depuis la création de la première juridiction administrative au Cameroun sous administration française[348], la juridiction administrative a été localisée dans la Région du Centre. Le Conseil du Contentieux administratif puisqu'il s'agit de lui, a inauguré une tradition : celle de situer la juridiction administrative dans la capitale administrative. Le Tribunal d'État, même après sa recomposition par la création d'une Cour suprême n'y dérogea pas[349]. Avec la fédération, les choses ne changèrent point dans la politique d'implantation géographique de la juridiction administrative. La Cour Fédérale de Justice conserva son instance suprême dans la capitale fédérale tandis que ses deux chambres étaient localisées chacune au niveau des capitales de chaque État fédéré. Il y avait une chambre administrative à Yaoundé, et une autre à Buéa[350]. Le passage à la concentration de la totalité du contentieux administratif avec la Cour suprême de 1972 vint localiser toute la juridiction administrative à Yaoundé[351]. Sur ce point, la politique d'implantation juridictionnelle camerounaise diffère de celle française.

Il faut observer que les juridictions judiciaires sont implantées les unes dans les arrondissements et les départements, les autres dans les régions et celle suprême dans la capitale politique[352]. Ces juridictions ne sont compétentes que dans les limites territoriales de leurs circonscriptions de localisation où elles sont d'ailleurs situées dans le chef-lieu.

Jusqu'en 1996, la Chambre administrative (tout comme son Assemblée plénière) est implantée dans le chef-lieu de la région du Centre, capitale administrative du Cameroun. Si les réformes de 1996 n'ont pas eu d'influence

---

348 cf. Décret du 14 avril 1920.

349 cf. Décret des 4 et 9 juin 1959 ; et la loi du 20 juin 1961.

350 BINYOUM (J), *Droit administratif*, cours polycopié, Université de Yaoundé, (S-D), p. 197.

351 Ibid.

352 Respectivement art. 11,14 de l'ordonnance n° 72/4 du 26 août 1972 portant organisation judiciaire au Cameroun.

sur la localisation de l'instance suprême de l'ordre juridictionnel administratif, il y a eu des modifications pour la juridiction inférieure.

La loi constitutionnelle de 1996 a « pluralisé » les juridictions inférieures en matière de contentieux administratif[353]. Ces instances inférieures ne pouvaient pas toutes être situées au même lieu. L'option du législateur a alors été de créer un Tribunal administratif par région[354], son siège étant le chef-lieu de région qui est aussi la limite territoriale de sa compétence.

À ne pas se tromper, la politique d'implantation juridictionnelle (que ce soit pour la juridiction judiciaire que pour la juridiction administrative camerounaise) a toujours été de confiner la juridiction dans la circonscription administrative. Ainsi, le découpage de la juridiction suit la partition des circonscriptions administratives.

La différence avec la France est que, sans le dire, elle a résolument opté pour la création des circonscriptions judiciaires. Les tribunaux administratifs qui sont au nombre de trente-sept sont pour quelques-uns départementalisés, mais inter départementalisés, pour leur majorité[355]. Plus illustratif est le cas des Cours administratives d'appel qui sont au nombre de huit. « Le ressort territorial de six d'entre elles est actuellement celui de trois à quatre ressorts territoriaux de tribunaux administratifs métropolitains[356] », tandis que les neuf tribunaux administratifs d'outre-mer sont répartis entre deux Cours administratives d'appel[357].

En refusant de cloisonner les juridictions administratives dans des circonscriptions administratives (par circonscription administrative), le législateur français a opté pour la création de véritables circonscriptions judiciaires. Il en va autrement au Cameroun où le principe instauré veut que la juridiction suive strictement la répartition territoriale administrative. C'est ce qui fait que le Tribunal administratif soit localisé au niveau de la région même s'il existe une possibilité de déroger à cette répartition.

2. L'extension du ressort

L'alinéa premier de l'article qui dispose du siège et du ressort des tribunaux administratifs implante un tribunal par région [358]; c'est le principe. Il est par la suite admis qu'une dérogation puisse y être apportée.

---

[353] Art. 40 de la loi constitutionnelle du 18 janvier 1996.

[354] Art. 5(1) de la loi n° 2006/022 du 29 décembre 2006 fixant l'organisation et le fonctionnement des tribunaux administratifs.

[355] Il ne pouvait en être autrement puisque la France compte 96 départements métropolitains, ce qui est le triple du nombre de tribunaux administratifs.

[356] GOHIN (O), *Contentieux administratif*, 4e éd., Litec, Paris 2005, p. 97.

[357] V. Décret du 11 juin 2004.

[358] Arts 5 (1) de la loi n° 2006/022, précitée.

Il est possible qu'un Tribunal administratif ait un ressort qui s'étende sur plusieurs régions. Cette éventualité n'est possible que si des nécessités de service le justifient[359]. Le terme de nécessité de service met en évidence la discretionnalité du pouvoir qui est confié à l'autorité de décision. Il peut s'agir de nécessité financière comme le manque de ressources pour pouvoir à l'instant prendre en charge plusieurs tribunaux administratifs. Il peut s'agir de nécessité liée à la technique d'implantation tenant à l'option d'implanter progressivement ces tribunaux[360]. La raison peut aussi être le faible volume du contentieux administratif par région, qui conduirait à opter pour le déplacement du lieu de fonctionnement et des audiences vers une région voisine ayant un volume de contentieux plus estimable. Bref, l'autorité de décision a par cette disposition un champ de décision plutôt large.

Pour éviter que cette « interrégionalisation » de l'implantation géographique des tribunaux administratifs ne devienne la règle, il a été laissé au seul président de la République le pouvoir d'apprécier la nécessité de service[361] ; sa décision devant être prise par voie de décret. L'organisation des tribunaux administratifs est complétée par leur composition.

B. La composition

À côté des agents qui contribuent au fonctionnement de la juridiction, il y a ceux qui sont chargés de dire le Droit. Les premiers devant être présentés ultérieurement, il est ici question de s'appesantir sur les membres du Tribunal administratif directement chargés de trancher les litiges.

1. Les membres

L'ancienne Chambre administrative, instance de premier degré de l'ordre juridictionnel administratif, était composée pour ce qui est des membres participant à la prise de décision, du procureur général ou de l'avocat général ou d'un substitut, d'un conseiller tenant lieu de président assisté de deux magistrats ayant voix délibérative (choisis parmi les magistrats du siège des cours ou tribunaux), d'un président de la Chambre administrative et d'assesseurs[362].

Des observations quant à cette composition permettent d'affirmer :

- Que le Conseiller désigné comme président par le texte est en réalité le président de séance qui tient lieu de juge. Il exerce une fonction dont la durée est comprimée dans le procès. Par contre, le président

[359] Ibid.

[360] Cette option serait alors provisoire parce que tous les tribunaux administratifs seraient appelés à fonctionner.

[361] Art. 5(2) de la loi n° 2006/022, précitée.

[362] Art. 11 (2) de l'ordonnance n° 72/6 du 26 août 1972 fixant l'organisation de la Cour suprême modifiée par la loi n° 76/28 du 14 décembre 1976.

de la Chambre administrative exerce une fonction inscrite dans la durée. Ce dernier est chargé des tâches d'organisation administrative, et de garantie de l'équité dans les procès. Il intervient pour désigner les agents en charge de l'assistance judiciaire[363]. C'est également à lui (et non au conseiller, président) que revient la tâche de connaitre des mesures d'urgence[364] quand il n'est pas appelé à présider lui-même l'audience en remplacement du conseiller[365]. Pour ce dernier cas, il faudrait que le conseiller à la Chambre administrative soit empêché, le principe de continuité obligeant aussi l'administration de la justice.

- Que les deux magistrats assistant le conseiller-président ont voix délibérative, sont des magistrats du siège, et surtout qu'ils sont choisis dans les cours ou tribunaux. Ceci amène à constater que les assistants du conseiller-président ne font pas partie du personnel propre de la Chambre administrative, mais qu'ils appartiennent plutôt aux juridictions de l'ordre judiciaire[366], ce qui était une atteinte au principe de séparation[367], et surtout une base argumentaire à charge contre l'administration d'un dualisme juridictionnel quant à la séparation des corps de jugement.[368]

Ce qui n'a pas changé dans la configuration actuelle d'avec l'ancienne est que les membres de la formation de jugement (hormis le président) peuvent être choisis hors du cadre du corps de la magistrature et être donc en service extraordinaire[369], même si le principe demeure que la juridiction administrative est composée de magistrats. Actuellement, il est disposé que le Tribunal administratif est composé d'un président, des juges, d'un procureur général (près la Cour d'appel du ressort) et de substituts à ce procureur[370] en ce qui concerne les auteurs du jugement.

Ce qui a changé est que la magistrature du siège de la juridiction de premier ressort du contentieux administratif est désormais composée d'un personnel propre à elle. Seule la magistrature du Parquet a en son sein un personnel

---

363 OWONA (J), *Droit administratif spécial de la République du Cameroun*, Edicef, Paris 1985, p. 212.
364 Ibid., p. 213s.
CS/CA, ordonnance n° 51 du 26 avril 2006, HAMADOU ABBA contre État du Cameroun.
365 CS/CA, jugement n° 122 du 9 août 2006, Société Civile immobilière NGANKEU contre État du Cameroun et SCI du Centre (Georges KYRIAKYDES).
366 Parce que l'expression « cours et tribunaux » renvoie classiquement à la juridiction judiciaire. À titre symbolique V. décret du 16 fructidor an III.
367 Supra.
368 TRUCHET (D), Mauvaises et bonnes raisons de mettre fin au dualisme juridictionnel, in Justices, n° 3, 1996, pp. 56-57.
369 Art. 8 (2) de la loi n° 2006/022 du 29 décembre fixant l'organisation et le fonctionnement des tribunaux administratifs.
370 Ibid., art. 6.

emprunté à la juridiction judiciaire[371]. Également, la confusion qui existait entre président et conseiller n'a plus lieu d'être, car seule la fonction de président est maintenue. En réalité, la fonction de conseiller ne semble être instaurée que pour la Cour d'appel et pour la Cour suprême[372]. Il est donc normal qu'il n'y ait pas de conseiller au Tribunal administratif qui n'est qu'une juridiction de formation de premiers jugements. D'où le recours à un mode de fonctionnement semblable à celui des tribunaux de première et de grande instance[373] où le président a la charge de la gestion de la juridiction tant sur la plan administratif que juridictionnel.

2. L'accès au Tribunal administratif

Il est essentiellement question de l'accès à la position de membre devant faire la décision de justice administrative (celle de greffier devant être abordée ultérieurement).

Le principe de l'accession au statut de membre de la juridiction est celui suivant lequel il faut être magistrat[374] (l'exception étant le service extraordinaire). Le corps de la magistrature est constitué de magistrats et de professionnels du Droit intégrés par le conseil supérieur de la magistrature au corps de la magistrature[375]. Ceux-ci, dès leur intégration et avant d'accomplir tout acte de fonction, devront préalablement prêter serment[376].

En ce qui concerne les membres du Parquet, leur accession au Tribunal administratif est automatique dans la mesure où « le parquet près le Tribunal administratif est le parquet général près la Cour d'Appel du ressort du Tribunal administratif[377] ». S'il y a immixtion de personnels de l'ordre judiciaire, il y a surtout l'implication immédiate qu'être magistrat du Parquet d'une cour d'appel c'est aussi l'être pour la même cause en service dans le Tribunal administratif. La seule complication existante est la possibilité qui est offerte au président de la République d'interrégionaliser les tribunaux administratifs[378]. L'impact sur le personnel n'a pas été envisagé par le

[371] Cet argument pousse à relativiser l'existence d'une séparation des ordres juridictionnels camerounais à la base parce que même si les structures sont dorénavant scindées, les personnels continuent de lier ces instances juridictionnelles.

[372] Respectivement art. 19 de l'ordonnance n° 72-4 du 26 août 1972 portant organisation judiciaire modifiée par les ordonnances n° 72/21 du 19 octobre 1972, 73/9 du 25 avril 1973, 76/17 du 8 juillet 1976 et 83/3 du 21 juillet 1983. Et art. 2 de l'ordonnance n° 72/6 du 26 août 1972 fixant l'organisation de la Cour suprême modifiée par la loi n° 76/28 du 14 décembre 1976.

[373] Lire NYOBE NLEND, *Le tribunal de grande instance au Cameroun*, thèse de doctorat de 3e cycle, université de Yaoundé, 1988.

[374] Art. 8 (1) de la loi n° 2006/022, précitée.

[375] Art. 11 s du décret n° 95/048 du 8 mars 1995 portant statut de la magistrature.

[376] Ibid., art. 23.

[377] Art. 7 de la loi n° 2006/022, précitée.

[378] Idem., art. 5 (2).

législateur. En étendant un Tribunal administratif à plus d'une région, on l'étend de fait à plus d'une seule cour d'appel et la conséquence est qu'il y aura plusieurs parquets impliqués. Tous ces parquets vont-ils être intégrés et lequel des procureurs généraux concernés sera procureur général dudit Tribunal administratif ? La solution réside peut-être dans l'esprit de l'article 5 cité selon lequel le ressort d'un tribunal administratif peut être étendu[379]. Ce qui signifie qu'il y a un ressort de départ[380] et donc une cour d'appel d'origine avec son parquet susceptible d'avoir une compétence territoriale débordant le contour d'une seule région.

Pour les magistrats du siège, ils accèdent à la charge de membres du Tribunal administratif par nomination. Le président de la République après avis du Conseil supérieur de la magistrature nomme les magistrats par voie de décret[381]. L'ensemble des autorités juridictionnelles en poste dans les tribunaux administratifs ont pour charge de faire fonctionner cette instance afin qu'elle accomplisse la mission pour laquelle elle a été créée.

Paragraphe 2 : Fonctionnement et attributions du Tribunal administratif

Le fonctionnement concerne les éléments organisationnels, ce qui implique les règles liées à l'activité du personnel et à leurs rôles dans la fonction de jugement (A). Les attributions pour leur part s'étendent aux rôles confiés au Tribunal administratif (B) dans l'administration du contentieux administratif au regard des compétences matérielles qui ressortent du pouvoir de cette juridiction.

A. Le fonctionnement

Le fonctionnement du Tribunal administratif n'est pas différent de celui qu'a toujours suivi la Chambre administrative de la Cour suprême. Les deux éléments sur lesquels il convient de s'attarder sont le mode de prise de décision à savoir la collégialité, et celui de l'occupation des postes et fonctions dans ladite juridiction.

1. La Collégialité

Le mode de prise de décision est celui de la collégialité. Hormis le cas des décisions du juge administratif prises dans le cadre des mesures d'urgence et

---

[379] Ibid.

[380] Comme pour confirmer la possibilité de la progressivité dans la matérialisation des tribunaux administratifs consistant d'abord à en implanter quelques-uns en étendant leur rayonnement territorial.

[381] Art. 6 du décret n° 95/048, précité.

qui est du ressort de l'office du juge unique[382], les décisions de fonds sont collégiales.

Le système de la collégialité est celui en vertu duquel la justice est rendue par plus d'un magistrat. La décision n'est prise qu'après délibération à la majorité des voix. À l'heure actuelle, il est impossible d'envisager d'autres hypothèses à part celle des référés où le Tribunal administratif n'aurait pas statué par le biais de la collégialité. Au système de la collégialité est de règle joint un principe : celui de l'imparité qui stipule que la composition de la juridiction en termes de membres ayant voix délibérative ne doit pas être paire[383]. Il ne peut pas être envisagé une composition autre qu'impaire. Le danger de la parité est l'hypothèse de l'expression égale des voix de sens opposé empêchant ainsi à une majorité de se dégager. Cependant, l'option pour la parité est souvent envisagée avec voix prépondérante pour le président en cas d'égalité entre les voix délibératives pour éviter le blocage.

Il est de principe que le délibéré est la voix de la décision collégiale[384]. Il faut l'admettre sur la base de la composition du Tribunal administratif (notamment) qui au siège comme au Parquet est constitué de plusieurs juges ou magistrats. La collégialité non exprimée est ressentie dans le délibéré qui est explicitement inscrit dans le texte portant organisation des tribunaux administratifs. Il y est énoncé que « les jugements sont prononcés après délibéré, à la majorité des voix des juges ayant suivi les débats[385] ». Le choix du législateur camerounais a été l'imparité : « Le tribunal administratif siège en formation collégiale de trois membres. Les décisions sont rendues à la majorité des voix[386] ». Les trois membres sont le président et deux juges hors cas de suppléance.

2. La Suppléance

Pour éviter qu'il y ait un blocage au fonctionnement du Tribunal administratif, l'organisation de l'occupation des postes et fonctions est faite en tenant compte de la nécessité de prévoir la suppléance.

La suppléance est le remplacement d'un magistrat par un autre. Il n'y a suppléance que si le magistrat titulaire est empêché. Le remplacement dont il est question a un caractère provisoire. Il s'achève dès le retour à son poste du

[382] Art. 27(1) et 30(2) de la loi n° 2006/022, précitée.
[383] cf. BOLZE (C) et PEDROT (P) (S. dir), *Les juges uniques : dispersion ou réorganisation du contentieux*, coll. Thèmes et commentaires, Dalloz, 1996.
[384] CALLEY (G), « Les notes en délibéré dans la procédure administrative contentieuse », *Les Petites Affiches*, 25 juin 2003, p. 4s.
[385] Art. 53 de la loi n° 2006/022, précitée.
[386] Ibid., Art. 13.

magistrat empêché ou par nomination d'un remplaçant par le président de la République après avis du conseil supérieur de la magistrature[387].

La désignation du magistrat suppléant ne s'effectue pas par l'autorité de nomination à savoir le président de la République, mais par une autorité de substitution. Le régime de la suppléance est déterminé dans le statut de la magistrature. En réalité, la loi de 2006 sur les tribunaux administratifs renvoie la solution de la suppléance au statut de la magistrature. Or, ce statut occulte complètement le cas des juridictions administratives, encore qu'il a été adopté avant que ne soit énoncé la création des tribunaux administratifs[388]. Dans ledit statut, la suppléance est prévue pour la Cour suprême (son président), la Cour d'appel, le Tribunal de Grande Instance et le Tribunal de Première Instance[389].

Deux problèmes sont soulevés par la formule du texte de 2006 qui énonce qu'« en cas d'absence ou d'empêchement du président, il est suppléé conformément au texte portant statut de la magistrature[390] ». Le premier est que cette disposition renvoie le règlement de la suppléance à un autre, à savoir le statut de la magistrature qui pourtant ignore l'existence même des tribunaux administratifs.

Le second problème que soulève la formule du texte de 2006 reste qu'il ne prévoit la suppléance que pour le président, occultant ainsi les deux juges qui l'assistent. Est-ce à dire que ces deux-là sont incontournables ? En indiquant que la formation est collégiale et que les décisions sont rendues à la majorité des voix du président et des deux juges[391], il devient plus qu'évident que la présence des deux juges reste indispensable et que le fait de taire la possibilité de leur empêchement relève de l'omission.

Dans la lettre du statut de la magistrature, il est constaté que le président d'un tribunal est toujours suppléé par le juge dont le rang hiérarchique est le plus élevé et que les juges suppléants sont désignés par le président de la Cour d'appel ou le ministre de la Justice dans certains cas[392]. Il peut donc être envisagé que le président du Tribunal administratif absent serait remplacé par l'un des deux juges de cette chambre et en l'occurrence par celui qui a le rang hiérarchique le plus élevé. Étant donné que la délibération s'effectue à trois, ce même juge sera suppléé par un autre magistrat qui devrait être nommé par le président de la Chambre administrative par voie d'ordonnance pour rester logique avec ce qui a cours dans les juridictions de l'ordre judiciaire[393]. Il reste

[387] Art. 6 du décret n° 95/048, précité.

[388] Le statut de la magistrature date de 1995 alors que les juridictions administratives inférieures n'ont été prévues par les textes qu'un an après (par la loi constitutionnelle de 1996).

[389] Art. 65 s du décret n° 95/048, précité.

[390] Art. 13 (2) de la loi n° 2006/022 précitée.

[391] Ibid., art. 13(1).

[392] Art. 68 du décret n° 95/048 précité.

[393] Le cas de la suppléance des membres du parquet sera ultérieurement présenté.

à présenter les attributions du Tribunal administratif (B) en tant que formation de jugement du contentieux administratif.

B. Les attributions

Le Tribunal administratif a pour attribution majeure de jouer le rôle de premier degré de jugement du contentieux administratif. À côté de cette fonction principale, il jouit d'attributions spéciales strictement liées à sa fonction juridictionnelle.

1. Juge de premier degré

L'attribution ordinaire du Tribunal administratif est de jouer le rôle de juge de premier degré du contentieux administratif. Il hérite ainsi de la charge de juge d'instance qui était celle de la Chambre administrative[394]. « Les tribunaux administratifs sont, sauf dispositions contraires de la loi, juges de Droit commun du contentieux administratif en premier ressort[395] ». En faire le juge de premier ressort situe le Tribunal administratif dans le commencement du traitement juridictionnel du litige. Ainsi, l'introduction de l'instance se fait devant cette juridiction[396] qui devra, en premier, se prononcer en donnant dans le fond une solution au litige. Le fait de déterminer que le Tribunal administratif est le premier ressort de jugement du contentieux administratif a un impact sur le degré de juridiction. En le déterminant ainsi, il est automatiquement situé à la place inférieure dans sa hiérarchie juridictionnelle. D'ailleurs, dans un ordre juridictionnel, les instances inférieures sont toujours les plus nombreuses ou celles qui ont une compétence territoriale plus confinée quand le texte n'a pas expressément reconnu leur caractère de juridiction inférieure.

À part la reconnaissance de la compétence de premier ressort du tribunal administratif qui le situe au début du circuit de « l'ordre juridictionnel administratif », ce qui est sa compétence ordinaire, cette juridiction jouit également d'attributions spéciales.

2. Les attributions spéciales

Ces attributions sont spéciales parce qu'elles se détachent de la compétence ordinaire du Tribunal administratif. Deux grandes branches peuvent y être recensées :

- En premier lieu, les matières qui lui sont dévolues tout en n'étant pas incorporées dans le contentieux administratif. De manière très rigoureuse, la loi de 2006 détermine le domaine du contentieux

---

[394] KAMDEM (J-C), *Contentieux administratif*, cours polycopié, tome1, Université de Yaoundé, 1985-1986, p. 43.
[395] Art. 14(1) de la loi n° 2006/022 précitée.
[396] Ibid, art. 32 (1).

administratif [397]après avoir pris le soin de préalablement en dégager un domaine, à savoir celui des élections locales. Le texte détermine que le Tribunal administratif connait du contentieux des élections régionales et municipales[398]. Il rajoute ainsi à la catégorie des « élections administratives » ou locales[399] l'élection régionale. Étant donné que ce contentieux est détaché de celui administratif (et en se basant uniquement sur la détermination de la compétence contentieuse de la juridiction administrative par les textes), le Tribunal administratif doit ainsi être vu comme n'étant pas seulement une instance de jugement du contentieux administratif.

- En second lieu, le tribunal administratif jouit de compétences spéciales qui, peu ou prou du domaine du contentieux administratif, lui sont attribuées pour des interventions qui sortent de l'ordinaire. Hormis le cas des mesures d'urgence, il faut surtout situer ici l'hypothèse du contentieux de l'exécution des décisions de justice [400]qui a connu une révolution notable, grâce au Droit OHADA tel que cela sera ultérieurement présenté.

Le jugement de premier ressort relève donc de la compétence du Tribunal administratif. Après lui et par analogie à la référence constitutionnelle qui qualifie le Tribunal administratif de juridiction inférieure, il existe des instances « supérieures » toutes concentrées au sein de la Cour suprême (Section II) qui sont chargées de principalement connaître en second et dernier ressort, des décisions rendues par les juridictions administratives.

Section 2 : Les instances supérieures de jugement

Contrairement à l'instance du premier ressort (le Tribunal administratif) qui est l'unique à se prononcer, plus d'une formation de jugements ont la fonction de connaitre des décisions rendues en premier, voire même en deuxième ressort par la juridiction administrative. Il faut donc montrer quelles sont ces instances (paragraphe I) et surtout quelles sont les limites et l'étendue de leurs rôles (paragraphe II) en tant que juridictions administratives supérieures.

---

[397] Ibid., art. 2 (3).

[398] Ibid., art. 2 (2).

[399] cf. SIETCHOUA DJUITCHOKO (C), « Perspectives ouvertes à la juridiction administrative du Cameroun par la loi n° 96/06 du 18 janvier 1996 portant révision de la constitution du 02 juin 1972 », *Annales de la FSJP l'Université de Dschang*, AES, Yaoundé, t. 1, vol. 1, 1997, p. 169.
V. CS/AP, Arrêt n° 46 du 5 avril 2001, État du Cameroun contre SDF ; CS/CA, jugement n° 33 du 17 juin 2002, rassemblement des travailleurs pour le développement (RTD), commune rurale de Yokadouma contre État du Cameroun (MINAT).

[400] Infra.

Paragraphe 1 : L'identification des instances supérieures

Des points qui les assemblent, il faut citer le fait que ces instances n'interviennent en principe que si le litige qui leur est présenté a déjà été tranché au moins une fois par un autre juge. Il doit être ajouté que ces instances sont toutes logées à la même enseigne, à savoir à la Cour suprême. Principalement au nombre de deux, la première, la Chambre administrative est à considérer comme étant la juridiction suprême de Droit commun du contentieux administratif (A). La seconde, à savoir la formation des chambres revues, est une instance de la Cour suprême (B) investie d'un pouvoir de statuer sur les questions de contentieux administratif dans certains cas.

A. La Chambre administrative

Avant l'organisation de la juridiction administrative issue de la loi constitutionnelle de 1996[401], l'instance de jugement de second ressort du contentieux administratif était l'Assemblée plénière de la Cour suprême. Depuis la réforme constitutionnelle, cette instance est devenue le juge de second degré du contentieux administratif.

1. Les siège et ressort de la Chambre administrative

Dans l'article 38 de la loi constitutionnelle de 1996, on lit : « La Cour suprême est la plus haute juridiction de l'État en matière judiciaire, administrative et de jugement des comptes ». Elle comprend trois chambres, dont la Chambre administrative. Cette lecture amène à considérer que les chambres de la Cour suprême sont chacune en sa matière les plus hautes juridictions. Elle amène aussi à s'édifier sur ce que la Chambre administrative fait partie de la Cour suprême.

Il apparait que l'instance suprême de jugement du contentieux administratif est la Chambre administrative. Démembrement de la Cour suprême, elle est située dans celle-ci ; c'est donc à Yaoundé-Centre administratif qu'est localisée la Chambre administrative. Si elle siège à Yaoundé, son ressort territorial s'étend à l'ensemble du territoire national comme pour affirmer que les juridictions les plus hautes sont celles qui ont le ressort territorial le plus étendu dans leur catégorie[402]. Ce qui ne signifie pas qu'un tribunal administratif qui a pour ressort plus d'une région soit supérieur à celui qui n'a pour ressort qu'une seule région parce qu'il s'agit de juridiction de même niveau. La composition de la Chambre administrative diffère sur certains points de celle du Tribunal administratif.

[401] V. Titre de la loi constitutionnelle de 1996.
[402] Supra.

2. La composition de la chambre administrative

Elle est composée de greffiers[403] et de magistrats. Pour ce qui est des magistrats, la Chambre administrative est composée d'un président, de conseillers et d'un ou plusieurs avocats généraux[404]. Par rapport au Tribunal administratif, il faut constater que la Chambre administrative a un personnel de jugement plus nombreux. Même si le texte ne précise pas le nombre de magistrats, il est constaté qu'ils sont nombreux, le président inclus. Au Parquet, comme pour le Tribunal administratif qui emprunte son ministère public, la Chambre administrative a un parquet rattaché au ministère public près la Cour suprême sous les ordres d'un procureur général qui dans ladite cour coiffe et coordonne l'activité de l'ensemble du ministère public de l'auguste institution.

La Chambre administrative est composée au siège de plusieurs magistrats dont quatre sont conseillers et un président. Il est précisé que la Chambre administrative comprend cinq sections : une du contentieux de la fonction publique, une du contentieux foncier et domanial, une du contentieux fiscal et financier, une section du contentieux des contrats administratifs, et une du contentieux de l'annulation et des questions diverses[405], étant donné que le président de la Chambre préside une section de la Chambre[406]. Chaque conseiller est en principe en charge d'une section et il faut envisager que le principe[407] est donc de cinq conseillers pour la Chambre administrative qui comprend cinq conseillers. Hormis la Chambre administrative, la formation des chambres réunies est également titulaire pour certains cas de pouvoirs d'intervention en matière de contentieux administratif.

B. L'intervention de la formation des chambres réunies

« La fonction administrative contentieuse[408] » de la juridiction administrative camerounaise a toujours été remplie par la Chambre administrative et l'Assemblée plénière de la Cour suprême. Depuis la configuration nouvelle de 1996 et sa représentation en 2006, à la Chambre administrative devenue Tribunal administratif et à l'Assemblée plénière devenue Chambre administrative a été jointe la formation des chambres réunies.

---

[403] Les greffes de la juridiction administrative seront ultérieurement présentées.

[404] Art. 12 de la loi n° 2006/016, précitée.

[405] Art. 9 de la loi n° 2006/016, précitée.

[406] Ibid., art. 14.

[407] Cette répartition et cette composition sont variables parce qu'un conseiller peut appartenir à plusieurs sections ; V. art. 27 de la loi n° 2006/016, précitée.

[408] KAMTO (M), « la fonction administrative contentieuse de la Cour suprême du Cameroun », in les cours suprêmes en Afrique – III La jurisprudence administrative, Economica, Paris, 1988 ; (S. dir) Gérard CONAC et De GAUDUSSON Jean, p. 30s.

1. Le champ d'intervention

« La formation des chambres réunies connait des règlements de juges, de l'action en récusation d'un membre de la Cour suprême ou d'un président de Cour d'appel, des procédures portant sur des questions de principe s'il y a risque de solution divergente entre les juges du fond soit entre les chambres, des demandes de renvoi d'une juridiction à l'autre pour cause de suspicion légitime ou de sureté publique, de toute affaire prévue par un texte particulier[409] ».

Cette énumération ne laisse pas paraître de façon évidente la compétence de cette instance en matière de contentieux administratif. Pourtant, elle a bien des compétences sur les juridictions et les décisions des juridictions administratives.

- **Sur les juridictions :**

La formation des chambres réunies connait du règlement des juges. Cette compétence, anciennement dévolue à l'Assemblée plénière de la haute juridiction [410]consiste à la résolution des conflits de compétence. Il s'agit d'une fonction attributive de compétence de la formation des chambres réunies consistant en la solution des conflits de compétence entre juridiction administrative et judiciaire[411] d'une part, et au sein même des instances juridictionnelles administratives[412], d'autre part. Dans le même sens, les juges de la formation des chambres réunies statuent sur les demandes de renvoi d'une juridiction à l'autre pour cause de suspicion légitime ou de sureté publique. Ce qui implique qu'elle peut légalement dessaisir un tribunal administratif d'une espèce pour laquelle ce dernier est pourtant compétent pour trancher.

Cette formation intervient sur les juridictions au niveau de leur composition quant à l'action en récusation d'un membre de la chambre administrative. La récusation qui consiste à remplacer un magistrat par un autre pour des doutes liés à sa partialité[413] peut donner lieu à renvoi.

- **Sur les décisions des juridictions administratives** :

La formation des chambres réunies connait des procédures portant sur des questions de principe s'il y a risque de solutions divergentes soit entre juges

---

[409] Art. 41 (1) de la loi n° 2006/016 précitée.

[410] CS/CA, Arrêt n° 07 du 16 décembre 2004, KUELA Norbert et MINLO Auguste contre EBEN Edouard Stève.

[411] Infra.

[412] Ce conflit entre juridictions administratives concerne uniquement les tribunaux administratifs entre eux et ceci par rapport à leur compétence territoriale.

[413] V. FAVOREU (L), « Résurgence de la notion de déni de justice et droit au juge » in Mélanges Jean WALINE, paris, Dalloz, 2002, p. 513s.

du fond soit entre les chambres[414]. Il s'agit résolument des interventions tant dans la manière de dire le Droit (procédure) que dans le Droit qui est dit (fond) pour que les positions de Droit de la haute juridiction restent harmonisées. Il faut surtout éviter une dysharmonie entre les positions du juge administratif et du juge judiciaire. Cette compétence peut donner lieu à cassation quand le litige présenté est déjà tranché dans le fond.

2. Organisation

La formation des chambres réunies est une composante de la Cour suprême. Elle n'est pas à confondre avec la formation des sections réunies qui est spécifiquement rattachée à une chambre[415] et qui correspond au découpage des matières contentieuses relevant de ladite chambre.

La formation des chambres réunies est une instance transversale. Elle n'intervient pas exclusivement pour le contentieux d'un ordre juridictionnel, mais pour l'ensemble de matières qui relèvent de la Cour suprême. Ce caractère matériel fait d'elle l'instance qui réunit les contentieux et qui dénie la posture de l'existence d'ordres juridictionnels séparés au Cameroun. Cette fonction est également marquée par le personnel en charge de trancher les litiges présentés devant ladite formation. La formation des chambres réunies est composée du premier président de la Cour suprême, des présidents de chambres et des présidents de section[416]. Étant donné que chaque chambre est strictement constituée de sections présidées par les conseillers de ladite chambre (faisant partie du siège)[417], il faut en conclure que le président de la chambre et ses conseillers font partie de la formation des chambres réunies. À ceux-ci peuvent être joints quelques conseillers ne faisant partie d'aucune chambre[418] à titre temporaire.

S'agissant de la procédure, la formation des chambres réunies est saisie soit par ordonnance du premier président, soit par arrêt d'une section ou des sections réunies d'une chambre, soit sur réquisition du procureur général[419].

La formation des chambres réunies intervient pour casser ou non une décision frappée de pourvoi[420]. Cette compétence concerne exclusivement les questions de principe s'il y a risque de solutions divergentes entre juges. La formation des chambres réunies peut alors statuer au fond[421], comme elle peut

[414] Art. 41 (1) de la loi n° 2006/016, précitée.
[415] Ibid. art. 13.
[416] Ibid., art. 15 (1).
[417] Supra.
[418] Art. 15 (2) de la loi n° 2006/016 précitée.
[419] Ibid. art. 131.
[420] Ibid. art. 137.
[421] Ibid. art. 137 et 67.

renvoyer l'affaire devant la formation des sections réunies de la Chambre administrative[422].

Hormis le fait que la formation des chambres réunies soit une instance transversale de certains contentieux (judiciaires et administratifs), il faut rajouter d'autres observations. D'abord la saisine qui n'est ouverte qu'à certains membres de la Cour suprême. Le justiciable n'a ainsi pas la possibilité de saisir cette formation. Or, la demande de renvoi ou de récusation est ordinairement souvent ouverte au justiciable dans son propre intérêt ; cela aurait dû être le cas ici. Ensuite, les matières pour lesquelles cette formation est compétente et ses pouvoirs font d'elle une formation réservée et spéciale dans la Cour suprême.

Les instances juridictionnelles intervenant dans les litiges qui relèvent du contentieux administratif et après les tribunaux administratifs jouent le rôle de degré juridictionnel de contrôle. Elles ont néanmoins un mode de fonctionnement qui se rapproche de celui du tribunal administratif.

Paragraphe 2 : Le rôle et le fonctionnement des formations de jugement de la Cour suprême

Les formations de jugement de la Cour suprême en matière administrative au nombre de deux[423] sont juges en dernier ressort (A) des litiges relevant de leur compétence. Le mode de fonctionnement (B) qu'elles utilisent pour statuer en dernier ressort est à plus d'un point pareil à celui employé par les tribunaux administratifs.

A. Le jugement de dernier ressort

La formation des chambres réunies constitue notamment une instance d'harmonisation du Droit jurisprudentiel de la Cour suprême. Elle permet aux décisions des chambres de rester cohérentes quant à certains éléments de fond et de procédure[424]. Ce rôle qui impartit à la formation des chambres réunies se démarque du pouvoir de connaitre en cassation des décisions de la Chambre administrative. Cette dernière, à part le pourvoi en cassation connait aussi des appels des juridictions inférieures.

[422] Ibid. art. 41 (2).

[423] Dont l'une est l'instance supérieure de jugement de droit commun et l'autre n'intervient qu'à titre incident

[424] Art. 41(1) de la loi n° 206/016, précitée.

1. L'Appel

Les tribunaux administratifs sont juges de Droit commun du contentieux administratif en premier ressort[425]. Les jugements de cette juridiction inférieure sont susceptibles d'appel devant la Chambre administrative[426].

L'appel ne suspend pas l'exécution du jugement sauf décision contraire de la Chambre administrative. Le texte précise que la décision en appel est insusceptible de recours[427]. Cela signifie que normalement la décision de la Chambre administrative statuant en appel est définitive.

Le juge de la Chambre administrative, à l'occasion de l'appel doit vérifier la légalité de la décision du juge inférieur en réappréciant les éléments de fait et de Droit, ce qui implique que l'appel admet un rejugement au fond du litige. Par la suite, le juge de la Chambre administrative vérifie les règles de procédure de compétence et d'organisation, ce qui peut conduire à une annulation en la forme du premier jugement[428]. L'appel permet ainsi une réformation de la première décision de justice ; son objectif qui est celui de la décision de justice équitable justifie qu'il y ait un double degré de juridiction avec en aval la première décision du Tribunal administratif et en amont la confirmation ou l'infirmation de cette décision par la Chambre administrative de la Cour suprême. Le jugement en appel est une attribution exclusivement dévolue à la Chambre administrative[429] contrairement à la cassation qui est une compétence partagée.

2. La Cassation

Il y a cassation quand la décision à annuler est passée en force de la chose jugée. Cela signifie que les délais des voies de recours suspensives d'exécution sont expirés ou que ces recours ont été actionnés sans succès. Ainsi, un pourvoi n'est formé que si les délais sont expirés, si les autres voies de réformation ne sont plus possibles, ou quand toutes les voies de recours ont été épuisées. La cassation apparait alors comme le recours ultime du second ressort de l'ordre juridictionnel[430].

Le pourvoi en cassation est ouvert aux décisions rendues en dernier ressort par le Tribunal administratif[431]. Des cas d'ouverture du pourvoi, il faut citer le pourvoi formé contre les mesures d'urgence. La contestation des ordonnances

---

[425] Art. 14(1) de la loi n° 2006/022, précitée.

[426] Ibid. art. 114(1).

[427] Art. 88 de la loi n° 2006/016, précitée.

[428] FEUER (G), « Contribution à la théorie de l'appel dans la procédure contentieuse administrative », RDP, 1958, 19.

[429] Les détails sur l'appel comme moyens de reformation de la décision de justice seront ultérieurement développés.

[430] SOCKENG (R), *Les institutions judiciaires au Cameroun*, GSF, première édition, Douala 1995, p. 59.

[431] Art. 38 (b) de la loi n° 2006/016, précitée.

de référé administratif et de sursis à exécution se fait par voie de pourvoi[432]. Il faut préciser que les textes imposent l'appel avant le pourvoi en cassation pour le référé[433].

L'ouverture du pourvoi faite dans l'hypothèse de la contestation des mesures d'urgence du juge se fait devant la Chambre administrative. Un autre cas d'ouverture du pourvoi devant la Chambre administrative c'est celui des décisions rendues en dernier ressort par les juridictions inférieures en matière de contentieux administratif[434]. La confusion que crée cette disposition est qu'elle laisse entendre qu'il y a une catégorie de jugements pris par le Tribunal administratif en matière de contentieux administratif qui seraient des décisions de dernier ressort. Étant donné que le Tribunal administratif est le premier ressort de la juridiction administrative, s'il est simultanément le dernier ressort dans certains cas, c'est qu'il y a atténuation du principe du double degré, la cassation n'étant pas un degré supplémentaire[435].

La formation des chambres réunies qui intervient incidemment en matière de contentieux administratif peut connaitre du pourvoi en cassation[436]. Elle statue sur le pourvoi si l'affaire est en état d'être jugée au fond, ceci compte tenu des seules pièces visées dans la décision dont pourvoi a été formé[437]. L'identification du pourvoi de l'appel est effectuée sur la base du champ d'investigation du juge. Pour l'appel, le juge statue sur le fond de la décision contestée, tandis que pour la cassation, le juge ne vérifie que la légalité du jugement contesté. « Le juge de cassation est juge de droit alors que le juge d'appel est juge du fond ». C'est pour cela que le juge de cassation statue sur les pièces connues par l'instance sans ajout de pièces ou d'éléments nouveaux.

La formation des chambres réunies statue sur les pourvois en cassation quand ceux-ci concernent les contestations sur les « procédures portant sur des questions de principe s'il y a risque de solutions divergentes soit entre les juges du fond soit entre les chambres[438] ». Elle peut statuer elle-même tout comme elle peut effectuer un renvoi à la formation des sections réunies de la Chambre administrative[439]. Cette intervention résiduelle fait constater que même si la cassation est un recours partagé, elle est largement sous la maîtrise de la Chambre administrative de la Cour suprême. Le contrôle de cassation[440]

---

[432] Ibid. art. 108 s.
[433] Art. 29 de la loi n° 2006/022, précitée.
[434] Art. 38 (b) de la loi n° 2006/016, précitée.
[435] DUPUY (R-J), « Le pourvoi en cassation et la dualité du contentieux de l'annulation », RDP 1950, p. 505.
[436] Art. 137 de la loi n° 2006/016, précitée.
[437] Ibid.
[438] Ibid., art. 41.
[439] Ibid.
[440] Sur la question cf. MESSI (T), *Le contrôle de cassation de la cour suprême du Cameroun*, thèse de doctorat de 3e cycle en droit, Université de Yaoundé, (S.D), p. 371.

et la procédure d'appel mettent en exergue l'unité du fonctionnement des juridictions (B) car, les règles constituées pour statuer sont, pour leur majorité, communes à toutes les juridictions.

B. Le fonctionnement

Plusieurs règles et procédures sont utilisées pour statuer en dernier ressort en matière de contentieux administratif. De toutes, il faut retenir celle de la collégialité qui est impérative. Il y a également matière à s'attarder sur l'office du premier président de la Cour suprême pour son implication particulière dans les jugements d'appel et de cassation de contentieux administratif.

1. La règle de la collégialité

Les chambres de la Cour suprême fonctionnent pareillement aux juridictions inférieures quant à la technique utilisée pour dire le Droit et trancher les litiges. Il s'agit notamment de la collégialité qui est tant employée par les juridictions judiciaires[441] que par les juridictions administratives. La collégialité est un principe de composition et de fonctionnement de la juridiction en vertu duquel « la justice est rendue par plusieurs magistrats[442] ». Ce principe de fonctionnement est impératif pour les décisions de fond rendues de façon ordinaire (à la différence des mesures d'urgence qui sont sous provision). Comme pour le Tribunal administratif, la solution de fond adoptée par les formations de jugements de la Cour suprême passe par le délibéré. À la différence du système de « Common Law » où l'office du juge unique est la règle, le moyen de la prise de décision est le délibéré. Pour rendre leur décision, les juges membres de la même cour délibèrent, c'est-à-dire discutent pour se faire une opinion et prendre une option quant à la solution à apporter au litige. Le délibéré des juges est secret. Cette mesure protège les juges et leur confère une liberté[443] dans leurs positions ; c'est pour cela que la décision juridictionnelle ne fait nullement mention des fluctuations, positions et discussions relatives au délibéré dont elle (la décision) est l'aboutissement.

La décision est prise à la majorité des voix. Cette majorité éteint les positions opposées et fait que la majorité emporte à l'unanimité. Cette marque de l'unanimité par le biais de la majorité est représentée au niveau des motifs de la décision de justice où il est régulièrement marqué « statuant publiquement, contradictoirement, en matière administrative, à l'unanimité des membres… ». Il est énoncé que les règles applicables à la prise de décision

---

[441] cf. art. 20 (4) de l'ordonnance n° 72/4 portant organisation judiciaire modifiée par les ordonnances n° 72/21 du 19 octobre 1972, 73/9 du 25 avril 1973, 76/17 du 8 juillet 1976 et 83/3 du 21 juillet 1983.
V. aussi de la loi n° 2006/015 du 29 décembre 2006 portant organisation judiciaire.
[442] GUILLIEN (R) et VINCENT (J), *Lexique des termes juridiques*, 13e édition, Dalloz 2001, p. 109.
[443] Parce qu'ils n'ont rien à craindre étant donné que leurs choix restent secrets.

par la Chambre administrative sont celles applicables devant les tribunaux administratifs[444]. Cet énoncé affirme l'imparité de la composition du collège des juges et le moyen du délibéré. La formation des chambres réunies ne s'y écarte pas et il est expressément disposé que « La formation de jugement des chambres est toujours impaire[445] ». À ce modèle s'oppose celui du juge unique.

2. L'office du premier président

Le président de chambre joue un rôle important dans l'administration de la justice administrative. Ce rôle sera largement étudié dans la procédure de jugement et surtout au niveau des mesures d'urgence. Il importe de s'attarder sur l'office du premier président qui a un rôle non négligeable souvent oblitéré dans les travaux portant sur le contentieux administratif.

Le premier président préside la Cour suprême. Cette cour comporte des chambres elles-mêmes placées sous l'autorité d'un président de chambre.

Puisqu'il s'agit davantage du fonctionnement de la juridiction ici, il faut en dire que le premier président y joue deux fonctions : l'une administrative et l'autre juridictionnelle.

La fonction administrative du premier président consiste notamment à la gestion des ressources humaines de la Cour suprême. Il préside la commission permanente de discipline[446]. Il note et éventuellement propose à l'avancement les magistrats en service à la Cour suprême[447]. Le premier président affecte les greffiers en service à la Cour suprême[448]. Il a également le pouvoir de faire assurer la suppléance et de procéder à des affectations temporaires spéciales des personnels de la magistrature de ladite cour[449].

Dans l'administration de la justice, le premier président intervient incidemment dans l'office des formations de jugement. Il organise les sessions des chambres, car il lui revient de fixer les dates et heures des audiences ordinaires des chambres[450] (après avis de l'assemblée générale). Par ordonnance, il confie des affaires à la formation des sections réunies[451] après en avoir déterminé de façon discrétionnaire l'opportunité. D'ailleurs, il adresse au président de la République un rapport conjoint (avec le procureur général) notamment sur les difficultés rencontrées dans l'application des

---

444 Art. 104 (2) de la loi n° 2006/016, précitée.
445 Ibid. art. 16.
446 Art. 52, décret n° 95/048 précité.
447 Ibid. art. 32.
448 Art. 28 de la loi n° 2006/016, précitée.
449 Ibid. art. 17 (2) et 15 (2).
450 Ibid. art. 23.
451 Art. 41 (2).

textes avec la possibilité d'y joindre des suggestions utiles[452]. Cette prérogative lui permet à terme de faire faire le Droit (juridictionnel) en résolvant les problèmes de procédures et de fonds auxquels les chambres font face. Il remplit de nombreuses autres fonctions qui lui confèrent un rôle non négligeable dans l'administration de la Cour suprême de façon générale, et dans celle de la justice administrative de manière accessoire.

Les formations de jugement du contentieux administratif se présentent de façon étagée. À la base et au niveau des régimes, se trouvent les tribunaux administratifs. Il serait présomptueux d'avancer un chiffre quant à leur nombre dans la mesure où l'étendue de leur ressort peut déborder le cadre d'une région si le président de la République le juge nécessaire [453]; ce qui est sûr est qu'il ne peut pas y avoir plus de dix tribunaux administratifs en l'état actuel du Droit et du découpage des circonscriptions administratives[454].

À l'étage supérieur se trouvent les instances chargées du contentieux administratif au sein de la Cour suprême dont le ressort est national. À titre principal, le second ressort de jugement du contentieux administratif est confié à la Chambre administrative en lieu et place de l'ancienne Assemblée plénière. Accessoirement, certaines affaires peuvent être connues par la formation des chambres réunies[455]. À ces formations, il faut rajouter les organes de participation qui contribuent à l'administration de la justice administrative.

---

[452] Art. 34.

[453] Art. 5 (2) de la loi n° 2006/022, précitée.

[454] Le territoire national est actuellement subdivisé en dix régions. cf. art. 4 du Décret n° 2008/376 du 12 novembre 2008 portant organisation administrative de la République du Cameroun.

[455] Supra.

CHAPITRE 2 :

LES ORGANES DE PARTICIPATION

La justice est rendue par les magistrats du siège parce que d'une part l'office du juge unique lui incombe, et d'autre part parce que les jugements sont pris par voie de délibéré après discussion des magistrats du siège à la majorité des voix[456]. Le jugement est l'affaire des juges c'est-à-dire des magistrats du siège[457]. Ce qu'il faut rajouter est que ces derniers ne peuvent à eux seuls administrer la justice. Ils sont assistés dans leurs tâches par des organes, dont l'importance fait que leur absence empêche à la juridiction d'effectuer les jugements. Sans être appelés à prendre la décision avec les magistrats du siège, ces organes ou corps de la juridiction contribuent à la prise de décision en ayant la possibilité de l'orienter pour ce qui est du ministère public (section II). Cet organe peut d'autre part être confiné à la fonction de collaborateur privilégié des juges ; c'est le cas des greffes (section I). Plusieurs autres « organes » ou corps contribuent à faire appliquer le Droit ; le cas des avocats et des huissiers est à noter. Les premiers qui peuvent être commis d'office, interviennent au titre d'assistance judiciaire et ne constituent pas un corps interne à la juridiction[458]. Ce même argument vaut pour les huissiers de justice qui tout en étant des auxiliaires de justice ne sont pas des organes de la juridiction et ne contribuent pas à la prise de décision.

Section 1 : Les greffes

Il existe un mariage institutionnel entre le magistrat et le greffier, car « tout acte juridictionnel d'un magistrat est accompli avec l'assistance d'un greffier[459] ». Le corps des greffes (Paragraphe I) fait ainsi partie de la juridiction. Il y exerce des attributions d'assistance (Paragraphe II) aux magistrats de leur juridiction d'affectation.

---

[456] Art. 23 et 46 de la loi n° 75/17 du 8 décembre 1975 fixant la procédure devant la Cour suprême statuant en matière administrative.

[457] S'y retrouvent les présidents de juridictions, les juges et les conseillers.

[458] « La profession d'avocat est une profession libérale.. » Art. 1er de la loi n° 90/059 du 11 décembre 1990 portant organisation de la profession d'avocat.

[459] Ordonnance n° 72/4 du 26 août 1972 portant organisation judiciaire modifiée par les ordonnances n° 72/21 du 19 octobre 1972, 73/9 du 25 avril 1973, 76/17 du 8 juillet 1976 et 83/3 du 21 juillet 1983.

Paragraphe 2 : Le corps des greffes

Les greffiers composent le corps des greffes (B) ; il s'agit d'agents des juridictions qualifiés d'officiers publics et d'auxiliaires de justice. Ces agents mis à la disposition des juridictions (A) sont les préposés des magistrats dans la mesure où leur rôle est d'une importance incontournable [460]pour le fonctionnement de la juridiction.

A. Le statut du greffier

Le greffier est un agent de la juridiction qui est nommé. Cette nomination fait suite au passage d'un examen l'admettant dans le corps de greffes et régi par un ensemble de règles qui, avec sa situation statutaire, font de lui un agent particulier parmi les personnels de la juridiction.

Celle-ci est la formalité dernière d'une liste d'autres, portant investiture du greffier. À la base, l'entrée dans le corps de greffes se fait par voie de concours. Il existe un concours externe ouvert par l'École Nationale d'Administration et de la Magistrature. Le décret 2011 portant statut des greffes énonce des recrutements sur titre comme pour donner l'illusion qu'il y aurait des recrutements hors concours de greffiers et que ceux recrutés sur titre seraient des contractuels. Ce que ledit texte qualifie de recrutement sur titre est en réalité une promotion qui se fait donc quand au minimum l'agent en question est déjà dans le corps des greffes. Seul le concours est ainsi la voie d'accès au corps de greffes.

La seconde formalité d'entrée dans le corps des greffes après le concours est le serment. Cette formalité ne s'applique qu'aux greffiers nouvellement recrutés parce que la prestation de serment pour les entrées en fonction ne se renouvelle pas même si le lieu d'affectation est changé. Les greffiers sortis de l'École Nationale d'Administration et de la Magistrature prêtent serment à leur sortie de cette école puis ils rejoignent leurs lieux d'affectation.

Étant donné que les greffiers exercent leurs fonctions sous l'autorité du ministre de la Justice[461], il lui reviendra de procéder à leur affectation (qui vaut nomination). Le greffier en chef de la Cour suprême et les greffiers en chef des chambres (dont la chambre administrative) sont nommés par décret, tandis que les autres personnels des greffes de cette cour sont nommés « conformément à leur statut, au texte portant organisation administrative des juridictions et sur proposition du bureau de la cour[462] ». Le ministre affecte à une cour et en interne et, les « sous-affectations » reviendront au président du tribunal. C'est ainsi qu'affectés à la Cour suprême

---

[460] Infra.

[461] Ibid. art. 3 (1).

[462] Art. 24 de la loi n° 2006/016 du 29 décembre 2006 fixant l'organisation et le fonctionnement de la Cour suprême.

par le ministre, les greffiers sont affectés aux chambres par ordonnance du premier président[463].

« Le greffier en chef et les greffiers du tribunal administratif sont nommés conformément au texte portant statut des personnels des greffes et à celui portant organisation administrative des juridictions[464] ». Le greffier est ainsi un agent de la juridiction aux allures particulières.

Il n'est pas fait mention des greffes dans le corps judiciaire[465] parce que les greffiers ne font pas partie des personnels appelés à se prononcer dans le jugement des litiges. Le greffier est un fonctionnaire appartenant à un corps placé sous l'autorité générale du ministre de la Justice. Les agents des greffes sont classés dans les catégories usuelles des fonctionnaires[466] et sont quasiment assujettis aux mêmes droits et obligations que le fonctionnaire classique.

Malgré que le greffier soit un agent de la juridiction, qu'il soit un auxiliaire de justice, et qu'il soit tenu par certaines sujétions pouvant conduire à sa récusation[467] à l'image des règles imposées aux magistrats, il reste qu'il est un agent administratif dans la juridiction.

B. La composition des greffes

Le corps des greffes est hiérarchisé. Il est composé de quatre cadres allant de la catégorie A à la catégorie D de la fonction publique. De manière systématique, il faut distinguer les greffiers en chef des autres greffiers.

1. Le greffier en chef

Dans la Chambre administrative et dans les tribunaux administratifs, les fonctionnaires du corps de greffes sont dans les corps placés sous l'autorité du greffier en chef[468] et c'est le cas dans toutes les juridictions. La règle de la hiérarchie veut que le greffier en chef soit le plus ancien au grade le plus élevé ; ce qui entraine qu'il ne peut être qu'administrateur des greffes ou cadre des greffiers au grade de greffier principal.

Le greffier en chef de la Cour suprême et celui de la Chambre administrative (comme les autres) sont nommés par décret. Sans avoir expressément disposé là-dessus, il semble que le texte fait (de plein droit) du greffier en chef de la Cour suprême le greffier de la formation des chambres

---

[463] Ibid. art. 28.
[464] Art. 10 de la loi n° 2006/022 du 29 décembre 2006 fixant organisation et le fonctionnement des tribunaux administratifs.
[465] Le corps judiciaire comprend : les magistrats du siège en service dans les juridictions, les attachés de justice, les magistrats en détachement et ceux en service au ministère de la Justice
[466] Art. 3 du décret n° 2011/020, précité.
[467] Ibid. art. 10.
[468] Hors corps, ils sont sous l'autorité des magistrats et du ministère de la Justice.

réunies[469]. Le greffier en chef du Tribunal administratif est pour sa part nommé de façon ordinaire[470], dans la mesure où il est nommé conformément à la même procédure portant nomination des autres greffiers en fonction dans la juridiction de son ressort.

2. Les greffiers

Les personnels des greffes qui n'exercent pas les fonctions de greffiers en chef constituent le reste du corps des greffes. Il comprend les administrateurs de greffes (catégorie A), des greffiers (catégorie B), des greffiers adjoints (catégorie C) et les commis de greffes (catégorie D).

Ils sont tous dans le cadre de leur corps sous l'autorité hiérarchique[471] du greffier en chef de leur juridiction d'affectation en l'occurrence ici du Tribunal administratif et la Chambre administrative. Au sein du greffe de la juridiction, ils sont affectés pour la Chambre administrative par le premier président de la Cour suprême[472] et dans le Tribunal administratif suivant la même procédure que celle du greffier en chef dudit tribunal.

En termes de fonction, de manière générale, les fonctionnaires des cadres des administrateurs de greffes assurent des fonctions de direction et de contrôle, les cadres de greffiers assurent les fonctions de préparation, les greffiers adjoints les tâches d'exécution spécialisées et ceux des commis de greffes les tâches d'exécution courante[473].

Les greffes sont un corps de personnels internes à la juridiction dont les attributions permettent aux juridictions de fonctionner dans la mesure où le greffier est l'assistant du magistrat en service dans les juridictions.

Paragraphe 2 : Les attributions des greffes

Au terme des dispositions de l'ordonnance de 72, « tout acte juridictionnel d'un magistrat est accompli avec l'assistance d'un greffier[474] ». Cet acte juridique fait du greffier un agent important et incontournable de la juridiction. Souvent à tort désigné comme étant un simple secrétaire d'audience, le greffier jouit de nombreuses attributions tant dans la matière du procès (B) que pour des tâches s'en détachant (A).

---

[469] Art. 3 (2) décret n° 75/771, précité.
[470] Art. 132 de la loi n° 2006/016, précitée
[471] Sur le pouvoir hiérarchique V CHAPUS (R), Droit administratif général, tome1, 15e édition, Montchrestien, Paris, p. 395s
[472] Supra.
[473] cf. art. 4 s du décret n° 77/771, précité.
[474] Art. 7 (nouveau) de l'ordonnance n° 72/4 du 26 août 1972, précitée.

A. Les attributions hors procès

Le greffier est chargé d'un certain nombre d'attributions exercées dans la juridiction, mais hors des procès. Assistant du magistrat, il est principalement tenu de tenir les documents. Cette attribution tient à la gestion matérielle du rôle et à la conservation des décisions de justice.

1. L'enrôlement

Le rôle est un registre sur lequel sont inscrites dans l'ordre chronologique les affaires soumises à un tribunal[475]. Il est tenu par le greffier. Cette fonction fait que le greffier est considéré comme étant la porte d'entrée de la juridiction, car la requête introductive d'instance est déposée au greffe[476]. L'enrôlement dont est titulaire le greffier est un enregistrement de la plainte et des pièces annexes à la requête introductive. Le greffier est par la suite chargé de communiquer la requête à la partie adverse et de recevoir son mémoire en défense. Ce mémoire en défense est également transmis au demandeur par les soins du greffe[477]. Le mémoire en réplique émis par le demandeur connait les mêmes offices des greffiers. Toujours au cours de cette phase préliminaire, le rapport d'instruction est transmis au procureur général par le greffier pour qu'il formule ses conclusions. Le dossier est transmis au président de la juridiction par le greffier. La fixation de la date d'audience incombe au président de la juridiction ; « cette date est notifiée au procureur général et aux membres du Tribunal par le greffier en chef qui assure la confection et l'affichage du rôle[478] ». Le greffier est également titulaire de fonctions financières.

2. Les attributions financières

Les frais de justice sont sous la gestion directe du greffier. Le défaut de leur paiement pour ceux dits préalables vicie le procès. Les frais préalables sont ceux qui doivent être versés avant le début ou pendant le jugement, il s'agit de la consignation, de l'enregistrement, droit de timbres et frais d'expertise.

Les frais de consignation sont versés aux greffes. À côté de la consignation initiale, il peut être exigé une consignation supplémentaire[479]. La consignation initiale qui est de 20.000F (vingt mille Francs) est versée au moment du dépôt de la requête introductive[480]. L'enregistrement est une formalité obligatoire

---

[475] En droit financier, le rôle présente les contribuables assujettis aux impôts directs au cours d'une année ; répertoire établie par l'administration fiscale.

[476] Ou lui est adressée par voie postale. cf. art. 32 (1) de la loi n° 2006/022, précitée.

[477] Ibid. art. 39.

[478] Ibid. art. 47.

[479] CS/CA jugement n° 104 du 13 août 2008, SAAH Dominique contre État du Cameroun et DEFFO Pierre.

[480] Art. 34 de la loi n° 2006/022, précitée.

consistant en la mention de la requête introductive dans le rôle contre perception de droits par le greffier pour le compte de la juridiction. En cas de recours à l'expertise ou de descente sur les lieux, la partie qui en fait la demande en supporte les frais. Ceux-ci sont payés au niveau des greffes[481] contre récépissé.

Quand la décision de justice est rendue, les dépenses y afférentes incombent à la partie qui succombe. Les dépenses comprennent les différents frais qu'a engendrés le jugement[482]. Les dépens sont les frais définitifs du jugement. Leur taux est fixé par un texte réglementaire[483], leur liquidation est faite dans la décision qui statue sur le fond du litige, et ils sont perçus par le greffier qui jouit également d'attributions judiciaires (B).

B. Les attributions judiciaires

Le greffier n'est pas un magistrat, ce qui fait qu'il n'a pas à se prononcer à l'occasion des jugements. Au titre de ses attributions judiciaires, le greffier est strictement confiné à la tenue de documents ce qui a souvent fait dire qu'il est une sorte de secrétaire judiciaire. La majorité de ses attributions judiciaires peuvent se résumer en l'assistance aux magistrats à côté des fonctions propres.

1. L'assistance aux magistrats

Les magistrats bénéficient de l'assistance des greffiers durant le jugement. « En cas d'information judiciaire, le magistrat du parquet est assisté d'un greffier[484] ». Cette disposition qui est propre à la matière pénale n'est pour autant pas étrangère en matière administrative où il existe un recours semblable[485]. Dès que la date de l'audience est fixée, le greffier se charge d'adresser les convocations aux parties. Durant l'audience, le plumitif est tenu par le greffier qui y enregistre et recueille tout ce qui s'y est passé. En cas d'infraction pénale commise durant l'audience, le président procède aux constatations que le greffier consigne au plumitif[486].

Le greffier reçoit les déclarations de pourvoi. Il dresse les minutes suivant un dispositif réglementé[487], il dresse également et conserve le procès-verbal de collégialité ayant donné lieu au délibéré. Durant le jugement, en cas de descente sur les lieux, le greffier est associé à la signature du procès-verbal[488]. Cette même prérogative est donnée au greffier de la Chambre administrative

[481] Ibid, art. 73 (2).
[482] Ibid. art. 57.
[483] Infra.
[484] Art. 24 (4) de l'ordonnance n° 72/4 du 26 août 1972, précitée.
[485] Infra.
[486] Art. 49 (5) de la loi n° 2006/022, précitée.
[487] Ibid. art. 54.
[488] Ibid. art. 75 (2).

ayant assisté au jugement[489] qui signe les arrêts avec les membres de la formation de jugement à la différence du jugement du Tribunal administratif dont les minutes des jugements ne sont signées que par le président et les juges[490].

2. Les fonctions propres

Les greffiers sont des agents de la justice qui assistent les magistrats, mais remplissent aussi certaines fonctions sans être directement tenues par un magistrat.

La tenue du casier judiciaire et la délivrance des bulletins n° 3 et n° 2 lui incombent même s'il exerce cette dernière fonction avec le magistrat[491]. Le greffier en chef joue le rôle d'huissier dans les localités où il n'y en a pas. Ce dernier est greffier-notaire en l'absence de notaire dans son ressort[492]. Ces deux fonctions incidentes (huissier-notaire) ne valent pas pour le greffier de la juridiction administrative parce que la Chambre administrative et les tribunaux administratifs sont situés dans des chefs-lieux de régions où l'on retrouve les officiers ministériels.

Le greffier est également chargé de délivrer les copies, expéditions et grosses, des minutes de jugement. Il le fait sur simple demande du requérant sans avoir à passer par l'autorisation du magistrat, c'est d'ailleurs lui qui est chargé de la conservation des minutes. Il expédie les jugements définitifs aux parties sans frais[493], il notifie aussi une expédition du jugement (de l'arrêt) au procureur général[494] pour qu'il en tire toutes les conséquences de Droit.

Les greffiers sont un corps d'auxiliaires de justice qui assistent principalement les magistrats dans l'accomplissement de leur office. Mis à la disposition des magistrats, les greffiers sont confinés à des tâches qui ne leur attribuent aucune fonction dans la prise de la décision juridictionnelle à la différence du ministère public (Section II) qui, sans participer à la délibération, exerce des fonctions juridictionnelles importantes.

---

[489] Art. 105 (8) de la loi n° 2006/016, précitée.

[490] Art. 62 de la loi n° 2006/022, précitée.

[491] SOCKENG (R), Les instances judiciaires au Cameroun, 1ere édition, GSF, Douala 1995, p. 93.

[492] Ibid. Il faut aussi pour cela qu'il n'y ait pas d'avocat dans son ressort cf. art 74 de la loi n° 90/059 du 19 décembre portant organisation de la profession d'avocat.

[493] Art. 64 de la loi n° 2006/022, précitée.

[494] Cette notification qui relève du greffier en chef est prescrite par les arts 11 et 12 de la loi n° 75/17 du 8 décembre 1975 fixant la procédure devant la Cour suprême statuant en matière administrative. La lecture de ces deux articles ne laisse pourtant pas percevoir l'exigence ou même la simple évocation de l'existence d'une prescription de notifier le jugement au procureur général. Le seul fondement reste l'usage et cet usage est fondé sur le pouvoir de pourvoi accordé au Parquet.

Section 2 : Le ministère public

La place du ministère public dans le contentieux administratif est pour la majorité des auteurs secondaires. Ce constat est établi dans la mesure où très peu font des développements sur le ministère public. Probablement, ce fait se justifie en ce que cet organe agit surtout dans l'ombre et qu'au final, la décision de justice appartient au siège. De surcroit, le ministère public, acteur privilégié en matière pénale, l'est parce qu'il est toujours partie principale[495]. Dans la procédure administrative contentieuse, le ministère public est plutôt partie jointe au vu de sa place dans le jugement. L'identification du ministère public (Paragraphe I) dans ce type de contentieux permet alors de s'édifier sur son rôle et amène à déterminer l'appartenance organique (paragraphe II) de cet organe de la juridiction administrative.

Paragraphe 1 : L'identification du ministère public

D'après les statuts de la magistrature, le corps judiciaire comprend « les magistrats du siège et du parquet en service dans les juridictions…[496] »Le ministère public est ainsi, lecture faite de cette disposition, un élément du corps judiciaire. Avant de revenir sur cette disposition, il faut au préalable déterminer la composition du Parquet de la juridiction administrative (A) et faire un éclaircissement sur sa posture de partie jointe, au jugement à partir du rôle (B) qui lui est dévolu dans le procès administratif.

A. Les membres du Parquet

Le parquet (ministère public) fait partie du corps judiciaire[497]. Il est composé de magistrats de carrière qui sont passés par la voie normale, parce qu'ayant été admis et ayant fait l'objet d'une formation à l'École Nationale d'Administration et de la Magistrature. Leur intégration au corps de la magistrature est consécutive à leur obtention du diplôme de ladite école[498]. À ce niveau, il faut distinguer les magistrats de carrière des magistrats en service extraordinaire. Deux éléments les distinguent : Le premier, évident, est celui du profil et du statut car le magistrat en service extraordinaire n'est pas un produit de l'ENAM, et il ne subit pas de stage à la différence du magistrat de carrière qui subit un stage d'intégration à sa sortie de l'ENAM[499] et commence à un grade inférieur. Le second élément non négligeable est que l'ENAM ne forme pas d'un côté les magistrats du siège et de l'autre ceux du Parquet. Cette

---

[495] Dans le procès pénal, le ministère public apparaît d'emblée comme demandeur ou défendeur ce qui lui donne le plus de présence. cf. art. 132 s et art. 360 (b) de la loi n° 2005/007 du 27 juillet 2005 portant code de procédure pénale.

[496] Art. 1er du décret n° 95/048 précité.

[497] Ibid.

[498] Supra.

[499] Art. 14 du décret n° 95/048.

école forme le magistrat qui pourra alors officier indifféremment dans l'un de ces corps. Mais la règle veut que tout magistrat commence par le Parquet puisque dès leur sortie de l'école, ils sont affectés au parquet général d'une cour d'appel[500]. Ce principe ne s'applique pas aux magistrats en service extraordinaire qui peuvent être affectés au parquet comme au siège directement par leur acte de nomination. En plus, ces derniers ne relèveraient pas du statut de la magistrature[501]. Il faut distinguer les avocats généraux du procureur général dans le Parquet.

1. La distinction des membres du Parquet.

Trois grandes fonctions se dégagent de la composition du Parquet de la juridiction administrative : celles de procureur général, d'avocat général et de substitut. Il n'y a pas de procureur de la République dans les parquets des juridictions administratives parce que le procureur de la République est désigné pour les juridictions infra régionales. Or, le niveau juridictionnel inférieur de la juridiction administrative est le Tribunal administratif dont le ressort est au minimum régional.

Au Parquet du Tribunal administratif se trouvent un procureur général et des substituts[502]. Ce parquet est sous la direction du procureur général. Les substituts de ce procureur sont des magistrats et des attachés de justice mis à la disposition du procureur général par arrêté du ministre de la justice[503]. La particularité ici est que « le Parquet près le Tribunal administratif est le Parquet général près la Cour d'appel du ressort du Tribunal administratif[504] ». Si cet « emprunt » de personnel a l'avantage d'économiser les coûts, il a l'inconvénient de porter atteinte à la règle de la séparation des juridictions en rapport avec l'admission d'un dualisme juridictionnel à la base pour dire que l'usage commun d'un même parquet par le Tribunal administratif et la Cour d'appel tend à uniformiser le système juridictionnel à la tendance inavouée du monisme juridictionnel. « Ces chevauchements » ont l'inconvénient de faire accessoirement employer à la juridiction administrative un personnel habile dans le réflexe des méthodes et fondements des litiges entre parties privées qui (ce personnel) ne manquera pas de déteindre l'esprit du contentieux public qui est pour sa part différent.

Les substituts du procureur général lui servent d'assistants. La suppléance est assurée selon le rang hiérarchique le plus élevé.

Au Parquet de la Chambre administrative de la Cour suprême (Parquet général) se trouvent un procureur général, un premier avocat général et des

[500] Ibid.
[501] Lecture croisée des arts 5 et 8 respectivement les lois n° 2006/016 et 2006/022 précitées.
[502] Art. 6 s de la loi n° 2006/022 précitée.
[503] Supra.
[504] Art. 7 de la loi n° 2006/022.

avocats généraux[505]. Le ministère public est sous la responsabilité du procureur général. La Cour suprême est une juridiction unique et les domaines comme le contentieux administratif et le contentieux judiciaire ne sont que des matières, ce qui fait qu'il n'y a qu'un seul procureur général pour toute la Cour suprême. Le procureur général dont il est question pour la Chambre administrative est donc en réalité le procureur général près la Cour suprême. À ce niveau, le phénomène de jonction quant aux personnels de « l'ordre juridictionnel judiciaire » et de « l'ordre juridictionnel administratif » est bien présent. Les avocats généraux tendent quand même à rétablir une partition des juridictions, parce qu'ils sont affectés dans les chambres par le procureur général[506] et s'y établissent de sorte qu'ils finissent par former le personnel propre du Parquet et de la chambre d'affectation.

Un autre facteur qui doit être relevé est celui de l'inter-régionalité.

2. L'inter-régionalité du Parquet

Le facteur d'inter-régionalité touche à la composition du Parquet de la juridiction administrative. L'inter-régionalité qui concerne essentiellement les tribunaux administratifs consiste à l'extension de son ressort territorial. Le principe veut que le Tribunal administratif ait pour ressort territorial une région. Néanmoins, « suivant les nécessités de service, le ressort d'un tribunal administratif peut être, par décret du président de la République, étendu à plusieurs régions[507] ».

Le problème qui ne se pose pas actuellement parce que la Chambre administrative (qui est provisoirement le premier ressort de la juridiction administrative) a un parquet bien déterminé, se pose pour le Tribunal administratif en cas d'inter-régionalité. Il y a une cour d'appel par région ; en étendant le ressort territorial d'un tribunal administratif à plus d'une région, on se retrouve face à plus d'une cour d'appel, et donc à plus d'un parquet.

Au lieu de grossir l'effectif du Parquet d'un tribunal administratif et d'admettre la présence de plusieurs procureurs généraux, il faut envisager que la solution sera de faire du Parquet de la Cour d'appel du lieu du siège du Tribunal administratif le Parquet de ce tribunal[508]. Ce qui fait que la compétence de ce parquet s'étendrait avec celui du ressort dudit tribunal.

Le ministère public est ainsi un corps de magistrats dont la fonction en matière de procédure contentieuse administrative doit être déterminée (B).

---

505 Art. 4 (b) de la loi n° 2006/016.

506 Ibid. art. 29 (1).

507 Art. 5 (2) de la loi n° 2006/022, précitée.

508 Supra

B. Le rôle du ministère public

Le ministère public est un organe de la juridiction dont la fonction est de contribuer à rendre le Droit. Cette fonction se déploie à travers son rôle dans les instances de jugement et dans les actes devenus définitifs.

1. Dans les instances de jugement

Une instance est « une suite d'actes de procédure allant de la demande en justice jusqu'au jugement[509] ». S'y retrouvent donc les actes préparatoires et ceux relatifs au jugement même.

Au niveau de ces phases de jugement, le ministère public dans la procédure contentieuse administrative ne jouit pas de la même posture que lorsqu'il intervient en matière civile ou pénale. « Le ministère public, en matière pénale comme en matière civile, peut agir comme partie principale. C'est par exemple le cas, en matière pénale, où il prend un réquisitoire introductif d'instance, ou une ordonnance de soit informé, selon qu'on se trouve dans un régime dualiste ou dans un régime séparatiste, ou lorsqu'il cite directement devant le Tribunal un prévenu. C'est le cas en matière civile lorsqu'il saisit le tribunal pour l'annulation d'un mariage contracté en violation de l'option de monogamie liant un époux[510] ». Par exception, le ministère public peut plutôt être partie jointe ; c'est le cas de son action quand le Tribunal a été saisi par voie de citation directe[511].

Par rapport aux actes préparatoires au procès, le ministère public, représenté par le procureur général intervient au niveau de l'instruction de l'affaire. L'instruction est menée par un rapporteur désigné par le président du tribunal. Il doit établir un rapport constitué à la suite de l'examen des pièces du dossier et des mémoires des parties. À ce stade, le procureur général doit formuler ses conclusions et y proposer une solution[512] avant les audiences et jugements.

L'émission de conclusions est ainsi la fonction principale du ministère public dans la phase préparatoire au procès. Il exerce les mêmes prérogatives en matière de référé administratif[513] et de sursis à exécution[514]. Ces conclusions intervenant à la fin de l'instruction, on peut dire que sans la mener, c'est le Parquet qui clôture l'instruction.

---

[509] cf. GUILLIEN (R), VINCENT (J) et autres, *Lexique des termes juridiques*, op.cit., p. 309.

[510] MESSI (T), *Le contrôle de cassation de la cour suprême du Cameroun*, thèse de doctorat de 3e cycle en Droit, université de Yaoundé, (S.d), p. 50

[511] Ibid. p. 51.

[512] Art. 44 s et 86 s des lois n° 2006/022 et 2006/016.

[513] Art. 27 de la loi n° 2006/022 précitée.

[514] Ibid. art. 30.

Une partie est dite principale dans un procès quand elle agit en qualité de demandeur ou de défendeur ce qui est représenté par la formulation d'un mémoire introductif d'instance ou d'un mémoire en défense. En matière pénale, hormis la citation directe, le Parquet est toujours partie principale, car c'est lui qui déclenche l'action publique par son réquisitoire introductif d'instance, cela est parfois aussi le cas en matière civile.

Il n'y a pas d'action publique en matière de contentieux administratif au sens civiliste du terme. Cette action met en exergue la défense de l'intérêt général qui est confiée à l'État. Le fait c'est que le procès administratif est une action juridictionnelle dans laquelle l'une des parties est l'État ou une entité investie d'une portion de la prérogative étatique de garantir l'intérêt général. La garantie de l'intérêt général, fonction du ministère public, ne devrait pas être de façon évidente opposée à celle de l'action d'intérêt général, charge de l'État (ou de l'entité attaquée). Cette raison fait partie de celles qui ont certainement mis en sourdine l'envergure du ministère public dans le procès administratif en le dépossédant à titre principal de la possibilité d'être demandeur ou défenseur à l'instance. Il n'a donc pas le pouvoir de saisine de la juridiction.

La posture de partie jointe du ministère public ne l'empêche pas d'interpeller une partie au procès qui peut réagir aux conclusions du ministère public. Le ministère public peut, lors de l'audience, soulever une exception d'incompétence et former un pourvoi[515]. À titre de compétence, le Parquet est chargé de faire des conclusions qui visent à garantir le respect de la loi et à sauvegarder l'intérêt général sous l'autorité du ministère de la Justice. Cette forme d'inféodation tend à remettre en question l'autonomie du ministère public[516] par rapport à ses liens avec l'administration active.

2. Dans les actes devenus définitifs

L'intervention du ministère public déborde le cadre du jugement et s'étend aux actes juridictionnels devenus définitifs. Il s'agit de la compétence en pourvoi et de celle en publication.

L'hypothèse du pourvoi est double : il y a d'abord le cas de l'incompétence du Tribunal administratif saisi. Cette juridiction inférieure doit elle-même se prononcer par décision avant dire droit sur sa possible incompétence. La décision rendue est susceptible de pourvoi devant la Chambre administrative de la Cour suprême[517]. Le pourvoi est formé par déclaration aux greffes dudit tribunal administratif par le ministère public de ce même tribunal. Ce pourvoi n'a pas d'effet sur le fond de l'affaire puisqu'il ne concerne que la

---

[515] Pour cela, il faut que l'affaire soit pendante devant un Tribunal administratif ; cf. art. 51 de la loi n° 2006/022 précitée.
[516] Infra.
[517] Art. 51 de la loi n° 2006/022.

détermination de la juridiction compétente. L'autre hypothèse du pourvoi, plus significative, est le recours en cassation des actes juridictionnels des tribunaux administratifs « devenus définitifs et entachés de violation de la loi ». Cette action est enclenchée par le procureur général près la Cour suprême devant la Chambre administrative statuant en cassation[518]. Les parties ne peuvent normalement pas se prévaloir de la cassation issue d'un tel pourvoi dans la mesure où le seul intérêt de la loi était visé, sauf si le ministre de la justice en décide autrement[519].

Même dans l'hypothèse du pourvoi, le ministère public ne peut être considéré comme partie principale et encore moins partie jointe dans la mesure où les parties au procès (demande-défense) en sont carrément écartées. Elles n'ont pas leur mot à dire ou encore la possibilité de faire valoir leurs prétentions, et seule la décision de la chancellerie peut leur faire bénéficier de la décision prise à l'issue du jugement en cassation. L'implication en est que le ministère public, en matière de pourvoi, n'est ni partie principale ni partie jointe, mais partie unique.

L'autre sphère d'intervention du ministère public est la publication. Il s'agit uniquement des arrêts de la Chambre administrative. La charge de leur publication revient au procureur général[520] dans l'intérêt de la loi. Cette publication dont le moyen est l'affichage a pour objectif de faire diffuser le Droit. Cette méthode est préférable à l'option française qui est la publicité par notification aux seules parties[521], car elle avise tout justiciable de l'État de la jurisprudence sur une question. Il reste que le ministère public est un organe dont les facteurs de son appréhension sèment la confusion quant à son rattachement organique.

Paragraphe 2 : La détermination organique du ministère public

La place du ministère public dans la juridiction administrative pousse à déterminer quel type d'organe il est. Le texte sur la magistrature est très clair : « Le corps judiciaire comprend : les magistrats du siège et du Parquet en service dans les juridictions...[522] » Le ministère public ou Parquet ferait donc partie du corps judiciaire. De nombreux autres facteurs tendent à conforter cette apparence du Parquet au corps judiciaire ce qui est en réalité une

518 Art. 36 de la loi n° 2006/016 précitée.
519 Ibid.
520 Ibid. Art. 105 (8).
521 LECLERQ (C), « Comment sont portées à la connaissance des parties les décisions des juridictions administratives ? », S 1963, chron. 5.
522 Art. 1er du décret n° 95/048, précité.

confusion (A), dans la mesure où le ministère public est à plus d'un égard davantage rattachable à l'administration (B).

A. Les confusions dans la détermination : le rattachement à la juridiction.

Certains facteurs font du Parquet un organe de la juridiction. Il est évidemment logique qu'un organe de par sa localisation et par sa fonction soit appréhendé comme relevant des organes de son type de fonctions, et des organes de proximité géographique.

1. Localisation

De façon physique, le ministère public est localisé dans la juridiction. Le Tribunal administratif et la Chambre administrative sont tous les deux pourvus d'un parquet[523] qui joue le rôle de ministère public. Ce fait de situer le Parquet dans la juridiction a pour objectif de montrer son appartenance à la juridiction. Ainsi, le lieu de travail du ministère public est le siège du Tribunal. Quand il n'officie pas au prétoire de la juridiction administrative, il travaille dans ses bureaux qui sont attenants à ceux des magistrats du siège et des greffes parce que situés dans la même enceinte : le palais de justice.

Il peut tout de même être dit que cette situation tient à des raisons pratiques. On ne va pas situer le pompier à mille lieues des incendies. En fait la localisation du ministère public est en réalité une délocalisation d'un service de la chancellerie au vu de sa dépendance vis-à-vis du ministère de la Justice comme cela sera démontré.

2. La participation à la fonction juridictionnelle

Le ministère public est considéré comme étant un organe du corps judiciaire [524]; ce qui fait que le Parquet est régi par le statut de la magistrature. En aurait-il été autrement pour des magistrats ? Le Parquet agit pour le compte de l'intérêt général. Il remplit de nombreuses fonctions juridictionnelles dans la phase préparatoire au procès et notamment avec l'instruction dont ses conclusions portent clôture de l'instruction et de la recevabilité d'éléments au procès ; dans la phase de jugement par ses réquisitions (conclusions) et dans la phase post jugement, à travers notamment le pouvoir de faire pourvoi et son rôle dans la publication des décisions de la Chambre administrative.

Dans le délibéré, le parquet n'intervient pas, il n'a pas voix délibérative et ne fait d'ailleurs pas partie de la collégialité des magistrats appelés à se prononcer sur une espèce. Cette tâche revient uniquement au siège parce que le mémoire du Parquet montre bien qu'il est partie[525] au procès et ne saurait

---

[523] Supra.
[524] Art. 1er du décret n° 95/048.
[525] Partie jointe.

alors être également juge. Seulement, ce mémoire est l'expression du défendeur de la loi qui par ses conclusions contribue à la fonction de la juridiction qui est de dire le Droit. Le problème dans cette représentation classique de la fonction juridictionnelle est qu'elle fait abstraction du problème profond, du manque d'autonomie du ministère public (B) dont l'ampleur est telle qu'il faut raisonnablement rattacher cet organe à l'autorité qui exerce sur lui ce pouvoir.

B. L'éclaircissement de la détermination : le rattachement à l'administration

La détermination organique du rattachement du ministère public conduit à son incorporation dans l'administration. Les facteurs qui tendent à en faire un organe de la juridiction sont moins significatifs que ceux qui l'en démarquent. Il existe en effet une dépendance profonde du ministère public vis-à-vis de l'administration dont les aspects sont personnels et matériels.

1. La dépendance personnelle

En énonçant que « les magistrats du siège ne relèvent dans leurs fonctions juridictionnelles que de la loi et de leur conscience », la loi constitutionnelle de 1996[526] a implicitement annoncé que les magistrats du Parquet ne relèvent ni de la loi ni de leur conscience. Ceci amène à la reconnaissance de la disposition réglementaire selon laquelle « les magistrats du Parquet et les attachés de justice relèvent administrativement de la seule autorité du ministère de la Justice[527] ».

Le ministre de la Justice est donc le responsable hiérarchique des magistrats du Parquet[528]. Il est vrai qu'en tant que ministre de la Justice, le garde des sceaux a une compétence qui s'étend à une gestion du personnel de la magistrature du siège. En effet, c'est lui qui adresse au président un état des magistrats devant bénéficier de promotions indifféremment de leurs corps d'appartenance[529], sans besoin d'ajouter la position dudit ministre dans le conseil supérieur de la magistrature[530].

C'est précisément au niveau des pouvoirs disciplinaires du ministre de la Justice que se trouve l'inféodation du personnel du Parquet à son autorité. À la différence des magistrats du siège dont le régime disciplinaire est sous le contrôle du président de la République[531], les magistrats du Parquet eux, sont

[526] Art. 37 (2).
[527] Art. 3 du décret n° 95/048, précité.
[528] Ibid.
[529] Ibid. art. 29 (2), et 31 (nouveau) et 39.
[530] Supra.
[531] Art. 50(1.a) du décret n° 95/048.

sous l'autorité directe du ministre de la Justice[532]. Cette dépendance est encore plus portée dans ses éléments matériels.

2. La dépendance matérielle

Il s'agit de la marge de liberté accordée au magistrat pour se prononcer dans les instances. Pour le magistrat du siège, seule la loi et sa conscience lui servent de limite. Il en va différemment du magistrat du Parquet qui est tenu au niveau de ses réquisitions par la chancellerie. Le fait est que l'autorité que le garde des sceaux exerce sur le Parquet est du type pouvoir hiérarchique[533]. Au-delà donc de la gestion personnelle existe une dépendance matérielle incarnée par le pouvoir d'instruction.

Les magistrats du Parquet sont susceptibles de recevoir de la part de la hiérarchie des instructions sur le sens de leurs réquisitions ou conclusions[534]. L'effet en est que le Parquet dans ces hypothèses n'est pas libre de présenter sa position propre en rapport avec le litige dont il est question. Il n'est pas libre et ses réquisitions ou conclusions ne sont que la représentation de la volonté du ministère de la Justice. En matière pénale et parfois civile, la position du ministère de la Justice est encore plus renforcée surtout en matière pénale où l'instruction et la décision de mener des poursuites dépendent du Parquet. La chancellerie peut ainsi instruire une procédure pénale, ordonner que des poursuites soient menées et indiquer le sens des réquisitions du ministère public[535]. Ce pouvoir étendu du fait de la qualité de partie principale du ministère public, dans la majorité des hypothèses de ces cas, est différent en matière administrative. Le Parquet n'étant que partie jointe ne reçoit instruction que pour les conclusions qu'il formule.

Toutefois, le magistrat du siège peut se démarquer de ses conclusions écrites. L'adage dit : « La plume est serve, mais la parole libre[536] », ce qui signifie que le ministère public est obligé dans ses écrits de suivre les instructions du ministère de la Justice. Par contre, il conserve une liberté de parole à l'audience. Cette liberté de parole ne s'exerce qu'à condition que le magistrat du Parquet concerné « ait préalablement et en temps utile » informé son chef hiérarchique direct de son intention de s'écarter oralement de ses conclusions écrites déposées conformément aux instructions écrites[537]. Cette éventualité est tout de même difficultueuse parce que « le pouvoir de représailles » du ministère de la Justice peut être dissuasif au regard des

---

[532] Ibid., art. 50 (1.b).

[533] Cf. NTAH A MATSAH (HM), *Le ministère public dans le contentieux administratif au Cameroun : contribution à l'étude des organes de la juridiction administrative camerounaise*, thèse de doctorat (PHD en droit, Université de Yaoundé II, 2010, p. 104s.

[534] Art. 3 (3) du décret n° 95/048, précité.

[535] cf. loi n° 2005/007 du 27 juillet 2005 portant code de procédure pénale.

[536] V. SOCKENG (R), les institutions judiciaires au Cameroun, op.cit., p. 86.

[537] Art. 3 (3) du décret n° 95/048, précité.

prérogatives du garde des Sceaux quant à la gestion du personnel du ministère public. Cet organe dit de la juridiction est finalement davantage un organe dans la juridiction qu'un organe de la juridiction.

La justice administrative est l'œuvre des formations de jugements de cet « ordre juridictionnel ». Seulement, les formations de jugement ne remplissent pas cet office toutes seules. À leur côté existent des organes dont la participation à l'œuvre de justice est incontournable. Internes à la juridiction, ces organes que sont les greffes et le ministère public sont respectivement chargés des tâches administratives et juridictionnelles qui participent à la fonction de juger, en permettant au magistrat du siège de rendre le Droit ; ce sont les greffiers et les magistrats du Parquet.

Le corps des greffes est constitué d'assistants de magistrats non magistrats, dont la tenue et la conservation des documents de justice reste la principale attribution. Le ministère public est quant à lui un organe dans la juridiction composé de magistrats chargés de veiller à la sauvegarde de la loi sous l'autorité hiérarchique du ministère de la Justice. Cette inféodation[538] tend à en faire un organe de l'administration délocalisé dans la juridiction.

[538] Supra.

CONCLUSION DU TITRE

La juridiction administrative camerounaise est constituée d'organes participants à l'œuvre de justice et de formations directement appelés à se prononcer sur les contentieux. Ces derniers sont les formations de jugement dont la configuration relaye la préoccupation de réellement implanter un double degré de juridiction. Cette préoccupation constante depuis l'inclination de l'ancien Tribunal d'État qui à l'origine ne comportait qu'un seul degré de juridiction[539] l'est demeurée. Toutes les réformes dont la dernière fait partie ont ainsi visé à matérialiser cette division dans la juridiction.

Le Tribunal administratif, de ressort régional, reçoit les attributions de l'ancienne Chambre administrative et devient à l'issue des textes de 2006 la juridiction de premier ressort du contentieux administratif ; tandis que la nouvelle Chambre administrative devient à l'issue de la même réforme le second degré en lieu et place de la défunte Assemblée plénière.

Le double degré juridictionnel assuré est allé avec la confirmation d'un système moniste par l'incorporation de la juridiction de second ressort à la Cour suprême qui est l'instance qui rassemble et juge en même temps en appel et en cassation le contentieux judiciaire et le contentieux administratif[540]. Ce positionnement est confirmé par une confusion de personnels en ce qui concerne le ministère public, ce qui fait qu'il est abusif de parler au sens premier d'ordre juridictionnel administratif. Désigner ainsi l'ensemble des juridictions administratives ne peut valoir que pour une acceptation d'un second degré de compréhension par lequel le dualisme juridictionnel est exclu, mais les spécificités tenant davantage à la compétence matérielle sont admises.

[539] Décret n° 59/83 du 4 juin 1959.
[540] Art. 38 de la loi constitutionnelle de 1996.

CONCLUSION DE LA PARTIE

La politique assimilationniste des puissances occidentales durant la période coloniale consistait à exporter et à incorporer dans les territoires sous domination leurs civilisations. Religion, politique économique, État-Nation font partie de nombreuses données reproduites. Le système juridique n'est pas resté exempt de cet impérialisme.

Au lendemain de la Seconde Guerre mondiale, il est créé au Cameroun la toute première instance chargée de connaitre du contentieux administratif. Celle-ci y est implantée dans le Cameroun francophone par la France qui y a reçu de la SDN mandat d'administrer. C'est un décret de 1920[541] qui porte création du Conseil du Contentieux administratif au Cameroun. De nombreuses fluctuations ont réformé la juridiction administrative jusqu'aux récentes qui ont porté création des tribunaux administratifs et de la Chambre administrative de la Cour suprême.

L'histoire de l'évolution de la juridiction administrative camerounaise est marquée par des réformes qui l'ont plus ou moins transformée. L'ambition de l'ancienne puissance coloniale d'y implanter une juridiction indépendante (de l'Exécutif) est aujourd'hui fortement accomplie avec, et c'est le moins qu'on puisse dire, une consécration constitutionnelle[542]. Le fait que cette indépendance subisse quelques atteintes ne détériore pour autant pas la réalité de l'indépendance. L'instauration d'un double degré juridictionnel est également acquise même si une éphémère institution d'un degré unique de juridiction a en 1959 été enregistrée[543], ce qui devait immédiatement être rectifié, quelques mois après avec effet rétroactif.

Au-delà des données matérielles qui, pour certains, vont également dans le rapprochement des contentieux administratifs français et camerounais, ces principes organisant la juridiction administrative montrent bien qu'il existe une communauté juridique entre les deux États[544]. Au final, même au vu des impératifs juridiques de l'ensemble des systèmes de Droit et des ordres normatifs, la préservation de l'humain implique forcément cette solidarité juridique et surtout idéologique chère à Jean FOYER[545]. À ce niveau, il s'agit davantage d'une solidarité juridictionnelle avec l'objectif d'instituer un ordre

---

541 Le décret du 14 avril 1920. Le conseil du contentieux administratif devait réellement commencer à fonctionner en 1921 suite à l'arrêté du 16 décembre de la même année fixant la procédure devant elle.

542 Art. 37 (2) (3) de la loi constitutionnelle de 1996.

543 Décret n° 59/83 du 4 juin 1959 instituant le tribunal d'État.

544 ONDOA (M), *Le droit de la responsabilité publique dans les États en développement : contribution à l'étude de l'originalité des droits africains*, op.cit., p. 387s.

545 Ibid.

juridictionnel propre à connaitre des litiges particuliers de l'administration. L'objectif poussé et atteint en France l'est sous la forme du dualisme juridictionnel. Principe matérialisant une option non résolue, mais effective de spécificité du contentieux administratif camerounais, le principe de la séparation des autorités administratives et judiciaires suit un chemin différent. L'option du législateur a pour trait l'indifférenciation du personnel avec notamment un ministère public de la juridiction judiciaire utilisée par celle administrative. Autre trait, on a aussi l'incorporation de l'instance de jugement de second ressort du contentieux administratif (la chambre administrative) au sein d'une haute juridiction également compétente en matière de contentieux judiciaire.

Ces quelques éléments parmi plusieurs arguments déjà présentés montrent bien que l'option du système juridictionnel camerounais est différente du français puisque sous un mauvais maquillage de dualisme, se trouve réalisé un système juridictionnel moniste. Au niveau du traitement juridictionnel du litige (deuxième partie), d'autres facteurs tendent à particulariser le contentieux administratif camerounais.

DEUXIÈME PARTIE :

LE PROCÈS ADMINISTRATIF

Le traitement juridictionnel des requêtes des parties est la phase dans laquelle la juridiction doit se prononcer sur le dossier qui lui est soumis, et le cas échéant sur le litige qui fait l'objet de la saisine par lui d'une partie. L'examen au fond du contentieux est conditionné par sa recevabilité. Pour cela, il faut que la question de Droit soulevée soit du domaine du contentieux administratif, que des formalités préalables aient été accomplies[546] et que les conditions juridiques de la partie au procès soient remplies. Cette phase concerne essentiellement le recours quant à son introduction (Titre I).

Quand le recours est jugé recevable par la juridiction, celle-ci aura alors à se prononcer sur le fond ; c'est la phase du jugement (Titre II). Ce qu'il faut observer au niveau de ces étapes du traitement juridictionnel des requêtes des parties, c'est la proximité de certaines règles du contentieux administratif d'avec celles du contentieux judiciaire. L'existence d'un préjudice en fait partie, les règles liées aux parties au procès aussi, tout comme certaines règles relatives aux procédures. D'autres règles, elles aussi non négligeables, établissent néanmoins une distinction entre les deux types de contentieux à l'image des pouvoirs donnés au juge ou encore de l'exigence du recours administratif dans le contentieux administratif.

La spécificité de certaines règles du contentieux administratif camerounais telles qu'elles seront présentées permet de faire le parallèle avec l'état desdites règles en France. Cela amène, pour les divergences, à admettre l'œuvre productrice du législateur et du juge administratif camerounais, distincte de ce qui est en vigueur en hexagone.

D'emblée, il faut préciser qu'il n'existe pas un code de procédure de la justice administrative au Cameroun. D'ailleurs, très peu d'États qui ont opté pour une séparation des contentieux sous inspiration française en disposent. Seuls des cas rares tels celui du Sénégal survivent à cette règle. Le Cameroun n'en dispose pas. Le juge judiciaire dispose du code de procédure civile, de procédure pénale, et même commerciale[547]. Ce vide observé en matière de contentieux administratif est tout de même comblé par l'existence d'un ensemble des textes législatifs qui s'évertuent à aiguiller les aspects formels et matériels des interventions du juge administratif. Le juge apporte ainsi sa pierre à l'édifice, de façon plutôt estimable, à tel point que le Droit processuel administratif tel que celui substantiel est largement prétorien[548]. La jonction de ces bases référentielles du contentieux administratif éparses, mais à plus d'un point cohérentes, font voir qu'il n'y a pas des procès administratifs, mais bien un procès administratif de par l'uniformité des règles tant jurisprudentielles que textuelles.

---

546 Pour le contentieux de l'excès de pouvoir, il s'agit principalement du recours gracieux préalable.

547 Dans ce dernier cas, il faut citer la volumineuse littérature juridique OHADA qui apporte de nombreuses précisions sur les règles de fonds et de procédure ; surtout en matière commerciale.

548 GAUDEMET (Y), « remarques sur l'évolution des sources du droit contentieux administratif », in *Mélanges Pierre DRAI*, Dalloz 2000, p. 329s.

TITRE I :

L'INTRODUCTION DU RECOURS

Le requérant qui saisit la juridiction administrative est celui qui introduit le recours. Cette possibilité n'est reconnue qu'à l'une des parties principales. Le ministère public ne jouit de cette prérogative que dans l'éventualité du pourvoi par lequel la saisine du juge lui est attribuée en même temps qu'aux parties principales[549].

Certaines exigences sont prescrites au justiciable qui veut déférer à la juridiction administrative un contentieux qui l'oppose à l'administration.

À ce niveau, le litige n'est pas encore traité dans le fond. Davantage, il s'agit de voir s'il mérite de l'être. Pour ce faire, il faut que l'objet du contentieux soit d'ordre administratif. En effet, l'élément générateur du recours (chapitre 1) permet de fonder la compétence juridictionnelle, car « on ne saisit pas le juge sans cause ». C'est d'ailleurs cet élément générateur du litige qui constitue la base de la revendication du requérant ; revendication devant au préalable être soumise à l'administration (chapitre 2) avant la saisine du juge[550]. À la fin, le recours juridictionnel n'est valablement introduit que dans la mesure où les parties et en particulier le demandeur remplissent les conditions juridiques leur permettant d'ester en justice (chapitre 3). Il incombe aux parties au procès de s'assurer qu'elles sont légalement habilitées à se présenter devant le juge administratif. Dans le cas contraire, le juge pourra toujours en être saisi, mais il sera amené à déclarer la requête irrecevable et à ne pas se prononcer sur le fond.

---

[549] Supra.

[550] À la condition que l'administration et le requérant n'aient pas trouvé de solution « amiable » au litige.

CHAPITRE 1 :

L'ÉLÉMENT GÉNÉRATEUR

Il n'y a de contentieux que parce qu'il y a contestation. Pour introduire un recours devant le juge, il faut au préalable identifier et déterminer l'objet de la contestation afin d'être édifié sur les questions de savoir si ledit objet est répertorié dans la catégorie des causes de contentieux juridictionnels, et par le même biais de voir à quel juge est attribuée la compétence de régler ce genre de contentieux.

L'élément générateur concerne essentiellement les cas d'ouverture du contentieux administratif. Ces cas d'ouverture sont exprimés par les matières qui constituent le domaine du contentieux administratif. Cette détermination de l'élément générateur est à montrer (section 1). Hormis la survenance de l'un des cas d'ouverture du contentieux administratif, il faut aussi que la responsabilité de l'administration soit avérée (section 2) pour que le recours recevable soit fondé au fond.

Section 1 : La détermination de l'élément générateur

C'est à partir de la survenue d'un acte[551] préjudiciable déterminé comme devant en cas de contentieux relever de la compétence du juge administratif que la requête est recevable devant ladite juridiction. Pour déterminer les champs de compétence du juge administratif, deux méthodes peuvent être employées ; l'une consiste à prédéterminer celle-ci à partir des textes (paragraphe 1). L'autre consiste en l'autodétermination des cas d'ouverture du contentieux administratif par le juge (Paragraphe 2). Ces deux systèmes sont en général employés ensemble. Le Cameroun n'en fait pas exception.

Paragraphe 1 : La détermination textuelle

Quand surgit un contentieux, la première question que se pose celui qui veut ester en justice quand le système juridictionnel n'est pas monisme est de savoir quel est le juge compétent. Sans que le Cameroun ne connaisse un réel dualisme juridictionnel, le législateur a tout de même voulu séparer les contentieux[552], ce qui fait que la préoccupation de déterminer le juge

---

[551] Ou de l'absence d'un acte.

[552] La séparation des contentieux peut impliquer la création d'ordres juridictionnels bien scindés tels que se présente le système dualiste français. Ce n'est pas le cas au Cameroun dont l'option se rapproche plus du modèle espagnol dans la mesure où les types de contentieux sont répartis au sein d'un même ordre juridictionnel.

compétent existe pour le justiciable camerounais. Dans cette quête du juge compétent, il faut d'abord se référer aux textes qui procèdent par énumération et dont le domaine du contentieux objectif (A) détaillé s'oppose à celui du contentieux subjectif (B) un peu moins précis.

A. Le domaine du contentieux objectif

Le contentieux objectif fait partie de la classification matérielle des recours contentieux [553]systématisés par le Doyen DUGUIT[554]. Il énonce qu'à la question de Droit subjectif s'oppose celle de Droit objectif, et le fondement de cette dernière est l'acte juridique porteur d'illégalité ; la solution du juge aura un effet beaucoup plus étendu que dans le cas de la question de Droit subjectif[555].

Le contentieux objectif touche à l'annulation de l'acte illégal. L'énumération faite présente quatre cas de figure.

1. Le Vice de forme et l'incompétence

L'ordonnance de 72 procède à une énumération des cas d'ouverture du contentieux administratif. Les deux principaux recours qui y sont présentés sont celui objectif et celui subjectif. Le recours objectif représenté par l'excès de pouvoir comprend « Le vice de forme, l'incompétence, la violation d'une disposition légale ou réglementaire et le détournement de pouvoir[556] ». Cette disposition a été reprise dans les textes plus récents[557].

L'énumération fait ainsi ressortir le vice de forme et l'incompétence comme étant des cas d'ouverture du contentieux administratif.

Le vice de forme concerne le formalisme, « c'est-à-dire des formes et procédures, ce qui est une garantie pour les administrés[558] ». Il y a ainsi assimilation de la procédure à la forme de l'acte. Ce qui est davantage visé par la forme est la présentation extérieure de l'acte. Les éléments qui concernent la confection de l'acte sont la signature, la motivation, la date, les visas… De ces éléments, ceux qui sont substantiels sont la signature et la motivation dans certains actes.

---

553 Infra

554 DUGUIT (L), *Traité de droit constitutionnel*, tome 2, 3e édition de BOCCARD, paris 1928, pp. 458-478.

555 Ibid.

556 Art. 9 (2-a) de l'ordonnance n° 72/6 du 26 août 1972 fixant l'organisation de la Cour suprême modifiée par la loi n° 76/28 du 14 décembre 1976.

557 Art. 2 (3-a) de la loi n° 2006/022 du 29 décembre 2006 fixant l'organisation et le fonctionnement des tribunaux administratifs ; art. 38 de la loi n° 2006/016 du 29 décembre 2006 fixant l'organisation et le fonctionnement de la Cour suprême.

558 MORAND-DEVILLER (J), *Cours de droit administratif*, 9e édition, Montchrestien, paris 2005, p. 715.

Comme déjà dit dans l'un de nos ouvrages de recherche, « La signature est une exigence de forme. C'est un paraphe manuscrit qui est apposé sur l'acte par son auteur. Elle manifeste le consentement de l'auteur, sa volonté de prendre l'acte et permet aussi de l'identifier. Étant donné que l'acte juridique est un acte de volonté, et considérant que la signature est prise comme symbole de la marque de volonté de l'administration, celle-ci ne peut être considérée comme non substantielle[559] ». Le juge administratif a confirmé le caractère substantiel de la signature[560].

La motivation « est l'ensemble des raisons de Droit et de fait ayant fondé la décision[561] ». La particularité de la motivation est qu'elle n'est substantielle que si l'acte est négatif (sanction[562]). Auquel cas, la motivation doit suffisamment présenter et justifier les griefs ayant conduit à la sanction[563].

Quant au vice de procédure, il concerne les formalités d'élaboration de l'acte. S'y recensent les consultations, le droit de la défense, le principe du contradictoire, la publicité, etc.

Les consultations fondées sur la théorie des avis consistent pour l'administration à requérir les avis d'organes indiqués avant d'édicter l'acte. On distingue l'avis facultatif où la consultation est en soi facultative des deux autres catégories que sont l'avis obligatoire et l'avis conforme. L'avis obligatoire est celui dans lequel la consultation est obligatoire, mais cet avis ne lie pas pour autant l'administration[564], contrairement à l'avis conforme que l'autorité est tenue de solliciter et de suivre[565]. Les droits de la défense sont pour leur part consacrés par le préambule de la loi constitutionnelle de 1996 qui dispose que « la loi assure à tous les hommes le droit de se faire rendre justice ». Le respect du contradictoire s'y retrouve avec notamment le droit d'accès (de communication du) au dossier[566].

Le respect des procédures de publicité de l'acte entre aussi dans les éléments de procédure. La publicité qui se fait par voie de publication au journal officiel ou de notification est aujourd'hui étendue à l'emploi

559 ABANE ENGOLO (P), *L'application de la légalité par l'administration*, Thèse de doctorat/PHD en Droit, Université de Yaoundé II, 2009, pp. 196-197.
560 CS/CA, jugement n° 44 du 25 juin 1987, NKOULOU Thaddée contre État du Cameroun.
561 ABANE ENGOLO (P), of-cit, p. 167.
562 CS/CA, Arrêt n° 04 du 25 février 1999, FOUDA Gothard contre État du Cameroun ; CS/CA, jugement n° 52 du 23 février 2005, ENGAMBA EVOUNDOU Gaston contre État du Cameroun.
563 CS/CA, jugement n° 15 du 26 mars 1998, NOUCTI TCHOKWAGO contre État du Cameroun et CCIM
564 CS/CA, jugement n° 58 du 27 mars 1997, DOBA Jean Calvin contre État du Cameroun. CS/CA, jugement n° 2 du 2 novembre 1978, SO'O Georges contre État du Cameroun.
565 CS/CA, jugement n° 50 du 7 avril 1983, AKOA Dominique contre Université de Yaoundé.
566 CFJ/CAY, jugement n° 58 du 28 février 1985, MBONG Nicolas contre État du Cameroun

d'instruments tel celui radiodiffusé[567], quand le juge ne valide pas la connaissance acquise[568] fondée sur la présomption de connaissance de l'acte. Le respect du parallélisme est également un élément qui s'intègre dans la procédure (de sortie de vigueur) de l'acte.

Le second moyen dans l'énumération des cas d'ouverture du contentieux objectif est l'incompétence. Il y a incompétence quand l'autorité qui a agi n'était pas légalement habilitée à prendre l'acte. Ce vice entraine automatiquement l'annulation de l'acte. Il existe quatre cas d'incompétence :

- L'incompétence rationae personae qui concerne la situation où l'acte est pris par une personne autre que l'autorité habilitée à l'édicter. Elle fait l'objet de deux atténuations rattachées à la théorie des fonctionnaires de fait : en période normale, l'exception se fonde sur l'idée d'apparence ou d'investiture plausible dans le cas où l'auteur de l'acte semblait logiquement investi du pouvoir de le prendre[569]. En période de crise, c'est la nécessité de la continuité du service public[570] qui la fonde.

- L'incompétence rationae materiae qui concerne l'ensemble des attributions que le texte a confiées à une autorité administrative. L'autorité ainsi confinée n'a pas le pouvoir de poser des actes autres que ceux qui lui sont reconnus par les textes, car la compétence juridique ne se présume pas ; elle doit être prévue par un acte juridique[571].

- L'incompétence rationae loci qui concerne la dimension spatiale de l'acte. Il est en effet admis qu'à part les membres du Gouvernement agissant en tant qu'autorités administratives, qui ont une compétence nationale, que toutes les autres autorités (en particulier celles déconcentrées et décentralisées) n'ont le pouvoir d'édicter des actes que dans leurs seules circonscriptions.

- L'incompétence rationae temporis qui concerne la dimension temporelle. La compétence attribuée à une autorité est circonscrite dans une durée. Quand l'autorité n'est pas encore investie et après sa

---

567 KEUTCHA TCHAPNGA (C) et SIETCHOUA (C), « Note sous CS/CA, jugement n° 29 du 3 mai 1990, Affaire MBARGA Symphorien contre État du Cameroun », juridis périodique n° 43, 2000, p. 62s.

568 CFJ/CAY, Arrêt n° 51 du 25 mars 1969, Dame NGUE André contre Commune de plein exercice de Mbalmayo.

569 CCA, Arrêt n° 224 DU 27 MARS 1953, Dame Civra contre administration du territoire.

570 CFJ/AP, Arrêt n° 4 du 4 novembre 1965, Dame KIEFFER Marguerite contre État du Cameroun.

571 MESCHERIAKOFF cité par BINYOUM (J), Droit administratif, op.cit., p. 101.

désinvestiture, aucun acte posé ne saurait être légal parce que l'autorité n'était pas encore ou plus compétente.

Il est néanmoins admis qu'une autorité qui n'est normalement pas compétente peut poser des actes valides. Ce cas de figure est celui de la délégation qui est le fait d'attribuer la compétence de poser un acte à une autorité subordonnée. Au préalable, il faut que les textes aient expressément prévu la délégation ou tout au moins qu'ils aient admis cette éventualité. Il y a deux formes de délégations : la délégation de pouvoir et la délégation de signature.

« La délégation de pouvoir se particularise par la désignation de façon abstraite du délégataire. Elle est dite « ès qualité ». La délégation de signature est personnelle parce qu'elle est faite au profit d'une autorité nommément désignée[572] ». Pour qu'il y ait délégation, il faut qu'elle soit prévue par un texte, elle doit être explicite pour éviter les chevauchements d'attributions, la délégation est toujours partielle[573], publique et elle doit émaner du titulaire des pouvoirs. À l'incompétence et au vice de forme s'ajoutent deux autres causes déterminant la compétence du juge de l'excès de pouvoir.

2. La violation de la loi et le détournement de pouvoir

Dans l'énumération qui est faite sur les matières du contentieux administratif, il est ajouté dans les cas d'ouverture de l'excès de pouvoir, à côté du vice de forme et de l'incompétence, la violation d'une disposition légale ou réglementaire et le détournement de pouvoir.

La violation d'une disposition légale ou réglementaire constitue la violation de la loi. C'est le vice qui sanctionne la contrariété entre deux textes. Les actes juridiques sont classés dans une pyramide telle qu'ils ne sont pas tous situés au même niveau hiérarchique. La violation dans ce cas de figure résulte de la non-conformité du texte inférieur au texte supérieur. Seulement, l'action administrative qui se formalise par l'écrit n'est pas toujours le fait d'un texte. L'action administrative peut être matérialisée par un acte oral ou verbal[574], par un acte gestuel, voire même par un acte implicite dont l'abstention (ou le silence) est l'unique aspect[575]. La violation de la loi est donc le non-respect du texte référentiel par l'administration dans son action, quelle que soit la forme de l'action (texte écrit ou non).

---

[572] ABANE ENGOLO (P), *L'application de la légalité par l'administration au Cameroun*, op.cit., p. 164.

[573] CS/CA, jugement n° 36 du 6 mai 1992, OYIE TSOGO Joseph contre État du Cameroun.

[574] CS/CA, jugement n° 08 du 19 décembre 1975, TONKAM Pierre contre État du Cameroun : « Considérant qu'une décision est un acte qui peut donner lieu à une action devant la cour suprême, qu'il est de jurisprudence constante qu'il peut exister des décisions exécutoires en forme verbale ».

[575] CS/CA, jugement n° 83 du 30 juin 1983, SIKAM Adolphe contre État du Cameroun.

Étant constitutive d'une illégalité interne, la violation de la loi comme non conforme au texte supérieur est la non-contrariété de l'acte réprimé aux prescriptions de l'acte référentiel. Le texte supérieur tend à indiquer les formes et le fond de l'acte inférieur qui doit s'y conformer. Les déclinaisons de la violation de la loi sont l'erreur de droit et l'erreur de fait. L'erreur de droit est soit l'application d'un texte autre que celui devant l'être[576], soit l'application erronée du texte[577]. L'erreur de fait est l'inexactitude des faits fondant la décision[578]. En France, l'erreur de fait s'étend à l'inexactitude dans la qualification juridique des faits[579] ; ce que le juge camerounais n'a pas encore consacré.

Le détournement de pouvoir est le second facteur d'illégalité interne. Il est évoqué lorsque l'autorité administrative utilise les pouvoirs qui lui sont conférés pour des fins autres que celles prévues par le texte en vertu duquel elle agit. Tout acte de l'administration doit être accompli dans le but direct (ou exceptionnellement indirect[580]) d'intérêt général. Le détournement de pouvoir peut concerner l'accomplissement de l'acte pour des fins particulières privées. Plus encore, l'acte ne saurait être accompli dans un but d'intérêt général autre que celui pour lequel il est prévu[581]. C'est souvent dans les expropriations pour cause d'utilité publique que se trouve détourné le but de l'acte. Cela se vit quelques fois dans le but comme la satisfaction d'un petit nombre d'agents au détriment d'un nombre plus substantiel pouvant davantage fonder l'utilité publique. Ce fut le cas dans l'affaire FOUDA MBALLA[582]. Cela se voit surtout au niveau de la réalisation de l'opération visée par l'expropriation. L'arrêté déclarant l'utilité publique a l'habitude de préciser le but même, c'est-à-dire ce qui sera réalisé à l'issue de l'expropriation. Il est arrivé qu'une expropriation destinée à permettre la construction d'un hôpital ait au final donné lieu à l'attribution des terrains à un promoteur immobilier[583] ; ce qui est

---

[576] CS/CA, jugement n° 07 du 27 octobre 1994, Mme NDONGO née MBONZI NGOMBO contre État du Cameroun.

[577] CS/CA, jugement n° 42 du 26 juin 1980, NGANKEU PIERRE contre État du Cameroun.

[578] CS/CA, jugement n° 18 du 25 janvier 1990, MVONDO Daniel contre État du Cameroun.

[579] cf. MORAND-DEVILLER (J), *Cours de droit administratif*, 9e édition, Montchrestien, Paris 2005, pp. 720-723.

V. aussi les développements du Professeur CHAPUS qui indique que l'erreur de fait diffère de l'erreur de qualification juridique des faits. CHAPUS (R), *Droit administratif général*, op.cit., p. 1047.

[580] CE, 20 décembre 1935, Etablissements VEZIA.

[581] CFJ/CAY, Arrêt n° 160 du 08 juin 1971, FOUDA MBALLA Maurice contre État fédéral du Cameroun Oriental, obs. Mbouyom in MBOUYOM (F-X), *Recueil des grands arrêts de la jurisprudence administrative de la Cour suprême*, 1970-1975, édition KENKOSOMS, 1975, pp. 329-334.

V. aussi CS/CA, jugement, n° 62 du 25 septembre 1980, ACFRA (Assureurs conseils franco-africain) contre État du Cameroun.

[582] Ibid.

[583] CS/CA, jugement n° 80 du 14 juin 2006, MAETUR contre État du Cameroun et BELIBI François (Int. Vol).

un détournement de pouvoir dans la mesure où la finalité de l'expropriation a été modifiée ante. C'est dire que le détournement de pouvoir est constitué quand le but de l'acte est « travesti ». Seul le but de l'acte doit être réalisé[584].

À côté des facteurs attributifs de la compétence du juge administratif fondés sur l'acte administratif unilatéral et justificatif du contentieux objectif, d'autres facteurs, eux subjectifs (B) servent de cas d'ouverture au contentieux subjectif.

B. Le domaine du contentieux subjectif

Un administré est fondé à introduire un recours devant le juge administratif lorsque sa situation juridique « subjective[585] » a subi des atteintes de la part d'un acte ou d'un agissement d'origine administrative. La requête ne peut aboutir qu'à la réparation pour le seul requérant sans que l'effet ne s'étende à des tiers comme pour le cas de l'excès de pouvoir. Ici l'action vise l'indemnisation, que le préjudice soit causé par un acte administratif ou non.

1. L'indemnisation du fait de l'acte administratif

Conformément à l'article 2 de la loi n° 2006/O22, « le contentieux administratif comprend : les actions en indemnisation du préjudice causé par un acte administratif...[586] ». Cette lecture montre que le cas d'ouverture mentionné dans le cadre de l'excès de pouvoir ne concerne pas en termes de conséquence principale l'indemnisation. De même, il faut en dire que l'acte administratif préjudiciable peut donner cours à un autre recours que celui de l'annulation ; il s'agit du recours en indemnisation[587]. Le justiciable peut bien décider de demander l'indemnisation plutôt que l'annulation de l'acte administratif. Il peut aussi n'avoir que pour unique voie de recours celle-là.

Cette hypothèse est celle où une action en annulation est devenue impossible au regard des délais.

Le délai pour saisir l'administration est de trois mois dans le cadre du recours pour excès de pouvoir. Par contre, l'administré peut valablement introduire le recours en indemnisation six mois après la réalisation ou la connaissance du préjudice[588]. Le recours en indemnisation peut être intenté sur la base de l'acte non administratif.

---

[584] KEUTCHA TCHAPNGA (C), « Note sous CS/AP, Arrêt du 16 août 1990, Albert ONO NGAFOR contre État du Cameroun » in Juridis périodique, n° 46, 2001, pp. 39-45.
[585] PEISER (G), *Contentieux administratif*, 10e édition, Dalloz, Mémentos, paris 1997, pp. 138-139.
[586] Art. 2 (3-b) de la loi n° 2006/022, précitée.
[587] Infra.
[588] MOMO (B), « Le problème des délais dans le contentieux administratif Camerounais », Annales de la FSJP de Dschang, AES SA, Yaoundé, tome1, vol1, 1997, pp. 138-141.

2. L'indemnisation du fait de l'acte contractuel et les autres actions

La loi de 2006 inclut dans le contentieux administratif « les litiges concernant les contrats à l'exception de ceux conclus même implicitement sous l'empire du droit privé ou les concessions de service public,...[589] ». Elle reprend ainsi les dispositions de l'ordonnance de 1972[590] sans rien ajouter.

Les contrats qui relèvent alors du juge administratif sont ceux qui sont réputés administratifs. Il a toujours subsisté un flou sur le critère d'identification du contrat administratif au Cameroun.

En France, à part les catégories de contrats administratifs par détermination de la loi[591], des critères alternatifs sont employés pour déterminer la nature des contrats et les classer. Ces critères sont la présence d'au moins une personne publique comme partie au contrat (critère organique), la participation du contractant à l'exécution même du service public (critère finaliste), et la présence de clauses exorbitantes du Droit commun (critère matériel). La difficulté est que les deux derniers critères sont alternatifs et surtout, il existe de nombreuses exceptions telles que la reconnaissance du caractère administratif d'un contrat conclu entre personnes privées[592] ou encore les errements dans l'appréhension de ce qui doit être entendu par participation à l'exécution du service public[593]. Tous ces facteurs sont de nature à perturber l'uniformisation de l'identification du contrat administratif[594].

Le Droit camerounais est longtemps resté implicite sur la détermination du contrat administratif. Même le code des marchés publics ne dit pas que ces derniers sont des marchés publics. Le juge administratif a tout de même progressivement permis d'avoir un début d'éléments d'identification du contrat administratif. À la lecture de ses décisions, le critère plutôt permanent qui revient est celui organique[595]. Implicites, d'autres critères sont souvent perceptibles, il s'agit de l'objet du contrat et de la prérogative exorbitante.

La lecture de la jurisprudence permet de constater que le juge administratif se reconnait toujours compétent en matière de marchés publics, ce qui fait du

[589] Art. 2 (3-c) de la loi n° 2006/022 précitée.
[590] cf. art. 9 de l'ordonnance n° 1972/6, précitée.
[591] Ce sont les contrats relatifs à l'exécution de travaux publics, les contrats portant occupation du domaine public et les contrats soumis au code des marchés publics.
[592] TC, 8 juillet 1963, Société Entreprise PEYROT.
[593] MORAND DEVILLER (J), *Cours de droit administratif*, op.cit., pp. 414-416.
V.CE 20 avril 1956, Époux Bertin.
[594] DE LAUBADERE (A), MODERNE (F), DELVOLVE (P), *Traité des contrats administratifs*, LGDJ, 2e édition, t1, p. 125s.
[595] CS/AP, arrêt du 16 juin 1986, Tameghi Boniface (AMSECOM-AMSECONCOM) contre État du Cameroun, CS/CA, jugement n° 63 du 27 juillet 2000, les établissements le paysan contre État du Cameroun.

contrat de marché public un contrat administratif[596] ; Il en est de même pour les contrats de travaux publics (d'ailleurs posés par voie de marché public). Le facteur qui, il semble, n'est pas encore totalement accepté est celui de la participation du cocontractant à l'exécution même du service public. Il est donc possible que quand il s'agit d'une personne morale de droit privé en charge de gérer un segment du service public (tel que cela s'est répandu avec les privatisations) elle soit réputée participer à l'exécution même du service public. Le problème est qu'il est logique de penser que participer n'est pas avoir la compétence exclusive et unique.

Le critère de la participation est en France le fait de confier « une parcelle » du service public à une entreprise, ou de faire contribuer un contractuel à l'accomplissement du service public (même si l'exigence du caractère direct de la participation du contractuel est parfois requise).

Le juge français a même reconnu le caractère de contrat administratif au contrat liant un gardien d'immeuble à l'office public d'HLM qui l'employait. Au Cameroun, tout contractuel d'administration même participant directement au service public n'est pas lié à l'administration par contrat administratif, mais par contrat de Droit privé par détermination de la loi ; ce qui entraine que la participation au service public est un critère qui ne concerne que les personnes morales.

Par une décision de 2002, le juge administratif camerounais a établi de façon précise sans pour étant les détailler les critères du contrat administratif. Il s'agissait de l'Espèce UM NTJAM[597] dans laquelle l'établissement du requérant avait saisi la juridiction administrative pour réclamer que l'État du Cameroun paye une facture et lui verse des dommages-intérêts pour le non-respect par l'État du contrat qui les liait. Le Conseil d'État soulevait alors l'incompétence du juge administratif parce qu'il estimait que le contrat était sous l'empire du Droit privé.

Le juge statua que le contrat est administratif par la participation à l'exécution même du service public, qu'il faut que l'objet du contrat vise l'intérêt général, qu'il doit contenir des clauses exorbitantes du Droit commun ; et le contrat entre les établissements du requérant et l'administration remplissait toutes ces conditions. Sauf revirement de jurisprudence, les éléments stigmatisés par le juge montrent que le critère organique est absolument requis, tous les autres sont cumulatifs et non alternatifs.

---

[596] V. notamment : CS/CA, jugement n° 59 du 23 mars 2005, établissement LIPA-SPORTS, BTP contre État du Cameroun.

[597] CS/CA, jugement n° 147/ADD du 31 août 2005, UM NTJAM François contre État du Cameroun.

Quand un contrat n'est pas administratif, certains actes nécessaires à son élaboration peuvent en être détachés et bénéficier d'un régime de compétence du juge administratif[598]. Ce qui revient à la reconnaissance des actes contractuels détachables dans l'ordre juridique camerounais.

Le juge administratif est également compétent quand le litige intéresse le domaine public, ou quand il intéresse les opérations de maintien de l'ordre[599]. Les litiges intéressant le domaine public concernent tant les actes administratifs que les contrats. Il s'agit d'actes posés dans le cadre des opérations telles les transactions financières (ex. : bail), les alignements et délimitations ayant causé des préjudices à des particuliers, mais aussi des dommages causés à des particuliers par les biens du domaine public[600] ; le cas de la chute d'un arbre implanté dans le domaine public sur le véhicule d'un particulier régulièrement stationné dans un parking public.

Les litiges intéressant les opérations du maintien de l'ordre sont une innovation de la loi de 2006, car l'ordonnance de 1972 ne mentionnait pas cette catégorie. L'ordre dont il est question ne peut être que l'ordre public dont les impératifs classiques sont la sécurité, la tranquillité et la salubrité. Il est alors question des autorités de police administrative dans ledit cadre. Ces actes doivent être accomplis en toute légalité. L'une des rares décisions en la matière prises par le juge quelques mois avant l'entrée en vigueur de la loi de 2006 est l'espèce TCHINDA François[601]. Un litige foncier opposait le requérant a une autre partie et l'affaire était pendante devant le juge judiciaire quand le préfet a pris sous le motif du maintien de l'ordre des mesures interdisant au requérant d'accéder au site, ce que le juge a annulé.

Par détermination jurisprudentielle, le juge administratif a procédé à une précision et à une extension de sa compétence en matière de contentieux administratif débordant ainsi le champ strict de la détermination textuelle.

Paragraphe 2 : la détermination jurisprudentielle

Pour saisir le juge administratif, il faut s'assurer que le litige soulevé relève du contentieux administratif. A part les matières prédéterminées par les textes, le juge administratif a lui-même procédé à une précision et à une extension de sa compétence. Ainsi, il s'est fondé sur le fait que les textes lui donnaient la possibilité d'y procéder.

---

598 CS/CA, jugement n° 007 du 27 octobre 1988, compagnie Forestière SANGHA OUBANGUI contre État du Cameroun.

599 Art. 2 (3 (d-e)) de la loi n° 2006/022, précitée.

600 CS/CA, jugement n° 45 du 27 mai 1982, Dzietham Pierre contre État du Cameroun.

601 CS/CA, jugement n° 60 du 05 avril 2006, Tchinda François contre État du Cameroun.

A. Le fondement

Le juge administratif a procédé à une extension de sa compétence. Celle-ci a comme fondement la possibilité que les textes lui ont donnée à travers la clause générale de compétence. La méthode de cette extension de compétence consiste à établir des critères pour s'attribuer ou non la compétence de connaître d'un litige. Ces critères sont généralement ceux du service public et de la puissance publique.

1. La clause générale de compétence

Le Droit administratif est un Droit prétorien dans sa grande partie[602]. La raison en est que ce Droit n'est pas traditionnellement codifié et les quelques textes qui existent sont généralement l'objet de l'interprétation du juge pour en préciser le contenu. La création du Droit administratif par le juge fait de ce dernier un jurislateur qui ne peut se limiter qu'audit Droit dans sa dimension substantielle. Le contentieux administratif est donc aussi sujet à l'œuvre créatrice du juge[603], qui d'ailleurs le fait sur habilitation textuelle.

À côté de l'énumération de la compétence du juge administratif, il existe une habilitation peu ou prou implicite qui fonde le juge à déterminer les matières du contentieux administratif : c'est la clause générale de compétence.

La clause générale de compétence est une technique qui consiste par une disposition législative ou constitutionnelle concise, à préciser que le contentieux administratif ressortit à la compétence du juge administratif. Il est disposé dans l'ordonnance n° 72/6 que « la Cour suprême statuant en matière administrative connait de l'ensemble du contentieux administratif[604] ». Par la suite, le même article 9 qui ici pose la clause générale de compétence passe à une énumération des matières relevant du contentieux administratif. Apparente contradiction, cette disposition ne fait pas acte de contrariété en ce sens qu'il faut la comprendre comme attribuant un pouvoir de détermination des matières du contentieux administratif au juge tout en faisant des précisions sur les matières qui d'office font partie du contentieux administratif.

Par prétérition, il fallait aussi inclure la limitation de la possibilité d'extension à des matières attribuées à la compétence du juge judiciaire. Cela était exprimé dans le même article 9 : « les tribunaux de droit commun connaissent de tout autre litige même s'il met en cause une personne morale de droit public, la responsabilité de ladite personne morale étant de plein droit substituée à celle de son agent auteur du dommage ».

Cette limitation de la possibilité d'extension de la compétence n'a aujourd'hui de valeur qu'indicative parce que l'article 40 de la loi

---

[602] WALINE (M), « Le pouvoir normatif de la jurisprudence », in *Mélanges* Scelle, 1950, p. 613.
[603] JESTAZ (P), « La jurisprudence, ombre portée au contentieux », D 1989, chron, p. 149.
[604] Art. 9 de l'ordonnance n° 72/6 du 26 août 1972, précitée.

constitutionnelle de 1996 consacre la clause générale de compétence ; habilitant ainsi le juge administratif de la possibilité de déroger à l'interdiction faite dans le texte de 1972 qui d'ailleurs est hiérarchiquement inférieur à la Constitution.

2. Les critères

La méthode que le juge administratif emploie pour autodéterminer sa compétence est établie sur l'emploie de deux critères : le critère organique et le critère matériel.

Le critère organique est utilisé pour déterminer la compétence en considération des parties au procès. Le contentieux administratif se marque généralement par l'implication d'un service public au litige. Il est précisé que le contentieux administratif est celui dirigé à l'encontre d'une personne morale de Droit public (État, collectivité publique, établissements publics[605]). Quand le litige oppose deux personnes privées, il est attribué d'office au juge judiciaire sauf si l'une des parties a agi pour le compte d'une personne publique ou si elle a une mission de service public[606]. Par contre, la présence d'au moins une personne morale de Droit public devrait impliquer la compétence du juge administratif[607].

Le critère matériel consiste d'une part à identifier la finalité de l'acte ou des missions des parties au procès[608], ce qui fait notamment connaitre au juge administratif des litiges des fonctionnaires de fait. D'autre part, et c'est le principal axe de ce critère, le juge administratif s'intéresse aux règles de Droit de la relation entre les parties. S'il s'agit de règles de Droit public, et surtout si l'exorbitance des prérogatives administratives est avérée c'est qu'il s'agit d'un litige relevant du contentieux administratif. Si le problème ne se pose pas dans le cas de l'acte unilatéral, et du contrat administratif, par contre, pour les actes mixtes (pour partie réglementaire et pour partie contractuelle)[609], la justice distributive inclurait la compétence de la juridiction administrative pour la partie dite réglementaire de ce type d'acte (sauf pour le cas des concessions qui font clairement partie du contentieux administratif).

À partir de la clause générale de compétence, le juge s'est employé à déterminer les matières du contentieux administratif[610] qui ne relevaient pas

605 Art. 9 (1) de l'ordonnance n° 72/6, précitée ; et art. 26 (2) de la loi n° 2006/022 précitée.

606 Ex : les groupements corporatifs. V. CFJ/SCAY, Arrêt n° 50 du 27 janvier 1968, Bernard Auteroche contre Conseil de l'ordre des avocats.

607 CE, 6 février 1903, Terrier (les chasseurs de vipères), concl. ROMIEU.

608 Ibid.

609 FATÔME (E) et REDOR (M-J), « Le juge administratif et le développement du partenariat », in le juge administratif à l'aube du XXIe siècle (40e anniversaire des T.A), presse universitaire de Grenoble, 1995 p. 93s.

610 KAMTO (M), « La fonction administrative contentieuse de la Cour suprême du Cameroun », op.cit., p. 41.

de l'énumération textuelle. L'édification du domaine du contentieux administratif par le juge s'est faite au fur et à mesure, par le biais des décisions de justice.

B. Les domaines

Deux aspects de l'œuvre créatrice du juge constituent son apport à la détermination du contentieux administratif. L'un des aspects est lié à la détermination de la matière ou du cas d'ouverture à proprement parler. L'autre aspect est la détermination dans une matière.

1. La détermination de la matière

La doctrine administrative camerounaise qui s'est attardée un temps sur la clause générale de compétence est restée lacunaire là-dessus. Pendant que certains auteurs en parlent pour ne donner que les fondements sans réellement pointer du doigt ce qui en est né[611], d'autres tels KAMDEM s'attardent longuement sur la question en se référant principalement à la production jurisprudentielle et doctrinale française[612], pour ne parler que du cas camerounais.

C'est qu'il faudrait faire un bilan de l'exploitation par le juge de son pouvoir de jurislateur. Dans la détermination jurisprudentielle des matières du contentieux administratif, il faut citer **l'attribution des litiges relatifs aux ordres de recettes**,[613] dont faisait déjà état le Professeur KAMTO au juge administratif. Le juge administratif a également admis sa compétence pour les cas des **actes détachables nés à l'occasion des contrats** dont le régime lui échappe[614]. De même, les textes camerounais dont les ordonnances de 1972 et les lois de 2006 méconnaissent le vice de procédure et n'énoncent que le vice de forme. Les deux n'étant pas pareils, les cas de vice de procédure ont souvent été jugés au chapitre de la violation de la loi ou du détournement de pouvoir. **Le vice de procédure** est un cas d'ouverture qui a récemment été consacré par le juge administratif[615]. Toujours dans cette vue partielle des cas d'ouverture du contentieux administratif relevant du juge, il y a la reconnaissance de sa compétence au **litige relatif aux fonctionnaires de fait**[616] ou encore aux **actes implicites de l'administration**.

---

[611] Ibid. le Professeur KAMTO ne relève que le cas de l'ordre de recettes de l'espèce MBEDEY Norbert.
[612] KAMDEM (J-C), Contentieux administratif, op.cit., pp. 87-93.
[613] CFJ/CAY, arrêt n° 187 DU 29 MARS 1972, MBEDEY Norbert contre République fédérale du Cameroun, obs. MBOME (F-X) in, *Grands Arrêts de la jurisprudence administrative Camerounaise*, Yaoundé, 1986, p. 201s.
[614] CS/CA, jugement n° 007 du 27 octobre 1988, compagnie Forestière SANGHA Oubangui contre État du Cameroun.
[615] CS/CA, jugement n° 07 du 26 février 1998, Dame Takote Megne Épouse Tignokpa contre État du Cameroun.
[616] Supra.

2. La détermination dans les matières

L'élément générateur du contentieux administratif fait l'objet d'une détermination par le juge. Dans certains cas, la matière est déjà déterminée par le texte. L'intervention du juge ne se fera plus alors au titre de l'innovation puisque la matière existe déjà. L'intervention consiste ici en la précision de la matière concernée. Cette forme de détermination dans la matière est justifiée par le caractère lacunaire des textes.

Si le juge est compétent lorsqu'il s'agit d'un acte administratif, il fallait encore s'étendre sur le contenu de ladite notion, ce qu'il s'est évertué à constituer[617]. Cela a également été le cas pour l'identification du contrat administratif[618]. C'est dire que le juge fait œuvre de création non seulement en déterminant des domaines de compétence ignorés des textes, mais aussi en donnant des précisions sur les matières du contentieux administratif expressément prévues par les textes.

Section 2 : Le préjudice activateur de la responsabilité administrative

Il faut se prévaloir d'un préjudice lié à l'activité administrative, pour que soit mise en jeu la responsabilité de l'administration devant le juge administratif. Le régime de la responsabilité (Paragraphe 1) fonde l'imputabilité du dommage à l'administration. Par ailleurs, le préjudice doit être indemnisable (Paragraphe 2), sinon le recours introduit n'aboutira pas.

Paragraphe 1 : Le régime de la responsabilité

Limité aux causes génératrices de la responsabilité, ce régime relève que le contentieux administratif est principalement ouvert suivant qu'il y a faute ou non de l'administration (A) et qu'il existe aussi un régime spécial de responsabilité (B).

A. Le régime normal : la faute et l'absence de faute

Ce régime est dit normal parce qu'il a trait à l'activité de l'administration active, bras séculier de l'Exécutif[619]. Il s'agit ainsi d'un régime de responsabilité de faits imputables à l'administration. Il est constitué de la faute et de l'absence de faute.

---

[617] V. CFJ/CAY, arrêt n° 20 du 20 mars 1968, Ngongang Njanke Martin contre État du Cameroun ; CS/CA, jugement n° 38 du 29 décembre 2004, le tabernacle des aigles contre État du Cameroun.

[618] Supra.

[619] cf. GUGLIELMI (G-J), *La notion d'administration publique dans la théorie juridique française*, op.cit.

1. La faute

Le régime ordinaire de la responsabilité pour faute a été dressé par la célèbre affaire Pelletier[620] dans laquelle la distinction est faite entre faute personnelle et faute de service.

La faute de service relève du fonctionnement défectueux du service ce qui en fait une faute anonyme. La faute personnelle résulte de l'acte de l'agent identifiable.

Le Droit positif camerounais ne s'embarrasse pas de la distinction faute personnelle-faute de service. En France, la responsabilité personnelle telle que conçue à l'origine relevait de la compétence du juge judiciaire. C'est avec l'évolution[621] qu'il y a eu admission du cumul de responsabilités même pour les fautes en dehors du service[622], ouvrant droit à la saisine du juge administratif. Le point de divergence est que l'ordonnance camerounaise de 1972 après l'énumération des matières du contentieux administratif dispose que « les tribunaux de droit commun connaissent de tout autre litige même s'il met en cause une personne morale de droit public, la responsabilité de ladite personne morale de droit public étant de plein droit substituée à celle de son agent, auteur du dommage[623] ».

Ceci démontre que le juge administratif est juge de l'acte fautif de l'administration, qu'il l'est indifféremment de ce que l'auteur soit identifiable ou non. Cette lecture montre que la responsabilité pour faute ne connait pas de démembrement en Droit camerounais. Il suffit que l'acte relève des matières du contentieux administratif sans qu'il y ait lieu de s'attarder sur l'auteur de la faute. Tout de même, dès lors que la faute ayant généré le litige est le fait d'un agent identifié, l'État qui a endossé la responsabilité peut se retourner contre son agent par action récursoire[624], et demander que celui-ci rembourse les sommes versées par lui aux victimes.

La faute nait de l'illégalité d'un acte administratif unilatéral[625]. Cette illégalité est essentiellement formée par l'accomplissement d'actes qui relèvent de l'énumération des matières du contentieux administratif ou des cas d'ouverture procédant des « attractions prétoriennes de compétence[626] ». La faute peut néanmoins être constituée en cas d'absence d'acte administratif unilatéral. Ce cas de figure se retrouve surtout dans l'hypothèse du dysfonctionnement du service public, tel le mauvais fonctionnement du

---

620 TC, 30 juillet 1873, Pelletier.
621 CE, 26 juillet 1918, Lemonnier.
622 cf. MORAND-DEVILLER (J), *Cours de droit administratif*, op.cit., p. 769.
623 Art. 9 de l'ordonnance n° 72/6, précitée. V. aussi art. 3 (1) de la loi n° 2006/022, précitée.
624 OWONA (J), *Droit administratif spécial de la République du Cameroun*, Edicef, Paris 1985, P228. V. Aussi, BINYOUM (J), *Droit administratif*, op.cit., p. 174s.
625 Supra.
626 OWONA (J), op-cit, p. 228

service des postes et télécommunications qui a payé le mandat à un autre destinataire qu'à celui à qui il était envoyé[627]. Il faut y joindre le cas du manque de coordination de l'administration illustré dans l'affaire Ngijol Ngijol[628]. S'y retrouvent aussi le défaut d'entretien normal du service public[629] et le retard dans le fonctionnement normal du service public[630].

Dans l'espèce sieur Ngijol Ngijol, ce dernier a bénéficié d'une exonération définitive de droits et taxes douanières de la part de l'administration des douanes pour l'importation de son véhicule ; exonération accordée par un service de cette administration. Suite à l'importation dudit véhicule, un autre service de la même administration a entrepris de recouvrer les mêmes droits et taxes pour lesquels le requérant avait bénéficié de l'exonération définitive. Le juge a condamné l'administration « considérant qu'un tel manque de coordination caractérise incontestablement un fonctionnement défectueux du service public intéressé, lequel mauvais fonctionnement constitue une faute engageant la responsabilité de l'État ». Il en va différemment en cas d'absence de faute.

2. L'absence de faute

L'administration peut être tenue pour responsable en cas d'absence de faute. Les deux éléments constitutifs de la responsabilité sans faute sont l'existence d'un préjudice[631] et son imputabilité à l'administration. Seules la force majeure et la faute de la victime[632] peuvent exonérer l'État de sa responsabilité pour partie ou en totalité.

Les deux domaines de la responsabilité sans faute sont le risque et la rupture de l'égalité des citoyens devant les charges publiques.

S'agissant du risque, il est question du dommage (éventuel) que subit l'administré ou un agent administratif du fait de son exposition à un danger soit créé par l'administration ou qu'il revenait à l'administration de faire cesser[633]. Il peut s'agir du risque de voisinage[634] dont le domaine de

---

[627] CS/CA, Jugement n° 13 du 23 novembre 1989, Enyengue Dipoko Bernard contre État du Cameroun

[628] CFJ/CAY, Arrêt n° 145 du 23 mars 1971, Ngijol Ngijol Pierre contre État fédéral du Cameroun.

[629] CFJ/AP, Arrêt n° 16 du 16 mars 1967, Dame Laferriere contre État du Cameroun.
CS/CA, Jugement n° 84 du 26 juin 1986, Kouncthou Lévi-Bord contre État du Cameroun

[630] CFJ/AP, Arrêt n° 91 du 16 mars 1967, Atangana Adalbert contre État du Cameroun.

[631] Qui peut être éventuel.

[632] OWONA (J), *Droit administratif spécial de la République du Cameroun*, op.cit., p. 229

[633] KOURILSLY (P) et VINEY (G), *Le principe de précaution*, rapport, é O. Jacob, 1999.

[634] TGI de Yaoundé, jugement civil n° 322 du 22 juillet 1987, Noumsi Jean Bosco contre commune de Yaoundé ; CS/CA, jugement n° 12 du 26 décembre 1991, Ondoua Atangana Paul contre État du Cameroun.

prédilection est le travail public, ou du risque professionnel [635]qui concerne les agents administratifs, ces derniers, à l'occasion du service ayant subi ou risquant de subir un préjudice du fait du milieu de travail. Il faut tout de même préciser qu'en France depuis 1984, la responsabilité de l'administration pour risque professionnel est engagée devant le juge judiciaire qui s'est reconnu compétent[636].

L'autre domaine de la responsabilité sans faute est la rupture de l'égalité des citoyens devant les charges publiques. Ce cas de figure survient quand à l'occasion du règlement d'une affaire, l'administration se trouve en train de traiter un administré différemment des autres administrés, lui causant ainsi un préjudice. Cette responsabilité est consacrée par le juge administratif camerounais[637]. Un régime de responsabilité spéciale subsiste à côté de celui normal.

B. Le régime spécial de responsabilité

Il a été dit que le régime normal de responsabilité résidait sur la faute ou l'absence de faute et qu'il était dit normal parce que le litige était né de l'activité de l'administration active, bras séculier de l'Exécutif. La responsabilité spéciale concerne bien le service public, mais elle n'est pas ordinaire parce qu'elle s'applique aux actes d'autorités exclues du champ de l'administration active. La responsabilité spéciale concerne les actes du Législatif et les actes des organes juridictionnels.

1. La responsabilité du fait des actes de l'organe législatif

Les assemblées parlementaires sont pourvues d'administrations leur permettant de mieux fonctionner. Les actes pris par ces administrations tombent logiquement sous le coup de la justiciabilité administrative.

Plus intéressant est le cas des actes pris par l'organe législatif lui-même. Les hypothèses usuelles sont que l'absence d'une loi ou d'une disposition, ou l'effet d'une loi a contribué à causer un préjudice à la victime[638].

Au Cameroun, le juge administratif récuse la possibilité pour lui (et pour le Judiciaire) de connaître de la responsabilité de l'État du fait des lois non

[635] CCA, arrêt n° 354 du 6 septembre 1955, KPWANG ESSIANE contre territoire du Cameroun ; CCA, arrêt n° 237 du 10 juillet 1953 Ndounda Thomas contre Administration du territoire.
[636] Lire. BILONG (S), « L'insaisissable responsabilité sans faute de la puissance publique en Droit camerounais », Annales de la FSJP de Dschang, AES SA, Yaoundé, tome1, vol1, 1997, p. 87s.
[637] CFJ/CAY, Arrêt n° 51 du 25 mars 1969, Dame Ngue André contre Commune de plein exercice de Mbalmayo.
[638] CE, 14 janvier 1938, société des produits laitiers La Fleurette, GAJA n° 53.

votées par le parlement[639]. En l'absence de décision confirmative, il doit être dit qu'il est néanmoins soutenable que les lois et autres actes internationaux d'effet direct peuvent être contestés devant le juge administratif. Il est tout à fait anormal qu'une loi qui par exemple exclut toute revendication juridictionnelle du préjudice subi du fait d'activités terroristes[640], soit considérée comme rampant l'égalité entre citoyens (égalité d'ailleurs prescrite par la Constitution). Ce raisonnement est également admissible au cas où l'absence d'une loi viendrait à léser un administré. Reste que le Droit positif ne va pas encore dans ce sens.

2. La responsabilité du fait des actes juridictionnels

Le principe est l'irresponsabilité de l'État du fait des actes juridictionnels. Le juge administratif camerounais s'est, à plusieurs reprises, déclaré incompétent à connaître des jugements et des mesures d'instruction des tribunaux judiciaires en vertu du principe « de la séparation des ordres juridictionnels[641] ».

S'il doit être admis l'incompétence du juge administratif de connaître des actes juridictionnels du juge judiciaire, et qu'il se pose alors la question de savoir si le juge administratif peut néanmoins connaitre des actes juridictionnels d'une autre juridiction administrative, il faut par la négative répondre par l'arrêt Tagny Mathieu qui affirme que « l'incompétence de la juridiction administrative est totale en ce qui concerne les jugements et les mesures d'instruction[642] ». Cette incompétence de connaître des actes du fonctionnement des services judiciaires est réaffirmée dans l'arrêt HAOUA HADJA[643].

En guise d'exception, il faut d'une part citer la possibilité de l'arrêt de révision prévu à l'article 44 du Code d'instruction criminel qui, par exemple, permet de revoir une décision de justice en la matière en cas de possession d'éléments nouveaux. L'État peut alors être condamné à verser des dommages-intérêts à l'innocent qui a été condamné[644]. D'autre part, la procédure de prise à partie [645]permet aussi de mettre en jeu la responsabilité non pas de la juridiction en tant que telle, mais du magistrat.

[639]*CFJ/AP, arrêt n° 24 du 28 octobre 1970, Société des grands travaux de l'Est contre État du Cameroun Oriental.*

[640] CFJ/AP, arrêt n° 14 du 4 novembre 1965, société industrielle et commerciale africaine (SINCOA) contre État du Cameroun.

[641] CS/CA, jugement n° 43 du 26 juin 1980, Mondoubou Théodore contre État du Cameroun ; CS/CA, jugement n° 44 du 26 juin 1980, Yombi Alphonse Bernard contre État du Cameroun.

[642] CFJ/AP, arrêt n° 40 du 16 mars 1967, Tagny Mathieu contre État du Cameroun.

[643] CFJ/AP, arrêt n° 213 du 18 août 1972, Dame Haoua Hadja contre État du Cameroun.

[644] CS/CA, jugement n° 13 du 5 juin 1975, Nkoulou Maurice contre État du Cameroun.

[645] Art. 33 de la loi n° 75/16 du 8 décembre 1975 fixant la procédure et le fonctionnement de la Cour suprême. Art. 246 du code de procédure civile et commerciale.

Pour le reste, les actes portant organisation du service judiciaire peuvent en principe être jugés par le juge administratif[646]. Il faut aussi que le préjudice soit indemnisable (paragraphe II) pour que le recours intenté soit admissible.

Paragraphe 2 : Le préjudice indemnisable

L'élément générateur du contentieux administratif doit avoir causé un préjudice au requérant. Il est donc exigé qu'il y ait un fait dommageable généré par l'activité administrative (A) et que les droits atteints par ce fait dommageable soient susceptibles d'être indemnisés (B). Auquel cas, le préjudice est considéré comme étant indemnisable.

A. Les caractères du préjudice

Le préjudice subi par une victime peut être non indemnisable au regard de son rattachement à un auteur, de sa gravité ou de sa cause… Pour mettre en jeu la responsabilité de l'administration, il est impératif qu'il y ait un lien de causalité et que les aspects du préjudice dont il est question en fassent une catégorie du préjudice indemnisable.

1. La causalité

La question qui se pose ici est celle de savoir de quoi ou de qui provient le préjudice. L'atteinte portée aux droits de la victime doit normalement résulter de l'action (ou de l'inaction) de l'administration.

Il est nécessaire que les faits qui sont considérés comme ayant causé le dommage aient un rapport direct avec le préjudice ; c'est le lien de causalité[647]. Le rapport direct s'identifie au préjudice direct et consiste à effectuer une opération par laquelle il doit être établi de façon évidente que le dommage est réellement imputable à l'administration.

Ainsi, la cause directe du dommage doit être imputée à l'administration. La causalité correspond à l'identification de l'auteur du dommage ; elle se transmet en imputabilité qui correspond à la désignation de la personne (physique ou morale) qui indemnisera la victime[648]. La causalité est prouvée par le fait que l'administration ait posé un acte qui tombe sous le coup des cas d'ouverture du contentieux administratif. Dans le cas précis du recours en indemnisation, l'acte peut être légal, mais se trouve à l'origine de dommages causés au requérant. Dans certains cas, le lien de causalité est établi sur ce que l'acte ou son absence est le facteur ayant ou même pouvant générer un dommage (préjudice éventuel).

---

646 BINYOUM (J), *Droit administratif*, op.cit. p. 91.

647 V. ESMEIN (P), « Le nez de Cléopâtre ou les affres de la causalité », D, 1954, Chron p. 205s.

648 MORAND-DEVILLER (J), *Cours de droit administratif*, op.cit., p. 790.

Pour que l'imputabilité du dommage soit endossée en partie ou en totalité par l'administration, il est nécessaire qu'il n'y ait pas de causes exonératoires. Dans la théorie du Droit administratif, les causes exonératoires sont la force majeure, le cas fortuit, le fait d'un tiers, l'exception de risque accepté et la faute de la victime.

La faute de la victime qui est l'une des causes exonératoires les plus importantes consiste à vérifier si la victime n'est pas d'une certaine manière responsable de ce qui lui est arrivé. L'adage veut que nul ne puisse se prévaloir de sa propre turpitude. Si la victime a fait preuve de négligence[649], a agi en connaissance de cause ou a de manière frauduleuse, elle devrait supporter le dommage subi. Le fait de la victime peut être rattaché à l'exception de risque acceptée dans l'hypothèse où la victime en connaissance de cause s'est elle-même exposée à subir le préjudice.

Les causes de force majeure et de cas fortuits sont également admises en Droit camerounais, et ce en particulier en matière de marchés publics où retards et résiliations peuvent survenir sans que soit engagée la responsabilité du maître d'œuvre si la force majeure ou le cas fortuit sont avérés[650]. Les aspects du préjudice font également l'objet d'intérêt.

2. Les aspects du préjudice

Hormis que le **lien de causalité** révèle l'imputabilité du préjudice à l'administration, il est également nécessaire que le préjudice en lui-même réponde à certaines exigences.

Le préjudice doit être direct. Cette **condition** liée à l'imputabilité exprime la nécessité du lien immédiat qui devrait exister entre l'activité administrative et le dommage subi[651]. Le souci de cette exigence est évidemment d'éviter un grossissement du nombre de recours provoquant ainsi un engorgement de la juridiction. Au cas où un automobiliste vous percute parce qu'il a perdu les freins et qu'il avait passé la visite technique, le rapport indirect serait d'aller porter plainte contre l'État parce que c'est à cause de lui que le véhicule aux freins délictueux était en circulation alors que le préjudice est directement imputable au conducteur de cette automobile. Ce genre de recours fantaisiste se multiplierait si le préjudice devait être indirect.

---

649 CS/CA, jugement n° 62 du 31 mai 1979, Nogo Eugène contre État du Cameroun.

650 Art. 56 du cahier des clauses administratives générales/Fournitures.
Cf. CS/CA, jugement n° 62 du 29 juin 1995, Big Brothers trading company (BBTC) contre État du Cameroun. Dans l'espèce l'État du Cameroun a argué que la rupture du contrat n'était pas abusive parce qu'elle était fondée sur des aléas économiques. La possibilité de l'exonération de responsabilité par la survenue d'aléas économiques admis n'a pas été retenue par le juge dans l'espèce, et l'État du Cameroun a été condamné.

651 CS/CA, jugement n° 29 du 28 décembre 1978, Baha Ngue Jean Michel contre État du Cameroun.

Le préjudice doit être matériel et/ou moral. Il faut que le dommage subi soit visible et donc avéré : c'est le préjudice matériel[652]. Il peut néanmoins arriver que le dommage subi porte atteinte à l'honorabilité ou porte atteinte à un élément, à un bien ou à une personne auxquels la victime peut être affectivement liée : c'est le préjudice moral. Ce type de préjudice à la démonstration difficile est tout de même admis par le juge camerounais[653].

Le préjudice doit être certain. Pour être réparé, le dommage causé doit être actuel et avéré. La notion de préjudice certain implique donc que le dommage soit déjà réalisé[654], ce qui est le contraire du préjudice éventuel. Le cas du préjudice éventuel ignoré par la doctrine camerounaise et non expressément exprimé par le juge est néanmoins une exception à l'exigence du préjudice certain qui, comme en France, se retrouve dans les réclamations pour perte de chance. Ces derniers qui sont néanmoins timidement acceptés par le juge administratif camerounais[655] s'appuient sur l'éventualité de la situation escomptée, s'il n'y avait eu la survenue du fait ou de l'acte imputable à l'administration. D'emblée, il est nécessaire d'admettre que le préjudice subi dans le cadre de la responsabilité sans faute pour risque[656] se résume dans sa majorité au préjudice éventuel.

Le préjudice doit être anormal et spécial, car pour éviter l'engorgement du prétoire, il faut exclure des recours contentieux ceux qui ne se fondent pas sur des atteintes graves. Le préjudice spécial est généralement exigé en matière de travaux publics.

Le préjudice doit être légitime. En effet, l'atteinte doit porter sur une situation juridiquement protégeable et non juridiquement protégée[657]. C'est que le Droit positif ne peut encadrer ni prévoir toutes les situations. Éviter le déni de justice et admettre les pouvoirs de jurislateur du juge administratif implique que, des situations d'avance non protégées peuvent bien être reconnues à l'occasion des jugements comme devant être protégées et l'administration sera alors condamnée de ne les avoir pas respectées. Au cas où les caractéristiques liées aux préjudices sont remplies, l'indemnisation du préjudice peut alors être effectuée.

---

652 CS/CA, jugement n° 2 du 2 novembre 1978, So'o Georges contre État du Cameroun.

653 CFJ/CAY, arrêt n° 10 du 16 mars 1967, Dame KwedI Augustine contre État du Cameroun. CS/CA, jugement n° 99 du 27 avril 2005, Sadou Yaya contre État du Cameroun.

654 CS/CA, jugement n° 35 du 22 février 1979, CNPS contre UCIC (United Cameroon International Company).

655 CS/CA, jugement n° 22 du 28 février 2002, Kon Abondo Gérard contre État du Cameroun.

656 Supra.

657 Lire FOULETIER (M), *Recherches sur l'équité en droit public*, thèse de doctorat, LGDJ, 2003.

B. L'indemnisation du préjudice

Si les caractéristiques du préjudice sont remplies, la victime pourra demander à être dédommagée. La réparation se décline en l'annulation de l'acte, et en l'indemnisation. Quand il s'agit de l'indemnisation, les sommes à verser au requérant doivent préalablement être évaluées.

1. L'évaluation

De nombreux facteurs rentrent en compte dans l'évaluation de l'indemnité à verser à la victime. Il n'y a pas d'indemnisation d'office puisque le juge s'en tient aux prétentions des parties. Aussi, s'il peut revoir les sommes réclamées[658], il faut que l'indemnité ait été demandée.

En ligne de compte, le juge évalue à partir de la date du dommage. Les dommages causés aux biens sont évalués à compter du jour de leur réalisation[659], tandis que l'évaluation du dommage subi par les personnes s'effectue au jour du prononcé du jugement. Le juge tient compte de la dépréciation monétaire et surtout des causes exonératoires.

Il existe deux hypothèses d'application de l'évaluation suivant les causes exonératoires. En premier lieu, la faute de la victime est à l'origine du dommage, ce qui fait que la victime n'est pas fondée à réclamer indemnisation. En second lieu, la faute de la victime est pour partie la cause du dommage. Ce cas de figure amène le juge à procéder à une évaluation par partage de responsabilités[660], l'administration n'étant pas seule responsable du dommage subi par la victime. Par ailleurs, les frais d'indemnisation calculés sont l'agrégat d'un ensemble d'éléments pouvant même inclure des intérêts.

2. Les frais de l'indemnisation

Ils couvrent tout le préjudice, car la réparation doit être intégrale. Lesdits frais sont supportés par le trésor public. Il s'agit à titre principal de verser « une indemnité destinée à couvrir le préjudice réellement subi » par la victime[661]. Il est étendu à l'indemnité compensatrice qui est ici une équivalence de ce que la victime aurait éventuellement perçu[662] si elle avait procédé à un placement de ladite somme. L'indemnité versée couvre donc le dommage.

Des intérêts peuvent être inclus dans l'indemnité versée. Ils courent à compter du jour où le requérant a demandé réparation à l'administration. La

---

658 Infra.

659 CCA, arrêt n° 163 du 12 décembre 1952, Ndingué Jean contre Administration du territoire.

660 CFJ/CAY, arrêt n° 145 du 23 mars 1971, Ngijol Ngijol Pierre contre État fédéral du Cameroun.

661 BINYOUM (J), *Droit administratif*, op.cit., p. 166.

662 Ibid. p. 167.

demande de réparation est formulée au jour de l'émission du recours gracieux, c'est donc à compter de cette date que les intérêts comptent.

Pour les cas où le recours administratif n'est pas effectué à l'exemple d'un recours déjà connu par le conseil de discipline budgétaire et financier[663], la date du décompte des intérêts est normalement celle de l'introduction du recours devant ledit conseil.

De même, le recours peut avoir été déposé devant le juge judiciaire incompétent[664] sans recours gracieux. C'est alors la date de saisine du juge incompétent qui devrait être prise en ligne de compte.

Les intérêts imputables à l'administration à compter du jour où le requérant a formulé sa demande en réparation sont les intérêts moratoires qui sont prévus par les articles 1153 et 1154 du Code civil, et que le juge administratif a repris[665]. Les intérêts moratoires compensent uniquement le retard qu'a mis l'administration à verser la somme réclamée par la victime[666]. Pour avoir le montant des intérêts moratoires, il faut prendre en compte l'indemnité réclamée au titre de la réparation du dommage réel, et considérer ce que ce montant aurait produit s'il avait fait l'objet d'un placement ; on parle « des intérêts des intérêts ».

Il est aussi admissible que tel le juge français, le juge administratif camerounais condamne l'administration à verser à la victime des intérêts compensatoires soit pour l'attitude récalcitrante de l'administration à appliquer la décision de justice[667], soit pour des raisons d'équité[668]. Cette dernière hypothèse qui actuellement n'est que française[669] intervient dans des situations où sans faute, l'administration est responsable des dommages causés à titre de réparation et non de sanction, comme pour considérer qu'il n'y a pas de préjudice négligeable. Les intérêts compensatoires tout comme les intérêts moratoires sont des indemnités accessoires, à côté de l'indemnité principale qui est la seule réparation du dommage.

Le recours contentieux n'est valablement introduit que dans la mesure où la matière objet du litige rentre dans les catégories des cas d'ouverture du

---

663 Infra.

664 cf. affaire Dzietham Pierre, infra.

665 CFJ/CAY, Arrêt n° 113 du 8 décembre 1970, Tchany Jean contre État du Cameroun.

666 CS/CA, jugement du 29 novembre 1979, Eka Ngaleu Clément contre État du Cameroun.

667 V. CS/CA, jugement n° 22 du 28 février 2002, Kon Abondo Gérard contre État du Cameroun. Irrégulièrement révoqué du corps de la gendarmerie, le requérant a attrait l'administration devant le juge administratif qui a annulé la révocation. L'administration l'a réintégré, mais ne lui a pas permis de récupérer tous ses droits d'où le recours formé que le juge a estimé être fondé en droit.

668 MODERNE (F), « Le juge administratif français et les règles du procès équitable », R.U.D.H, 1991, n° 7-9, p. 352.

669 MORAND-DEVILLER(J), *Cours de droit administratif*, op.cit., pp. 791-792.

contentieux administratif[670]. Il s'avère que les textes de 2006 ont en la matière, quasiment repris l'ordonnance de 1972. À côté de l'énumération qui est la méthode de détermination textuelle de la compétence du juge administratif, ce dernier a lui-même procédé à une extension de sa compétence, sur la base de la clause générale de compétence.

Le contentieux administratif est constitué quand les cas d'ouverture admis surviennent, générant ainsi une mise en jeu de la responsabilité administrative, à la condition que le préjudice soit indemnisable. Il reste que l'administration doit préalablement en être saisie avant que le juge ne soit appelé à statuer.

---

[670] *Supra*

CHAPITRE 2 :

LA PHASE ADMINISTRATIVE DU RECOURS

Le contentieux administratif comporte parmi ses spécificités ce côté qu'il est un recours dont la règle reste qu'il n'est pas présenté au jugement en première intention. Ce principe est général dans la procédure administrative contentieuse.

À la différence de la procédure administrative contentieuse, le contentieux judiciaire est marqué par la compétence directe et immédiate de la juridiction qui est valablement saisie, sans détour, dès que surgit le litige. Seules quelques exceptions dérogent à ce principe général. Les deux domaines des plus visibles où le juge n'est saisi qu'en seconde intention sont celui du Droit social et de celui de la famille. Concernant le Droit social, quand un différend de travail survient entre l'employé et son employeur, ce dernier doit saisir l'inspecteur du travail compétent[671] afin qu'il organise la conciliation. Cette procédure est impérative, car « la déclaration doit, à peine d'irrecevabilité être accompagnée d'un exemplaire du procès-verbal de non-conciliation ou de conciliation partielle[672] ». Concernant le droit de la famille, une procédure préalable à celle relevant du juge existe en matière de divorce. Elle consiste à organiser une conciliation entre époux en conflit par un magistrat dont l'ordonnance qu'il délivrera à la suite de l'échec de la conciliation sera la pièce qui leur ouvrira l'accès au prétoire[673].

Dans le contentieux administratif, la conciliation préalable incarnée par le recours gracieux est une règle générale, car tous les litiges présentés à la juridiction administrative doivent avoir été portés à l'attention de l'administration ; suivant un ensemble de règles formant le régime juridique du recours gracieux (Section I). Le non-respect de l'obligation et des conditions du recours gracieux vicie la procédure ; d'où le caractère obligatoire de ce recours (Section II) qui ne fait l'objet que de rares exceptions.

Section 1 : Le régime juridique du recours gracieux

L'existence du recours administratif n'est pas le fait du hasard. En guise de justification, ses semblables qui sont la conciliation en matière de différend,

---

[671] Art. 139 de la loi n° 92/007 du 14 août 1992 portant code du travail.
[672] Ibid. art. 140 (2).
[673] Art. 238 C civ.

de travail ou de divorce sont fondés sur le souci de résoudre le conflit en trouvant des solutions qui arrangent les parties. Pour le recours administratif, il s'agit de garantir « un arrangement plutôt qu'un long et couteux procès ».

Il pouvait difficilement en être autrement que de consacrer cette procédure. Historiquement, les litiges faisant intervenir l'administration étaient réglés par le roi et son conseil. Et même après l'autonomisation de la juridiction administrative, les traces de « justice retenue » n'ont pas toutes été effacées. Les recours administratifs en font partie[674].

Importé dans les territoires sous domination française, le recours administratif a été largement maintenu dans les législations post coloniales. Il y est justifié par le souci de maîtriser des instances par l'administration, et par l'effet de crainte qu'il provoque sur l'éventuel recourant[675]. Ce type de recours peut être considéré comme scabreux dans la mesure où son conditionnement juridique tant quant à sa forme (Paragraphe I), qu'au regard de ses exigences de fond (Paragraphe II), tend à en faire une règle protectrice pour l'administration.

Paragraphe 1 : Les conditions formelles du recours gracieux

Avant d'interpeller le juge administratif afin qu'il tranche le litige au fond, il faut au préalable introduire un recours devant l'administration pour que celle-ci soit informée de l'existence du litige, et qu'elle prenne connaissance des réclamations et essaye de trouver un arrangement avec le requérant. Les conditions formelles du recours gracieux recouvrent les aspects personnels (B) et les règles liées aux délais et à la forme (A) que doit revêtir ledit recours.

A. Les délais et la forme du recours gracieux

Comme pour le recours contentieux, le recours administratif est soumis à des conditions de délai et de forme qui en font un recours encadré. Il convient quand même de relever que la rigueur qui encadre l'exercice de ce recours montre bien qu'il est une survivance du système du ministre-juge, tel que le présentait WALINE.

---

[674] Lire BRISSON (J-F), *Les recours administratifs en droit public français*, collection bibliothèque Droit public, T-185, Paris, LGDJ, 1996.

[675] Lire ONDOA (M), « Le droit administratif français en Afrique francophone : contribution à l'étude de la réception des droits étrangers en droit interne », R.J.P.I.C., vol 56, n° 3, 2002, p. 307 et 314. V. aussi KEBA MBAYE, « Le développement et les droits de l'homme », RSD, n° 22, spécial 1978, p. 32.

1. Les délais

La procédure administrative contentieuse est rigoureusement encadrée en matière de délais. Le recours gracieux n'échappe pas à cette prescription parce que les délais prescrits sont impératifs.

Trois cas de figure se présentent. Le premier est le cas d'abstention d'une autorité ayant compétence liée. Le requérant a quatre ans à partir de la date à laquelle ladite autorité était défaillante pour agir et donc saisir l'administration par recours gracieux. On peut citer l'exemple de la délivrance du permis de bâtir, où le juge a estimé que l'avis donné par les commissions d'étude du dossier de demande du permis de bâtir liait le maire[676], qui se trouvait alors obligé de délivrer ledit permis. Le requérant a dans les quatre ans pour former son recours gracieux si le maire est demeuré silencieux face à l'avis de la commission compétente.

Le second cas est celui du recours en indemnisation. Le recours gracieux doit être formé dans les six mois suivant la réalisation du dommage ou de sa connaissance.

Le dernier cas qui est le plus récurrent est le délai du recours gracieux en matière d'excès de pouvoir. La demande formulée vise l'annulation, ou la rectification de l'acte administratif. Le recours gracieux doit être formé dans les trois mois à compter de la publication ou de la notification de l'acte attaqué[677]. À ce sujet, il y a une appréciable évolution de l'état du Droit parce qu'avant la loi de 2006, les délais pour former le recours gracieux dans le recours de l'annulation étaient de deux mois[678], ce qui était très restrictif par rapport au texte actuel.

L'administration dispose de soixante jours pour répondre au recours que lui a adressé le requérant. Si elle reste silencieuse, le requérant doit considérer son recours comme étant rejeté. Il dispose alors de trois mois après le silence ou la réaction de l'administration pour introduire le recours devant le juge[679].

L'observation à porter sur l'état des délais du recours gracieux est le flou et la durée de ce régime. Le flou est constitué par l'existence des trois régimes[680] et non d'un régime unique des délais ; encore que l'existence de délais limitatifs de l'exercice de son droit à recours peut être appréhendée comme étant une obstruction à l'accès au prétoire.

---

676 CS/CA, Arrêt n° 2 du 27 octobre 1972, Pouka Mbangue Louis contre État fédéré du Cameroun Oriental.

677 Sur l'ensemble des délais. V. art. 17 (3) de la loi n° 2006/022 précitée.

678 Art. 12 (a) de l'ordonnance n° 72/6, précitée.

679 Supra.

680 Supra.

La dureté des délais est marquée par leur existence, car ce système n'est pas généralisé. Il l'est aussi parce qu'il revient au justiciable de faire la preuve du respect de ce délai par lui. La difficulté survient parfois quand le recours est expédié par voie postale. La jurisprudence constante considère qu'il est formé à la date mentionnée par le cachet de la poste qui fait foi[681].

Il peut arriver que le requérant ne réside pas au Cameroun. Au délai de Droit commun, peut être majoré un délai de distance allant d'un à deux mois[682]. L'admission de la théorie de la connaissance acquise par le juge est également susceptible de créer le trouble. Théoriquement, « ce délai peut être considéré comme commençant à courir s'il est avéré d'une manière quelconque que l'intéressé avait connaissance de l'acte[683] ». Par les délais, un formalisme excessif encadre également l'exercice du recours gracieux.

2. Le formalisme

Le recours gracieux est formulé de façon écrite. Il ne peut être dérogé à cette règle parce que le recours gracieux fait en soi partie des bases du contentieux et que le requérant doit pouvoir prouver non seulement qu'il l'a formulé, mais aussi qu'il l'a régulièrement formé. L'écrit est donc une exigence qui va aussi dans le sens de la preuve en cas de contestation.

En la forme écrite, le recours gracieux est timbré. Il précise le nom du plaignant ou son conseil, le destinataire et porte un objet. Les motifs de la demande doivent figurer dans le recours gracieux préalable et le recours doit être accompagné d'une copie de l'acte incriminé (éventuellement) et d'autres pièces justificatives pouvant éclairer l'administration. Enfin, il doit être daté et signé par son auteur. À ces exigences, s'ajoutent des aspects personnels liés aux parties concernées par le litige.

B. Les aspects personnels

Le recours gracieux fait intervenir deux parties qui sont intéressées. Si le statut du premier ne pose pas de réels problèmes, il en va autrement de la désignation du destinataire du recours gracieux dont la détermination a connu de nombreuses vicissitudes.

1. L'auteur du recours gracieux

La partie qui forme le recours gracieux est désignée comme en étant l'auteur. De façon synthétique, elle doit remplir les conditions liées aux personnes physiques ou morales, parties au procès administratif que sont la capacité, l'intérêt et la qualité à agir[684]. Un mineur ne peut logiquement former

---

681 CS/CA, jugement n° 129 du 24 septembre 2003, Ndjoum Maurice contre État du Cameroun.

682 CS/CA, jugement n° 46 du 30 avril 1981, Oumarou Paul contre État du Cameroun. cf. art. 73-1033 du CPC.

683 KAMDEM (J-C), *Contentieux administratif*, tome1, université de Yaoundé, 1985, p. 123.

684 Infra.

un recours gracieux dans la mesure où il n'est pas encore apte à exercer ses droits, il se fait alors représenter. La partie qui forme le recours gracieux doit être la même qui forme le recours contentieux.

Il peut arriver que celui qui a formé le recours gracieux ne puisse plus former le recours contentieux parce qu'il a entre temps été déchu de ses droits (ex. : accident provoquant une incapacité mentale) ou qu'il est décédé. L'interdit ou le décédé ne pouvant plus être partie au procès[685], l'action sans être recommencée va continuer par le représentant au nom et pour le compte de l'interdit, ou au nom et pour le compte de l'ayant droit quand il s'agit d'un décès.

Le recours peut être introduit par celui qui allègue d'un préjudice tout comme il peut l'être par son représentant. L'absence de confusion dans la désignation de l'auteur du recours diffère de l'état de la question sur l'autorité adressataire.

2. L'autorité adressataire

La question s'est toujours posée de savoir quelle était l'autorité administrative habilitée à recevoir le recours gracieux.

La notion qui a créé l'équivoque est celle de « ministre compétent » : « le recours devant la Cour suprême n'est recevable qu'après rejet d'un recours gracieux adressé au ministre compétent ou à l'autorité statutairement habilitée à représenter la collectivité ou l'établissement en cause[686] ». Cette disposition de l'ordonnance de 1972 fait entrevoir que c'est le ministre du secteur duquel le préjudice est né, hiérarchiquement supérieur à l'auteur de l'acte, qui est l'autorité adressataire du recours gracieux.

Ainsi, même si l'agent auteur de l'acte est en service hors de l'administration centrale, seul le ministre dont il dépend est compétent. Pour les entités décentralisées telles que les collectivités territoriales et autres établissements publics, c'est au responsable en chef de l'organe exécutif que doit être adressé le recours gracieux.

Le fait est que même les juristes se perdaient dans cette disposition[687] et le problème est que pour certains de ses aspects, ce recours prête à équivoque[688], et le juge a contribué tantôt à éclairer la notion de ministre compétent, tantôt à l'obscurcir.

---

[685] Art. 48 s et 739 s C. Civ.

[686] Art. 12 de l'ordonnance n° 72/6, précitée.

[687] CS/CA, arrêt n° 01 du 25 février 1999, GUIFFO Jean Philippe contre État du Cameroun. Le sieur GUIFO enseignant de droit public a adressé son recours au ministre de l'Éducation alors qu'il aurait dû le faire au Chancelier de l'Université.

[688] MESCHERIAKOFF, Le régime judiciaire du recours gracieux préalable dans la jurisprudence administrative camerounaise, RCD, série II, n° 15 et 16, 1978, p. 42s.

Ainsi, le ministre compétent n'est pas le ministre utilisateur de l'agent, mais celui de qui relève l'acte posé[689]. Or, la question des « services rattachés » s'est toujours posée. Certains ministres et surtout le Premier ministre et la présidence de la République sont souvent à la tête de nombreux services particuliers. C'est le cas pour la présidence de la République du ministère de la Défense, service rattaché, qui lui-même en comporte un qui est le secrétariat d'État à la gendarmerie. C'est aussi le cas de la Délégation Générale à la Sureté nationale, service rattaché au Secrétariat général de la présidence de la République.

Dans une espèce, un requérant commissaire de police a formé un recours gracieux contre la sanction de révocation prise à son encontre, recours adressé au président de la République. Le juge a estimé que ledit recours était valablement formé[690]. Or, le président de la République n'est pas un ministre. Par la suite, cette position n'a pas été suivie par d'autres jugements[691] et c'est plus tard qu'il a été reconnu que la compétence pouvait être partagée entre le président de la République et le Secrétaire général de la présidence de la République au cas où ce dernier a reçu délégation de pouvoir[692]. En fait, le requérant face aux services rattachés ne savait s'il fallait saisir le Délégué général (ou le ministre délégué), le ministre (qui est le secrétaire général de la présidence), ou le président de la République.

La loi de 2006 procède à une modification importante en remplaçant le ministre compétent par l'autorité auteur de l'acte attaqué[693]. Cette modification permet de désormais saisir le responsable du service rattaché sans la crainte de voir son recours gracieux sanctionné pour avoir été adressé à une autorité incompétente.

Le recours gracieux doit également répondre à des conditions de fond parce que certains éléments doivent y apparaître.

Paragraphe 2 : Les éléments de fond du recours gracieux

Le recours gracieux est une demande adressée à l'administration devant porter à son attention l'existence d'un litige (A), et par la même occasion, elle doit présenter les prétentions du requérant (B) en termes de réclamation pour que l'administration puisse ou non y faire Droit.

---

689 CS/CA, JUGEMENT n° 24 du 13 juillet 1978, ESSOMBE NTONGA Gabriel contre État du Cameroun.

690 CS/CA, jugement n° 71 du 13 mars 1976, BENE BELLA Lambert contre État du Cameroun.

691 V. ABA'A OYONO (J-C), « chronique du grain de sable dans la fluidité jurisprudentielle à la chambre administrative du Cameroun », CJP, 2008, 1, p. 270s.

692 CS/CA, jugement n° 19/ADD du 31 décembre 1992, EFFOUDOU Camille contre État du Cameroun.

693 Art. 17(1) de la loi n° 2006 précitée.

A. L'information

L'administration ne peut être attraite devant le juge administratif sans qu'elle ait eu à se prononcer sur la question elle-même. Cette réplique de la justice retenue permet que la fonction de ministre-juge puisse dans une certaine mesure, être encore exercée. L'information consiste en la présentation des éléments ayant généré le préjudice.

1. La présentation des faits

L'activité administrative se caractérise par la pluralité d'acteurs ayant le pouvoir d'engager la responsabilité de l'administration. Il est trivial de dire que cela concerne les autorités administratives. Mais cette catégorie qui est appréhendée comme étant constituée de cadres et d'agents disposant d'un pouvoir de commandement est une appréhension stricte. Même l'agent d'exécution a le pouvoir de prendre des actes engageant la responsabilité administrative. Se pose alors un problème de diffusion de l'information parce que les subordonnés ne portent pas toujours tous leurs actes, surtout ceux ayant occasionné un préjudice, à l'attention de leurs hiérarchies.

Le recours est un moyen de faire savoir à l'autorité administrative, le cas échéant, qu'il existe un différend causé par un agent identifiable relevant de l'administration ou d'un préjudice causé par l'administration sans que l'auteur ne soit identifié.

Il s'agit alors d'informer l'administration en présentant les faits, c'est-à-dire les éléments ayant entrainé la survenance du préjudice ; puis de procéder à une qualification des faits pour enfin exposer le préjudice que cela a engendré. Pour emporter la conviction de l'administration, le requérant doit joindre aux faits les pièces justificatives.

2. Les pièces justificatives

Autant une importance est accordée à la présentation des faits, autant cela l'est aussi pour les pièces justificatives. Pour les faits, il est impératif que ceux présentés devant le juge soient fidèles à ceux soumis à l'administration par voie de recours gracieux.

Les pièces justificatives sont des éléments de preuve devant lever le doute sur la réalité et la matérialité des faits et actes, causes du préjudice. Quand un acte irrégulier est la cause du préjudice, c'est la copie de cet acte (administratif ou contractuel) qui doit être jointe à la requête tenant lieu de recours gracieux. Aussi, si cet acte enfreint les prescriptions d'un acte supérieur, il convient également de joindre l'acte supérieur non respecté.

Quand il s'agit de faits ou agissements, les pièces justificatives peuvent être de diverses natures. Une copie de l'acte de constat d'un huissier, des certificats de propriété[694], des témoignages en forme écrite... bref, tout élément de preuve susceptible d'être recevable s'il s'agissait d'un recours contentieux. Les mêmes pièces justificatives doivent être présentées au juge à l'occasion du recours contentieux, mais il peut être procédé à des ajouts de pièces justificatives et d'éléments nouveaux devant le juge, éléments et pièces n'ayant pas été présentés à l'administration à l'occasion du recours administratif.

B. La réclamation

Le recours gracieux doit faire état de la prétention de son auteur. Cette prétention est la réclamation. La règle veut qu'il y ait fidélité entre l'élément réclamé à l'administration et celui réclamé devant le juge en cas de refus de l'administration. Cette identité de l'élément réclamé fait dire que le recours intenté devant la juridiction est non seulement créé par le recours gracieux, mais aussi que ce dernier sert à « lier le contentieux[695] ». La réclamation peut être ou non pécuniaire.

1. La réclamation pécuniaire

L'objet de la réclamation peut être l'indemnisation. Le principe est que l'indemnisation s'effectue par versement de sommes d'argent[696]. Pour ce faire, il est utile que le recours gracieux fasse part à l'administration de la réclamation pécuniaire du requérant. Ce dernier lui-même fait l'estimation des dommages et intérêts que l'administration doit lui verser. Pour avoir des chances de voir l'administration répondre favorablement à la demande, il est nécessaire que les sommes réclamées reflètent bien dans leur quantum le dommage subi.

Il peut s'ensuivre des négociations à l'issue desquelles l'administration pourra verser à la victime les sommes réclamées telles quelles ou revues à la baisse. Cette transaction dans le traitement du recours gracieux[697] est malheureusement rare dans la mesure où l'administration préfère généralement d'autorité, statuer sur le sort de la réclamation dont le recours gracieux est l'objet. La réclamation peut être non pécuniaire, elle devra toujours être portée dans le recours gracieux.

---

694 Pour les conflits fonciers impliquant l'État.

695 OWONA (J), *Droit administratif spécial de la République du Cameroun*, Edicef, Paris 1985, p. 206.

696 BINYOUM (J-C), *Droit administratif*, op.cit., p. 165.

697 CHAPUS (R), *Droit du contentieux administratif*, 11e édition, collection Domat-droit public, Montchrestien, 2004, p. 372, n° 471.

2. La réclamation non pécuniaire

Le recours gracieux peut porter sur une réclamation non pécuniaire. Il s'agit en général des recours visant l'annulation d'un acte administratif ou ceux portant réclamation de l'application d'un texte au bénéfice du requérant.

Dans l'ordre de ce type de réclamation se trouve la rétrocession. Quand une expropriation ne s'ensuit pas dans les deux ans du démarrage de l'exécution de l'objet de l'expropriation, l'exproprié est en droit de demander la rétrocession de son immeuble[698]. Si l'administration ne s'exécute pas elle-même, l'exproprié est en droit de demander à l'administration d'appliquer la loi, ou à défaut il pourra saisir le juge.

La réclamation non pécuniaire peut ainsi viser l'annulation d'un acte de l'administration comme elle peut concerner divers objets : une rétrocession, l'application d'un texte au bénéfice du requérant...

De manière générale, les recours intentés contre l'administration le sont soit pour obtenir le versement d'une indemnité au titre de dommages-intérêts, soit pour faire annuler l'acte litigieux qu'a pris l'administration. Ces deux réclamations sont souvent jumelées, ce qui donne lieu dans une même instance non seulement à l'annulation de l'acte de l'administration, mais aussi au paiement de dommages et intérêts par cette dernière. Le recours gracieux est donc l'acte écrit par lequel l'administration est officiellement informée de l'existence d'un conflit l'opposant à un tiers, et des prétentions de ce dernier. Préalable, le recours gracieux est obligatoire, car l'évitement de cet élément de procédure est sanctionné lors du jugement.

Section 2 : Le caractère obligatoire du recours

En matière de contentieux administratif, la règle est que le recours contentieux n'est ouvert que parce qu'il y a eu recours gracieux. C'est pour cela que **LAFERRIERE** considérait le recours administratif comme étant l'élément créateur du conflit[699]. Il est vrai que le juge, sur la base des éléments ayant généré le préjudice, doit statuer, au regard de l'objet du recours gracieux et à partir de la réponse administrative audit recours. Plusieurs éléments sont impératifs dans le recours gracieux (Paragraphe I), sous la menace de la sanction du juge administratif, même si de résiduelles exceptions (Paragraphe 2) font état de possibilités de saisine du juge administratif par voie directe.

---

[698] Art. 13 du décret n° 87/1872 du 16 décembre 1987 portant application de la loi n° 85/9 du 4 juillet 1985 relative à l'expropriation pour cause d'utilité publique.
CS/CA, jugement n° 195 du 16 septembre 2009, Famille MBOH Thomas, Famille YARILEM, HAMADOU ABBA contre État du Cameroun et FAMILLE NGOCK AKOK (int. Vol.)

[699] LAFERRIERE (E), *Traité de la juridiction administrative*, 2e édition, 1986, tome1, p. 322s.

Paragraphe 1 : Les aspects obligatoires du recours gracieux préalable

Regroupés en deux catégories, ces aspects sont pour le premier groupe lié à l'obligation du recours gracieux en soi (A), et pour le deuxième groupe rattachés à l'obligation dans les éléments du recours gracieux (B).

A. L'obligation du recours gracieux

Le Droit administratif français ne fait pas du recours administratif la condition sine qua non d'accès au juge administratif. Le recours administratif n'est obligatoire que dans certaines matières telles que pour les réclamations fiscales. Ce recours apparait plus comme une faculté donnée au contribuable exigé. Le Droit administratif camerounais lui donne un caractère impératif et cette obligation touche même à la compétence de l'autorité adressataire du recours. Pour point de base, le recours gracieux est d'ordre public.

1. Le caractère d'ordre public du recours gracieux

La saisine directe du juge administratif est proscrite dans la mesure où le préalable de l'existence du recours gracieux est une exigence catégorique. Cette règle qui s'impose pour les jugements de fonds lie aussi les décisions juridictionnelles relatives à l'urgence. Le juge de l'urgence appelé à statuer de façon provisoire n'est investi de ce pouvoir que si la preuve de l'introduction du recours contentieux ou du recours administratif est apportée[700]. C'est dire que même les décisions juridictionnelles liées à l'urgence sont tenues par l'existence d'un recours administratif quand le juge du fond n'est pas encore saisi[701].

Déjà prévu dans l'ordonnance de 72 comme étant obligatoire[702], le recours gracieux est également prescrit par la loi de 2006[703]. Ainsi, le « recours devant le Tribunal administratif n'est recevable qu'après rejet d'un recours gracieux adressé à l'autorité auteur de l'acte attaqué ou à celle statutairement habilitée à représenter la collectivité publique ou l'établissement public en cause[704] ». Cette disposition présente à suffisance le caractère obligatoire du recours gracieux.

Devant le juge administratif, l'une des parties peut faire mourir le contentieux en présentant comme moyen l'absence de la préalable formation d'un recours gracieux par l'autre partie. D'ailleurs, le recours gracieux

---

[700] Infra.

[701] CS/CA, Ordonnance de sursis à exécution n° 57 du 02 septembre 2009, MANGA Louis Roger Marie contre État du Cameroun.

[702] Art. 12 de l'ordonnance n° 72/6 précitée.

[703] Loi n° 2006/022 du 29 décembre 2006 fixant l'organisation et le fonctionnement des tribunaux administratifs.

[704] Ibid. art. 17 (1).

préalable étant un moyen d'ordre public aussi, le juge peut soulever d'office ce moyen au cas où aucune des parties et en particulier l'administration ne le fait pas[705].

De nombreuses décisions de justice soulignent ainsi que le recours gracieux est un moyen d'ordre public[706]. De ce fait, le recours contentieux introduit sans recours gracieux est normalement irrecevable[707] et le juge administratif peut lui-même soulever ce moyen, ce qui a pour conséquence l'impossibilité de juger le litige au fond.

2. Le caractère impératif de la saisine de l'autorité adressataire.

L'article 17 de la loi de 2006 dispose que « le recours devant le Tribunal administratif n'est recevable qu'après rejet d'un recours gracieux adressé à l'autorité auteur de l'acte attaqué ou à celle statutairement habilitée à représenter la collectivité publique ou l'établissement public en cause[708] ». Le second volet de cette disposition est que le recours n'est recevable que s'il a été adressé à l'autorité compétente pour en connaître. Hormis la discussion sur les concepts liés au « ministre compétent » déjà soulevés et que ce texte dissout, il a pour particularité d'intégrer l'exigence que le recours soit adressé à celui habilité à représenter l'administration en cause.

Ce n'est donc pas seulement l'absence de recours gracieux préalable qui peut d'office être soulevée par le juge administratif, mais aussi le fait que ledit recours ait été adressé à une autorité non indiquée. L'erreur sur l'autorité adressataire entraine l'absence de recours gracieux préalable et rend le recours contentieux irrecevable. La même conséquence est imputable au non-respect des exigences liées aux éléments du recours gracieux.

B. L'obligation dans les éléments du recours gracieux.

Le recours gracieux doit être formé dans des délais sous peine de tomber dans l'irrecevabilité. Il doit aussi rester fidèle au recours contentieux dans son objet.

1. L'identité d'objet

Le requérant en présentant le préjudice subi, et le fait qu'il soit d'origine administrative doit indiquer le but de sa démarche dans le recours gracieux qu'il adresse à l'administration. Il s'agit de l'objet du recours gracieux.

---

[705] CFJ/AP, arrêt du 20 mars 1968, EKINDI Joël contre État du Cameroun.

[706] CS/AP, arrêt n° 15 du 31 mars 1992, Dame MENGONG Marguerite, contre État du Cameroun ; CS/AP, arrêt n° 11 du 31 mars 1992, NYAMSI Gaston contre État du Cameroun ; CS/AP, MADELEBEM contre État du Cameroun.

[707] cf. NCHOUWAT (A), *Le juge et l'évolution du droit administratif au Cameroun*, thèse de doctorat en droit, 3e cycle, Université de Yaoundé II, 1994, pp. 151-155.
V. JACQUOT (H), « Le contentieux administratif au Cameroun », RCD, n° 8, 1975, p. 114.

[708] Loi n° 2006/022, précitée.

L'objet du recours gracieux est la prétention de la victime, c'est-à-dire ce qu'elle compte escompter à partir de la démarche intentée. Il est une chose, c'est que le recours administratif ne fait pas que créer le conflit, il a aussi pour vocation de « lier le contentieux[709] ». C'est que la victime a recours à l'administration pour que cette dernière, informée des faits lui accorde ce qu'elle (la victime) demande.

Le juge saisi après l'administration statue sur ce que l'administration a accepté ou refusé d'accorder à la victime, c'est-à-dire sur les prétentions ou l'objet du recours gracieux. La conséquence en est l'exigence d'identité d'objet entre le recours gracieux préalable et le recours contentieux.

Il n'est pas admissible que le requérant ait saisi l'administration pour une réclamation précise sur laquelle celle-ci s'est ou non prononcée, et que le juge saisi, en examine d'autres sans que l'administration qui a le pouvoir de faire mourir le litige en répondant favorablement au recours gracieux, n'ait été amenée à « préalablement » connaitre de ces prétentions. Comme quoi, avec la règle du recours gracieux préalable obligatoire, pas de prétentions nouvelles à l'instance ; seules celles figurant dans le recours gracieux sont recevables dans le recours contentieux.

La règle de l'immutabilité de l'objet de la demande est d'origine jurisprudentielle. Il est introduit dans le Droit positif camerounais par l'arrêt Atangana Essomba[710]. La demande du sieur Atangana Essomba avait été jugée irrecevable par le juge administratif parce que son recours gracieux portait sur une demande d'indemnisation, or le recours contentieux débordait ce cadre car il a joint à l'objet du recours gracieux (l'indemnisation), l'annulation d'un décret. Après une tendance à l'identité totale d'objet[711], le juge administratif a assoupli sa position en décidant, au lieu de dire l'irrecevabilité du recours contentieux quand il y a des différences d'objet, de statuer sur ce qui est commun entre le recours gracieux préalable et le recours contentieux[712]. Il n'y a donc plus rejet en bloc, mais partiel en cas d'inadéquation.

2. L'observation des délais

Le requérant doit former son recours dans les délais. Ce régime admet trois variantes : 60 jours, 6 mois et 4 ans[713]. Chaque délai correspond à un type d'action particulier. La computation des délais est sévèrement sanctionnée par le juge en cas d'erreur d'appréciation du requérant. Les délais du recours

---

[709] HAURIOU (M), *Précis de droit administratif*, 2e édition, 1927, p. 365.
[710] CS/AP, arrêt n° 15 du 24 mars 1983, Atangana Protais contre État du Cameroun.
[711] CS/CA, jugement n° 22 du 27 avril 1978, Ndjana Pascal contre État du Cameroun ; CS/CA, jugement n° 02 du 28 janvier 1984, Moukoko Essiben Jean contre État du Cameroun.
[712] CS/AP, arrêt n° 06 du 4 avril 1991, Edzoa Georges Maurice contre État du Cameroun.
[713] Supra.

gracieux sont francs. « Les mois se comptent de quantième en quantième[714] ». Le délai est compté de quantième en quantième en excluant le jour à partir duquel le requérant a eu connaissance de l'acte[715], mais en incluant en revanche le premier jour ouvrable vers lequel le délai du recours se dirige[716], au cas où le dernier jour serait férié ou non ouvrable.

Des délais de distance peuvent être accordés au cas où le requérant ne se trouve pas au Cameroun[717]. Ce délai varie d'un à deux mois selon que le requérant réside en Afrique ou hors de l'Afrique.

Très exigeant, le juge sanctionne le non-respect des délais. Le recours contentieux peut être introduit alors que les trois mois accordés à l'administration pour se prononcer ne sont pas encore expirés. Ce recours est jugé prématuré et donc irrecevable[718]. Par contre, introduit au-delà des délais, le recours contentieux, considéré comme tardif sera frappé de forclusion. Le recours contentieux est donc conditionné par la validité du recours gracieux préalable et leur compatibilité.

La Chappe de plomb qui, prise sur le régime très sévère du recours gracieux, est préjudiciable aux justiciables administratifs qui n'ont généralement pas l'instruction juridique nécessaire pour éviter les écueils du recours gracieux préalable.

Parfois, et ceci est un cas intéressant, la victime se retrouve en train de former plus d'un recours gracieux. Ainsi, certains administrés ont pour subterfuge de multiplier les recours gracieux pour éviter la forclusion. La règle est qu'il n'y a qu'un recours gracieux par contentieux. Heureusement, pour les administrés que le juge ne considère que le premier recours[719] en cas de multitude de recours gracieux. Il en a été ainsi dans l'affaire Wouaze[720] où il n'a été considéré que le premier recours :

« Qu'il est constant, par ailleurs qu'il n'est admis qu'un seul recours gracieux à l'occasion de chaque réclamation ;

Attendu qu'en l'espèce, le sieur Wouaze Michel qui avait, le 29 avril 1971, adressé un recours gracieux au maire de la Commune urbaine de Dschang, et qui n'avait pas à le renouveler, devait le tenir pour rejeter à l'expiration du délai de 3 mois dont disposait l'administration pour donner suite à sa

[714] CS/CA, jugement n° 137 du 26 juin 1971, Alaï Belobo Nestor contre État du Cameroun.
[715] Dies a quo
[716] Dies ad quem.
[717] Art. 73-1033 CPC.
[718] CS/CA, jugement n° 66 du 30 août 1984, BEYISSA Adolphe contre État du Cameroun ; CS/CA, jugement n° 43 du 25 mai 1989, AIGLE ROYAL de DSCHANG contre État du Cameroun.
[719] CS/CA, jugement n° 24 du 30 avril 1987, NDINGUE Jean contre État du Cameroun.
[720] CS/CA, jugement n° 10 du 18 décembre 1986, Wouaze Michel contre Commune urbaine de Dschang.

réclamation, soit le 29 juillet 1971… » D'où le rejet du recours contentieux pour forclusion. Néanmoins, le caractère obligatoire du recours gracieux préalable connait quelques altérations en matière de contentieux administratif.

Paragraphe 2 : Les exceptions à la règle du recours gracieux préalable

Il existe quatre exceptions à l'exigence du recours gracieux dans le contentieux administratif. Les trois premières concernent des matières spéciales du contentieux administratif (A), tandis que la dernière se rapporte au contentieux administratif ordinaire (B).

A. Les domaines spéciaux exemptés de l'exigence de recours gracieux

Certains domaines du contentieux administratif ont pour particularité que l'introduction du recours contentieux n'est pas conditionnée par celui du recours gracieux. Au contraire même ; ces domaines en sont exemptés. Surement que les aspects singuliers des matières de ces domaines en sont la justification. Il s'agit du contentieux électoral, de celui budgétaire et comptable et de ceux de la reconduite à la frontière, de l'expulsion et du refoulement[721].

1. En matière de contentieux budgétaire et financier

Ce cas particulier est celui de la mise en examen des faits et actes indélicats des gestionnaires publics. Cette procédure ressort de la compétence du conseil de discipline budgétaire et financière, structure du contrôle supérieur de l'État.

Aux termes de la loi du 5 décembre 1974, les décisions du Conseil de Discipline budgétaire et Comptable ne sont pas susceptibles de recours gracieux préalable[722]. Cette disposition a été interprétée comme faisant du Conseil de Discipline budgétaire et Comptable une structure juridictionnelle.[723].. Que non ! dans la mesure où ce conseil était de composition administrative, et que malgré le fait que ses décisions étaient prises eu égard aux droits de la défense, cette structure ne prenait que des actes administratifs et non des jugements. De surcroit, ces décisions étaient susceptibles de recours devant la chambre administrative qui n'était pas une juridiction de second degré.

Aujourd'hui, cette instance a été remplacée par le Conseil de Discipline budgétaire et Financier qui présente les mêmes caractéristiques et dont le

[721]Infra

[722] Art. 12 de la loi du 5 décembre 1974 relative au contrôle des ordonnateurs et des gestionnaires de crédits publics.

[723] CS/CA, jugement n° 110 du 8 août 1985, Martin epie contre État du Cameroun.

texte, le décret n° 2008/028 du 17 janvier 2008 portant organisation et fonctionnement du Conseil de Discipline budgétaire et Financier exclut également la formation d'un recours gracieux en cas de contestation de ses décisions.

Le juge fait une saine application du texte de 2008 et n'exige pas que soit produit le recours gracieux, dès lors que le Conseil de Discipline budgétaire et financier a déjà eu à se prononcer là-dessus[724]. Ainsi, après que ce conseil se soit prononcé, le requérant ne doit plus saisir l'administration par voie de recours gracieux ; il doit directement introduire son recours contentieux.

2. En matière de contentieux électoral et en matière de contentieux de presse

Le contentieux électoral dont il est ici question est celui des élections administratives qui relèvent bien de la juridiction administrative. Ce sont les élections municipales, régionales, et l'élection des dirigeants des corporations déterminées comme étant d'intérêt public[725]. L'urgence que revêt le contentieux électoral justifie qu'il soit dispensé de recours gracieux[726].

En matière de presse, l'article 14 de la loi de 1990[727] ainsi que ses modifications de 1996 excluent en matière de saisie, de censure ou d'interdiction tout recours gracieux préalable. Ce type de recours est marqué par le caractère bref des délais parce que la victime saisit directement le juge administratif qui dispose d'un délai d'un mois pour rendre son jugement. Une autre exception existe quand le juge judiciaire est intervenu dans la procédure.

B. L'exception par saisine du juge judiciaire

Il est possible que le juge administratif, hormis les cas de contentieux aux traits singuliers, soit directement saisi sans que le requérant ne soit contraint de recourir d'abord à la décision préalable de l'administration. Cette exception à deux variantes se caractérise par l'intervention du juge judiciaire dans le recours juridictionnel intenté.

1. La saisine par le juge judiciaire

Ce cas de figure plutôt évident est généralement négligé. Il arrive que le juge administratif soit saisi par le juge judiciaire, et non par le requérant. Cette

---

724 CS/CA, jugement n° 27 du 15 juillet 1978, Nyemeck Emmanuel contre État du Cameroun ; CS/AP, Arrêt n° 02 du 16 décembre 1982, Mineli Elomo Bernard contre État du Cameroun.

725 Certains actes liés aux procédures d'élections échappent tout de même à la compétence du juge administratif.
V. CS/CA, jugement n° 33 du 17 juin 2002, Rassemblement des Travailleurs pour leDéveloppement (RTD) Commune rurale de Yokadouma contre État du Cameroun.

726 CS/CA, jugement n° 41 du 25 mai 1989, Tchatoua Jean Pierre contre État du Cameroun.

727 Art. 14 de la loi n° 90/152 du 19 décembre 1990 sur la liberté de communication sociale

hypothèse se présente lorsque le juge judiciaire saisi de l'affaire n'a pas la plénitude de compétence ; ce qui exclut de ce champ le juge pénal.

Le juge saisi se retrouve lors du jugement face à une difficulté que seul le juge administratif peut régler. Celle-ci consiste généralement à une question d'interprétation de l'acte administratif[728]. Le juge administratif est ainsi saisi par voie de question préjudicielle, et ce par le juge judiciaire. Étant donné qu'il n'est pas saisi par le requérant, et qu'il n'est pas juge du fond, il est tout à fait normal que cette procédure soit dispensée de recours gracieux préalable.

2. La dispense par correction du recours contentieux mal dirigé

La complexité des règles de responsabilité de l'administration, l'absence de culture juridique des justiciables et bien d'autres facteurs ? dont le principe demeure l'ignorance, sont sources de confusion et de méconnaissance de l'identification de la juridiction compétente.

Il arrive très souvent que le justiciable saisisse une juridiction incompétente, ce qui devrait faire mourir le contentieux. Le juge en a décidé autrement offrant ainsi au justiciable l'occasion de corriger le recours qui était mal dirigé. La formule utilisée par le juge dans les jugements au cours desquels il affirme sa compétence est : « Le requérant est renvoyé à se mieux pourvoir ». Le juge administratif se prononce ainsi quand il est saisi d'un contentieux qui ne relève pas de sa compétence[729].

Le cas de figure de la dispense avancée est celui où le requérant a saisi la juridiction judiciaire en lieu et place du juge administratif. Le juge peut inviter le requérant à se mieux pourvoir tout comme il peut tout simplement se déclarer incompétent. Auquel cas, le requérant peut directement saisir le juge administratif sans plus former un recours gracieux préalable tel qu'exposé dans l'affaire DZIETHAM Pierre[730].

Le sieur DZIETHAM Pierre, demandeur et Médecin de Profession a fait un accident au point kilométrique 32 de Bangangté sur la route nationale n° 4 à bord de son véhicule de marque Mercedes. Le véhicule s'est écrasé contre un pont en construction et ce dernier tient le service des routes pour responsable pour défaut de signalisation des travaux engagés sur ledit pont. Le docteur DZIETHAM ayant subi de nombreux préjudices dont une incapacité d'exercer son métier pour une longue durée, assignait l'État du Cameroun devant le Tribunal de grande instance de Banganté pour obtenir réparation des nombreux préjudices qu'il a subis. Ce tribunal s'est déclaré compétent ce qu'infirma la Cour d'appel de Bafoussam sur appel de l'État du Cameroun. La Cour suprême estima que la Cour d'appel s'était bien

[728] Infra.
[729] CS/CA, jugement n° 64 du 30 août 1984, Kebe Paul contre État du Cameroun.
[730] CS/CA, jugement n° 45 du 27 mai 1982, Dzietham Pierre contre État du Cameroun.

prononcée ; ce qui amena le requérant à se pourvoir devant le juge administratif.

« Attendu que la question de savoir si **DZIETHAM** a formé un recours gracieux est vaine car, **DZIETHAM** a d'abord saisi le juge de l'ordre judiciaire et la procédure devant le tribunal de grande instance ne subordonne pas l'action dirigée contre l'État à un recours gracieux préalable ;

Que **DZIETHAM** n'était donc pas obligé d'introduire un recours gracieux préalable à la saisine du tribunal... Le recours contentieux est valablement introduit dans les 60 jours qui suivent la notification de la décision d'incompétence », d'où la recevabilité du recours de sieur **DZIETHAM** et la condamnation de l'État à l'indemniser.

Le recours gracieux est donc un recours administratif reconnu comme tel depuis la suppression du recours hiérarchique au Cameroun[731], hormis pour le contentieux fiscal. Son conditionnement juridique tend à en faire une procédure d'obstruction de l'accès au prétoire, et ce davantage dans la mesure où il est élevé au rang de moyen d'ordre public.

Quelques rares exceptions existent tout de même. C'est ainsi qu'en matière électorale, dans le contentieux de la presse et en contentieux budgétaire et comptable, le requérant est dispensé de recours gracieux préalable. Cette règle est également valable quand le juge judiciaire saisi est incompétent. En dehors de ces quelques exceptions, le recours gracieux préalable est une exigence généralisée même si parfois il embrasse des modalités particulières. C'est le cas des recours dirigés contre les actes de la caisse Nationale de Prévoyance sociale relevant du juge (judiciaire et administratif). Le requérant doit au préalable adresser un recours gracieux au comité de recours gracieux d'Administration de cet organisme[732]. Ce Comité est un organe collégial qui doit se prononcer avant que le juge compétent ne soit saisi.

Le contentieux engagé devant le juge administratif est donc sujet à de nombreux préalables pour être recevable. Au rang de ceux-ci figurent également les conditions liées aux parties au procès.

---

[731] *CFJ/CAY, arrêt n° 108 du 8 décembre 1970, Noutackdie Joseph Lebrun contre État du Cameroun.*

[732] *CS/CA, jugement n° 11 du 16 janvier 2008, Me Bouobda contre État du Cameroun (CNPS).*

CHAPITRE 3 :

LES PARTIES AU PROCÈS

Pour qu'un recours soit valablement introduit, il faut que la partie recourante remplisse un certain nombre de conditions relatives à son statut personnel. Cet ensemble de conditions s'étend en réalité à toutes les parties au procès.

Pour faire la part des choses, il faut rappeler que le procès administratif est l'affaire du (des) demandeur(s) et du (des) défendeur(s) qui sont considérés comme étant les parties principales. De manière générale, au procès interviennent les magistrats du siège qui n'en sont pas parties puisqu'ils ont pour unique charge de régler le contentieux en prononçant un jugement. Par la suite, il y a le Parquet. Dépendant de la chancellerie, le ministère public, à la différence du contentieux pénal et de certains litiges relevant du juge civil[733], est partie jointe au procès administratif[734]. Défenseur de la loi, le ministère public dans le contentieux administratif n'a pas le pouvoir d'introduire une instance à part le recours en cassation[735] dont les effets ne s'étendent pas aux parties sauf décision contraire du ministre de la Justice. En plus, le ministère public, partie jointe au procès n'a pour condition d'exercice que d'être rattaché à la juridiction saisie.

Les parties au procès dont les conditions d'accès au prétoire sont juridiquement sujettes à encadrement rigoureux sont les parties principales ; c'est-à-dire celles qui ont un intérêt personnel à faire prévaloir devant le juge administratif. Aux conditions relatives aux personnes privées (Section I) se juxtaposent les conditions relatives aux personnes publiques (Section II) même s'il y a lieu de constater que certaines exigences telles l'intérêt et la qualité à agir se retrouvent dans les conditions personnelles des parties indifféremment de leurs qualités.

---

[733] Supra.

[734] NTAH A MATSAH (H-M), *Le ministère public dans le contentieux administratif au Cameroun : contribution à l'étude des organes de la juridiction administrative camerounaise*, Thèse de doctorat/PHD en droit, Université de Yaoundé II, 2010.

[735] MESSI (T), *Le contrôle de cassation de la Cour suprême du Cameroun*, thèse de doctorat de 3e cycle en Droit, Université de Yaoundé, (S.d), p. 40s.

Section 1 : Les parties-personnes privées

Hormis des cas rares où l'administration est demanderesse à l'instance[736], les personnes privées sont généralement les parties requérantes. L'introduction de l'instance relève donc très souvent d'elles. Ces personnes privées, qu'elles soient parties initiales au procès où qu'elles y aient un statut d'intervenants volontaires, doivent remplir un certain nombre d'exigences personnelles (Paragraphe 1) pour que leurs actions soient recevables. Il existe quelques dérogations à ces exigences (Paragraphe 2) qui sont l'œuvre du juge pour les unes, et du législateur pour les autres.

Paragraphe 1 : Les conditions personnelles relatives à l'action contentieuse

Les personnes privées doivent remplir certaines conditions pour introduire un recours devant la juridiction administrative. La condition première est la capacité (A). Les deux autres elles aussi incontournables sont l'intérêt et la qualité à agir (B). Ces exigences devant être remplies par les personnes privées à l'instance sont pareilles à celles requises pour ester en justice en matière de contentieux judiciaire, même si leurs origines surtout jurisprudentielles sont différentes.

A. La Capacité

La capacité est l'aptitude légale à avoir et à jouir de droits et d'obligations. Les deux degrés de la capacité sont la capacité de jouissance et la capacité d'exercice qui, a plus d'un point semblables, s'appliquent quelque peu différemment suivant qu'il s'agit d'une personne physique ou d'une personne morale.

1. La Capacité des personnes physiques

Son mode de détermination, de même que les variantes liées à l'exercice et à la jouissance sont quelque peu dissemblables du régime applicable à la capacité des personnes morales.

Pour avoir la capacité, une personne physique doit exister, c'est-à-dire être née. Il reste que de plus en plus, même si le Droit positif camerounais ne s'est pas encore prononcé de façon claire sur la question, la doctrine tend à estimer que des droits doivent être reconnus aux non-vivants. La première catégorie concernée est celle de l'enfant à naître, c'est-à-dire l'embryon et le fœtus auxquels on tend à réclamer tout au moins un droit à la vie[737], et des droits

---

[736] Notamment en matière de contrôle de tutelle par voie de recours au juge administratif. cf. art. 71 de la loi n° 2004/17 du 22 juillet 2004 d'orientation de la décentralisation.

[737] DJOUTSOP (P-R), « La négation du droit à la vie de l'enfant à naître », RASJ, vol. 2, n° 1, 2001, p. 229.

successoraux. La seconde catégorie est celle du défunt envers qui il faut avoir une certaine décence avec notamment le droit au respect de la sépulture. À la vérité, ces deux catégories n'ont qu'un semblable de personnalité juridique dans la mesure où elles ne répondent pas à l'exigence d'être vivantes et viables.

La capacité des personnes physiques est liée à la personnalité juridique, et est sur son principe régie par des règles uniformes codifiées en Droit civil, et que le Droit administratif a fait sien. À la lecture des textes, on constate que la personnalité juridique commence à la naissance et cesse avec le décès[738]. Des droits sont néanmoins acquis dès la conception à condition de naître vivant et viable[739].

Dès la naissance, toute personne physique obtient donc la personnalité juridique qui, à ce stade, correspond à la jouissance de droit et à la reconnaissance d'obligations. Seulement, naître ne suffit pas, il faut aussi être viable, il faut être en possession de tous ses moyens pour ne pas être considéré comme étant incapable dès la naissance. Les inaptitudes et autres handicaps physiques ne sont pas pris en considération, car seules les facultés mentales sont déterminantes.

La personne physique qui nécessairement jouit de ses droits doit avoir atteint l'âge de 21 ans ou jouir d'une émancipation[740]. Si elle ne remplit pas ces conditions, elle ne peut disposer de la capacité d'exercice dont fait partie le droit d'ester (en personne) en justice.

Pour ester en justice, la personne physique doit donc avoir 21 ans[741] sauf cas d'émancipation, et il doit être en possession de ses facultés mentales[742]. Dans certains cas, la personne physique est inapte à saisir la juridiction du fait de condamnation pénale. Mais, même déchue de ses droits civils, elle « conserve la capacité d'agir en excès de pouvoir contre la décision administrative dont peut dépendre la régularité de sa condamnation[743] ». Les conditions de principe pour qu'une personne physique soit considérée comme « juridiquement capable[744] » sont donc liées à son âge et à son état mental à la différence de la personne morale.

---

738 ATANGANA MALONGUE (T), « Le domaine de la loi applicable au statut personnel dans l'avant-projet de code camerounais des personnes et de la famille », RASJ, vol6, n° 1, 2009, p. 75.
739 Avant projet de code camerounais des personnes et de la famille, art. 39.
740 Art. 476 s C. Civ.
741 CCA, n° 662 du 25 octobre 1957, Kamdem Minyim Pierre contre État du Cameroun.
742 Guimdo Dongmo (B-R), « le droit d'accès à la justice administrative au Cameroun, contribution à l'étude d'un droit fondamental », Droit prospectif, P.U.A.M, 2008, P. 411.
743 DEGUERGUE (M), procédure administrative contentieuse, Montchrestien, paris 2003, p. 41.
744 ABA'A OYONO (J-C), la compétence de la juridiction administrative en droit Camerounais, thèse de doctorat N-R, université de Nantes, 1994, p. 77.

2. La Capacité des personnes morales

La base de la personnalité juridique est l'existence. Elle confère des droits et des obligations à celui qui existe. Il en jouit s'il est viable. Cette exigence de l'existence est également requise pour les personnes morales de Droit privé. Nul besoin qu'une personne morale de Droit privé ait une certaine durée de vie. Pareillement, elle ne peut être considérée comme incapable du fait d'inaptitude psychique qui ne frappe que les personnes physiques.

La seule limite qu'elle peut connaître est la restriction de l'exercice de certains droits quand elle se retrouve dans des situations telles la liquidation et l'administration provisoire. Du reste, la capacité d'ester en justice lui est toujours reconnue. Les personnes morales pour avoir la capacité qui leur permet d'exercer le Droit d'ester en justice doivent exister, et cette existence doit faire l'objet d'une reconnaissance juridique. Il s'agit ici de la capacité juridique des personnes morales qui pour certaines d'entre elles émane d'une reconnaissance formelle de leur existence : s'y trouve le régime de l'autorisation. Ce régime concerne les associations religieuses[745], les associations étrangères[746], et les partis politiques[747]. La reconnaissance formelle admet aussi le régime de la déclaration. Celle-ci est faite à la préfecture du département du siège de l'association. La déclaration indique l'objet, le titre et le siège de l'association. Les membres et responsables de l'association doivent aussi être indiqués dans la déclaration[748]. Le régime de la déclaration s'applique aux associations nationales non religieuses, et n'étant pas des partis politiques.

L'exception à la reconnaissance formelle est l'existence de fait[749] qui par ailleurs déroge aussi aux principes liés à l'intérêt et à la qualité à agir.

B. L'intérêt et la qualité à agir

La constitution de l'intérêt et de la qualité à agir s'effectue de la même façon que ce soit pour une personne physique que pour une personne morale de Droit privé. Leur absence rend le recours contentieux non fondé et donc irrecevable.

1. L'intérêt pour agir

Il se détermine à partir du gain escompté en rapport avec le recours contentieux. Celui qui saisit le juge doit bénéficier de l'action entreprise. L'avantage procuré peut être pécuniaire, comme il peut être moral ou

---

[745] Art. 5 (2) de la loi n° 90/053 du 19 décembre 1990 portant sur la liberté d'association.
[746] Art. 15 de la loi n° 90/056 du 19 décembre 1990 relative aux partis politiques.
[747] Ibid. art. 12.
[748] Art. 7 (2) de la loi n° 90/053, op.cit.
[749] Infra.

simplement statutaire[750]. L'intérêt à agir est toujours lié au préjudice subi. Quand il est matériel, l'intérêt à agir sera davantage le gain pécuniaire et (ou) statutaire. Pour le préjudice moral, la base de la réclamation sera la réparation morale.

L'intérêt à agir est admis dès lors que le requérant a subi du fait de l'acte objet du contentieux, une lésion à caractère individuel et dont l'action du juge doit lui être profitable parce qu'il s'agit de réparer ladite lésion[751]. Ainsi, pour avoir intérêt pour agir, le requérant doit prouver qu'il y a eu un dommage administratif sur sa personne et que l'intervention du juge devrait le faire rentrer dans ses droits. L'intérêt peut être direct et personnel quand le recourant a lui-même subi le préjudice[752]. L'intérêt peut être indirectement constitué. Ce n'est pas l'hypothèse du mandat dans la mesure où le mandant reste titulaire de l'intérêt à agir et le mandataire n'est que son représentant[753]. C'est plutôt l'hypothèse de l'ayant droit qui, sans avoir été directement lésé peut pour l'enfant à naître ou pour le défunt se pourvoir en justice en leur lieu et place. L'intérêt peut ne pas être personnel, mais être collectif dans ce sens que l'acte litigieux ait porté atteinte à une corporation ou à une association et donc que l'action contentieuse est menée au profit dudit groupement[754], le préjudice ou l'intérêt d'ordre matériel et moral pouvant aussi s'y retrouver.

Pour éviter que l'action en justice ne devienne une action populaire, l'intérêt à agir est déterminé comme devant être rattaché au requérant qui doit justifier d'un préjudice personnel direct ou indirect (ayant-droits) et d'un profit escompté personnel. Cette exigence disparaît quand l'action est menée par une association de défense d'un intérêt qui ne profite pas aux membres mêmes de l'association. Il peut s'agir d'une association créée par la volonté de ses propres membres, ou d'une commission étatique telle celle de la défense des droits de l'homme[755].

Il est admissible que l'intérêt sans plus être personnel soit légitime quand il correspond strictement aux objectifs de ladite association ou organisation[756]. Cette extension touche aussi la qualité à agir.

2. La qualité à agir

Il s'agit de la possibilité de se pourvoir en justice. Pour les personnes physiques, la qualité est constituée par le cumul de l'intérêt à agir et de la capacité. Dès que ces deux éléments sont réunis, il est difficile d'imaginer que

---

[750] Annulation d'une décision administrative sans réclamation de dommages et intérêts.
[751] JACQUOT (H), « Le contentieux administratif au Cameroun », RCD, n° 8, 1975, p. 113.
[752] CS/CA, jugement n° 11 du 28 janvier 1982, Ndougsa Valentin contre État du Cameroun.
[753] CFJ/CAY, arrêt n° 188 du 28 mars 1972, Wambo Telesphore contre État du Cameroun.
[754] TE, Arrêt n° 216 du 12 avril 1963, Syndicat National des Administrateurs Civils contre État du Cameroun.
[755] Exemple : la Commission nationale des Droits de l'Homme et des Libertés.
[756] SCHAEGIS (C), « L'intérêt en droit administratif processuel », RGDP, 1999, n° 1, p. 1s.

le juge pourrait déchoir le recours contentieux de recevabilité. Le fait est que l'intérêt est souvent assimilé à la qualité et que la qualité semble ouverte à tout potentiel plaideur. Pour les personnes physiques, le plaideur ne doit pas être incapable et doit justifier d'un intérêt. Ce qui amène à conclure que l'intérêt n'est pas la qualité et que cette dernière sans être réellement rattachée au statut social comme certains l'ont présentée[757] n'est que le produit de l'existence de l'intérêt à agir et de la capacité quand il y a action directe de la victime sans personne interposée.

Devant le prétoire, la question de la qualité concerne strictement et uniquement le plaideur. S'il doit être capable, il n'est pas toujours le titulaire de l'intérêt, mais peut être le représentant de celui qui a intérêt à agir. Il doit tout de même avoir la qualité. Ceci signifie que la qualité n'est pas attribuée à un incapable et qu'elle peut être reconnue à quelqu'un d'autre qu'à celui qui a l'intérêt à agir du moment que le plaideur est légalement habilité à représenter le requérant.

La qualité est donc l'association de la capacité et de l'intérêt à agir quand le requérant est plaideur. Quand il se fait représenter, la qualité se sépare alors de la capacité, car si le représentant est capable, le requérant peut ne pas l'être. De même par la représentation, l'intérêt se sépare de la qualité, car la qualité est l'habilitation à représenter du plaideur, alors que l'intérêt est celui du requérant. Pour les personnes morales de Droit privé, la qualité à agir est constituée d'abord par le fait que les conditions de capacité et d'intérêt soient réunies, mais ensuite par le fait le plaideur ait reçu mandat pour représenter ladite personne morale. Souvent, le seul fait qu'il soit personnel de cette structure lui donne qualité quand il n'y a pas eu de contestation. Autrement, un texte organique ou une désignation formelle par les autorités compétentes de la structure donne qualité au plaideur de faire valoir les moyens du requérant.

La qualité n'est pas une exigence qui se rapporte au requérant, elle est plutôt liée au plaideur qui peut ou non être le requérant. La qualité doit être reconnue au plaideur sous peine de voir le recours contentieux considéré comme étant non fondé et donc irrecevable[758], même si des dérogations existent quant à ces différentes conditions personnelles liées à l'action contentieuse[759].

---

[757] KAMDEM (J), « L'intérêt et la qualité dans la procédure administrative contentieuse au Cameroun » RCD, n° 28, 2e série, 1984, p. 58.

[758] CS/CA, jugement n° 20 du 27 avril 1978, Minyem Flaubert contre État du Cameroun, CS/CA, jugement n° 102 du 3 septembre 2003, Kouang Guillaume Charles contre État du Cameroun et Kouang Ndon Albert Legrand (tierce opposition) ; Jugement n° 19, CS/CA du 29 novembre 1979, Elites Bankas représentée par Mbouendeu Jean de Dieu contre État du Cameroun.

Paragraphe 2 : Les dérogations aux conditions personnelles

S'agissant des personnes physiques, la règle est qu'elles doivent avoir la capacité juridique pour ester en justice. Cependant, quand le requérant est incapable, il lui est toujours possible de faire défendre ses prétentions parce qu'il a tout de même intérêt à agir. Cette défense est exercée par un représentant qui peut être un tuteur sinon un conseil juridique. Pour les personnes morales de Droit privé, le remplacement par un conseil n'est pas une dérogation à l'exigence de capacité, mais joue davantage pour la qualité à agir (B). Les personnes morales de Droit privé peuvent aussi ester en justice alors même qu'elles n'ont pas l'existence légale (A), ce à certaines conditions.

A. Les dérogations quant à l'existence légale.

Il a été dit que la capacité des personnes morales se déterminait à partir de leur existence légale. Néanmoins, possibilité leur est accordée de faire valoir leurs droits quand bien même elles n'auraient pas d'existence légale. Cette exception à l'exigence d'existence légale reste pour autant confinée.

1. L'existence de fait

Une personne morale de Droit privé est réputée avoir une existence légale parce qu'elle est reconnue. La reconnaissance légale a deux modalités que sont la déclaration et l'autorisation. L'autorisation est un régime applicable aux partis politiques[760], aux associations religieuses[761] et aux associations étrangères[762] ; et le ministre de l'administration territoriale reste l'acteur central de la procédure d'autorisation, car quand ce n'est pas lui qui la délivre, il lui revient pour le moins de donner un avis motivé à l'autorité habilitée à autoriser.

Le régime de la déclaration concerne les autres personnes morales avec un accent mis sur l'immatriculation pour celles qui ont une vocation commerciale.

Le principe est donc que la personne morale de Droit privé a la capacité juridique par la reconnaissance légale qui fonde son existence juridique.

Quatre cas de figure peuvent justifier qu'il y ait dérogation de la règle de l'existence légale, et la substitution de celle-ci par l'admission que l'existence de fait puisse être l'habilitation d'ester en justice.

C'est d'abord le cas des personnes morales qui ont engagé la procédure de reconnaissance légale. Celle-ci n'ayant pas encore abouti. Si elles se

---

[760] Loi n° 90/056 du 19 décembre 1990 relative aux partis politiques : art. 2, 4, 7, 12. Le dossier est déposé au service du Gouverneur du lieu du siège du parti et l'autorisation est délivrée par le ministre de l'administration territoriale.
[761] Art. 5 et 22 de la loi n° 90/053, précitée.
[762] Ibid. art. 5 et 15.

retrouvent confrontées à une difficulté dans la procédure de légalisation devant être levée par le juge. Le recours peut justement être formé contre les faits et actes d'obstruction à la déclaration ou refus injustifié d'autoriser ou d'immatriculer.

C'est ensuite le cas des personnes morales dissoutes. Une association est dissoute par les autorités (administratives et judiciaires[763]) quand elle contrevient à l'ordre public ou dévie de ses objectifs[764]. Elle peut aussi être dissoute par la volonté propre de ses membres. Les associations dissoutes se sont néanmoins vues reconnaître le droit d'ester en justice. C'est notamment à l'occasion de la dissolution de l'association des témoins de Jéhovah que le juge a consacré cette possibilité. Dans l'affaire Eitel MOUELLE KOULA, le requérant témoin de Jéhovah, avait introduit un recours visant l'annulation du décret ayant dissout l'association dont il est membre. Le fait d'avoir considéré ledit recours comme étant recevable et d'avoir au fond statué en faveur du requérant prouve bien qu'il est possible qu'une association ou qu'une personne morale de Droit privé dissoute, puisse ester en justice[765].

C'est aussi le cas des associations et personnes morales de Droit privé qui fonctionnent sans jamais avoir engagé de procédure de reconnaissance légale. Ceci n'est pas de jurisprudence constante, mais le juge a accepté de connaître d'un recours présenté par une association évoluant dans la clandestinité juridique dans l'affaire des élites bankas[766]. En l'espèce, une association constituée « d'élites bankas » a intenté une action en contestation de la désignation du sieur Pokam Nictheu comme chef de leur groupement administratif et c'est principalement le défaut de qualité et d'intérêt du plaideur en l'instance, représentant de cette association, qui a rendu le recours irrecevable.

C'est enfin le cas du silence gardé par l'administration quand une demande d'autorisation a été régulièrement déposée. La protection constitutionnelle de la liberté d'association va dans le sens de la constitution du silence – acceptation, quand l'administration ne se prononce pas au bout d'un certain temps sur une demande d'autorisation. Les délais sont de trois mois à compter de la date de dépôt du dossier. Le silence observé après ce délai donne droit à l'association de considérer que l'autorisation est acquise[767].

---

763 Principalement le ministre de l'Administration territoriale.

764 Ordonnance n° 20/O/PCA/CS du 26 septembre 1991, Kom Ambroise contre État du Cameroun.

765 CFJ/SCAY, Arrêt n° 178 du 29 mars 1972, Eitel Mouelle Koula contre République fédérale du Cameroun ; Dans le même sens et sur le même objet : CFJ/SCAY, Arrêt n° 194 du 25 mai 1972, Nana Tchana Daniel contre État fédéral du Cameroun.

766 CS/CA, jugement n° 7 du 29 novembre 1979, Elites BANKAS contre État du Cameroun.

767 Ordonnance n° 02/PCA/CS du 16 décembre 1992, UPC-MANIDEM contre État du Cameroun.

2. L'encadrement juridique

Les dérogations à la règle de la reconnaissance comme unique voie donnant l'aptitude d'accéder au prétoire doivent rester des exceptions. Les moyens de l'autorisation et de la déclaration permettent aux autorités publiques de contrôler la création des associations et surtout de sauvegarder l'intérêt général par la maîtrise des objectifs qui sont ceux des associations devant être légalement reconnues.

L'élévation de la liberté d'association au rang des principes constitutionnels et la mission de protection des droits et libertés fondamentaux par le juge l'obligent à permettre que des associations légalement méconnues puissent le saisir.

Cette possibilité est assortie de conditions devant juridiquement encadrer l'action en justice. Hormis le cas de l'association créée par conséquent du silence observé par l'administration et dont les actions ne sont recevables qu'à la condition que les trois mois de délai de silence soient passés [768]; toutes les autres associations sont confinées à des actions particulières.

Si l'action doit être en rapport avec l'objet de l'association et justifier l'intérêt à agir, il est perceptible que la possibilité du recours est exclusivement confinée à l'action sur l'existence et sur les droits liés à l'existence de l'association. Ainsi, le recours peut viser le refus d'autoriser, l'obstruction à déclarer ou l'acte portant dissolution.

L'existence de fait peut donc permettre à une personne morale de Droit privé non reconnue d'ester en justice. Cette éventualité ne concerne pas les personnes physiques qui ont d'ailleurs la possibilité de se faire remplacer à l'instance.

B. Le remplacement par un conseil

La victime peut elle-même présenter ses moyens à l'instance, tout comme elle peut se faire représenter par un conseil ; il s'agit de l'assistance judiciaire. Facultative quand elle est laissée au choix du requérant, elle est obligatoire devant la Chambre administrative de la Cour suprême.

1. L'assistance judiciaire des personnes privées

Toute personne physique ou morale de Droit privé est libre ou non de se faire assister dans le recours contentieux, à la condition que les textes n'en disposent pas autrement.

---

768 Supra.

Devant la juridiction inférieure en matière administrative, la représentation est facultative. Le requérant peut ainsi être le plaideur à l'instance tout comme il peut choisir de désigner un représentant à l'instance.

La représentation a deux variantes à savoir celle dans laquelle le représenté a la possibilité de s'offrir un représentant légal dont il assume les charges et celle dans laquelle, sollicitant ou étant contraint de recourir aux offices d'un avocat, il n'est pas en mesure d'en assumer les charges d'où le recours à l'assistance judiciaire. Seules les personnes physiques peuvent prétendre à l'assistance judiciaire[769]. Pour ce faire, celui qui la sollicite doit être réputé de ressources insuffisantes et, c'est cette indigence qui lui permet d'avoir à se faire représenter à l'instance de façon gracieuse, l'État lui commettant d'office un avocat.

La représentation permet au requérant de conserver l'intérêt à agir et de l'exercer par personne interposée. Dans ce cas, la qualité à agir est celle du plaideur ou représentant qui est constituée par désignation formelle du représenté. La représentation est une éventualité devant le Tribunal administratif, ce qui n'est pas pareil devant la Chambre administrative.

2. L'obligation de l'office d'un avocat devant la Chambre administrative

Devant la Chambre administrative de la Cour suprême considérée comme juridiction supérieure de « l'ordre juridictionnel administratif », le requérant n'a pas le pouvoir de choisir s'il doit ou non être représenté.

Les personnes qui sont des parties physiques au procès administratif sont tenues d'être représentées par un avocat devant la Chambre administrative de la Cour suprême[770]. Au cas où le requérant viendrait à ne pas pouvoir assumer les frais de représentation, il lui sera accordé un avocat par le mécanisme de l'assistance judiciaire. Cet avocat est réputé avoir qualité pour agir au nom du requérant, et il doit rester fidèle aux prétentions et réclamations du requérant qu'il représente.

La juridiction administrative est compétente pour le contentieux administratif dont l'une des particularités est que le litige oppose des parties dont l'une est une personne publique. Celle-ci doit également remplir certaines conditions pour ester en justice.

---

769 Art. 5 (1) (2) de la loi n° 2009/004 du 14 avril 2009 portant organisation de l'Assistance judiciaire.

770 Art. 104 (3), 49(3), 50(1), 65(1) et 91 (2) de la loi n° 2006/016, précitée.

Section 2 : Les parties-personnes publiques

Par détermination des textes, la juridiction administrative connait de « l'ensemble du contentieux administratif concernant l'État, les collectivités territoriales décentralisées et les établissements publics[771] ». D'autres entités, ayant quant à elles juste une vocation de service public, doivent être incluses dans cette énumération[772]. Il s'avère que ces personnes publiques sont recevables à se pourvoir devant le juge administratif à des conditions (Paragraphe 1) qui se rapprochent quelque peu de celles des personnes privées. Au demeurant, la représentation est le seul moyen par lequel les personnes publiques requérantes peuvent faire valoir leurs prétentions devant le juge administratif (Paragraphe 2).

Paragraphe 1 : Les conditions d'action

Pour les personnes privées, il est question des règles liées à la capacité, à l'intérêt et à la qualité à agir. Le régime des conditions personnelles des personnes publiques est semblable à celui des personnes privées en général en ce qui concerne la qualité et l'intérêt à agir (B), même si l'hypothèse du fondement est normalement renversée. S'agissant de la capacité, bien qu'elle soit proche de celle des personnes morales de Droit privé quant à sa consistance, elle en est différente du point de vue de sa constitution (A).

A. La personnalité morale : facteur de capacité

Les personnes publiques sont identifiées comme étant des personnes morales de Droit public. Si ce critère a autrefois été discuté par DUGUIT et SIEYES notamment, il est aujourd'hui admis que l'administration est une entité atemporelle, que les personnes physiques qui l'incarnent ne sont pas l'administration, et que le mécanisme de responsabilité imputé à l'administration prouve à suffisance l'aspect réellement immatériel de cette entité. De l'administration d'État, il faut distinguer celles infra étatiques dont le mode de constitution tient lieu de point de démarcation.

1. La personne morale de l'État

L'État peut être une partie au procès administratif. Elle est alors soit demandeur, soit défendeur à l'instance où elle s'est introduite par voie d'intervention volontaire.

C'est par sa qualité de personne morale de Droit public que l'État est admis à ester en justice. En fait, la personne morale de Droit public de l'État est établie par la possession de la capacité juridique par ce dernier. Il est un

[771] Art. 2 (2) de la loi n° 2006/022, précitée.

[772] Infra.

truisme que d'affirmer que l'État n'est pas ceux qui gouvernent. Non seulement il transcende le temps, mais en plus, la complexité des actes qui lui sont dévolus ne peut pas être sous la maîtrise unique de quelques individus. Il n'est pas superflu de rappeler qu'un État est l'addition d'éléments juridiques à ceux sociologiques.

Il suffit à un État de s'estimer comme tel pour ester en justice du point de vue interne[773]. Il ne viendrait à personne de contester ce droit à l'État ; contestation d'ailleurs irrecevable par le juge qui, s'il l'acceptait, dédirait par la même occasion la légalité et la légitimité du pouvoir dont il est oint parce que la justice est rendue au nom du peuple par l'État. Ceci revient à dire : pas d'État, pas de justice.

Ainsi, l'existence de l'État suffit à elle seule pour lui constituer une capacité à ester en justice par sa possession de la personnalité juridique. Cette personnalité juridique est dite morale du fait de l'impersonnalité physique de l'État.

En vertu de la règle de l'action étatique par intermédiation, l'État agit à travers ses composantes et particulièrement par le biais des institutions publiques c'est-à-dire celles créées principalement par le constituant et le législateur dont les missions sont normalement d'intérêt général. L'État agit devant le juge administratif parce que ce sont ses services administratifs où les implications administratives de certains de ses actes[774] qui sont concernés.

Du point de vue organique, l'État est habilité à se pourvoir en demande ou en défense quand le différend concerne son administration ; c'est l'engagement propre. Les services de l'administration centrale et ceux déconcentrés forment un. Même si les identités, les missions et les budgets tendent à les séparer, ils sont tous greffés à la personnalité morale unique de l'État[775]. Ceci ne signifie pas que l'État agissant le fait indifféremment de l'administration étatique directement interpellée. Un litige généré par le ministère des Finances ne saurait habiliter le ministre de la Santé à ester en son lieu et place.

Il arrive aussi que l'engagement de l'État soit un engagement par substitution. C'est ce qui se produit quand le requérant, au lieu de saisir l'entité autonome qui lui a causé le préjudice, forme un recours contre l'État qui est celui qui a l'autorité sur l'entité fautive. C'est l'exemple du dommage causé par une entreprise publique ou privée qui construit une route pour le compte de l'État, quand le requérant porte plainte à l'État plutôt qu'à cette entreprise.

---

773 Par contre, pour ester devant les instances juridictionnelles internationales, il est nécessaire que qualité et capacité de « l'État » soit internationalement reconnues.

774 Cas de la détachabilité liée aux actes de gouvernement ou encore dans l'éventualité du régime de responsabilité spéciale.

775 DELION (A-G), « Réforme administrative : déconcentration et unité d'action », AJ, 1963, p. 4.

Le mode de constitution de la capacité est quelque peu différent pour les collectivités publiques infra étatiques.

2. La personnalité morale des personnes publiques infra étatiques.

L'aptitude à ester en justice des collectivités publiques infra étatiques est établie par leur existence comme pour l'État. Mais la différence réside dans le fait que la personnalité juridique de l'État est autoconstituée tandis que celle de ces différentes collectivités est hétéroconstituée. La capacité qui est liée à leur existence est produite par octroi c'est-à-dire par l'acte juridique qui les crée.

Selon les Professeurs DREYFUS et D'ARCY, « une personne morale suppose plusieurs éléments pour exister, tout d'abord un objet, c'est-à-dire un but et une activité qui justifient sa création. Ensuite des organes... Les personnes publiques se caractérisent par leurs conditions de création qui impliquent une décision d'une autorité politique, par leur objet qui entre dans les activités d'intérêt général à la charge des pouvoirs publics, par leur mode de gestion qui implique un contrôle par des autorités politiques élues et enfin, par les règles de droit applicables qui relèvent, à des degrés divers, du Droit administratif[776] ». Cette assertion voulue générale ne s'applique pas à l'État[777], parce que celui-ci n'est pas créé suivant ce que ces auteurs décrivent. Par ailleurs, il est impossible de donner un objet ou une activité uniques à l'État.

L'assertion correspond davantage aux personnes publiques infra étatiques même si le mode de contrôle que les auteurs relèvent (contrôle politique) ne traduit pas l'exacte réalité. Les collectivités infra étatiques sont principalement les services publics administratifs et les services publics industriels et commerciaux. Ils sont créés par voie législative[778], sur habilitation du législateur ou par décret. Et c'est en vertu de cet acte légal qu'ils tiennent leur existence, leur personnalité morale et la capacité d'ester en justice. En partage avec les personnes privées, les personnes publiques doivent aussi avoir la qualité et l'intérêt à agir pour faire valoir leurs prétentions.

---

[776] DREYFUS (F) et D'ARCY (F), *Les institutions politiques et administratives de la France*, 5e éd. Economica, Paris 1997, p. 221.

[777] Et donc nullement à l'administration d'État.

[778] Pour le FEICOM, V. art. 91 de la loi n° 74/23 du 5 décembre 1974 portant organisation communale. Pour les entités dites indépendantes, lire PEKASSA NDAM (G), Les établissements publics indépendants : une innovation fondamentale du Droit administratif camerounais, RASJ, vol. 2, n° 1, 2001, notamment p. 166.

Il faut signaler le cas des collectivités territoriales décentralisées dont les catégories sont créées par le constituant ou encore des universités d'État de création réglementaire.

V. respectivement : art. 55 de la loi constitutionnelle de 1996 et l'art. 1 du décret n° 93/027 du 19 janvier 1993 portant dispositions communes aux Universités.

B. La qualité et l'intérêt à agir des personnes publiques

Les personnes publiques, pour voir leurs prétentions reçues, doivent avoir la qualité et l'intérêt à agir. Ces exigences qui sont les mêmes pour les personnes privées sont particulières au niveau de leur détermination parce que, très rarement, les personnes publiques sont les victimes. Le problème des critères liés à la détermination de l'intérêt et de la qualité pour agir des entités infra étatiques ne se pose pas avec acuité par rapport aux administrations d'État. Le fait est que la personnalité juridique de l'État est une. Or, c'est l'un de ses services qui est appelé à intervenir devant le juge, d'où le recours aux critères de la causalité et de l'imputabilité.

1. Le critère lié à la causalité

Qu'il y ait présence ou absence de faute, le fait dommage doit toujours être mis en relation avec son auteur. L'affaire étant en jugement, le fait dommage ne peut pas en l'état être rattaché à l'activité (ou à l'inactivité) administrative, mais la prétention doit aller dans ce sens. Cette hypothèse qui est majeure est celle où le requérant réclame la réparation du dommage causé par l'administration.

L'administration défenderesse à l'instance est celle qui est responsable du secteur du service public dans lequel est né le préjudice. Quand le fait dommageable relève de plus d'un service administratif, ceux-ci ont tous qualité et intérêt à agir[779].

Une hypothèse mineure est celle où le recours introductif d'instance est l'œuvre de l'administration. Rare, ce cas de figure est surtout celui où deux personnes publiques s'opposent à l'instance comme pour le cas du contrôle de tutelle par voie juridictionnelle des collectivités territoriales décentralisées.

L'intérêt à agir dans les deux hypothèses est par rapport à la causalité fondée sur le fait que le service administratif désigné comme auteur du fait dommageable a le droit de se défendre et de prouver le contraire, où que celle accusant ait introduit une requête pour obtenir réparation du dommage, permettant donc d'identifier de quel secteur de l'administration d'État relève l'agent, ou l'activité ayant généré le préjudice. Ce principe de spécialité fait que par le lien de cause à effet, un service administratif tel le ministère de la santé ne sera jamais intéressé et n'aura ni intérêt ni qualité à agir pour un fait dommageable causé ou subi par un autre service administratif tel le ministère des finances. À ce critère s'ajoute celui de l'imputabilité.

---

[779] V. CS/CA, jugement n° 195 du 16 septembre 2009, Famille MBOH Thomas, Famille YARILEM et HAMADOU ABBA contre État du Cameroun (P.M et MINDAF), famille NDOG AKOK (Int vol).

2. Le critère de l'imputabilité

Pour distinguer la causalité de l'imputabilité, la Professeure MORAND DEVILLER pose deux questions à savoir « qui est l'auteur du dommage ? » et « qui indemnisera ? », puis elle relève que la première correspond à la causalité tandis que la seconde est celle de l'imputabilité[780]. Cette distinction que nous retenons a le mérite de permettre de déterminer l'autre critère donnant qualité et intérêt à agir aux personnes publiques dans une instance. La règle de l'imputabilité établit l'administration devant répondre au cas où le préjudice est avéré par le juge. L'administration en question est juridiquement comptable, c'est-à-dire responsable. Si le recours est dirigé contre un acte de l'administration, il peut être annulé. Plus symbolique encore est l'indemnisation par laquelle, l'administration fautive devra supporter dans son budget les sommes dues au titre de dommages et intérêts.

L'extension de la question de Mme MORAND DEVILLER est : « qui sera indemnisé ? ». Cette extension s'applique quand l'indemnisation est demandée par la personne publique requérante. Dans ce cas, c'est au bénéfice de son budget que seront versées les sommes dues. Comme pour la causalité, l'imputabilité obéit au principe de la spécialité qui fait que l'intérêt et la qualité pour agir ne reviennent qu'à l'administration dont le budget ou l'acte est directement concerné par le recours intenté. Comme quoi, il n'y a pas de recours général car le recours contentieux reste ouvert aux seules personnes ayant la capacité, la qualité et l'intérêt à agir.

Par ailleurs, pour les personnes publiques, le mode d'action en justice est réglé par la représentation dont l'encadrement juridique s'étend aux aspects liés à la qualité pour agir.

Paragraphe 2 : La représentation des personnes publiques en justice

Les personnes morales sont incarnées par les personnes physiques qui y travaillent. À ce titre, il est évident que seule l'action par personne interposée est le mode opératoire des personnes publiques. Deux principales modalités que sont la représentation directe (A) et celle consistant en la représentation par l'office d'un conseil (B) forment le régime de la représentation des personnes publiques en justice. Le représentant, pour avoir qualité à agir doit être investi d'une habilitation légale lui conférant le rôle de plaideur à l'instance.

---

780 MORAND-DEVILLER (J), *Cours de droit administratif*, 9e édition, MONCHRESTIEN, Paris 2005, p. 790.

A. La représentation directe

Le ministère d'avocat est facultatif pour les personnes publiques ce qui fait que celles-ci peuvent agir par représentation directe.

1. Le mode de la représentation directe

Les personnes morales ne peuvent agir elles-mêmes puisqu'elles ne sont matérialisées que par les éléments qui les représentent. Leur dimension matérielle est incarnée par les actes qui leur sont attribués par les personnes qui les posent, et voire par les structures responsabilisées à cet effet.

Pour ester en justice, les personnes morales agissent par le moyen de représentants qui doivent être habilités à agir pour le compte de la personne morale représentée. La représentation directe est celle dans laquelle le représentant est choisi à l'intérieur de la personne morale. Ainsi, une personne publique peut agir en justice par le moyen de ses agents propres : c'est le mode de la représentation directe. S'agissant des administrations d'État, il est question de désigner un responsable dans le ministère et c'est par ce processus qu'il acquiert la qualité pour agir au nom de ladite personne morale de Droit public. Le représentant est chargé d'effectuer pour le compte de la personne publique tous les actes de procédure que sont l'introduction d'instance et la participation aux audiences.

Pour que la représentation soit bien assurée, l'administration fait appel à des agents ayant un profil adéquat. Généralement juristes de formation, ils sont des cadres de haut niveau pouvant être choisis de par leur expérience professionnelle.

Ce procédé de représentation directe est également utilisé par les autres personnes morales de Droit public infra étatiques qui, soit confient cette tâche à des cadres d'un service interne dédié à ladite fonction, soit à un agent de la structure ou de la collectivité concernée suivant le mode de désignation retenu.

2. La désignation du représentant

Concernant le procédé de la représentation directe, le Professeur BIPOUN WOUM dont les observations sont toujours d'actualité évoque « une opération intra ministérielle », car « En l'état actuel de la pratique de la représentation de l'État auprès des tribunaux judiciaires et de la Chambre administrative de la Cour suprême (elle) se ramène à une formule très simple : la désignation par le chef du département ministériel concerné par une affaire d'une personne physique relevant de l'administration pour défendre les intérêts de l'État[781] ».

---

[781] BIPOUN WOUM (J-M), « La représentation de l'État en justice au Cameroun », RCD n° 28, 2 de série, 1984, p. 31.

En France, la désignation du représentant « intraministériel » est souvent expresse et directe[782] dans la mesure où un acte pris pour la cause le désigne pour défendre les intérêts de la structure concernée. Ce système correspond à celui que le Professeur BIPOUN WOUM a présenté. Avec l'affermissement et le développement des recours contentieux, une autre pratique s'est instaurée à côté de celle explicite observée. Cette autre pratique qui tend à devenir le Droit commun de la désignation du représentant est « La désignation implicite ».

Ce système consiste en la création dans les ministères des divisions en charge des questions juridiques. Ces divisions spécialisées ont généralement des cellules de contentieux dont l'une des missions est la représentation devant les juridictions. « Dans ce cas, la nomination d'un agent public à la tête d'un tel service entraine automatiquement sa désignation implicite comme représentant de l'État pour le compte du ministère concerné[783] ». En fait, la désignation implicite tend à devenir le mode de Droit commun pour la désignation du représentant pour les ministères tandis que la désignation directe est davantage employée par les autres personnes morales de Droit public.

Il faut à ce titre relever que les divisions juridiques dont sont dotés sous une forme ou sous une autre tous les ministères sont normalement les structures d'agents publics appelés à faire valoir les moyens de leurs ministères en justice. La désignation directe reste néanmoins consacrée indifféremment à toute personne publique par le texte organisant la profession d'avocat[784] à côté de celle qui est confiée à ce dernier.

B. La représentation par l'office d'un avocat

Les personnes publiques peuvent solliciter d'un avocat qu'il les représente au cours d'une instance contentieuse. La désignation de l'avocat est régie par un ensemble d'exigences depuis peu soumises au contrôle hiérarchique.

1. Le régime de la désignation de l'avocat

L'avocat n'est pas un représentant d'office de l'administration. Il doit avoir une habilitation légale pour le faire. L'avocat a pour fonction « d'assister et représenter les parties en justice…[785] » Son office peut être requis tant pour les personnes privées que pour les personnes publiques. Le recours à la représentation d'un avocat est en règle générale facultatif. Constat doit être

---

[782] Ex : Arrêté n° 3439 du 15 octobre 2007 du préfet de la Réunion.

[783] Ministère des Domaines et des Affaires foncières, Manuel du représentant de l'État devant les instances judiciaires (dans le cadre du contentieux foncier et domanial), Jurilex International, p. 16.

[784] Art. 3 (3) de la loi n° 90/059 du 19 décembre 1990 portant organisation de la profession d'Avocat.

[785] Ibid. art. 1er (1).

fait que l'administration recourt à ce mode de représentation très souvent quand le dossier est particulier. La particularité tient soit à la complexité de la cause, soit aux enjeux du dossier. Parfois, à l'avocat est associé un agent de l'administration pour faire office de représentant.

La validité de la représentation par l'avocat ne tient que s'il agit sur habilitation régulière[786], il s'agit d'un mandat dont le défaut est source d'irrecevabilité du recours ou des moyens présentés suivant que l'administration est demandeur ou défendeur. L'avocat est un mandataire, ce qui signifie qu'il est appelé à faire valoir les moyens et les prétentions de la personne publique qu'il représente et qu'il est limité par eux, sauf si les moyens sont laissés à son appréciation ; ce qui ne peut être le cas des prétentions. Il reste que le recours à l'office d'un avocat passe par un contrôle.

2. Le contrôle hiérarchique

Le représentant de Droit de la personne publique impliquée dans le procès est l'autorité qui au quotidien incarne ladite personne. Il s'agit de la plus haute autorité de cette administration. La législation prévoyait que ce soit l'autorité habilitée à recevoir le recours gracieux[787]. Le changement intervenu dans la détermination de cette autorité par le passage de la notion de ministre compétent à celle de l'auteur de l'acte bouleverse quelque peu la donne. Le fait est que le mandataire ou représentant agit « pour le compte d'autrui[788] », c'est-à-dire de la personne publique ou du ministère[789] dont il a reçu habilitation. Il est donc admis que le représentant naturel du ministère est le ministre et ce raisonnement est valable pour les autres personnes publiques. Ainsi, le délégué du gouvernement est celui qui est compétent pour représenter la communauté urbaine en justice[790]. L'agent ou l'avocat désigné ne sont donc que des représentants par substitution.

En confiant l'autorité aux ministres pour le cas des administrations d'État, présomption était faite qu'il se ferait substituer de façon libre. Il a d'ailleurs été institué par l'usage que le ministre compétent désigne librement son représentant en justice.

Récemment, il s'est posé un problème relatif à l'intensification de la lutte contre la corruption. Il s'est avéré qu'un conseil juridique librement choisi par un ministre avait perçu des honoraires pour le moins exubérants, ce qui ressemblait fort à un détournement de deniers publics maquillé ; d'où la

786 CS/CA, jugement n° 44 du 24 juin 1993, MADONI Maurice contre État du Cameroun.
787 Art. 52 (1) de la loi n° 75/16 du 8 décembre 1975 fixant la procédure et le fonctionnement de la Cour suprême.
788 BIPOUN-WUOM (J-M), « La représentation de l'État en justice au Cameroun », op.cit., p. 47.
789 Sur la qualité de représentant, voir l'intéressante étude de DELCROS (B), l'unité de la personnalité juridique de l'État, LGDJ, Paris 1976, p. 115s.
790 CS/CA, jugement n° 6 du 29 novembre 1979, SABC contre Communauté urbaine de Yaoundé.

réaction du Premier ministre. Cette réaction qui a provoqué le tôlé des avocats défendant leurs intérêts a été la prise d'un texte instituant un contrôle exercé par le Premier ministre. Hormis ce contrôle hiérarchique sur les honoraires convenus, la liberté reste accordée à l'autorité compétente pour désigner et s'entendre avec l'avocat devant faire office de représentant. Cet acte de désignation habilite le représentant en lui donnant qualité pour agir.

In fine, le recours contentieux pour être valablement introduit obéit à un régime juridique dans lequel les conditions personnelles occupent une place importante. Les conditions personnelles sont celles liées aux personnes faisant valoir des prétentions à l'instance contentieuse. Qu'elles soient personnes privées ou personnes publiques, elles doivent avoir la capacité juridique dont la constitution obéit à une multitude de règles applicables suivant la nature et la situation de ladite personne. Elles doivent aussi avoir intérêt et qualité pour agir. Le défaut d'intérêt et (ou) de qualité[791] tout comme l'absence de capacité rend irrecevables le recours et les prétentions de la partie qui ne remplit pas ces conditions personnelles.

Certaines conditions comme la capacité et l'intérêt pouvant être considérées comme obstruant l'accès au prétoire, il faut reconnaître qu'elles sont à l'avantage de la Justice. L'intérêt à agir évite avec la qualité qu'il n'y ait un pullulement des recours causant une surcharge pour le juge, car ces encombrements sont de nature à ralentir l'appareil judiciaire. La capacité elle, permet de donner l'accès à la justice à tous ceux qui sont en possession de tous leurs moyens et d'éviter aux incapables de s'engager sur un chemin périlleux, celui des procédures juridictionnelles.

[791] *CS/AP, Arrêt n° 13 du 15 juin 1978, État du Cameroun contre NDOH François.*

CONCLUSION DU TITRE

La première préoccupation du juge quand il est saisi est de savoir si le recours contentieux formé est recevable. Au crible de la vérification s'enchevêtre un ensemble d'éléments formels et matériels.

Dans cet ensemble figure en bonne place la question de la compétence à statuer sur le recours. Elle procède de l'identification du litige comme rentrant dans les catégories du contentieux administratif dont les cas d'ouverture sont pour les uns énumérés par les textes, et les autres issus d'une détermination jurisprudentielle[792]. À cette opération s'ajoute l'exigence du caractère indemnisable du préjudice subi. Le recours contentieux doit aussi avoir été précédé d'un recours gracieux. Ce moyen d'ordre public sujet à d'infimes exceptions permet de mettre l'administration au courant des faits et des prétentions de son auteur, et par là de lier le contentieux. Il reste que le juge apprécie aussi la recevabilité quant aux conditions personnelles que doivent remplir les parties au procès. Pouvant être résumées par la capacité, l'intérêt et la qualité pour agir, ces conditions dont les régimes varient suivant les personnes (physiques et morales) sont substantielles, car leur défaut rend le recours irrecevable.

Les préalables au traitement juridictionnel de la requête déposée aux greffes de la juridiction administrative sont pour certains de nature à garantir une capacité d'action et de défense pour les justiciables[793]. La béate figure exprimant cette position est l'impossibilité du mineur d'ester en justice en personne. Il s'y perdrait et ses droits ne seraient pas judicieusement défendus, puisque le juge est d'abord tenu par les prétentions et moyens des parties. D'autres préalables paraissent critiquables et le principal est le recours gracieux préalable. Cette exigence fortement diluée en France[794] est impérative au Cameroun. Retardant la mise en œuvre de la procédure juridictionnelle en défaveur des particuliers, son aspect obligatoire et ses règles de forme et de fond sont de nature à troubler plus d'un, et même des universitaires enseignants de Droit public s'y perdent[795].

Quand tous les préalables sont réunis, le juge peut alors se reconnaitre compétent à connaître du contentieux et à trancher le litige quant au fond : c'est la phase de jugement à l'issue de laquelle le juge administratif est appelé à se prononcer.

---

792 OWONA (J), *Droit administratif spécial de la République du Cameroun*, op.cit., pp189-194.
793 Supra.
794 PEISER (G), *Contentieux administratif*, op.cit., p.113.
795 CS/CA, arrêt n° 01 du 25 février 1999, GUIFFO Jean-Philippe contre État du Cameroun.

TITRE II :

LA PHASE DE JUGEMENT

La procédure juridictionnelle est faite d'un ensemble de règles qui concernent le déroulement du procès. La requête introductive d'instance et les pièces annexes sont déposées avec des copies certifiées conformes jointes sur papier libre par le requérant ou son mandataire[796]. « Les copies sont déposées en nombre égal à celui des défendeurs plus deux[797] » sauf dérogation accordée par le président de l'instance saisie quand les copies des documents sont volumineux.

Une instruction est engagée par un rapporteur désigné par le président[798]. À l'issue de cette procédure, le président fixe la date d'audience qui est notifiée au procureur général et aux membres de la juridiction. Le rôle est confectionné puis affiché et la phase du jugement peut alors démarrer.

La procédure administrative contentieuse fait état d'un ensemble de règles pouvant varier lorsque le recours dont il est question est qualifiable d'ordinaire (Chapitre 1) ou s'il s'agit d'un recours en matière d'urgence (Chapitre 2).

Nonobstant la procédure administrative contentieuse ordinaire, il existe des contentieux spéciaux (chapitre 3) par lesquels un juge unique est appelé à statuer au fond et à bref délai.

L'ensemble de ces recours qui relèvent du juge administratif ne doit pas faire oublier qu'il existe une portion de possibilités d'interventions du juge judiciaire en matière administrative (Chapitre 4). La remarque préliminaire à établir est qu'il y a similitude à plusieurs points des procédés de traitement juridictionnel des recours intentés devant le juge, qu'il soit de l'ordre judiciaire ou de la juridiction administrative. La différenciation apparait néanmoins au niveau de certains détails qui ne déteignent pour autant pas sur la prédominance des points convergents.

---

[796] Art. 36 de la loi n° 2006/022 du 29 décembre 2006 fixant l'organisation et le fonctionnement des tribunaux administratifs.

[797] Supra.

[798] LAFERRIERE (E), *Traité de la juridiction administrative*, 2e éd., tome 1, 1881, p. 15s.

CHAPITRE 1 :

LE TRAITEMENT DES RECOURS ORDINAIRES

Les recours contentieux font l'objet de traitement juridictionnel suivant leur nature. S'il faut devant le juge administratif distinguer les recours en matière d'urgence de ceux dits ordinaires, ces derniers font eux-mêmes l'objet de plusieurs catégorisations dont certaines des modalités du jugement sont particulières. Il est d'abord nécessaire d'identifier les types de recours dits ordinaires en faisant apparaître pour chacune ses spécificités (section 1), pour ensuite indiquer la procédure de jugement dont les éléments généraux c'est-à-dire ceux en partage entre les différentes catégories de recours contentieux ordinaires seront privilégiés (section 2). À l'intérieur de ce second axe de la démonstration se retrouve une distinction entre les jugements en premier ressort et ceux effectués dans le cadre de la réformation des décisions juridictionnelles initiales.

Section 1 : Les recours ordinaires dans leurs spécificités

Un recours est qualifiable d'ordinaire par rapport à ceux qui sont déférés au juge administratif en matière d'urgence. Ce recours ordinaire est traité par voie d'audiences successives et surtout, il aboutit à une décision de fond qui tranche définitivement le litige au niveau de l'instance juridictionnelle saisie. Parmi les recours ordinaires relevant du contentieux administratif se trouvent ceux qui sont considérés par la doctrine comme étant les recours de Droit commun du juge administratif. Les règles procédurales hormis les délais les rapprochent (paragraphe 1). D'autres recours particuliers font également intervenir le juge administratif (paragraphe 2) à titre répressif.

Paragraphe 1 : Les recours de droit commun

Depuis Edouard LAFERRIERE, la classification arrêtée par la majorité de la doctrine présente quatre catégories de recours en contentieux administratif dont les catégories essentielles sont l'excès de pouvoir et le plein contentieux. Ces deux catégories sont respectivement appréhendées par la distinction entre le contentieux objectif et le contentieux subjectif[799]. L'excès de pouvoir (A) est un contentieux dont certains aspects liés à l'objet et à certaines règles

---

[799] Cf. LAMPUE (P), « La distinction des contentieux » in Mélanges Georges Scelles, LGDJ, 1950, p. 285s

procédurales le démarquent du contentieux de pleine juridiction (B) qui, lui aussi, a dans la même démarche quelques traits particuliers.

A. Le contentieux de l'excès de pouvoir

Ce contentieux permet de remettre en cause la validité d'un acte administratif unilatéral dans l'acception et la définition qu'en donne le juge. Les objets de ce contentieux vont tous dans le sens de la vérification et du sort de l'acte décisoire dont la légalité est contestée.

1. Les catégories de l'excès de pouvoir

De manière synthétique, le recours contentieux qui fait l'objet du jugement requiert que le juge se prononce sur la régularité de l'acte administratif. Trois sous-branches de recours se retrouvent dans le contentieux de l'excès de pouvoir :

- Le contentieux de l'appréciation de la légalité. Ce recours se distingue de celui de l'interprétation ou appréciation par renvoi de question préjudicielle. Ils sont distincts parce qu'ici, le juge administratif a été directement saisi par le requérant qui sollicite qu'il examine la forme et le contenu d'un acte administratif unilatéral. Le rôle du juge se limite à dire si l'acte est légal ou non.
- Le contentieux de la déclaration d'inexistence est la deuxième sous-branche de l'excès de pouvoir. Il est formé lorsque l'acte administratif unilatéral est inexistant, étant entendu que l'existence est le vice le plus grave qui puisse entacher un acte administratif unilatéral. Ce contentieux peut être formé en cas d'usurpation de pouvoir ou de compétence par un individu qui n'a ni qualité ni compétence pour poser un acte administratif unilatéral en dehors de l'hypothèse des fonctionnaires de fait[800]. D'autres hypothèses sont envisageables. Certaines sont identifiées dans des textes normatifs par des vices entrainant la nullité d'ordre public. Ce cas est notamment exprimé dans la législation foncière où les titres fonciers établis sur la base de certaines irrégularités inacceptables sont nuls d'ordre public[801]. L'acte n'ayant jamais existé ne peut être annulé ; seule la déclaration d'inexistence est possible quoique le juge prononce souvent l'annulation « avec tous ses effets de Droit[802] ».

---

[800] Supra.

[801] V. art. 2(6) (7) du Décret n° 2005/481 du 16 décembre 2005 modifiant et complétant certaines dispositions du décret n° 76/165 du 27 avril 1976 fixant les d'obtention du titre foncier.

[802] CS/CA, jugement n° 01 DU 26 novembre 1998, ZIBI ZANGA Jean contre État du Cameroun.

- Le contentieux de l'annulation ou de la reformulation est la troisième sous-branche. Elle est même la variante principale du contentieux de l'excès de pouvoir dans la mesure où elle est la réclamation la plus exprimée dans le recours de l'excès de pouvoir. Ici, le juge tire toutes les conséquences de l'illégalité de l'acte administratif unilatéral existant et sujet à annulation.

Le recours pour excès de pouvoir est ouvert quand il y a illégalité interne (détournement de pouvoir, violation de la loi) ou illégalité externe (incompétence, vice de forme[803]). Il obéit à des modalités précises.

2. Les modalités du contentieux de l'excès de pouvoir

Depuis l'arrêt Dame LAMOTTE[804], le contentieux de l'excès de pouvoir est un contentieux d'ordre public, ce qui signifie qu'il existe au profit des citoyens, même sans textes. Plus même, il surpasse tout texte ayant pour objet de le rendre indisponible pour les justiciables qui veulent s'en prévaloir. Le juge administratif camerounais a clairement établi que « même dans l'hypothèse où une loi dispose qu'un acte donné ne peut faire l'objet d'aucun recours administratif ou judiciaire, cette disposition ne saurait être interprétée comme excluant le recours pour excès de pouvoir qui est ouvert même sans texte, contre tout acte administratif faisant grief et qui a pour effet d'assurer, conformément aux principes généraux le respect de la légalité[805] ». Étant d'ordre public, le recours pour excès de pouvoir est exercé par le requérant qui, même en cas de désistement, peut reprendre l'instance si les délais de recours contentieux le lui permettent.

Le contentieux de l'excès de pouvoir est qualifié de recours objectif. Son caractère objectif vient de ce qu'il ne se réduit pas à l'action dans l'intérêt du requérant, mais s'étend à l'action dans l'intérêt de la légalité administrative. Il clarifie l'état du Droit en validant, en appréciant ou en faisant acte d'annulation de l'acte administratif. C'est l'ordonnancement juridique qui est touché et l'effet dépasse donc le cadre du seul requérant. L'implication en est que ce recours apparait comme étant effectué dans l'intérêt de tous les administrés concernés par la mesure. Il s'agit d'une action juridictionnelle d'un ou de quelques-uns pour plusieurs. L'objectivation pour ce recours a pour conséquence la dispense du ministère d'avocat[806] et une inavouée extension de l'intérêt à agir. Dans le même ordre, la décision rendue par le juge est absolue c'est-à-dire qu'elle s'applique à tous ceux qui sont d'une manière ou d'une autre sous le régime de l'acte litigieux (sauf si le juge décide

[803] Supra.
cf. art. 2(3) de la loi n° 2006/022, précitée.
[804] CE, 17 février 1950, Dame Lamotte.
[805] CS/CA, jugement n° 40 du 29 mai 1980, Monkam Tientcheu David contre État du Cameroun.
[806] Sauf devant la Chambre administrative statuant comme Instance de second degré.

de moduler sa décision au regard de l'ampleur de ses effets). L'autre des spécificités de l'excès de pouvoir est le délai de recours contentieux qui doit être formé dans les soixante jours à compter de la décision de rejet du recours gracieux[807].

Le caractère objectif du recours pour excès de pouvoir évolue vers une conception admettant ses aspects subjectifs. Non seulement tout recours contentieux est d'abord l'affaire des parties (ce qui fait que le Droit du requérant, ses prétentions et moyens sont dominants dans l'instance), mais en plus, il peut être question de la contestation d'une mesure individuelle avec évidemment des effets sur le seul destinataire de ladite mesure individuelle.

Le Professeur CHAPUS indique que l'excès de pouvoir est un recours d'utilité publique, « parce que le Droit objectif ou si on préfère la légalité, est le bien de tous[808] ». Le régime général est effectivement que ce recours a plus d'un trait est d'intérêt général sauf que l'espèce jugée peut conduire à un constat autre. Deux espèces plutôt simples peuvent en faire l'illustration : l'affaire AMBASSA BIAYI et l'affaire NDOUGSA Bernard.

Dans l'affaire AMBASSA BIAYI[809], suite à un contrôle effectué par le ministère des Finances, le sieur AMBASSA sous-préfet et maire de MBANGA est accusé d'avoir des irrégularités dans ses comptes. Un arrêté du ministre des Finances le constituant débiteur envers la commune de MBANGA est pris. Cet arrêté est déféré devant le juge administratif pour vice de forme. Le juge l'annule et précise que les effets de l'annulation portent sur le seul AMBASSA BIAYI.

La même orientation est prise par le juge de l'affaire NDOUGSA Bernard et ses acolytes[810]. En l'espèce, un certain nombre d'agents est admis à l'École des postes de Yaoundé. À cause « des lourdeurs administratives », ils ne sont pas soumis au stage à Toulouse et de ce fait, exclus de l'École des postes. Le juge a invalidé cet acte et ordonné l'« admission du requérant à l'École des postes de Yaoundé ainsi que celle de ses acolytes » seulement.

Ces éléments sont de ceux qui montrent les tendances subjectives du contentieux objectif. Il demeure que le critère personnel est prioritairement l'un des facteurs constitutifs du plein contentieux.

---

807 Art. 18 de la loi n° 2006/022, précitée.

808 CHAPUS (R), Droit administratif général, 15e éd. tome1, Montchrestien, 2001, p. 788.

809 CS/CA, jugement n° 56 du 31 juillet 1980, Ambassa Biayi Jean Marie contre État du Cameroun.

810 CF/CAY, arrêt n° 215 du 18 août 1972, Ndougsa Bernard contre République fédérale du Cameroun.

B. Le contentieux de pleine juridiction

Dans le contentieux de pleine juridiction, le juge est investi de pouvoirs allant au-delà de l'annulation. Ce contentieux qui est en réalité à la fois objectif et subjectif laisse entrevoir des champs plutôt nombreux et met en évidence un juge administratif en possession de pouvoirs considérables.

1. Les champs du contentieux de pleine juridiction

Alors que le contentieux de l'excès de pouvoir est essentiellement tourné vers la légalité de l'acte administratif unilatéral et qu'il se résume quasiment à l'annulation, le plein contentieux est plus étendu.

En termes de pouvoirs, le juge « peut condamner pécuniairement l'administration, réformer totalement ou partiellement la décision attaquée[811] ». Les domaines de ce contentieux sont principalement les contestations concernant les contrats publics, le contentieux électoral et fiscal.

Le contentieux contractuel (contrat administratif) est dévolu au juge administratif par détermination textuelle[812]. Ne pouvant donner d'ordre à l'administration, s'il faut s'en tenir aux dispositions normatives, le juge ne peut répondre que par l'octroi d'une indemnité au contractant[813] ayant formé le recours contentieux.

Le contentieux des élections s'intègre dans le plein contentieux. Il concerne les élections administratives et le juge y intervient dans la détermination de la qualité d'électeur (contentieux de l'électorat) qui consiste à se prononcer sur la capacité électorale, l'inscription et des éléments tels le domicile. Le contentieux de l'électorat peut notamment être lié à la composition d'une commission devant procéder à l'inscription sur les listes ou à la réhabilitation des listes écartées[814]. Il peut aussi être lié au refus de l'inscription sur les listes électorales ou le refus de délivrer une carte d'électeur[815]. Le contentieux électoral concerne aussi les aspects liés à l'éligibilité (contentieux de l'éligibilité). Il s'agit de l'éligibilité d'une liste[816] où des adversaires politiques peuvent saisir le juge en contestation de l'éligibilité d'une liste concurrente par rapport à des éléments tels que sa composition sociologique ou encore les qualités et capacités des membres de la liste. Il s'agit aussi de l'éligibilité du candidat qui peut être contestée et dont

[811] MORAND-DEVILLER (J), *Cours de Droit administratif*, op.cit., p. 703.
[812] Art. 2 (3-C) de la loi n° 2006/022, précitée.
[813] CS/CA, jugement n° 50 du 1er janvier 1985, Tameghi boniface (Amsecom-Amseconcom) contre État du Cameroun.
[814] CS/CA, jugement n° 20 du 24 mai 1996, Front patriotique national
[815] CS/CA, jugement n° 2 du 11 août 1995, Kago Lele
[816] CS/CA, jugement n° 59 du 13 juillet 1996, Epale Roger Delors ; CS/CA, jugement n° 60 du 13 juillet 1996, Nguevong Moussa.

les éléments de contestation sont l'investiture[817], la résidence[818], la filiation et l'identification du candidat.

Le contentieux électoral peut enfin concerner la propagande électorale et le scrutin. Pour la propagande électorale, le juge administratif peut être saisi quand il y a obstruction ou atteinte au droit de faire campagne[819] ou quand les signes et les couleurs font problème[820]. Le contentieux du scrutin quant à lui concerne l'annulation d'une élection dont les conditions d'organisation et de déroulement ont été contestées[821].

Le contentieux fiscal fait également partie du plein contentieux. Il est ouvert pour les contestations liées à l'imposition[822] et s'illustre par les prérogatives qui sont celles du juge.

Le contentieux électoral et le contentieux fiscal sont dans le contentieux de pleine juridiction des « contentieux spéciaux » d'abord au regard de la matière, et ensuite par rapport aux pouvoirs du juge. Ce dernier ne se borne pas à mettre en œuvre son pouvoir d'annulation ; il peut faire acte de réformation[823] et de rectification de l'acte litigieux.

2. Le cadre juridique de la réclamation

Le juge est appelé à réparer le préjudice que le requérant a subi. Dans le contentieux de pleine juridiction, l'objet de la réclamation est généralement l'indemnisation. Le juge peut à l'occasion annuler l'acte et même le réformer dans le cas des contentieux spéciaux.

Dans son aspect subjectif, le plein contentieux est un litige entre les parties à l'instance (inter partes) avec ceci que la décision de justice a davantage sinon, uniquement de l'influence sur elles. Dans son aspect objectif, le recours est quand même exercé sur une question de légalité. Ce dernier aspect est amplifié dans le contentieux électoral où la garantie de la loi doit être effectuée.

Contrairement au recours pour excès de pouvoir, les moyens de recours de pleine juridiction sont illimités dans la mesure où le Droit (légalité) et les faits

---

[817] CS/AP, arrêt n° 21 du 30 septembre 1992, Emogo Metomo.

[818] CS/AP, arrêt n° 02 du 1er octobre 1992, Hogbe Nlend

[819] CS/AP, arrêt n° 51 du 03 juin 1997, MDR et UNDP

[820] CS/AP arrêt n° 01 du 14 octobre 1992, Bello Bouba Maigari et UNDP contre Antar Gassagai et PMP

[821] CS/CA, jugement n° 24 du 29 mars 1996, Conseillers municipaux de Nyanga Eboko ; ordonnance de référé n° 23/CS/CA du 18 juin 1996, MLJC

[822] MOULIOM (I), *Le contentieux de l'imposition au Cameroun ; Essai d'Analyse sur sa nature juridique*, thèse de doctorat en Droit public, Université de Yaoundé II, juin 2002, pp. 227-231.

[823] Pour le contentieux fiscal, cf. GAUDEMET (J-M) ET MOLINIER (J), F*inances publiques, emprunt/fiscalité*, tome2, éd. Montchrestien 1988, p. 310. V. CS/CA, jugement n° 66 du 28 avril 1983, SCOA contre État du Cameroun ; CS/CA, jugement du 25 juin 1987, Tchassem François contre État du Cameroun.

sont excipables devant le juge administratif. Les délais sont également plus souples en particulier pour le contentieux fiscal où le jeu de la déchéance quadriennale éteint au bout de 4 ans la dette publique. En effet, « les sommes dues par les contribuables pour les impôts perçus sur rôle sont prescrites à leur profit dans un délai de quatre ans et à partir de la mise en recouvrement du rôle ou depuis que les poursuites commencées contre le contribuable ont été abandonnées[824] ». D'autres recours qualifiables de particuliers connaissent des procédures de jugement qui se rapprochent fortement de celles en vigueur dans le recours pour excès de pouvoir et le recours de pleine juridiction à quelques différences près.

Paragraphe 2 : Les recours particuliers

Particuliers dans la mesure où ils ne relèvent ni de l'excès de pouvoir ni du plein contentieux qui sont les recours du Droit commun en contentieux administratif, ils demeurent incrustés dans les recours ordinaires, parce qu'ils sont tranchés par le juge administratif suivant des procédures en grande partie semblables à celle des deux principaux recours du contentieux administratif. Au chapitre des recours dits particuliers figurent les contentieux de la répression et de l'interprétation (A) et le contentieux des droits et libertés (B).

A. Le contentieux de la répression et de l'interprétation

Ici, le juge administratif est un juge qui, pour le premier type de recours, se retrouve investi de pouvoirs qui ne lui sont pas normalement dévolus, tandis que dans le second, sa décision bien que fondamentale est incidente à l'instance principale.

1. Le contentieux de la répression

C'est celui par lequel le juge administratif inflige une sanction à la manière du juge pénal au contrevenant. Ce contentieux identifié par LAFERRIERE comme étant le contentieux des poursuites est un recours dirigé contre des personnes physiques ou morales en vue de les faire condamner par le juge administratif qui, à l'occasion, se transmute en une sorte de juge pénal. En France, ce contentieux est exercé devant les juridictions disciplinaires ou devant le président du Tribunal administratif pour le cas précis des contraventions de grande voirie[825].

Au Cameroun, la question qui se pose est celle de savoir s'il existe un contentieux de cette nature, car les textes tendent à l'ignorer. À domaine comparable à la contravention de grande voirie existe au Cameroun le procédé de déguerpissement. Celui-ci est dans sa formule usuelle une opération sous

---

[824] Art. 290 du code général des impôts.
CS/CA, jugement n° 42 du 26 juin 1980, NGANKEU Pierre contre État Cameroun.
[825] CHAPUS (R), *Droit administratif général*, tome1, 15e é, Montchrestien, 2001, p. 792.

maitrise administrative, consistant à mettre fin à l'occupation (ir) régulière[826] d'une dépendance du domaine public, du domaine national ou du domaine privé d'une personne morale de Droit public.

Au titre de la répression desdites occupations, après déguerpissement, l'administration peut saisir le juge qui a alors la possibilité de sanctionner les contrevenants « d'une amende de 50 000 à 200 000 francs et d'un emprisonnement de deux (2) mois à trois (3) ans ou de l'une de ces deux peines seulement[827] ».

Le fait est que ce texte parle à plusieurs reprises de « la juridiction compétente » et le décret d'application de ce texte n'en dit pas plus[828]. Tant que le juge n'aura pas été saisi par l'administration en la matière, il sera difficile de dire avec fermeté qui du juge judiciaire ou du juge administratif est compétent ou s'il n'y a pas lieu d'envisager un partage des compétences. Pour autant, il faut encore attendre que la jurisprudence tranche sur la question.

Enfin, il faut inclure dans le contentieux de la répression l'exercice de la police de l'audience par le juge administratif.

2. Le contentieux de l'interprétation

Quand il n'est pas désigné comme étant contentieux de l'interprétation, il l'est comme contentieux de l'appréciation. Il y a toute une confusion qui l'entoure, car certains auteurs y voient un recours exclusivement incident[829] alors que d'autres énoncent qu'il peut aussi être formé à titre principal[830].

Pour le distinguer du contentieux de l'appréciation qui a été énoncé comme étant l'une des déclinaisons du recours pour excès de pouvoir, ce contentieux que nous qualifierons de contentieux de l'interprétation doit être appréhendé comme étant formé par recours incident. Il est ainsi actionné par le moyen de la question préjudicielle.

Le législateur de 2006 l'excluant de l'excès de pouvoir énonce que le recours « en appréciation de légalité » est déférable devant la juridiction administrative par voie de recours incident et à la condition qu'il ne s'agisse

---

826 Sur la nuance, V. ABANE ENGOLO (P-E), « La pratique des déguerpissements publics en Droit Camerounais », in *L'administration publique camerounaise à l'heure des réformes*, collection Droits Africains et Malgaches, l'Harmattan, 2010.

827 Art. 2 de la loi n° 80/022 du 14 juillet 1980 portant répression des atteintes à la propriété foncière et domaniale.

828 Décret n° 84/311 du 22 mai portant modalités d'application de la loi n° 80-22 du 14 juillet 1980.

829 CHAPUS (R), *Droit administratif général*, tome1, op.cit., p. 789.

830 MORAND-DEVILLER (J), *Cours de Droit administratif*, op.cit., p. 704, GOHIN(O), *Contentieux administratif*, op.cit., p. 188.

pas d'une matière répressive[831]. Au final, que ce soit devant le Tribunal administratif ou devant la Chambre administrative, ce recours n'intervient que de façon incidente sur saisine du juge civil à la différence de la demande principale formée devant le juge administratif, consistant à lui demander d'apprécier la légalité d'un acte administratif. La démarcation des deux modes de saisine du juge administratif est ainsi l'un des critères permettant d'isoler le contentieux de l'interprétation[832] de celui de l'appréciation de légalité.

B. Le contentieux des droits et des libertés

Il est un truisme que d'affirmer que la protection des droits et libertés revient au juge judiciaire. Toutefois, le législateur camerounais a opté pour un partage de compétence en la matière entre le juge judiciaire et le juge administratif. Si des atteintes à la propriété telles les emprises et les voies de fait irrégulières peuvent s'y retrouver, même si le juge administratif n'est normalement pas celui qui octroie la réparation[833], les libertés et droits fondamentaux concernés sont principalement ceux que les lois de 1990 ont explicitement mis sous le régime du contentieux relevant du juge administratif ; à savoir la liberté de circulation, celle religieuse et la liberté de communication et d'expression.

1. La liberté d'aller et de venir et la liberté religieuse

Les lois de 1990 en reconnaissant la liberté de circulation c'est-à-dire d'aller et de venir aux individus ont attribué le contentieux qui naitrait de leur exercice au juge administratif.

La liberté d'aller et de venir comporte une double dimension (interne et externe). Il existe une liberté d'aller et de venir à l'intérieur du territoire national et une liberté d'aller et de venir entre le Cameroun et l'étranger. Dans les restrictions admissibles, il faut énumérer les rafles et les fouilles de véhicules. Au demeurant, le principe reste la liberté qui dans sa dimension externe donne droit à la délivrance des passeports ordinaires aux nationaux. L'acte par lequel le passeport est délivré relève de la compétence liée de l'autorité administrative, ce qui implique la compétence du juge administratif en cas de litige dans la délivrance ou le retrait du passeport. La liberté d'aller et de venir est aussi reconnue aux non-nationaux qui ont le droit d'entrer et de séjourner sur le territoire national quand ils remplissent les exigences légales. Les titres d'entrée et de séjour relèvent de la police de l'immigration, ce qui fait que les contentieux y relatifs ainsi que ceux de l'expulsion relèvent du juge administratif.

---

831 Art. 2(3-a) de la loi n° 2006/022, précitée.

832 Que le législateur appelle malheureusement contentieux de l'appréciation de légalité comme pour alimenter la controverse.

833 Infra.

La liberté religieuse est également un champ dont les contentieux relèvent de la compétence du juge administratif[834]. Les associations religieuses sont formellement reconnues quand elles sont autorisées. L'autorisation relève de l'autorité administrative[835] qui à l'endroit des associations existantes, peut les suspendre ou les dissoudre ; ce qui ouvre compétence au juge administratif dont les pouvoirs dans ce domaine sont expressément consacrés tout comme en matière de liberté de communication ou d'expression.

2. La liberté de communication et d'expression

Le contentieux de la liberté de communication et d'expression est partagé entre le juge pénal[836] et le juge administratif. Sans que la loi de 90 ne mentionne expressément les cas de compétence du juge administratif, elle astreint tout organe de presse au dépôt administratif[837] avant publication, et permet à l'autorité administrative d'effectuer des saisies et des interdictions en cas d'atteinte à l'ordre public et aux bonnes mœurs[838]. Ces différentes actions mettent en relief l'activité administrative. En effet, ces éléments liés à l'exercice de la liberté de communication et d'expression font entrevoir l'acte administratif comme moyen de régulation. La compétence suivant le fond, il y a comme conséquence l'inclusion implicite de la compétence du juge administratif dans le contentieux né à l'occasion du dépôt administratif, des saisies et des interdictions.

Une mauvaise interprétation des textes est faite par le juge pénal qui s'attribue la plénitude de compétence sur le motif que le texte ne mentionne expressément aucun autre juge que lui. Ce dernier s'est d'ailleurs reconnu compétent pour annuler une décision qui portait sur la saisie et l'interdiction d'un journal[839], alors que la contestation était soulevée contre un acte administratif.

Le contentieux des droits et des libertés est un contentieux qui surgit en général dans le cadre de l'exercice de la police administrative. Les autorités qui y ont compétence sont administratives et elles agissent par voie d'acte administratif, d'où la justification de la compétence du juge administratif. L'une des particularités de la procédure de ce type de contentieux est la dispense du recours gracieux préalable. Hormis cela, les règles relatives à la procédure de jugement des recours qualifiés d'ordinaires les concernent.

---

[834] cf. loi n° 90/053 du 19 décembre 1990 portant sur la liberté d'association.

[835] Ibid. Art. 5(2).

Ordonnance n° 06/CS/PA du 30 novembre 1994, Église Presbytérienne camerounaise (E.P.C.).

[836] Art. 77 de la loi n° 90/052 du 19 décembre 1990 relative à la liberté de la communication sociale.

[837] Ibid. Art. 14.

[838] Art. 17.

[839] Ordonnance du 4 juillet 1997, journal Mutation.

Section 2 : La procédure de jugement

Le principe demeure que pour accéder au juge administratif, il faut avoir formé un recours gracieux. Quelques recours en sont dispensés tels le contentieux électoral, et ceux liés aux droits et libertés. L'office de l'avocat, est également prescrit pour certains recours et pas dans d'autres. Seulement, tous les recours ordinaires sont soumis à plusieurs règles communes quant à la procédure juridictionnelle instituée. L'instruction et le jugement (paragraphe 1) sont les principales phases où se déploient les règles de la fonction juridictionnelle. Un accent doit être mis sur le cas des voies de réformation (paragraphe 2) pour y voir les possibilités ouvertes, et les spécificités des éléments formels du procès administratif dans les recours y relatifs.

Paragraphe 1 : L'instruction et le jugement

Le jugement correspond à la phase de l'étude du recours contentieux. Cette phase s'étend jusqu'au prononcé de la décision juridictionnelle. Avant que le recours passe au jugement, il doit être instruit (A) et ce n'est qu'après l'instruction du recours que la juridiction sera amenée à juger (B) ; c'est-à-dire à trancher le litige en disant le Droit. Si certains éléments de la phase dite de jugement distinguent la procédure et les procédés du Tribunal administratif de ceux de la Chambre administrative, les éléments liés à l'instruction sont pratiquement pareils.

A. L'instruction du recours

Cette phase consiste à étudier les recours contentieux, ainsi que les différents éléments disponibles. À l'issue de cette étude, il est statué sur ce que l'affaire est en état d'être jugée ou non. L'instruction présente certaines caractéristiques et se déroule de manière bien réglée.

1. Les caractères de l'instruction

Dès le dépôt de la requête, le président désigne un rapporteur qui sous son autorité dirige l'instruction de l'affaire. L'instruction obéit à certains principes qui la caractérisent.

L'instruction est écrite parce que la requête est écrite[840] ; « elle est rédigée sur papier timbré, et signée par le requérant ou son mandataire ». Les documents servant de preuves et composant le dossier sont pour la majorité écrits. L'ordonnance de soit-communiqué est écrite ; « Le mémoire en défense est rédigé sur papier timbré et déposé au greffe[841] », de même que le

[840] Art. 35(2) de la loi n° 2006/022, précitée ; et art. 72 et 76 de la loi n° 2006/016, précitée.
[841] Art. 39 de la loi n° 2006/022.

mémoire en réplique. À l'issue des échanges, un rapport écrit est dressé par le rapporteur et le procureur émet ses conclusions écrites. Ainsi, le moyen unique de présentation des éléments du dossier est l'écrit.

L'instruction est secrète. Elle l'est en partie car l'échange des mémoires implique forcément une communication des griefs. Ce qui est secret c'est en premier lieu le rapport confidentiel du rapporteur chargé de l'instruction, et en second lieu les conclusions du procureur général qui sont aussi confidentielles[842]. Les parties à ce stade ne peuvent pas être au courant du contenu de ces différents rapports.

L'instruction est inquisitoriale parce que les parties, une fois après avoir saisi la juridiction, perdent à ce niveau tout moyen d'intervention propre. Le juge administratif dirige l'instruction. C'est lui qui organise la procédure, les parties n'y ont droit à aucune initiative ; sauf à se contenter d'en suggérer au juge. Le caractère inquisitorial se reflète aussi dans l'administration de la preuve.

D'autres aspects de l'instruction sont également à relever comme son caractère **contradictoire**, car le contradictoire ne concerne pas que le jugement en soi. Le contradictoire consiste ici à permettre à chaque partie de faire valoir ses moyens par la transmission mutuelle par l'entremise du juge administratif à chacun des mémoires de l'autre[843]. L'instruction est **non suspensive** comme le jugement, car l'administration continue de jouir du bénéfice du préalable. Certains auteurs voient également un caractère **simple et peu couteux** à l'instruction parce que le juge a la maîtrise de l'instruction, et que cela « constitue une assurance contre une augmentation des frais d'instance ; la direction de la procédure par le juge évite la multiplication des pièces de procédure. Les notifications se font sans frais…[844] ».

2. Le déroulement de l'instruction

L'instruction est ouverte dès que la juridiction administrative est saisie de l'affaire. L'instruction est dirigée sous l'autorité du président. L'instruction est menée par un rapporteur désigné par le président.

Devant la Chambre administrative, le président entame lui-même l'instruction de l'affaire et ce n'est qu'après les échanges de mémoires qu'il désigne un rapporteur qui devra achever l'instruction avec pour lui, la possibilité de demander aux parties la production d'éléments supplémentaires[845].

---

842 Art. 45 et 46.

843 Art. 38 s de la loi n° 2006/022, précitée.

844 PEISER (G), *Contentieux administratif*, 10e édition, Dalloz, 1997, p. 107.

845 Art. 78 s de la loi n° 2006/016, précitée.

Devant le Tribunal administratif, dès enregistrement de la requête est désigné un rapporteur qui centralisera toute l'instruction du début à la fin[846], à la différence de ladite procédure devant la Chambre administrative.

Le magistrat instructeur désigné (rapporteur) est amené à constituer un dossier permettant d'avoir les éléments nécessaires à la recherche de la vérité. La règle du contradictoire et l'écrit font que l'essentiel de l'instruction est mené par le procédé de l'échange des mémoires, qui sont en réalité des requêtes écrites dans lesquelles les causes et moyens des parties sont présentés[847]. À ces prétentions sont annexés des documents servant de preuves.

Le caractère inquisitorial de l'instruction implique que c'est à la juridiction, qui a la maitrise de l'affaire, de requérir tel ou tel élément pour établir la vérité. Chaque partie dans son intérêt doit fournir les documents qui lui sont demandés puisque l'opinion du magistrat – instructeur se forge par preuve.

Les preuves sont requises par lui et leur administration incombe prioritairement au requérant, même si le défendeur peut aussi être interpellé[848].

Le juge peut par lui-même constituer les preuves en procédant à des descentes sur les lieux et à l'audition des parties[849].

L'expertise qui est une mesure d'instruction particulière peut être ordonnée par le juge. Les charges de l'expertise sont en principe supportées par les parties et davantage par celle qui succombe. L'expert est un technicien dont l'apport technique doit permettre, investigation faite, d'éclairer la juridiction[850] sur les éléments et faits pour lesquels l'expertise est requise.

Pendant l'instruction de la demande principale, un certain nombre d'événements ou difficultés peuvent survenir : ce sont les incidents de procédure. Ils modifient le cours normal du procès par l'introduction d'éléments nouveaux de nature à retenir l'attention du juge. On distingue cinq types d'incidents de procédure :

- **Les demandes incidentes**. Le principe de base en la matière de contentieux administratif est celui de l'immutabilité du litige, car seuls les moyens développés au procès sont pris en compte par le juge. Le juge est ainsi lié par les requêtes introductives. Cette posture rejette

[846] Art. 37 s de la loi n° 2006/022, précitée.
[847] KAMDEM (J-C), *Contentieux administratif*, cours polycopiés, tome1, Université de Yaoundé, 1985, pp. 164-167.
[848] CS/CA, jugement n° 24 du 29 mars 1996, Conseillers municipaux de la Commune rurale de Nanga Eboko.
[849] Art. 79 s de la loi n° 75/17 du 8 décembre 1975 fixant la procédure devant la Cour suprême statuant en matière administrative. Art. 65 s de la loi n° 2006/022, précitée.
[850] PASTOREL (J-P), l'expertise dans le contentieux administratif, LGDJ, coll. Systèmes.

donc toute possibilité d'admettre les demandes reconventionnelles et additionnelles. Le juge administratif a en 1970 rejeté la possible prise en compte de la demande additionnelle parce qu'elle se heurte au principe de l'immutabilité de la demande[851]. Elles devraient pourtant être acceptées dans la mesure où la mutabilité se fait par revirement total. Or, les demandes incidentes en principe ne concernent que des détails et aspects accessoires qui ne modifient pas substantiellement le sens, les prétentions et moyens « principaux » de l'affaire. La réforme de 2006 a modifié l'état de la question : « les demandes incidentes sont introduites par mémoires. Elles sont jugées en même temps que les demandes principales[852] ». Ce revirement était nécessaire.

- **L'intervention** est le second incident de procédure. L'intervention est le fait d'une personne (physique ou morale) de se joindre à une instance de jugement dans laquelle elle n'était pas initialement citée comme partie. L'intervenant est donc au début du jugement un tiers, car il n'est ni celui qui a introduit le recours (demandeur) ni celui contre qui le recours a été introduit (défendeur). Par l'intervention, il devient partie au procès au côté soit du demandeur, soit du défendeur. Pour ce faire, il doit avoir la capacité et la qualité pour agir. Mais surtout, c'est par le lien de l'intérêt à agir qu'il se trouve en position de faire valoir ses droits devant l'autorité juridictionnelle. Le côté pratique de ce procédé est d'éviter des recommencements de procès ou des multiplications de procès pour des causes qui pouvaient être jointes. L'intervention volontaire et l'intervention forcée ou mise en cause déjà admises sont à nouveau confirmées par les textes de 2006[853].

L'intervention volontaire relève de l'action spontanée de l'intervenant[854], tandis que la mise en cause implique de force le tiers à participer (appel en garantie) au procès, ou à en subir de façon collatérale la décision du juge (appel en déclaration de jugement commun). Le domaine privilégié de l'intervention est celui des recours dirigés contre les titres fonciers irrégulièrement délivrés. Le requérant dirige généralement l'action contre l'administration, et celui qui est le titulaire du titre foncier contesté se joint à l'administration pour s'assurer qu'il ne sera pas dépossédé dudit titre au profit du requérant.

---

851 CFJ/CAY, arrêt n° 18 du 8 décembre 1970, Ntone Epée Isaac contre État du Cameroun.

852 Art. 94 de la loi n° 2006/022, précitée.

853 Ibid. art. 95 s.

854 CS/CA, jugement n° 80 du 14 juin 2006, MAETUR contre État du Cameroun et BELIBI François (Int-vol).

- **Le désistement et l'acquiescement** sont également des incidents de procédure dont la particularité, à la différence des autres, est de mettre fin au recours contentieux. Le désistement est l'acte par lequel le demandeur renonce totalement ou partiellement à ses prétentions. En cas de désistement total, la procédure est clause parce que devenue sans objet[855]. L'acquiescement est pour sa part l'acte par lequel le défendeur reconnait le bien-fondé de la demande formulée par le requérant. Cette reconnaissance s'accompagne de la décision de concéder au requérant ce qu'il a demandé. Auquel cas, l'acquiescement ainsi rempli entraine l'arrêt du procès[856]. Les conditions d'exercice de ces deux modalités sont plutôt simples puisqu'elles sont constituées par acte déposé au greffe de la juridiction concernée ou par simple déclaration à l'audience[857]. Pour autant, ils sont soumis à l'acceptation de la partie adverse[858].
- **La péremption et la reprise d'instance** constituent également des incidents de procédure. Ils sont établis lorsque le demandeur pendant un certain temps reste inactif dans le procès. « Tout recours est éteint par discontinuation des poursuites pendant trois ans[859] » : c'est la péremption. Le décès de l'une des parties peut être à l'origine de la discontinuation quand ce décès survient avant la décision du juge. La reprise d'instance est dans ce cas possible à condition qu'il soit exercé par les héritiers « dans les six mois de leur connaissance du décès, par requête déposée au greffe du Tribunal administratif ou adressée par voie postale[860] ».
- **La récusation** est ajoutée par le législateur de 2006 dans la liste des incidents de procédure. La récusation est la procédure consistant à demander le remplacement d'un magistrat. En réalité, il est prévu que toute partie puisse en faire la demande[861] tout comme le juge lui-même peut demander sa récusation à son supérieur hiérarchique[862]. La juridiction statue sur la requête en récusation en chambre du conseil. La récusation est accordée quand il s'avère que certains facteurs sont de nature à compromettre l'impartialité du magistrat. La possibilité de récuser l'expert est également admise dans le même

---

855 CS/CA, jugement n° 13 du 29 novembre 1979, Teyem Pierre contre État du Cameroun.

856 CS/CA, jugement n° 83 du 24 juin 1976, Tzonkowski Charles contre État du Cameroun.

857 CFJ/AP, arrêt n° 13 du 20 mars 1970, Ekongolo Nlate contre État du Cameroun.

858 Art. 98(2) de la loi n° 2006/022 précitée.

859 Ibid. Art. 101.

860 Art. 103.

Cf. CS/CA, jugement n° 7 du 30 octobre 1980, Libam KOUANG Melchiade contre État du Cameroun ; CS/CA, jugement n° 47 du 29 mars 1979, Vve Nkili née Ndzie Ahanda Balbine contre État du Cameroun.

861 Art. 104 (2) de la loi n° 2006/022, précitée.

862 Ibid. Art. 106.

texte[863], mais pas au chapitre des incidents de procédure. Pourtant, le déroulement normal du procès est perturbé par cet incident dont le déblocage procède par les mêmes formalités que celles de la récusation de magistrat, d'où l'appréhension qu'elle s'intègre dans les incidents de procédure.

En France, l'inscription de faux fait partie des incidents de procédure. Il s'agit de la contestation de l'authenticité d'une pièce de la procédure, quelle qu'en soit la nature. Le juge administratif est alors obligé de surseoir en attendant que le juge judiciaire se prononce quand il s'agit d'une pièce de Droit privé[864]. Au Cameroun, ce moyen n'est pas considéré comme étant un incident de procédure dans la mesure où il n'est pas mentionné audit chapitre par le législateur. En plus, le juge administratif ne l'a pas consacré comme tel. L'expression retenue par le législateur pour ce type de contestation est « la fausseté d'un acte sous seing privé[865] », qui intervient dans la vérification des écritures. La question est tranchée par le juge administratif « conformément au Droit commun », contrairement au renvoi imposé à son homologue français, ce qui par sa résolution simple le démarque de l'exemple français et donc de la catégorie des éventuels incidents de procédure.

Au terme de l'instruction et quand les incidents de procédure éventuellement survenus ont été levés, la juridiction est appelée à prendre sa décision par le jugement qu'elle doit prononcer.

B. Le jugement

Le juge ne peut se soustraire à l'obligation de trancher le litige sans commettre le déni de justice. Le jugement débute après la clôture de l'instruction ; ceci quand le rapporteur transmet son rapport d'instruction au président du Tribunal et que ce dernier reçoit les conclusions du procureur général[866]. Le déroulement du jugement obéit à certaines règles et l'aboutissement de ce processus est la décision de justice.

1. Les modalités du jugement

Après l'instruction du recours, le rapporteur transmet le dossier au président qui aura alors à déterminer la date de commencement du jugement. Le greffier reçoit ordre de confectionner puis, d'afficher le rôle. Toute la phase dite de jugement est réglée suivant des modalités précises.

Le jugement n'a lieu que si les parties ont été régulièrement convoquées. Cette formalité consiste à tenir informée chaque partie de la date de tenue de

---

[863] Art. 85.
[864] CE. Sect. 1er avril 1955, DELARUE ; rec. CE 195 ; RDP. 1955, 986, note WALINE. CJA, art. R 633-1 et NCPC, art. 303 et s.
[865] Art. 83 de la loi n° 2006/022 précitée.
[866] Ibid, art. 45 et 46.

l'audience six jours au moins avant[867]. La convocation est effectuée par voie de notification dont la charge incombe au greffier. La notification est soit dans la forme administrative, soit par lettre recommandée avec accusé de réception, par exploit d'huissier ou par tout autre moyen laissant trace écrite[868].

Les audiences sont publiques[869]. Cette règle qui existe pour le moins depuis 1975[870] au Cameroun a longtemps été une exception en France dans la mesure où la règle du secret de l'instruction s'étendait au jugement. Ce n'est que dans l'arrêt de principe MABLEU de 1996[871], avec en renfort les dispositions du Droit communautaire, que la publicité y est devenue le principe et la non-publicité, l'exception.

Le caractère public du jugement consiste d'abord à en faire la publicité dont la formalité est l'affichage du rôle. Ce caractère implique aussi l'admission du public à l'audience. Toutefois, si le tribunal estime que la publicité serait dangereuse pour l'ordre public ou les bonnes mœurs, il peut ordonner le huis clos[872]. Pour autant, le prononcé du jugement est toujours public.

Le jugement est contradictoire, c'est-à-dire que chaque partie est appelée à faire valoir ses moyens dans la cause, et elles doivent être présentes ou représentées à l'instance. Le contradictoire permet d'assurer l'exercice des droits de la défense et le juge doit y veiller.

Le jugement est réputé être rendu par défaut normalement quand le défendeur n'a pas comparu et qu'il n'a pas été assigné...[873] Le juge administratif a une interprétation sinueuse du contradictoire et du défaut. Dans une espèce, le fait que l'administration ne se soit pas présentée aux audiences et qu'elle n'ait pas émis des mémoires n'a pas empêché la juridiction d'indiquer que le jugement était contradictoire[874]. Dans une autre affaire plus récente et pour laquelle l'État n'a pas produit de mémoire et n'était pas présent à l'audience, le jugement a été considéré comme rendu « contradictoirement à l'égard du demandeur, par défaut à l'égard de l'État du Cameroun[875] ». En

---

867 Art. 50.
868 Art. 25.
869 Art. 48 (2).
870 Art. 19 (2) de la loi n° 75/17, précitée.
871 CE. Ass., 14 février 1996, MABLEU : Rec. CE 34, Concl. Sanson. cf. GOHIN (O), op.cit., p. 230. Pour l'opinion contraire V. CHAPUS (R), *Droit du contentieux administratif*, 11e éd. Montchrestien, Paris 2004, p. 983, n° 1151.
872 Art. 48 (2) (3) de la loi n° 2006/022, précitée.
cf. AUBY (J-M), « Le principe de publicité de la justice et le Droit public », Annales de la Faculté de Droit de Toulouse, 1968 (1), p. 260.
873 V. Définition de « jugement par défaut » dans le Lexique des termes juridiques.
874 CS/CA, jugement, n° 99 du 13 août 2008, Mme Kamga Françoise contre État du Cameroun.
875 CS/CA, jugement n° 48 du 28 janvier 2009, Moukoko Koffi Emmanuel Black contre État du Cameroun et Simo Emmanuel (Int-vol).

fait, il faut dire que les textes disposent que le jugement est contradictoire du moment que les parties ont comparu ou ont été représentées à l'audience, ou qu'elles ont néanmoins produit leurs mémoires[876].

Autre caractère, le jugement est non suspensif de l'action administrative parce que l'administration jouit du bénéfice du préalable.

Le jugement se déroule par audiences. Les parties et leurs conseils doivent s'exprimer avec modération et avoir de la considération pour la justice. L'obligation de respect incombe aussi à l'assistance qui doit garder le silence. Le président a la maitrise du procès. Il veille au respect de la discipline durant les audiences[877].

Au cours de l'instance, certaines questions peuvent conduire à effectuer un jugement avant dire droit. La juridiction administrative « doit statuer immédiatement par décision avant dire-droit distincte sur les exceptions d'incompétence... Il peut d'office relever une incompétence dans les mêmes formes[878] ». La compétence du juge administratif est ainsi liée quand il surgit une question relative à sa compétence pour l'affaire.

Moyen d'ordre public parce que pouvant être relevé par lui, il doit se prononcer par décision avant dire droit qui n'a aucun incident au fond, mais détermine la compétence ou non du juge administratif de connaître dudit recours contentieux. Les contestations dirigées vers l'annulation des pièces produites au débat sont également jugées par décision avant dire droit.

La décision de la juridiction est rendue après délibération. Contrairement aux audiences, la délibération est secrète[879]. Le délibéré est acquis à la majorité des voix des juges ayant suivi les débats ; cette majorité emporte unanimité. Le jugement s'achève par la décision de justice.

2. La décision de justice

S'agissant du jugement, la décision est prononcée en audience publique, elle est lue par le président et débute par les mots « au nom du peuple camerounais ». La désignation de l'instance juridictionnelle suit, puis le terme « décide » est avancé et tout le reste du dispositif en forme d'articles est lu.

Elle mentionne la composition du Tribunal[880], les principales dispositions légales dont il a été fait application, dont il a été statué au vu des pièces du dossier, en audience publique et après délibéré, que le jugement est

[876] Art. 54 (2) de la loi n° 2006/022 précitée.
[877] Art. 49 s de la loi n° 2006/022 précitée.
[878] Ibid. art. 51.
[879] Supra.
[880] Les conclusions des parties sont intégralement reprises dans la décision, mais elles ne sont pas lues.

contradictoire ou par défaut. La décision est motivée et datée et les dépens sont liquidés.

Les dépens sont l'ensemble des frais financiers générés par le procès. Ils comprennent les frais de correspondance et de notification, les frais d'établissement des copies des requêtes, mémoires et pièces jointes, les frais d'instruction et de greffe, les frais de timbres et d'enregistrement. Le taux des dépens est fixé par un texte réglementaire[881]. Les dépens peuvent être compensés. La liquidation des dépens est faite dans la décision qui statue sur le fond du litige. La partie qui succombe supporte la charge des dépens. Toutefois, le juge peut faire supporter les dépens partiellement à la partie qui a succombé. Les frais de consignation peuvent être utilisés dans la compensation des dépens.

Les jugements font l'objet de publicité par voie de notification. Le greffier doit donc dans les huit jours de leur enregistrement notifier le jugement aux parties[882]. Les expéditions des jugements définitifs destinées aux parties sont établies sans frais. La procédure juridictionnelle telle qu'il a été dit est quasiment la même, quelle que soit la juridiction administrative concernée. Cette procédure s'applique pratiquement de la même manière aux recours ordinaires. Ceux-ci admettent tous que la décision juridictionnelle initiale peut faire l'objet de réexamen tout au moins par l'existence du double degré de juridiction.

Paragraphe 2 : Les voies de recours

Le droit au procès équitable exprime plusieurs impératifs qui obligent la justice. Parmi eux se trouve le droit de contester la décision juridictionnelle. Ce droit est admis jusqu'au niveau du juge supérieur. Il se décline en l'existence de voies de rétractation (B), et en l'existence de voies de réformation (A). Ces deux catégories de recours sont faites de règles et procédures différentes.

A. Les voies de réformation

La réformation est ouverte quand la décision juridictionnelle est contestable devant la juridiction supérieure. Il y a donc nécessairement un jeu dans lequel les deux degrés juridictionnels se succèdent dans l'ordre pour statuer sur le litige ; c'est l'Appel. Il est aussi possible que la réformation ait

[881] Art. 57 de la loi n° 2006/022, précitée.
[882] Ibid. art. 63.

lieu par un recours ne faisant pas intervenir le jeu du double degré tout en se déployant au niveau juridictionnel supérieur ; c'est le Pourvoi en cassation[883].

1. L'appel

Le droit à la justice octroie aux justiciables celui de contester les décisions de justice suivant des règles et modalités bien précises dont l'appel fait partie. L'appel se définit comme le recours intenté contre une décision de justice initiale devant l'instance juridictionnelle supérieure.

En termes de caractéristiques, il faut dire que le préalable est qu'il y ait un jugement initial. Celui-ci est contesté devant l'instance supérieure. Implication : l'appel n'est possible que s'il y a double degré de juridiction ; il en est aussi la conséquence. Le double degré existe parce qu'il y a deux instances de jugement des mêmes matières, mais de niveaux différents. Le juge d'appel fait office de *rejugement*[884] dans la mesure où il a le pouvoir d'étudier la contestation dans le fond.

La règle de l'appel qui est matérielle accompagne celle organique du double degré de juridiction. Dans l'histoire de la juridiction administrative camerounaise, la possibilité de faire appel a disparu un temps sous le Tribunal d'État qui était juge en premier et en dernier ressort du contentieux administratif[885]. Cela devait être corrigé très rapidement avec la création d'une Cour suprême qui « connait des pourvois en annulation formés contre les arrêts du Tribunal d'État[886] ». Cette cour avait la compétence rétroactive d'examiner les arrêts rendus par le Tribunal d'État. Toutefois, il ne s'agissait pas de l'appel, mais du pourvoi en cassation.

Actuellement, la Chambre administrative de la Cour suprême est l'instance supérieure, et donc d'appel ; et les tribunaux administratifs sont les instances inférieures et donc de jugements initiaux[887].

Des effets majeurs de l'appel hérités du système juridictionnel de 1972, il y a l'aspect suspensif et dévolutif.

L'appel est suspensif parce qu'il rend inopérant, dès qu'il est formé, l'exécution de la décision de premier ressort attaqué, en vertu de l'article 114 de la loi n° 2006/022 ; et ceci en dehors des cas explicitement prévus par la

---

883 Des différences subsistent quand même. Au niveau des dépens, il y a l'exception faite au contentieux électoral où les dépens n'existent pas en tant que tels car, les frais de l'instruction sont supportés par le trésor public.

884 FEUER (G), « Contribution à la théorie de l'appel dans la procédure contentieuse administrative », RDP, 1958, p. 19.

885 OWONA (J), *Droit administratif spécial de la République du Cameroun*, Edicef, 1985, p. 183.

886 Art. 2 de la loi n° 61/12 du 20 juin 1961.

887 Loi constitutionnelle du 18 janvier 1996, art. 39, 40, 41.

loi telle en matière électorale ou l'appel est non suspensif. Le juge peut aussi décider par lui-même que l'appel n'est pas suspensif.

L'appel est dévolutif, car le juge saisi en appel doit se limiter aux seuls aspects que l'appelant a soulevés, sauf existence de moyens d'ordre public au litige[888]. Le juge d'appel peut être saisi de l'entier procès administratif examiné en premier ressort. Ce pouvoir de rejugement fait de lui un second juge de fond. À cet effet, de nouveaux moyens peuvent être invoqués en appel. Il ne demeure pas moins que l'appel est un réexamen d'une affaire initialement connue en premier ressort, il est donc impératif qu'il y ait une identité d'objet entre les deux recours contentieux.

L'appelant est assujetti à certaines conditions. Il doit avoir qualité pour agir. Celle-ci lui est conférée parce qu'il était partie à l'instance initiale indifféremment qu'il ait été demandeur, défendeur ou intervenant. Pour prévenir le fol appel, il doit aussi avoir intérêt à interjeter appel ; c'est-à-dire qu'il doit contester la décision par rapport au préjudice réel qu'elle lui cause.

S'agissant des procédures, l'appel est fait par déclaration au greffe du Tribunal administratif d'où émane la décision attaquée. Il est formé dans un délai de quinze jours à compter du lendemain de la notification de la décision attaquée sous peine de forclusion. L'appelant est demandeur et il agit personnellement ou par mandataire interposé. L'appelant a quinze jours pour déposer son mémoire[889] au greffe de la Chambre administrative. Le président veille à l'introduction des dossiers réguliers et aux échanges des mémoires[890] puis désigne un rapporteur chargé d'achever l'instruction. Le reste de la procédure est identique à celle en vigueur devant les tribunaux administratifs[891] avec en plus un souci de célérité puisque « la décision doit intervenir dans les quinze jours de la mise au rôle[892] ».

L'appel peut être dirigé contre une décision avant dire droit. Il n'est recevable que s'il y a appel à l'encontre de la décision de fond, les deux devant se faire conjointement[893].

2. La cassation

La deuxième voie de la réformation est la cassation. Elle s'appréhende comme un recours institué et dirigé contre les décisions juridictionnelles rendues en dernier ressort, et dont l'objectif est d'en contrôler la régularité.

888 Supra.
889 Art. 72 s de la loi n° 2006/016 précitée.
890 Ibid. art. 78 s.
891 Art. 87.
892 Art. 88.
893 Art. 29 de l'ordonnance n° 72/5 du 26 août 1972 modifiée par loi n° 74/14 du 18 juillet 1974.

Le juge de cassation est un juge de Droit et non des faits, à la différence du juge d'appel qui dispose des deux pouvoirs. Sans examiner les faits, le juge de cassation doit uniquement s'attarder sur les problèmes relatifs à l'application de la règle de Droit. Ainsi, la cassation n'est ouverte que contre les décisions rendues en dernier ressort.

Le juge de cassation est juge de la bonne application du Droit. Il contrôle la violation des règles de procédure, les règles de preuve, la composition irrégulière de la juridiction, l'incompétence et l'excès de pouvoir, la publicité du jugement, la violation des formes du jugement...[894] bref, il est juge du Droit régissant l'office des juges.

Le pourvoi est formé par déclaration au greffe de la juridiction dont émane la décision attaquée dans un délai de quinze jours. Il est fait par le demandeur en personne ou par son représentant[895]. L'instruction est menée pareillement à celle de l'appel. Hormis les pourvois formés contre les décisions de la Chambre administrative statuant en appel, ceux tournés contre les décisions de dernier ressort des tribunaux administratifs peuvent donner lieu à renvoi tel que cela se pratique devant le juge judiciaire. En matière de Droit commun, la Cour suprême peut à l'occasion de la cassation ne pas opérer de renvoi ou plutôt annuler et renvoyer l'affaire devant un autre Tribunal administratif[896], car le juge de cassation doit normalement remettre « la cause et les parties au même état où elles se trouvaient avant ». La Cour suprême, des fois, renvoie devant la même juridiction qui statuera en composition différente.

La cassation ne constitue pas un troisième degré de juridiction parce qu'il n'y a pas de jugement de l'affaire dans le fond[897]. Ce qui est contrôlé c'est la légalité interne et externe de la décision juridictionnelle. Le rapprochement d'avec l'appel est qu'elle relève de l'instance juridictionnelle supérieure en matière de contentieux administratif. Les voies de rétractation diffèrent sur ce point.

B. Les voies de rétractation

Au nombre de quatre, les recours liés à la rétractation ont tous pour objet de faire revoir la décision juridictionnelle rendue. Leur particularité commune est qu'ils reposent sur un réexamen de l'affaire initiale par la même instance qui a eu à la connaitre. Les formes de recours visant la rétractation sont

---

[894] cf. MESSI (T), *Le contrôle de cassation de la cour suprême*, thèse de doctorat de 3e cycle en Droit, université de Yaoundé, S-D, p. 63s.

[895] Art. 90 de la loi n° 2006/016, précitée.

[896] Sur le rapport ; V. MESSI (T), op.cit., pp. 61-62.

[897] MASSOT (J), « la cassation », AJDA, 1995, 200 ; DOUAT (E), « Cassation, procédure et moyens de cassation », J. Cl. Adm, fasc. 1107, DUPUY (R-J), « le pourvoi en cassation et la dualité du contentieux de l'annulation », RDP, 1950, 505.

l'opposition, la tierce opposition, la révision et la rectification d'erreur matérielle.

1. L'opposition et la tierce opposition

L'opposition est un recours ouvert au justiciable défaillant à l'instance initiale. Le fait est que la décision de justice est en principe contradictoire, mais qu'elle peut être rendue par défaut à l'égard du défendeur défaillant. En France, il y a une distinction entre le défaut faute de conclure et le défaut faute de comparaître[898] ; l'un étant le principe et l'autre l'exception. Au Cameroun, cette distinction n'existe pas, car la seule comparution tout comme le seul dépôt du mémoire vaut contradictoire du jugement[899].

Autre point de séparation, l'opposition n'est ouverte en France que devant les Cours administratives d'appel, car les jugements et ordonnances par défaut des tribunaux administratifs ne sont pas susceptibles d'opposition. En cas de défaut, c'est l'appel qui leur est ouvert[900]. Au Cameroun, l'opposition est ouverte de droit devant le Tribunal administratif contre tout jugement de défaut sans discrimination aucune.

Une incohérence marque quand même le dispositif normatif. L'article 54 de la loi n° 2006/022 détermine que le contradictoire est accompli soit par le dépôt du mémoire, soit par la comparution. Le même texte en son article 109 dispose que les jugements sont rendus par défaut quand il n'y a pas dépôt de mémoire dans les délais. Ces deux dispositions si elles se rencontrent quant au défaut de conclure, se détachent pour le défaut de comparution. Il est probable que la dernière disposition (qui est par ailleurs le principe en France), développée dans le cadre spécifique du recours en opposition soit davantage privilégiée pour la cause.

L'opposition est donc ouverte quand il y a eu défaut de conclure. Une distinction à faire est celle de savoir si la défaillance résulte d'une impossibilité pour l'opposant de conclure ou alors que la défaillance résulte de sa négligence. Si le défendeur à l'instance du recours en opposition arrive à prouver que l'opposant n'a pas délibérément produit de mémoire, alors l'opposition sera sans objet.

En principe, l'opposition n'est pas suspensive sauf décision contraire du juge. Elle est aussi enfermée dans un délai de quinze jours. Toutes ces mesures visent à éviter le dilatoire.

Ainsi, l'opposition est ouverte à la partie mise en cause qui n'a pas pu présenter de défense. L'opposition doit être formée dans un délai de quinze

---

[898] CE Sect. 17 mai 1968, Andreï : rec. CE 321 ; CE, 13 janvier 1993, Baraf : rec. CE, tab. 989.
[899] Art. 54(2) de la loi n° 2006/022, précitée.
[900] cf. GOHIN (O), *Contentieux administratif*, 4e éd., litec, 2005, p. 348.

jours à compter de la notification de la décision de défaut[901]. L'admission du défaut remet les parties dans le même état que celui d'entame de la décision attaquée. À titre de précision, il n'y a pas d'opposition pour le requérant qui est le mieux informé de l'existence du contentieux. À l'observation, le recours en opposition est ouvert, mais les parties défaillantes préfèrent généralement se pourvoir directement en appel, souvent par défiance à l'endroit de l'instance ayant rendu la décision initiale.

La tierce opposition est pour sa part une voie de droit ouverte aux tiers, c'est-à-dire aux justiciables ni mis en cause ni régulièrement représentés. Ainsi, toute personne qui n'était pas partie à l'instance initiale, peut faire valoir ses prétentions par le moyen de la tierce opposition, à condition qu'elle se prévale d'un droit auquel le jugement en cause porte atteinte. Ceci constitue l'intérêt à agir du tiers. En effet, l'intérêt dont le tiers excipe implique qu'il aurait dû être partie à l'instance, d'où l'ouverture de ce recours devant l'instance qui a pris la décision initiale.

À l'occasion du recours en tierce opposition, le juge est appelé à effectuer un nouvel examen de l'affaire, ceci, essentiellement sur les moyens nouveaux présentés par le tiers opposant[902]. Quand la tierce opposition est fondée, la décision initiale peut être réformée ou rétractée, mais uniquement sur les chefs préjudiciables ou tiers opposants, ce qui en général donne lieu à l'annulation pure et simple de la décision initiale[903]. Dans le cas où le recours n'est pas fondé, le requérant encourt une amende civile.

En termes de procédure, la tierce opposition est introduite et examinée selon les mêmes conditions que la requête introductive d'instance et les règles liées à sa recevabilité sont celles édictées par le Droit commun[904]. Deux autres voies de rétractation existent à savoir la révision et la rectification d'erreur matérielle.

2. Les recours en révision et en rectification d'erreur matérielle

À la différence de l'opposition et de la tierce opposition qui sont des voies de rétractation fondées sur l'absence à l'instance initiale, les recours en révision et en rectification d'erreur matérielle sont fondés pour leur part sur l'irrégularité de l'instance initiale.

Le recours en révision est ouvert devant la juridiction administrative uniquement pour les jugements contradictoires (où chaque partie a produit ses

---

[901] Art. 109 de la loi n° 2006/022, précitée.

[902] CFJ/CAY, arrêt n° 112 du 08 décembre 1970, Dame Lami Absatou Bi Mohaman contre Fournial et État du Cameroun Oriental.

[903] SOCKENG (R), *Les institutions judiciaires au Cameroun*, GSF, Douala 1995, p. 147.

[904] Art. 115 de la loi n° 2006/022, précitée.
La tierce opposition peut être introduite sans condition de délai : cf. : CS/CA, jugement n° 51 du 4 mars 1976, Ntowa Monkam Charles ; Wenga André contre État du Cameroun.

mémoires). Les cas d'ouverture de ce recours sont : l'existence d'un dol personnel, le cas dans lequel il a été statué sur les pièces reconnues ou déclarées fausses depuis la décision et celui où une partie a succombé, faute de présenter une pièce décisive retenue par son adversaire[905]. Ainsi, le recours en révision est un recours correctif qui, eu égard à la justice, permet au juge de revenir sur son jugement aux moyens de la survenue d'éléments avérés postérieurs à sa décision et dont l'importance est telle que s'il en avait eu connaissance au moment du jugement, la décision aurait pu aller dans un autre sens.

Un cas d'ouverture en France méconnu par le Droit camerounais est le recours en révision pour mauvaise application de la procédure juridictionnelle administrative relative à la composition de la formation de jugement, ou à la tenue des séances[906]. Ces hypothèses donnent plutôt lieu à l'appel et à la cassation[907] au Cameroun. Le recours en révision est également ouvert lorsque le juge a soit débordé le cadre de la demande, soit diminué celui-ci.

Le recours en révision doit être formé dans un délai de trente jours à compter du lendemain du jour de la connaissance de la cause ouvrant droit à révision. La procédure d'instruction et de jugement est celle appliquée dans le traitement de toute requête introductive d'instance ordinaire[908]. Quand le recours est fondé, la décision initiale est annulée, les parties retrouvent leur position initiale et la même juridiction aura à statuer à nouveau sur le fond du litige.

Le recours en rectification d'erreur matérielle est pour sa part autorisé quand la décision d'un Tribunal administratif est entachée d'une erreur matérielle. Il peut s'agir d'une erreur de calcul sur le montant d'une indemnité[909], d'une omission, d'une mention erronée (...). La systématisation des catégories de l'erreur matérielle présente deux hypothèses : celle où l'erreur a affecté la volonté du juge et celle où c'est la volonté du juge qui est source d'erreur[910].

L'erreur doit être matérielle et non juridique, c'est-à-dire que c'est un élément factuel qui est excipé et non pas les moyens ou le raisonnement juridique, y relatifs dont les irrégularités sont plutôt soumises à appel.

---

[905] Art. 118 de la loi n° 2006/022, précitée.
[906] CE, 7 juillet 2004, Association de défense des intérêts du sport : AJDA 2004, 2232, note A-M. MAZETIER.
[907] Supra.
[908] Art. 118 de la loi n° 2006/022.
[909] CS/CA, jugement n° 05 du 02 Novembre 2005, Affaire Colonel Djouakoua Gérard contre État du Cameroun.
[910] cf. POUYAUD (D), « Le recours en rectification d'erreur matérielle devant les juridictions administratives », RFDA, 1993, 721.

La partie intéressée doit introduire le recours dans un délai de trente jours à compter de la notification de la décision en cause. Cette partie est normalement l'une de celle présente à l'instance initiale, même si un tiers peut intenter un tel recours. C'est le cas de l'introduction du recours « devant le président du Tribunal[911] », comme pour dire que la solution est donnée par le juge unique. Si cela venait à être confirmé, il n'y aurait pas de problème si l'effet de la rectification est la simple correction sur le texte de la décision comme l'entrevoit le Professeur KAMTO[912]. Seulement, et surtout quand l'erreur a affecté la volonté du juge, il n'est pas surprenant que la rectification ait une incidence quant au fond. Auquel cas, ce serait permettre au juge unique de revoir une décision prise de façon collégiale.

La procédure administrative contentieuse est complexe par l'existence de nombreux types de recours, et par le cadre procédural de leur traitement juridictionnel. Il demeure que les recours qualifiés ici d'ordinaire sont fortement convergents par le fait qu'ils font l'objet d'un jugement dont l'une des marques est la collégialité et l'existence d'une instruction. Ces recours peuvent faire l'objet de révision avec la possibilité, offerte par le double degré de juridiction, de saisir l'instance supérieure à celle qui a rendu le jugement initial. Il est également possible dans des hypothèses limitatives de former un recours devant la juridiction qui a statué sur la décision initiale ; il s'agit des voies de réformation.

Par rapport aux recours en matière d'urgence, les recours ordinaires font l'objet de jugements collégiaux ; ils statuent au fond et ces particularités parmi d'autres, expliquent la distinction.

---

911 Art. 117 de la loi n° 2006/022.

912 KAMTO (M), *Droit administratif processuel du Cameroun*, collection sciences juridiques et politiques, PUC, 1990, p. 86.

CHAPITRE 2 :

LES RECOURS EN MATIÈRE D'URGENCE

La terminologie employée pour désigner les décisions du juge en matière d'urgence n'est pas naïve. Les recours ordinaires sont toujours des arrêts ou des jugements ; ce qui n'est pas le cas pour les décisions juridictionnelles en matière d'urgence qui sont désignées comme étant des ordonnances.

Le juge de l'urgence a une compétence exclusive de la contestation principale du litige. Il n'intervient que de façon incidente et parallèlement au recours principal. Néanmoins, il a des pouvoirs considérables perceptibles dans la matérialité des recours en question (Section 2). Par ailleurs, les recours en matière d'urgence obéissent à des conditions dont les spécificités les séparent des recours dits ordinaires (Section 1). Au demeurant, il faut dire qu'ils sont des recours relevant du contentieux administratif dans lesquels le juge compétent n'est autre que le juge administratif.

Section 1 : Les conditions des recours en matière d'urgence

Il existe un certain nombre de conditions régissant les recours en matière d'urgence. Celles-ci servent à fonder le recours, mais permettent aussi de déterminer la recevabilité du recours intenté. L'une des conditions est liée à la matière (Paragraphe 1), l'autre est attachée à l'exigence de l'existence d'une demande principale et aux conditions personnelles pour agir en urgence (Paragraphe 2).

Paragraphe 1 : La condition liée à la matière

Pour que le juge administratif soit appelé à statuer en urgence, le recours doit relever du contentieux administratif. Ce préalable évident signifie que la contestation soit dans l'ordre des matières relevant du contentieux administratif, ce qui est déterminé par l'introduction d'une requête introductive devant le juge du fond[913]. Plus important encore, il est nécessaire qu'il y ait urgence à statuer (A), même si l'urgence ne l'emporte pas dans les cas pour lesquels les recours en matière d'urgence sont exclus (B).

---

[913]Infra.

A. L'urgence

Les textes aménagent les procédures d'urgence, mais ne donnent pas un contenu à la notion fondatrice de ces procédures ; à savoir l'urgence. Dans quelle mesure faut-il considérer qu'il y a urgence ? L'appréciation semble être laissée au juge qui doit rechercher l'urgence du recours pour qu'il soit recevable.

1. L'identification de l'urgence

Sinueuses sont les pistes qui mènent à l'appréhension de la notion d'urgence en procédure administrative contentieuse. Les lexiques l'identifient comme étant « la nécessité d'agir vite », « d'agir sans délai[914] ». Cela laisse entrevoir qu'il y a un impératif de temps, mais aussi une situation qui nécessite une telle action. À la vérité, cette notion est encore plus complexe qu'il n'en paraît.

De nombreux juristes s'accordent pour dire que l'urgence est une notion vague, voire même indéfinissable[915] ; pourtant, ils s'y sont essayés. L'urgence serait une notion de pur fait, élastique et relevant du pragmatisme du juge. Elle serait « le caractère d'une situation ou d'un état de fait ou de droit susceptible de causer ou de provoquer un préjudice irréparable ou difficilement réparable s'il n'y est porté remède à bref délai[916] ».

L'urgence est certainement difficile à définir, mais elle peut être appréhendée. Il suffit d'en regarder les justifications qui d'ailleurs, tiennent lieu de faisceaux d'indices. **D'abord le temps,** car il y a nécessité d'une action rapide. **Ensuite la situation** qui tient au préjudice et parfois **enfin le caractère irréversible** de la situation qui en découlera si le juge n'intervient pas.

L'urgence s'apprécie au fait, et sa détermination largement contextuelle ne saurait relever d'un texte, mais plutôt du juge. Par ailleurs, des situations multiples et divergentes sont constitutives d'urgence. Le juge peut déclarer l'urgence en prenant des mesures nécessaires à la sauvegarde d'une liberté fondamentale, un acte administratif aux effets irréparables peut aussi donner lieu à urgence[917]… Le fait est que les textes laconiques en la matière laissent au juge une liberté d'appréciation et les positions du juge sont parfois inexplicables en la matière.

---

[914] *V. Le petit Larousse.*

[915] DUPUIS (G), *Les privilèges de l'administration, thèse en Droit*, Paris, 1962, p. 484. PAMBOU TCHIVOUNDA, « recherche sur l'urgence en droit administratif français », RDP, 1983, p. 82.

[916] GUIMDO DONGMO (B-R), *Le juge administratif camerounais et l'urgence. Recherche sur la place de l'urgence dans le contentieux administratif camerounais*. Thèse de doctorat d'État en Droit public, Université de Yaoundé II, 2004, p. 18.

[917] KAMDEM (J-C) *Contentieux administratif*, op.cit., pp. 196-197.

2. L'évocation de l'urgence

Le langage du juge est très simple là-dessus. Le juge en général déclare qu'il y a urgence et de ce seul fait, il y a urgence. À l'observation, l'urgence à statuer relève de la construction intellectuelle du requérant. Ce dernier allègue d'une situation, du temps qui fait défaut et de la possible irréversibilité pour convaincre le juge. Ainsi, comme pour la preuve, l'urgence doit être prouvée par celui qui la revendique pour faire intervenir le juge.

Parfois, sans directement mentionner l'urgence, le juge administratif camerounais détermine la recevabilité d'une requête en matière d'urgence tout simplement parce qu'elle « est pertinente dans la mesure où elle ne préjudicie pas au principal[918] ». Après les conclusions du ministère public, le juge dans sa décision quand elle est favorable exprime son positionnement pour le caractère urgent par un laconique « Vu l'urgence » sans plus, quand il en fait mention. Effectivement, il arrive qu'une mesure d'urgence soit entreprise sans que l'urgence soit toujours véritablement établie. Dans ce cas, le juge devrait justement apprécier la nécessité de donner droit au requérant.

Dans une espèce opposant le sieur SILIKI à l'État du Cameroun pour le retrait d'un titre foncier délivré au sieur **TCHOUBET Joseph,** le sieur SILIKI saisit le juge de l'urgence pour solliciter le sursis à exécution des effets dudit titre foncier. Sans jamais prouver l'urgence, et sur sa seule demande, le juge y répondit favorablement sans que l'urgence ne soit jamais exprimée ou même prononcée dans la décision. S'il est évident que le sieur TCHOUBET pouvait entamer des constructions et les achever sans que le juge du fond n'ait statué, ce qui aurait compliqué la situation parce qu'il aurait fallu passer par la procédure d'éviction d'un propriétaire de bonne foi avec un remboursement des mises en valeur[919], il reste que la décision SILIKI[920] est muette là-dessus. Est-ce à dire que l'urgence peut se présumer ? À ce niveau, il y a similitude avec la notion de préjudice irréparable que le juge français prend en considération parfois sans l'exprimer pour fonder la recevabilité d'un recours en urgence[921].

De nombreuses considérations sont prises en compte pour déterminer la recevabilité d'un recours intenté en matière d'urgence. Parfois latente, mais toujours présente sous une forme ou sous une autre, l'urgence à prendre la

---

[918] Ordonnance de référé n° 2/ORSE/CS/PCA, du 17 janvier 1983, Dame Noumsi Marie Hortense contre État du Cameroun.
NCHOUWAT (A), *Le juge et l'évolution du droit administratif au Cameroun*, thèse de doctorat de 3e cycle, Université de Yaoundé II, 1994, p. 45.

[919] Art. 555 Code Civil.

[920] Ordonnance de sursis à exécution n° 023/OSE/CAB/PCA/CS du 16 avril 2007, affaire succession Siliki Epanya Eugène contre État du Cameroun.

[921] CE, 20 septembre 1991, Ministère des affaires sociales/ARC, RDP, 1991, p. 1731 ; CE, 13 février 1986, Association de sauvegarde du Quartier notre Dame, AJDA, 1986, p. 326.

mesure tient lieu d'élément de base justifiant le recours. Pour autant, les procédures d'urgence ne peuvent être intentées dans certaines matières.

B. Les matières exclues

L'urgence est le pont qui relie les catégories de recours pour lesquelles le juge est appelé à statuer rapidement. Les textes évoquent expressément l'urgence pour le référé alors que l'expression « préjudice irréparable » est employée pour le sursis à exécution.

Par prétérition et spécifiquement pour le sursis à exécution, il est exigé que « La décision attaquée n'intéresse ni l'ordre public ni la sécurité ou la tranquillité publique...[922] ». Il faut en déduire que la procédure d'urgence visant le sursis surseoir à statuer ne peut être dirigée contre tout acte dont la matière en est exclue. L'énumération fait donc état de trois motifs pour lesquels le recours en question est irrecevable.

Il est étrange que la sécurité et la tranquillité publique soient jointes à l'ordre public pour la cause, parce que traditionnellement, l'ordre public renvoie à une trilogie dont font justement partie la sécurité et la tranquillité publique et auxquelles est ajoutée la salubrité[923]. Il aurait été plus simple de dire que ce type de recours n'est pas ouvert quand la décision attaquée concerne l'ordre public.

La législation de 1975 faisait de l'ordre public un cas limitatif de l'ouverture des procédures d'urgence que sont le sursis à exécution[924] et le référé administratif[925]. Il en va autrement de la réforme de 2006 qui consacre cette limitation pour le sursis à exécution[926] et n'en dit pas un mot pour le référé[927] pour permettre au juge de connaître des recours en référé, même si la mesure attaquée concerne l'ordre public.

Quand l'urgence est avérée et que le recours intenté ne concerne pas l'ordre public (pour le sursis à exécution), le recours en urgence devient recevable. Une autre condition liée à la demande est aussi imposée.

Paragraphe 2 : La condition liée à la demande

Elle est double parce qu'elle concerne l'exigence d'une demande principale (A), et la demande adressée au juge de l'urgence est elle-même tout

---

922 Art. 30(2) de la loi n° 2006/022, précitée.

923 Lire BERNARD (P), la notion d'ordre public en Droit administratif, LGDJ, 1962. FRYDMAN (P), « l'ordre public et le juge », eod. loc., p. 87.

924 Art. 16(2) de la loi n° 75/17 du 8 décembre 1975 fixant la procédure devant la cour suprême statuant en matière administrative.

925 Ibid. art. 122.

926 Art. 30(2) de la loi n° 2006/022 précitée.

927 Ibid. art. 27 s.

au moins conditionnée (B) dans son objet. Le non-respect de ces formalités rend le recours irrecevable.

A. L'exigence d'un recours principal

Le recours formé en matière d'urgence est un recours qui est lié à l'exigence d'un autre recours formé à l'occasion du litige ; ce dernier étant le recours principal. L'absence de la preuve de l'existence d'un tel recours a des effets sur la requête saisissant le juge de l'urgence.

1. La condition du recours principal

Il est exigé au requérant de former un recours principal pour que la voie du recours en urgence lui soit ouverte. Deux éléments interviennent ici à savoir la nature du recours principal et son moment.

Sans être explicites là-dessus, les textes énoncent l'exigence d'un recours principal, car pour le référé, il ne faut pas préjudicier « au principal », tandis que le sursis à exécution n'est pas accordé en cas d'absence « de la requête introductive d'instance[928] ». Par rapport à ladite nature juridique, le fait que le texte parle de requête introductive d'instance amène à déduire que la demande principale est le recours contentieux.

Par opposition à l'éventualité que soit excipé un recours gracieux comme constituant le recours principal, le juge administratif a estimé « que le juge du contentieux administratif n'est pas lié par le recours gracieux, mais plutôt par le recours contentieux[929] ». Cette position prenait à contre-pied la jurisprudence isolée qui avait admis que le recours gracieux remplissait la condition d'exigence de recours principal[930].

Cette option est malheureuse dans la mesure où l'urgence est de mise, et que les trois mois accordés à l'administration pour réagir offrent assez de temps pour que le préjudice s'aggrave ou que des actes irréversibles soient posés parce que le recours gracieux n'est pas suspensif[931]. La quête de la justice ne devrait pas, pour le juge, être orientée vers des interprétations allant dans le sens de priver le requérant de la possibilité d'obtenir gain de cause.

La meilleure option est d'effectuer une interprétation dans laquelle le recours principal est indifféremment un recours administratif ou un recours contentieux. La jurisprudence récente donne raison à cette argumentation car le juge a opéré un revirement en admettant que le recours gracieux formé

---

[928] Respectivement art. 27(1) et 30(4) de la loi n° 2006/022 précitée.

[929] Ordonnance n° 03/OSE/PCA/CS DU 05 avril 2001, Société camerounaise des Brasseries (UCB).
cf. GUIMDO DONGMO (B-R), le juge administratif camerounais et l'urgence..., op.cit., p. 91.

[930] Ordonnance n° 05/CS/PCA du 05 octobre 1993, Sighoko Abraham.

[931] Ordonnance n° 04/OSE/PCA/CS du 19 octobre 1993, Union des Populations du Cameroun.

puisse à lui seul suffire. Dans une espèce dite association des bailleurs[932], les requérants introduisent un recours gracieux contre un arrêté leur imposant des prix à leurs mini-cités. Ne pouvant plus percevoir les loyers à leurs prix du fait de l'immédiateté de l'entrée en vigueur de l'arrêté contesté, le juge a conclu à la recevabilité de leur recours en urgence par l'existence d'un recours gracieux. Dans une autre espèce,[933] le requérant, prié de détruire lui-même ses constructions, a introduit un recours gracieux et l'urgence de l'affaire a fait conclure dans le sens de la recevabilité. D'ailleurs, aux termes de l'article 27 alinéa 1 de la loi n° 2006/022 du 29 décembre 2006 fixant l'organisation et le fonctionnement des tribunaux administratif, il est spécifié que « dans le cas d'urgence, le président du Tribunal ou le magistrat qu'il délègue peut sur requête, et si le demandeur justifie de l'introduction d'un recours gracieux, les parties convoquées et après conclusions du ministère public, ordonner en référé, toutes mesures utiles, sans faire préjudice au principal ».

Comme condition supplémentaire il est nécessaire que la compétence du juge administratif soit ouverte au principal[934], ce qui conduit à dire que le juge de l'urgence saisi et s'étant prononcé avant le juge du fond a, en recevant favorablement le recours, statué sur la compétence du juge du fond. C'est pour le moins la présomption forte qu'il faut en tirer.

Le second élément du recours principal est son moment. Le principe en la matière est que le recours principal doit exister au moment où le juge de l'urgence est amené à statuer. Le recours principal est toujours exigé et le juge de l'urgence doit impérativement recevoir la preuve de l'introduction du recours principal au moment où il est appelé à prendre la mesure d'urgence.

Ainsi, la procédure d'urgence n'est plus obligatoirement introduite concomitamment à la demande principale[935]. En effet, le recours introduit en urgence peut l'être ultérieurement à la demande principale[936].

2. La conséquence de l'absence du recours principal

L'exigence du recours principal ou du recours gracieux par substitution est impérative. Le juge ne saurait s'y soustraire, car le recours principal fait partie des éléments qui rendent recevable la requête saisissant le juge de l'urgence.

---

[932] Ordonnance de référé n° 17/OREF/CCA/CS/2009 du 14 août 2009, Association des Bailleurs des mini-cités contre État du Cameroun.

[933] Ordonnance de référé n° 19/OREF/CCA/CS/2009 du 14 août 2009, Manga Ateba contre État du Cameroun.

[934] CFJ/CAY, arrêt n° 159 du 13 mai 1971, Nliba Nguimbous contre État fédéré du Cameroun Oriental.

[935] cf. BINYOUM (J), *Droit administratif*, cours polycopié, Université de Yaoundé, 1984, p. 235.

[936] Ordonnance n° 23/OSE/PCA/CS du 31 décembre 1997, Etablissement Gortzounian Sarl contre État du Cameroun.

Le requérant est astreint à la production de la demande principale et s'il est défaillant, cela entraine comme conséquence l'irrecevabilité du recours en urgence. En effet, au cas où le recours gracieux a tenu lieu de demande principale permettant ainsi au juge de statuer en urgence, la décision dudit juge devient caduque si après la réponse administrative, le juge du fond n'est pas saisi au bout de 60 jours[937]. Ce cas d'annulation n'est pas causé par l'absence de demande principale, mais par le fait qu'au final, le juge administratif n'est pas saisi du recours principal alors que le juge de l'urgence supposait que cela serait fait et qu'il a pris une mesure provisoire « en attendant » la résolution finale du contentieux ; d'où la caducité logique de la décision d'urgence[938].

Il est impératif pour le requérant de former une demande principale dont l'objet relève du juge administratif pour que le recours qu'il intente dans l'urgence ne soit pas rejeté pour irrecevabilité. D'autres exigences concernent directement la demande par laquelle le juge de l'urgence est saisi.

B. Les exigences liées à la requête en urgence

La requête introduite devant le juge de l'urgence doit elle-même se conformer à certaines exigences pour que la procédure d'urgence soit ouverte au requérant. Hormis les aspects de forme correspondant à ceux du recours introductif d'instance, il y a principalement ici les aspects de fond, car le recours intenté ne doit aucunement préjudicier au fond, sans oublier que son objet doit correspondre au type de recours intenté.

1. Un recours non préjudiciable au principal

La procédure d'urgence est incidente et elle est parallèle à un recours principal. Il ne saurait donc y avoir deux instances pour la même cause, c'est pour cela que les recours en urgence doivent viser l'accessoire[939].

La requête par laquelle le juge de l'urgence est saisi ne doit pas porter sur un élément qui relève de la solution du litige au principal. Autant la contestation doit être sérieuse, autant le juge doit être interpellé pour statuer sur des éléments accessoires qui sont des mesures d'instruction ou des mesures conservatoires[940].

Le juge de l'urgence n'est donc pas un juge qui peut être saisi pour qu'il intervienne rapidement dans le fond du litige même à titre provisoire en

---

[937] Art. 30(4) de la loi n° 2006/022, précitée.

[938] Ordonnance n° 57/OSE/CCA/CS/2009 du 02 juillet 2009, Manga Louis Roger Marie contre État du Cameroun.

[939] GAUDEMET (Y), « Les procédures d'urgence dans le contentieux administratif », RFDA, 1988, p. 420s.

[940] CFJ/CAY, arrêt n° 50 du 27 juin 1968, Bernard Auteroche contre Ordre National des Médecins du Cameroun.

attendant que le recours principal soit tranché. Son domaine de compétence ne s'étend pas au fond du litige et toute demande allant dans ce sens aboutit à sa déclaration d'incompétence à connaitre du contentieux dont il est saisi. Cette solution s'étend à l'objet du recours selon le type de recours intenté.

2. L'objet et le type de recours

S'agissant spécifiquement de l'objet du recours, à part qu'il ne doit pas consister en une demande susceptible de préjudicier au principal[941], il est également nécessaire qu'il ait un caractère sérieux. Ainsi, le préjudice encouru doit être de nature à recourir au juge et que les moyens invoqués paraissent à l'instruction sérieux. Le juge administratif a précisé dans ce sens que les contestations sérieuses sont exclusives de la rapidité qui caractérise les procédures d'urgence[942]. Il est donc question de faire une demande qui est justifiée par l'urgence à statuer, et dont les moyens sont de nature à faire revêtir le recours intenté d'un caractère sérieux.

Le second et dernier aspect qui concerne la demande introduite devant le juge de l'urgence est le nécessaire lien entre son objet et le type de recours. Il faut dire que le sursis à exécution et le référé administratif ont tous deux le même juge. Il revient alors au requérant de préciser s'il saisit le juge des référés ou le juge du sursis à exécution et cette précision entraine le confinement de l'objet de la requête. Le juge est appelé à statuer sur l'objet et les moyens de la demande et il s'en tient à cela. Le juge des référés ne saurait exercer les pouvoirs de celui du sursis et la réciproque est valable. Au cas où la demande déborde le champ de compétence du juge de l'urgence saisi, suivant le type de recours intenté, ledit juge se déclare toujours incompétent. Dans l'espèce ATANGANA Dieudonné[943] dont la solution n'est pas isolée,[944] le sieur ATANGANA saisit le juge des référés pour qu'il prenne une décision différant l'exécution d'un acte administratif (Sursis à exécution). Le juge des référés s'est déclaré incompétent parce que ce type de recours relève plutôt du juge du sursis à exécution :

« Attendu qu'il résulte de la combinaison de ces textes que malgré l'unicité de l'organe de décision, les deux procédures qu'ils régissent sont distinctes par leur objet, entrainant de ce fait une réelle dichotomie de compétence ;

Qu'en effet, la procédure de référé exigée par le premier article permet au juge administratif, sans toucher au fond du litige ni faire obstacle à l'exécution

---

941 Ordonnance n° 02/ORSE/PCA/CS du 17 janvier 1983, Dame Noumsi Marie Hortense contre État du Cameroun.

942 CFJ/CAY, arrêt n° 50 du 27 juin 1968, Bernard Auteroche, op.cit.

943 Ordonnance de référé n° 18/OREF/CCA/CS/2009 du 14 août 2009, Atangana Dieudonné contre État du Cameroun.

944 V. Ordonnance de référé n° 19/OREF/CCA/CS/2009 du 14 août 2009, Association des Bailleurs des mini- cités, op.cit.

de la décision administrative contestée d'ordonner des mesures provisoires destinées à préserver les intérêts des parties à l'exemple des expertises ou autres mesures d'instruction, tandis que celle du sursis à exécution prévue au second article permet au requérant d'obtenir, du même magistrat une mesure différant l'exécution de la décision en cause jusqu'à ce qu'il soit éventuellement statué sur le fond du litige ;

- Qu'ainsi le juge des référés administratifs outrepasserait ses pouvoirs en ordonnant la suspension des effets d'une décision administrative… »

Il y a donc « unicité de l'organe de décision », mais séparation des objets et des recours en matière d'urgence. Cette séparation est perceptible au niveau de la matérialité des recours d'urgence.

Section 2 : La matérialité des recours en matière d'urgence

Les recours en matière d'urgence ont des points convergents. D'abord, il y a unicité organique parce que ces recours sont ouverts devant le même juge administratif. Ensuite les procédures suivies sont pareilles à plus d'un point (paragraphe 2). Mais au demeurant, il existe bel et bien une séparation des procédures d'urgence (paragraphe 1) qui fait ressortir leurs différences.

Paragraphe 1 : La typologie des procédures d'urgence

Les procédures d'urgence sont dirigées contre les actes de l'administration[945]. De manière générale, elles se joignent au niveau de l'existence de l'urgence, mais des conditions spécifiques amplifiées par des effets différents les démarquent. Le Droit camerounais ne reconnait que deux procédures d'urgences à savoir le référé administratif (A) et le sursis à exécution (B).

A. Le référé administratif

Il existe en France deux grandes catégories de référés administratifs que sont les référés généraux et les référés particuliers avec chacune en son sein trois sous-catégories[946]. La principale différence d'entre les deux grandes catégories est que la première est faite de référés accessoires tandis que la seconde est faite de référés en principe autonomes par rapport à la demande

[945] Le juge l'a réaffirmé en déclarant irrecevable une demande de sursis à exécution tournée contre une décision de justice et non un acte administratif. cf. ordonnance n° 59/OSE/CCA/CS/2009 du 02 septembre 2009, Le foyer saint Augustin contre État du Cameroun.

[946] Pour les référés généraux : le référé suspension, le référé liberté et le référé conservatoire pour les référés particuliers : Le référé constat, le référé instruction et le référé provision.

au fond. Cette catégorisation n'est pas opératoire au Cameroun où il n y'existe que le régime unique : celui du référé administratif.

1. Les conditions spécifiques du référé administratif

Il a déjà été dit que les recours en matière d'urgence sont gouvernés par le principe d'urgence. La condition première pour qu'il y ait référé administratif est donc l'urgence[947]. Il est également nécessaire que le recours principal soit formé et qu'il relève de la compétence du juge administratif[948].

L'ancienne organisation du référé interdisait que ce recours soit ouvert dans le cas des litiges intéressant le maintien de l'ordre public, la sécurité et la tranquillité publique[949]. La réforme intervenue en 2006 supprime cette condition comme pour dire que le référé administratif peut désormais être intenté même quand le litige intéresse l'ordre public. À l'observation de la jurisprudence récente où les textes de 2006 sont matériellement en vigueur, il y a lieu de constater que le juge administratif fait une saine application des nouvelles dispositions et ne retenant ladite restriction que pour le sursis à exécution[950]. Cette de sortie de vigueur de l'ordre public laisse la condition d'urgence comme exigence centrale du recours en référé ; l'existence d'un recours principal et la compétence du juge administratif à connaitre du recours au fond étant les conditions supplémentaires.

2. Les effets de la décision de référé administratif

En tant que procédure d'urgence, le référé administratif se caractérise dans ses effets par le principe du caractère provisoire des mesures prises. Cela vaut dans le sens que le référé est un recours incident qui ne doit pas préjudicier au principal. Aussi, dès lors que la mesure d'urgence revêtirait un caractère irréversible, elle entamerait de quelque manière que ce soit les pouvoirs du juge du fond.

Il est disposé que le juge des référés peut « ordonner toutes les mesures utiles, sans faire préjudice au principal[951] ». Le référé demeure une mesure exceptionnelle d'instruction. Le juge administratif l'a fréquemment affirmé en refusant d'outrepasser le champ de l'instruction pour le référé. Souvent, les justiciables saisissent le juge des référés pour demander la suspension d'un acte administratif ou de ses effets. Dans l'espèce **ATANGANA** Dieudonné[952], le recours a été directement une revendication d'une intervention du juge de

---

947 Art. 27(1) de la loi n° 2006/022 précitée.

948 CFJ/CAY, arrêt n° 159 du 13 mai 1971, Nliba Nguimbous, op.cit.

949 Art 122 de la loi n° 75/16 du 8 décembre 1975, op.cit.

950 cf. Ordonnance n° 17/OREF/CCA/CS/2009, du 14 août 2009, Association des Bailleurs, op.cit., Ordonnance n° 18/OREF/CCA/CS/2009 du 14 août 2009, Atangana Dieudonné, op.cit.

951 Art. 27(1) de la loi n° 2006/022, précitée.

952 Ordonnance n° 18/OREF/CCA/CS/2009, du 14 août 2009, Atangana Dieudonné contre État du Cameroun.

l'urgence « référé suspension » comme pour s'approprier une sous-catégorie des référés généraux français qui n'existe point au Cameroun. En effet, le référé suspension vise l'objet qu'il indique à savoir la suspension[953] qui au Cameroun relève du sursis à exécution.

Le juge administratif a pris position en affirmant que le référé administratif vise effectivement à prendre « des mesures provisoires (hormis la suspension) destinées à préserver les intérêts des parties à l'exemple des expertises ou autres mesures d'instruction…[954] » Les mesures d'instruction énumérées par le texte de 2006 sont : les enquêtes, les descentes sur les lieux, l'audition des parties, la vérification des écritures, les expertises. Les pouvoirs du juge des référés sont différents de ceux du juge en matière de sursis à exécution parce que « les mesures utiles » prises par le juge des référés sont davantage tournées vers la révélation rapide de la vérité, contrairement à la conséquence du sursis à exécution qui a un effet direct sur l'acte administratif même.

B. Le sursis à exécution

Le recours en sursis à exécution est un recours intenté contre un acte administratif, qui consiste à saisir le juge de l'urgence pour qu'il prenne des mesures de sauvegarde en attendant la résolution du litige au fond. Le sursis à exécution par rapport au référé administratif a ses conditions et ses effets propres.

1. Les conditions spécifiques du sursis à exécution

Comme pour le référé administratif, le sursis à exécution est conditionné par l'urgence représentée par la menace pour le requérant de subir un préjudice irréparable. Dans le même sens, la décision de sursis ne doit pas préjudicier au principal et le principal est supposé relever de la compétence du juge administratif.

Au niveau de la matière pour laquelle le sursis est irrecevable, et contrairement au référé administratif, il est expressément exclu que le sursis à exécution soit ouvert pour les litiges qui intéressent « l'ordre public », la sécurité ou la tranquillité publique[955]. Ainsi, au principal, le contentieux ne doit pas porter sur l'ordre public, auquel cas le recours tendant à obtenir le sursis à exécution est frappé d'irrecevabilité[956] parce que le juge de l'urgence n'a pas compétence pour en connaître. Quand ces conditions sont remplies, le juge apprécie l'opportunité de donner gain de cause au requérant, en prenant une décision aux conséquences importantes.

---

[953] cf. GOHIN(O), *Contentieux administratif*, op.cit., p. 263, n° 320.

[954] Idem.

[955] Art. 30(2) de la loi n° 2006/022, précitée.

[956] Ordonnance n° 09/OSE/CS/PCA du 26 mai 1986, Journal le Messager contre État du Cameroun.

2. Les effets

Pareillement que pour le référé administratif, la décision du sursis à exécution est faite de mesures provisoires, car seul le juge du fond est apte à prendre des mesures définitives.

La décision de sursis à exécution induit le report de la mise en exécution de l'acte administratif contre lequel le recours principal a été introduit. « Le sursis à exécution permet au requérant d'obtenir... une mesure différant l'exécution de la décision en cause jusqu'à ce qu'il soit éventuellement statué sur le fond du litige[957] ». Le juge est ainsi interpellé pour qu'il fasse différer l'exécution de la décision incriminée. Aussi plus qu'un recours contre l'acte administratif dans sa constitution, le sursis à exécution est davantage un recours contre les effets d'un acte administratif exécutoire[958].

L'effet suspensif de la décision de sursis à exécution ne s'applique pas dès que le recours est introduit ou quand la décision est prononcée. L'effet suspensif est limité parce qu'il compte seulement à partir de la seule notification [959]; ainsi « l'effet de l'acte attaqué est suspendu à compter du jour de cette notification[960] ».

Au regard des conditions et des effets des recours en matière d'urgence, il peut être affirmé qu'il y a réellement séparation entre les deux formes de recours. Néanmoins, les règles procédurales suivies tendent à les rapprocher.

Paragraphe 2 : Les règles procédurales en matière d'urgence

Le sursis à exécution et le référé administratif ont en commun les règles procédurales qui encadrent leur traitement juridictionnel (A). Certaines d'entre elles sont semblables aux règles en vigueur dans les jugements des recours ordinaires, pendant que d'autres leur sont spécifiques. Le droit au recours contre ces mesures d'urgence (B) mérite aussi une attention particulière.

A. Les procédures en matière d'urgence

Le Droit du contentieux de l'urgence a ses particularités. En partage avec les procédures ordinaires, le contentieux de l'urgence est du ressort de la juridiction administrative et est conditionné par l'émission d'un recours principal qui peut être le recours gracieux préalable. D'autres aspects formels

---

[957] Ordonnance n° 019/OREF/CCA/CS/2009 du 14 août 2009, Nanga Ateba, op.cit.

[958] Ordonnance n° 023/OSE/CAB/PCA/CS du 16 avril 2007, Succession Siliki Epanya Eugène contre État du Cameroun.

[959] OWONA (J), *Droit administratif spécial de la République du Cameroun*, op.cit., p. 219.

[960] Art. 31(2) de la loi n° 2006/022, précitée.

les rapprochent à côté des différenciations visibles dans l'intervention de la juridiction, et dans les règles de formes.

1. Le juge de l'urgence

Pour les recours ordinaires, la juridiction administrative est constituée de plusieurs membres. L'office de jugement est confié au président de la juridiction assisté de juges. Le principe de la collégialité est appliqué et la décision est acquise par délibéré[961]. Il en va autrement en matière d'urgence.

Dans les procédures d'urgence, la décision relève d'une seule autorité juridictionnelle qui tient lieu de juge. Le principe de la collégialité implique le débat et les discussions. Or, la situation impose le gain de temps et en plus, la décision du juge de l'urgence n'est que provisoire ; d'où la justification que ce type de recours soit confié à l'appréciation du juge unique[962]. Ainsi, la décision juridictionnelle est unipersonnelle en matière d'urgence à la différence de la collégialité dont sont empreintes les décisions de fond.

Sur l'autorité compétente, le texte de 1975 octroyait le pouvoir de décision en urgence en même temps au président de la Chambre administrative et au président de l'Assemblée plénière sans plus de précision[963]. Ceci amenait à se demander si ces autorités pouvaient indifféremment être saisies ou si elles intervenaient progressivement suivant que la décision est initiale ou d'appel. La confusion est levée en 2006 quand les procédures d'urgence sont incluses dans le texte portant organisation et fonctionnement des tribunaux administratifs. Ce texte énonce que l'autorité compétente est le président du Tribunal administratif[964]. Ce dernier peut déléguer ce pouvoir à un magistrat du même tribunal.

Il a été vu qu'il y a répartition matérielle des recours en urgence, c'est-à-dire séparation des recours entre le référé administratif et le recours en sursis à exécution. Mais le juge du référé administratif est le juge du sursis à exécution en vertu de la règle établie de « l'unicité de l'organe de décision[965] ». Ce rapprochement est également perceptible au niveau des éléments de forme de la décision.

2. Les éléments de forme

À ce niveau, il y a des éléments propres aux recours en urgence, et d'autres qui leur sont communs avec les autres recours.

---

961 Supra.

962 PACTEAU (B), « Le juge unique dans les juridictions administratives », Gazette du palais, 30-31 janvier 1998, p.7s

963 Art. 122 de la loi n° 75/17 du 8 décembre 1975, précitée.

964 cf. art. 27 s de la loi n° 2006/022, précitée.

965 Ordonnance n° 18/OREF/CCA/CS/2009 du 14 août 2009, Atangana Dieudonné contre État du Cameroun.

Pour arriver à la décision, le demandeur introduit une requête dont notification est faite au défendeur qui a cinq jours pour y répondre[966]. Les parties sont par la suite convoquées. La possibilité est ainsi donnée à chacune de faire valoir ses moyens. Aussi, la règle du contradictoire est également respectée en matière d'urgence. Mais alors, il n'y a pas instruction, car le juge doit à bref délai décider ; c'est le principe de célérité qui est aussi visible au niveau des délais accordés au défendeur pour émettre sa réponse. Il faut regretter à l'observation qu'à la différence du juge judiciaire qui statue réellement de manière très rapide, le juge administratif est bien moins expéditif. Pour s'en convaincre, il suffit de regarder les dates d'introduction des recours et celles du prononcé de la décision[967]. Néanmoins depuis 2009, il faut constater que presque tous les recours introduits la même année ont donné lieu à des décisions dans les quatre mois en moyenne, ce qui est une nette amélioration. Par souci d'harmonisation, il serait envisagé que les textes prescrivent des délais au juge pour statuer[968].

La décision relève du juge unique qui, en application de la règle du contradictoire, entend les deux parties (le défaut d'une partie régulièrement convoquée n'entrave pas la procédure) qui développent leurs moyens par écrits ou de manière orale. D'où le caractère partiellement écrit de la procédure.

Les principaux traits de la procédure d'urgence sont donc l'exigence du contradictoire, l'exigence de célérité et la relativité du caractère écrit de la procédure.

Après que les parties aient présenté leurs moyens, le ministère public doit produire ses conclusions. Les conclusions du ministère public constituent un avis obligatoire pour le juge de l'urgence qui est néanmoins libre de statuer dans le sens contraire.

La décision juridictionnelle à l'issue d'un recours en matière d'urgence n'est pas un jugement ; c'est une « ordonnance » de justice. Comme pour les jugements et les arrêts, les ordonnances débutent par les termes « Au nom du peuple camerounais ». L'ordonnance porte dans l'ordre les mêmes mentions qui figurent dans les décisions de fond. Les dépens sont également déterminés suivant les règles générales[969]. La notification de l'ordonnance est effectuée

---

966 Art. 27(2) de la loi n° 2006/022.

967 Le juge judiciaire statue généralement dans les 30 jours à compter de l'introduction du recours tandis que le juge administratif peut prendre des années pour émettre sa décision :

- 1 an dans l'ordonnance n° 59/OSE/CCA/2009 du 2 septembre 2009, le foyer saint Augustin, op.cit.
- 3 ans dans l'ordonnance n° 023/OSE/CAB/PCA/CS du 16 avril 2007, affaire Succession SILIKI, op.cit.

968 MOMO (B), « Le problème des délais dans le contentieux administratif camerounais », Annales de la FSJP de Dschang, T1, vol1, 1997, p. 149.

969 Supra.

dans les 24 heures de leur prononcé ; ce qui est une marque de célérité par rapport aux jugements qui sont notifiés aux parties dans les huit jours à compter de leur enregistrement. La partie qui succombe peut recourir à la révision de l'ordonnance prise par le Tribunal administratif.

B. Les recours

Le double degré de juridiction est institué pour permettre à la partie qui veut contester une décision initiale de saisir le juge du second ressort afin qu'il la réexamine. La législation ne mentionne pas l'ouverture des voies de rétractation pour le contentieux administratif de l'urgence. Elle n'ouvre droit à recours que devant la juridiction supérieure au Tribunal administratif.

Il est à souligner qu'avant les réformes de 2006, les textes n'en faisaient même pas mention[970] et encore moins la doctrine. Ces textes de 2006 instituent de manière formelle le droit au recours contre les décisions juridictionnelles d'urgence.

L'appel est ouvert contre l'ordonnance de référé devant la Chambre administrative de la Cour suprême[971]. L'effet de l'appel n'est pas suspensif, car l'ordonnance de référé reste exécutoire par provision.

Le pourvoi en cassation est ouvert pour les ordonnances de référé administratif et de sursis à exécution[972] devant la Chambre administrative de la Cour suprême. L'exigence de célérité est présente à ce niveau s'agissant des délais. Le pourvoi contre une ordonnance de référé administratif est examiné suivant une procédure où aucun des délais de procédure ne déborde cinq jours[973]. Le pourvoi est soumis à instruction et l'office n'est plus rendu par le juge unique, mais plutôt par la collégialité. La décision émise est un arrêt de référé de la Cour.

À la différence du référé administratif pour lequel l'appel et la cassation sont ouverts, l'ordonnance de sursis à exécution n'est donc contestable que par voie de cassation. La procédure suivie pour le pourvoi soulevé contre l'ordonnance de référé est la même que celle suivie pour le pourvoi contre les ordonnances de sursis à exécution. « Le pourvoi contre une ordonnance de sursis à exécution d'un acte administratif suspend de plein droit l'exécution de l'ordonnance[974] ». La décision rendue est un arrêt de sursis à exécution de la Cour.

Les procédures d'urgence sont considérées en France comme étant une garantie essentielle des droits de la défense, et ce, surtout s'il s'agit de recours

---

[970] Art. 122 s de la loi n° 75/17, précitée.
[971] Art. 29 de la loi n° 2006/022, précitée.
[972] Ibid. art. 116.
[973] Art. 108 (2) de la loi n° 2006/016, précitée.
[974] Ibid., art. 111.

contre un acte sanctionnateur de l'administration[975]. La consécration de ces procédures et l'importance qui leur est donnée sont telles que le « droit au sursis a peu à peu émergé dans le droit processuel, au titre d'un principe général de procédure[976] ».

Ces procédures quand elles conduisent à des décisions rapides permettent à la juridiction de pallier les lenteurs de la justice et d'éviter que des préjudices irréparables n'en résultent. Le juge administratif camerounais statue ainsi en matière de contentieux administratif soit à un rythme normal en connaissant au fond des recours ordinaires, soit à un rythme accéléré en connaissant incidemment des procédures d'urgence sans préjudicier au fond.

À côté de ces champs de compétence du juge administratif qui absorbe la grande partie du contentieux administratif, cette matière connait quelques interventions du juge judiciaire, ce qui relativise ainsi la plénitude de compétence du juge administratif en matière administrative.

---

975 Cons. Const, 23 janvier 1987, conseil de la concurrence : rec. Cons. Const. 8 ; AJDA 1987, 345 note CHEVALLIER ; D 1988, 117, note LUCHAIRE.

976 GOHIN (O), *Contentieux administratif*, op.cit., p. 267.

CHAPITRE 3 :

LES CONTENTIEUX SPÉCIAUX

On parle de contentieux spécial pour marquer la différence avec le régime ordinaire ou classique. Le cadre ordinaire traite des questions générales et met en évidence un juge administratif qui exerce des prérogatives normales dans des délais élastiques. On parle de contentieux spécial effectivement parce qu'ici, le juge administratif est appelé à statuer dans un domaine qui fait l'objet d'attentions singulières de la part du législateur, mais aussi le traitement juridictionnel est distinct de celui ordinaire parce que le juge doit statuer vite.

Toutefois, ce contentieux spécial n'est pas le contentieux de l'urgence parce que dans l'urgence, le juge s'intéresse à des aspects accessoires. Il faut recenser dans les contentieux spéciaux celui des élections et celui des libertés.

Section 1 : Le contentieux spécial des élections

Élire c'est choisir. L'élection apparait alors comme un mode de désignation des représentants appelés à prendre des décisions en lieu et place des représentés. Ces représentants jouissent d'un mandat.

Étant donné que le constituant accorde un intérêt aux libertés et surtout à la démocratie, le prolongement en est que le système juridique camerounais confère un régime spécifique au contentieux des élections. Ce régime est protecteur dans la mesure où les pouvoirs de l'administration sont diminués et l'office du juge est accéléré. L'examen de cette question conduit à établir la consécration, les pouvoirs du juge et ses titres d'intervention.

Paragraphe 1 : Consécration et pouvoirs du juge administratif dans le contentieux des élections

A. La consécration

Il n'est point besoin de rechercher une consécration jurisprudentielle dans ce cadre, puisque la consécration qui est textuelle est suffisante. Il s'agit de l'article 2 (2) de la loi n° 2006/022 qui dispose que « les tribunaux administratifs connaissent en premier ressort du contentieux des élections régionales et municipales... ». À partir de cette disposition, il est évident que le contentieux des élections relève de la juridiction administrative. On peut constater que ce texte n'évoque pas les élections législatives, sénatoriales ou encore présidentielles. Leurs contentieux échappent donc au juge administratif pour la simple raison qu'ils relèvent du juge constitutionnel. Par ailleurs, il est à signaler une évolution, car c'est désormais le juge administratif du premier ressort, à savoir le Tribunal administratif qui statue pour ces contentieux des élections.

Au surplus de ce fondement textuel, on pourrait rajouter celui théorique et doctrinal qui permet d'appréhender le contentieux de ces élections à partir de leur nature administrative. Il faut se souvenir que le juge administratif est compétent en matière de contentieux lié à l'administration active. Dès lors qu'une question aborde cet aspect, c'est ce juge qui est supposé intervenir. Ainsi, les élections des autorités des Collectivités territoriales décentralisées ne sont pas politiques dans la mesure où ces autorités n'exerceront ni un pouvoir législatif ni les fonctions gouvernementales. Elles sont confinées au pouvoir administratif, ce qui amène à qualifier ces élections d'administratives. On distinguera alors, l'élection politique et l'élection administrative ou encore l'élection nationale et l'élection locale.

Cependant, il faut indiquer, pour le cas du Cameroun, que l'organe indépendant (ELECAM) chargé d'organiser les élections dispose du pouvoir de résoudre des litiges liés aux élections municipales et régionales. Il faut dire qu'ELECAM supervise et organise les élections. Son Conseil électoral connaît des contestations et réclamations portant sur les opérations préélectorales, sous réserve des attributions des juridictions. À l'analyse, le Conseil électoral d'ELECAM a une compétence enfermée dans les opérations préélectorales. Quand il est saisi, ce conseil ordonne les rectifications rendues nécessaires. Mais, quel qu'en soit le cas, le litige peut toujours être déféré devant le juge administratif. À titre de synthèse, le juge administratif sera compétent pour ces cas dans les contentieux des élections municipales et des élections régionales.

B. Le pouvoir du juge

Le juge administratif dans le contentieux des élections est considéré comme le protecteur de la sincérité des votes. Il lui revient de dire le Droit dans le cadre du contentieux spécial.

De manière singulière et s'agissant du traitement juridictionnel, il y'a dispense du recours gracieux préalable (RGP). Cet élément distingue le recours pour excès de pouvoir, le recours de plein contentieux du recours spécial des élections. En fait, il n'y a pas d'exclusion expresse du RGP, mais à l'interprétation, on constate que les délais de recours dans le contentieux des élections municipales et régionales sont incompatibles avec les délais du RGP.

Concernant justement les délais, le code électoral de 2012 dispose que la « demande doit intervenir dans un délai de cinq (5) jours à compter de la date de publication des résultats ». La juridiction statue dans un délai maximum de quarante (40) jours (article 207 du code électoral 2012). Ces délais sont impératifs et ils concernent les opérations préparatoires tout comme la publication des résultats. Constat est à effectuer qu'il y a célérité dans le contentieux des élections.

Par ailleurs, en application de l'affaire-Conseil d'État 20 octobre 2004, élection régionale de Picardie, le juge administratif français a consacré ses pouvoirs les plus étendus. En effet, le juge administratif dispose de la prérogative d'annulation totale ou partielle de l'élection, mais aussi du pouvoir de rectifier les résultats.

Paragraphe 2 : Les titres d'interventions du juge administratif

A. Les listes, l'éligibilité, les cartes et signes.

1. Les contentieux des listes

Il existe les listes des candidats et celles des électeurs. Pour les candidats, la liste est exigée dans le scrutin de liste. Pour les électeurs on parle de liste électorale.

S'agissant des candidatures, la liste est déclarée en trois (3) exemplaires auprès d'ELECAM dans les quinze (15) jours suivant la convocation du corps électoral. Par sa configuration, on doit trouver dans la liste les noms, prénoms, dates et lieux de naissance, filiations, professions et domiciles des candidats de ladite liste. La liste comporte un titre qui indique notamment le parti politique de rattachement. La liste des candidats doit refléter la composition sociologique de la circonscription électorale et le genre est impérativement pris en compte. En annexe de la liste, chaque candidat doit fournir la copie d'acte, le certificat de nationalité, le bulletin n° 3 du casier judiciaire (valable pour trois (03) mois à compter du jour du tirage), la déclaration sur l'honneur, le certificat (document) d'imposition ou de non-imposition (impôt), l'attestation d'inscription sur la liste électorale, l'original du certificat de payement de la caution et l'attestation d'investiture par un parti politique.

Il est impératif que tous ces éléments soient respectés sinon les listes sont rejetées. Le juge administratif rejette ainsi la liste lorsque la composition sociologique n'est pas respectée (CS/CA, jugement n° 59 du 3 septembre 2002 NYA Colbert RDPC c/ commune de Loum et État du Cameroun et SDF). Lorsque le dossier est incomplet ou si un même parti dépose deux (2) listes, il est possible que les candidatures et la liste soient rejetées.

2. Le contentieux de l'éligibilité

L'électeur doit avoir vingt (20) ans, et le candidat aux municipales doit avoir au moins vingt-trois (23) ans. Il faut être citoyen camerounais, jouir du droit de vote et être régulièrement inscrit sur une liste électorale. En outre, le candidat doit savoir lire et écrire le français ou l'anglais. Il est nécessaire de justifier d'une résidence effective d'au moins six (6) mois dans la circonscription électorale. Les Camerounais naturalisés sont éligibles après dix (10) ans. L'inéligibilité est repérée par ELECAM, mais il est également possible que la juridiction administrative constate l'inéligibilité par saisine de toute personne intéressée et ayant qualité. L'inéligibilité accompagne le candidat élu tout au long de son mandat, ce qui fait que si son inéligibilité est détectée même après l'investiture, le juge administratif saisi pourra toujours déchoir l'élu de son mandat.

3. Le contentieux des cartes et des signes

Tout électeur détient une carte électorale. Elle est biométrique et doit comporter le nom, la date de naissance, le bureau de vote, le numéro d'inscription et le numéro de la carte nationale d'identité ou du passeport. L'absence de l'un de ces éléments rend la carte nulle, ce qui peut donner lieu à contestation. En plus, l'administration (ELECAM) est tenue de distribuer les cartes. Dans une espèce, au lieu d'être remises aux électeurs, les cartes de vote ont été remises au chef du village (CS/CA jugement n° 130 du 29 août 2007 Oumarou Ahiwa c/ État du Cameroun). En outre, un conseiller municipal a été trouvé avec quatre-vingt-quinze (95) cartes sur lui, et celui-ci était le frère du maire sortant, ce qui a fait constater qu'il y avait fraude dans la distribution des cartes. De même, des contestations ont été soulevées devant le juge administratif, parce que certains électeurs ont été surpris en possession de plusieurs cartes leur appartenant.

S'agissant des signes, le contentieux va tourner autour des devises, des couleurs et des sigles. Il est nécessaire que ces éléments portés sur le bulletin de vote d'un parti politique soient clairement distincts des mêmes éléments portés sur le bulletin de vote d'un autre parti politique. Les signes sont importants parce qu'ils identifient les listes et même les partis politiques. Ceci fait qu'il y a de nombreuses contestations qui touchent à ces éléments distinctifs.

Paragraphe 3 : Les sanctions aux opérations électorales

Le déroulement du scrutin est l'agrégation de plusieurs étapes et exigences appelées opérations électorales. Du point de vue des exigences à respecter, il s'agit de :

- **l'ouverture publique de l'urne.**

Ce qui signifie qu'avant de démarrer les élections et dès l'ouverture du bureau de vote, le président de ce bureau de vote procède à l'ouverture de l'urne devant tous les scrutateurs et membres du bureau, afin que ces derniers constatent que l'urne est vide, puis l'urne est scellée.

- **le secret du vote est à respecter.**

Parce qu'il faut protéger l'électeur et lui accorder une certaine liberté qu'il n'aurait pas si son vote était public, le respect du secret du vote est de rigueur. C'est pour cela que des enveloppes opaques sont distribuées aux électeurs et que l'électeur qui est obligé de prendre tous les bulletins de vote et puis, d'introduire le bulletin de son choix dans l'enveloppe quand il se retrouve dans l'isoloir et de ressortir après avoir détruit lui-même les enveloppes non utilisées.

- **La constatation du vote est impérative.**

L'électeur qui entre dans un bureau peut être amené à signer, mais surtout après avoir voté, il appose son empreinte digitale avec encre indélébile sur ce document.

- **Les heures d'ouverture et de clôture sont à respecter.**
- **le dépouillement et le recensement des votes s'effectuent également selon les règles de l'art.**

L'article 109 du code électoral dispose qu'« immédiatement après la clôture effective du scrutin, en présence des électeurs qui en manifestent le désir et dans la mesure où la salle peut les contenir sans gêne pour le déroulement des opérations (il soit procédé au comptage des votes) ». Le président désigne quatre (4) scrutateurs qui sont en réalité des électeurs de ce bureau de vote pour effectuer le dépouillement. Toutefois, en cas de nécessité, le président de la commission locale de vote peut fermer l'urne et faire effectuer le dépouillement dans le démembrement local d'ELECAM. L'ensemble de ces facteurs pourrait donner lieu au contentieux devant le juge administratif.

Section 2 : Le contentieux spécial des libertés

La liberté est le fait de s'autodéterminer et d'agir sans être contraint. Pour qu'une liberté exercée ne constitue pas une menace pour autrui, le droit a réglementé la jouissance et l'exercice des libertés. Leur protection incombe à divers juges dont le juge administratif. On y récence par exemple la liberté d'aller et de venir (des étrangers) et d'association qui peuvent donner lieu à des contestations relevant du contentieux spécial.

Paragraphe 1 : Le contentieux de la liberté de circuler des étrangers

Dans tous les États, le Droit accorde un traitement différent selon qu'on est étranger ou citoyen de cet État. Il en est ainsi de la liberté d'aller et de venir parce que s'agissant des étrangers, le traitement juridique est spécifique. Le fait d'être d'une nationalité étrangère ou d'être apatride soumet le concerné à des restrictions qui sont formulées dans le régime des réfugiés et dans la loi n° 97/012 du 10 janvier 1997 relative aux conditions d'entrée, de séjour et de sortie des étrangers au Cameroun et le décret n° 2007/255/PM du 04 septembre 2007 fixant les modalités d'application de ladite loi. Il faut néanmoins préciser que les diplomates et les ressortissants de la CEMAC ne sont par principe pas assujettis à ces restrictions.

A. Le refoulement de la conduite et l'expulsion

1. Le refoulement

Son régime est déterminé à l'article 32 de la loi de 1997. Le refoulement est applicable à l'étranger qui se présente à l'entrée du territoire national sans avoir rempli les conditions d'entrée. Le dispositif est alors de constater que l'étranger n'a pas encore pu s'introduire dans le territoire. Il est à l'extérieur et souhaite y pénétrer. Les autorités nationales chargées de protéger les frontières peuvent décider qu'il n'entre pas à partir des postes frontaliers. Les conditions requises pour entrer dans le territoire sont subsidiairement de ne représenter aucune menace, et principalement de posséder un passeport revêtu d'un visa, présenter un certificat international de vaccination, justifier de moyens de subsistance et produire une garantie de rapatriement. L'acte de refoulement est pris par le Chef du poste frontalier ou d'immigration. Il peut être douanier, mais en général, ce dernier fait partie des fonctionnaires de la Sûreté nationale et l'acte de refoulement est un acte administratif unilatéral.

2. La reconduite à la frontière

À la différence du refoulement, pour la reconduite ou reconduction, l'étranger a déjà pu pénétrer dans le territoire national. Étant donc à l'intérieur, la reconduite va consister à l'amener à l'extérieur du territoire. Le refoulement est pris par le Chef du poste frontalier alors que la reconduite est prise par le préfet territorialement compétent. Ce dernier décide par voie d'arrêté préfectoral qui est un acte administratif unilatéral. Il s'agit d'une mesure administrative prise à l'encontre de l'étranger qui est irrégulièrement entré dans le territoire camerounais.

De même, l'étranger qui n'a pas quitté le territoire national à l'expiration du délai de séjour est susceptible d'être reconduit à la frontière. Il en est de même si l'étranger n'a pas payé la garantie de rapatriement, ou si la carte de séjour lui est refusée ou n'est pas renouvelée.

3. L'expulsion

À ce niveau, l'acte est pris par le Premier ministre et il est immédiatement exécutoire par les services de l'Emi-immigration. Cette démarche correspond à celle suivie dans la reconduction parce que le préfet fera tenir son arrêté de reconduction au service de l'Emi-immigration pour exécution immédiate. L'expulsion vise l'étranger lorsque celui-ci est jugé indésirable. Il ne s'agit pas de l'expulser parce qu'il ne présente pas les exigences administratives, mais on l'expulse parce qu'il représente un danger. Sa dangerosité est le fait de la menace à l'ordre public, à la santé, la moralité, aux bonnes mœurs. Mais aussi, tout étranger définitivement condamné (pour au moins un (01) an d'emprisonnement) sans sursis peut être expulsé. Enfin, les trafiquants de stupéfiants étrangers peuvent également subir l'expulsion. La décision d'expulsion incombe ainsi au Premier ministre ; c'est un acte administratif et l'expulsion induit l'annulation du visa ou le retrait de la carte de séjour.

B. Le traitement du contentieux du refoulement, de la reconduite et de l'expulsion

Il faut dire que les lois et règlements sont muets sur le régime contentieux des refoulements et expulsion. Cependant, dans la mesure où ces mesures sont semblables à la reconduite à la frontière parce qu'elles encadrent la liberté d'aller et de venir des étrangers, on peut alors leur appliquer le régime contentieux de la reconduite à la frontière.

Justement, pour la reconduite à la frontière, l'étranger dispose de quarante-huit (48) heures pour saisir le juge administratif compétent. Il s'agit du président du Tribunal administratif. Le justiciable concerné peut se faire assister par un avocat et la procédure s'effectue sans recours gracieux préalable. Ce recours vise exclusivement l'annulation. La juridiction doit impérativement statuer dans huit (8) jours. Le jugement est susceptible d'appel et le recours en appel est non suspensif de l'exécution de l'acte administratif.

Paragraphe 2 : Le contentieux spécial des associations

Le contentieux des associations connait une dualité de traitement. Il est ordinaire pour les questions d'organisation et de fonctionnement ; et il est spécial quand cela concerne l'existence. Dans ce dernier cadre, on peut distinguer les partis politiques des autres associations et ONG.

A. Le contentieux spécial des partis politiques

Tout parti politique est une association. Il est difficile d'envisager un parti politique unipersonnel. En effet, c'est un collectif de personnes qui s'associent pour créer un parti politique. Le processus de création s'accompagne d'un ensemble de suggestions impliquant un régime contentieux spécial.

1. Les suggestions liant les associations politiques

La loi constitutionnelle camerounaise de 1996 reconnait les partis ou associations politiques. L'article 26 de cette Constitution confie le régime des associations politiques au législateur.

D'ailleurs, l'encadrement de ces associations est le fait de la loi n° 90/056 du 19 décembre 1990 relative aux partis politiques. Ce texte confère un statut singulier à ces associations dont la vocation est de concourir au suffrage. Le parti politique permet d'envisager l'alternance, d'avoir un débat politique et d'être en présence de contre-propositions. Cette importance justifie que l'État soit obligé de financer les associations politiques.

Les partis politiques sont des associations autorisées par le MINAT. Le dossier est préalablement constitué et déposé auprès des services du Gouverneur et celui-ci transmet ledit dossier complet au MINAT.

Le ministre chargé de l'Administration territoriale (MINAT) donne une autorisation à l'association politique. S'il reste silencieux, l'interprétation est que le silence vaut autorisation. Il peut aussi refuser d'autoriser. Dans ce cas, sa décision est motivée en Droit. La loi a d'ailleurs indiqué les principales hypothèses qui pourraient justifier le refus d'autorisation. Aussi, le MINAT ne peut autoriser un parti politique qui porte atteinte à l'unité nationale, à l'intégrité territoriale, un parti politique qui prône la violence ou encore qui reçoit les subsides de l'étranger. Ces griefs qui permettent le refus peuvent aussi conduire à des mesures de police. En effet pour ces mêmes raisons, le MINAT peut suspendre un parti politique. La suspension dure trois (3) mois au maximum. En outre, le MINAT peut même dissoudre un parti politique. Le contentieux de la dissolution d'après la loi n° 90/056 du 19 décembre 1990 relève du juge judiciaire (TPI).

2. Le régime contentieux

La dissolution échappe au juge administratif dont la compétence spéciale ne s'étend que pour le contentieux de la suspension. Son régime est indiqué dans la loi de 1990 relative aux partis politiques. Le juge administratif est saisi par requête, il s'agit d'une correspondance déposée au greffe et qui n'est pas obligatoirement timbrée. Le justiciable ou le parti politique est dispensé de l'introduction préalable d'un recours gracieux. Le juge interpelé est le Tribunal administratif compétent. Le Tribunal administratif statue sur ordonnance. En fait, l'analyse de la loi permet de voir qu'il ne statue point sur la dissolution, mais davantage sur la suspension et le refus d'autorisation. Il est saisi dans les trente (30) jours à compter de la date de la notification de l'acte et dispose lui-même de trente (30) jours pour juger.

B. Le contentieux spécial des associations et des Organisations non Gouvernementales (ONG)

1. Le contentieux des associations

Il s'agit ici des associations de la société civile. Leur régime est fixé par la loi n° 90/53 du 19 décembre 1990. Ce texte exclut de ce régime les syndicats qui relèvent d'une loi spéciale et les associations y sont des groupes formés par des conventions dans lesquelles des personnes mettent en commun leurs efforts ou leurs activités, dans un but non politique et non lucratif. Pour les associations, le MINAT détient d'énormes pouvoirs. Il peut suspendre par arrêté une association pendant un délai maximum de trois (3) mois pour trouble à l'ordre public. Cet arrêté de suspension doit être précédé d'une proposition motivée du préfet.

Le même ministre peut dissoudre l'association pour activité portant gravement atteinte à l'ordre public et à la sécurité de l'État. Le juge administratif est également compétent et il revient au Tribunal administratif de statuer. Le recours doit intervenir dans les dix (10) jours à compter de la date de notification. Il n'existe pas de recours gracieux préalable et le président du Tribunal administratif statue seul, par voie d'ordonnance, et il doit décider dans un délai strict de dix (10) jours. La décision peut donner lieu à un recours en appel dont l'exercice n'a pas d'effet suspensif.

2. Le Contentieux des ONG

Les ONG sont des associations qui présentent des spécificités parce que leur mission est de concourir à l'intérêt général. Ceci veut dire que l'ONG n'existe pas pour son bon plaisir, car elle vise la protection de la société et de ses composantes. Certaines ONG ont la reconnaissance de l'utilité publique et vont donc bénéficier des financements de la part de l'État. Les ONG bénéficient d'un agrément accordé par arrêté du MINAT après avis de la commission technique qui est une instance de suivi des ONG.

Une ONG ne doit pas porter gravement atteinte à l'ordre public ou à la sécurité de l'État, sinon le MINAT pourra suspendre par voie d'arrêté cette ONG pour une durée de trois (3) mois, ou dissoudre cette ONG.

Le contentieux relève du président du Tribunal administratif qui est également saisi sur simple requête. Il y'a donc dispense du recours gracieux préalable. Le président du Tribunal administratif doit être saisi dans un délai de dix (10) jours et lui dispose de trente (30) jours pour statuer par voie d'ordonnance.

CHAPITRE 4 :

LES INTERVENTIONS DU JUGE JUDICIAIRE EN MATIÈRE ADMINISTRATIVE

Le principe veut que la compétence suive le fond. Le juge administratif est donc par prédilection celui qui est appelé à statuer en matière administrative. Les critères de cette matière ne sont rien d'autre que ceux qui déterminent et identifient le Droit administratif. La matière administrative peut s'appréhender de manière matérielle. Elle est le domaine d'intervention de l'administration que sont le service public et la police administrative[977]. Beaucoup moins en vue, il faut pouvoir également envisager la matière administrative comme étant rattachée à l'action d'un organe : l'administration. Le juge administratif est ainsi le juge des actes et des activités de l'administration.

Historiquement, le contentieux administratif, relevant de la justice retenue, ne subissait (en principe) pas d'immixtion de la part du juge judiciaire. Le principe de séparation est venu confirmer l'incompétence des juridictions judiciaires à connaitre des litiges administratifs[978]. Cependant, la répartition des matières dans ce domaine connait quelques points de porosité par lesquels le juge judiciaire s'infiltre. L'appréciation de légalité, les régimes spéciaux de responsabilité et la gestion du domaine privé des personnes morales de Droit public constituent le premier bloc hétérogène susceptible de connaître des interventions du juge judiciaire (Section 1). Le second bloc de l'intervention un peu plus homogène est celui relatif au droit de propriété et aux libertés fondamentales (Section 2).

Section 1 : Les interventions en matière d'appréciation de légalité, de régimes spéciaux de responsabilité et de gestion du domaine privé des personnes publiques

Ce bloc de compétence du juge judiciaire en matière administrative est hétérogène parce qu'il est fait d'aspects différents. D'abord, l'appréciation de la légalité administrative (Paragraphe 1) qui d'ailleurs rentre dans les recours énumérés comme relevant du juge administratif[979], ensuite les régimes

---

[977] DUGUIT, *Traité de droit constitutionnel*, tome 2, éditions de Boccard, 3e édition, 1928, p. 61, CHEVALLIER (J), « la fin des écoles ? », RDP 1997, p. 679.
[978] AUCOC (L), *Conférences sur l'administration et le droit administratif*, t1, 1re éd. Dunod, p. 1869s.
[979] Voir les développements antérieurs sur les recours ordinaires.

spéciaux de responsabilité et enfin les actes de gestion du domaine privé des personnes publiques (Paragraphe 2) dont la détermination des interventions du juge judiciaire relève moins d'une désignation expresse des textes que de la démonstration.

Paragraphe 1 : Le recours en appréciation de légalité

Dans l'énumération du contenu du contentieux administratif, il est expressément disposé qu'il comprend les recours en appréciation de légalité parmi d'autres formes de recours[980]. Le contentieux de l'appréciation de la légalité est celui par lequel le juge administratif saisi est appelé à dire si l'acte est légal ou non ; sa décision est en la matière une déclaration de légalité ou d'illégalité. La règle est que ce contentieux est incident.

Le juge judiciaire saisi au principal s'adresse au juge administratif pour qu'il apprécie la légalité d'un acte administratif. Ce second schéma correspond à la procédure devant le juge non répressif (B car, il y a reconnaissance de la compétence du juge répressif d'apprécier la légalité administrative (A).

A. La reconnaissance du pouvoir d'appréciation du juge répressif

Dans la classification des juges judiciaires par compétence, on peut dire qu'il y a le juge répressif et les autres. Cette représentation est relative aux pouvoirs plutôt considérables qui lui sont attribués et dont les autres sont dépourvus. Il jouit en effet de la plénitude de juridiction qui lui permet de statuer sur la question de la légalité des actes de l'administration.

1. La plénitude de juridiction

La plénitude de juridiction est un attribut qui octroie à une instance juridictionnelle le pouvoir de connaître des actes pour lesquels elle est réputée incompétente. De manière large, elle est le principe de procédure qui autorise la juridiction répressive à connaître de toutes les questions soulevées en défense devant elle. Aussi, en vertu de ce principe qui est justifié par l'impératif de ne pas retarder le cours de la justice pénale, le juge répressif est compétent pour apprécier la légalité des actes de l'administration.

La consécration du pouvoir d'appréciation du juge répressif date de l'affaire « **AVRANCHES et DESMARETS**[981] ». En l'espèce, les défendeurs sont poursuivis pour délit de chasse devant le Tribunal correctionnel. Ils

---

[980] Art. 2 (3-a) de la loi n° 2006/022 du 29 décembre 2006 fixant l'organisation et le fonctionnement des tribunaux administratifs.

[981] TC, 5 juillet 1951, Avranches et Desmarets : Rec. CE 638 ; JCP 1951, II, 6623, note HOMONT ; Rev. Adm. 1951, 492, note LIET-VEAUX.

invoquent pour leur défense les dispositions du contrat type de bail à ferme qui a fait l'objet d'une approbation par arrêté préfectoral. Le Tribunal correctionnel s'est alors retrouvé en train d'apprécier la légalité de cet acte administratif. Cette aptitude à outrepasser ses pouvoirs, contestée par le préfet devant le Tribunal des juges, a bien été confirmé comme étant une possibilité offerte au juge pénal. Il n'y a pas eu de revirement jurisprudentiel depuis de cette solution de principe qui se détachait de la considération d'incompétence du juge judiciaire à opérer ce genre d'action. Le Droit écrit devait même l'instituer[982].

L'État du Droit camerounais est beaucoup plus timide là-dessus. Les juristes camerounais ayant effectué des travaux sur la matière pénale esquivent soigneusement cet aspect et leurs travaux font montre non seulement par les références utilisées, mais aussi par celle dont le juge fait usage, que ce Droit est fortement emprunté à celui français, d'où la forte probabilité de l'application de ce principe au Cameroun : voilà bien un principe général qui se présume.

2. Les actes concernés

Dans l'affaire Avranches et Desmarets, il a été admis que le juge répressif avait le pouvoir d'apprécier la légalité des actes administratifs réglementaires à l'exclusion des actes individuels. La Chambre Criminelle de la Cour de cassation devait dix ans après accepter d'apprécier la légalité des actes administratifs individuels[983] « lorsqu'ils servaient de fondement aux poursuites, mais non lorsqu'ils étaient invoqués comme moyens de défense[984] ». Le code pénal camerounais devait en définitive admettre la compétence du juge pénal à apprécier la légalité des actes administratifs individuels ou réglementaires « lorsque, de cet examen, dépend la solution du procès pénal qui leur est soumis ».

Le caractère laconique de la consécration du pouvoir d'appréciation de l'acte d'administratif par le juge pénal camerounais joue en sa faveur. Étant donné qu'il n'y a pas de restrictions textuelles, le juge pénal peut bien examiner de tels actes, même si la solution du procès pénal n'en dépend pas. Néanmoins, il est logiquement invraisemblable d'envisager que des moyens non relatifs au procès en instance soient d'une part soulevés par les parties, et d'autre part examinés par le juge pénal. Le fait de devoir effectuer une précision comme celle dont fait mention l'art. 111-5 du code pénal français est superfétatoire.

L'absence de précision textuelle exprime la latitude donnée au juge répressif camerounais d'apprécier la légalité tant des actes administratifs

---

[982] V. notamment art. III-5 du code pénal français du 1er mars 1994.

[983] CASS. CRIM, arrêt de 1961, Dame Le Roux.

[984] MORAND-DEVILLER (J), *Cours de droit administratif*, 9e é, Montchrestien, 2005, p. 653.

réglementaires que de ceux individuels. Le juge non répressif ne jouit pas des mêmes bénéfices que le juge répressif.

B. Le refus du pouvoir d'appréciation au juge judiciaire non répressif

Il a été dit que parmi les juges judiciaires, il y avait le juge répressif et les autres pour la simple raison que cette seconde catégorie ne jouit pas des pouvoirs exorbitants qui sont reconnus au juge pénal. C'est ainsi qu'il est dénié au juge non répressif d'apprécier la légalité des actes de l'administration.

1. La raison du refus

Seul le juge pénal est investi de la plénitude de compétence à cause de l'importance et de la délicatesse des instances qu'il est appelé à trancher.

Sans être directement en rapport avec la question de la plénitude de compétence et se trouvant davantage lié au déni de justice, le principe de l'admission du pouvoir d'interprétation de la légalité administrative a été reconnu au juge judiciaire français. Depuis le XIXe siècle, les tribunaux judiciaires se sont timidement institués un pouvoir d'appréciation[985], ce qui allait à contresens de la position doctrinale[986]. La solution retenue dans l'affaire sept fonds [987]devait confirmer la tendance qui était celle des tribunaux judiciaires en la matière.

Ainsi, le juge civil est compétent pour interpréter les actes administratifs réglementaires. Par contre, il est en principe incompétent pour apprécier la légalité (bien faire la différence entre pouvoir d'interpréter et pouvoir d'apprécier la légalité) de l'acte administratif réglementaire et individuel sauf que : le juge judiciaire de l'impôt peut apprécier la légalité d'un acte administratif en matière fiscal[988], et que le juge judiciaire est compétent pour apprécier la légalité de l'acte administratif qui porte gravement atteinte au droit de propriété ou à la liberté individuelle[989].

Il en va autrement au Cameroun où le juge non répressif n'a pas le pouvoir de connaître de la légalité de l'acte administratif. S'il doit être admis qu'il peut faire acte d'interprétation, il ne peut l'être quand il s'agit de l'appréciation de légalité. D'abord, aucune disposition normative ne l'y autorise, et ensuite les deux hypothèses dans lesquelles il intervient en France ne sont pas valables

---

[985] MORAND-DEVILLER (J), op.cit., p. 652.
[986] EISENMANN (C), *Cours de droit administratif*, t2, LGDJ, Paris 1983, p. 125.
[987] T-C, 16 juin 1923, Sept fonds : rec. CE 498, D 1924, 3, 41, concl-MATTER, S-1923, 3, 49, note HAURIOU, GAJA n° 44.
[988] Cass. Civ. 16 novembre 1982, directeur général des impôts contre société Locafrance.
[989] T-C 30 octobre 1947, Barinstein. RDP, 1948, 86, note WALINE.
Sur l'ensemble de la question voir GOHIN (O), contentieux administratif, op.cit., p. 6.

au Cameroun. S'agissant de la matière fiscale, sauf poursuite pénale, le juge de l'impôt est normalement le juge administratif pour la première hypothèse. Pour la seconde, les actes administratifs portant gravement atteinte aux libertés individuelles et à la propriété sont expressément attribués à l'appréciation de légalité du juge administratif[990]. L'immixtion est en principe non opératoire. Le juge non répressif face à un acte administratif devant être apprécié quant à sa légalité doit retourner la question au juge administratif.

2. Le mécanisme de règlement : la question préjudicielle

N'étant pas compétent à apprécier la légalité d'un acte administratif, le juge civil doit se tourner vers le juge administratif qui est matériellement investi du pouvoir d'appréciation de la légalité de l'acte administratif.

Saisi d'une exception d'illégalité, le juge civil doit surseoir à statuer et renvoyer la question à la connaissance du juge administratif. Le recours engagé devant le juge administratif est donc un recours incident en appréciation de légalité[991]. L'exception préjudicielle est d'office acquise pour la voie de fait et l'emprise[992] à la différence du Droit français, qui de manière par exceptionnelle autorise le juge non répressif à apprécier la légalité de l'acte administratif objet de la contestation. Le principe veut alors que le juge répressif soit au Cameroun le seul juge parmi les juges judiciaires, à se voir reconnaître le pouvoir d'apprécier la légalité de l'acte administratif.

Les domaines des régimes spéciaux de responsabilité et de gestion du domaine privé de la personne publique font aussi l'objet d'immixtion du juge judiciaire, même si ses pouvoirs y sont réduits.

Paragraphe 2 : Les régimes spéciaux de responsabilité et la gestion du domaine privé des personnes publiques

Le juge judiciaire bénéficie de compétences dans les contentieux relatifs aux régimes spéciaux de responsabilité (A). Cette compétence concerne des pans particuliers de ce régime de responsabilité publique, régime de responsabilité dont les aspects et cas majeurs d'ouverture sont méconnus par le Droit camerounais[993]. Implicite est aussi la compétence du juge judiciaire en matière de contentieux de la gestion du domaine des personnes publiques (B).

---

[990] Infra.

[991] Art. 2 (3-a) de la loi n° 2006/022, précitée.

[992] Infra.

[993] Supra.

A. L'intervention dans les régimes spéciaux de responsabilité

Les régimes spéciaux de responsabilité concernent l'activité juridictionnelle et l'activité législative. En la matière, la règle générale demeure l'irresponsabilité et par voie de conséquence, l'interdiction du juge d'en connaître.

1. La règle : l'interdiction

Le principe de l'irresponsabilité est prégnant s'agissant des activités des organes législatifs et juridictionnels. Dans l'arrêt la Fleurette[994], le Conseil d'État a reconnu la responsabilité de l'État du fait de la loi. En l'espèce, une loi intervenue avait créé un préjudice grave au requérant.

Monsieur Laroque avait alors conclu que « rien, ni dans le texte de la loi ou de ses travaux préparatoires ni dans l'ensemble des circonstances de l'affaire, ne permet de penser que le législateur a entendu faire supporter à l'intéressé une charge qui ne lui incombe normalement pas. Cette charge créée dans un intérêt général doit être supportée par la collectivité[995] ». Cette responsabilité est une responsabilité sans faute ouverte devant le juge administratif. Il y a eu par la suite des ouvertures dans ce sens. À contresens, le juge administratif a expressément exclu toute éventualité que les lois formelles soient portées à la connaissance des tribunaux,[996] quels qu'ils soient.

Le principe reste le même pour l'activité des services juridictionnels. En France, il y a eu un franchissement de l'interdiction et depuis l'arrêt préfet de la Guyane[997], une distinction domine l'aménagement dudit contentieux avec la compétence du juge administratif pour le contentieux de l'organisation de la justice et la compétence du juge judiciaire pour le contentieux des actes d'exécution du service de la justice.

L'activité des services juridictionnels est par principe non déférable devant le juge. La jurisprudence camerounaise sans faire la distinction établie en hexagone a, en bloc, rejeté l'intervention du juge en la matière[998] confirmant par la même occasion la règle de l'interdiction qui est néanmoins poreuse au bénéfice du juge judiciaire.

---

[994] CE. Ass, 14 janvier 1938, Société des produits laitiers la Fleurette, p. 25, D 1938.3.41, concl ROUJOU, note L. ROLLAND, s 1938.3.25, concl, note P. LAROQUE

[995] Ibid.

[996] CFJ/AP, arrêt n° 24 du 28 octobre 1970, société des Grands Travaux de l'Est contre État du Cameroun Oriental.

[997] TC, 27 novembre 1952, Préfet de la Guyanne.

[998] CFJ/CAY, arrêt n° 40 du 16 mars 1967, TAGNY Mathieu contre État du Cameroun ; CFJ/CAY, arrêt n° 213 du 18 août 1972, Dame AOUA HADJA contre État du Cameroun.

2. La compétence exceptionnelle

Le service public de la justice peut mal faire et le préjudice doit être réparé. Le juge judiciaire est reconnu compétent pour juger des actes se rattachant au fonctionnement du service judiciaire. Il s'agit des actes juridictionnels émanant du magistrat et des actes de procédure y relatifs. Y sont assimilés les actes préparatoires comme la mise en mouvement de l'action publique, les perquisitions et saisies administratives, bref les actes de police judiciaire[999]. La législation camerounaise condamne particulièrement la prise à partie et répare l'injustice.

La prise à partie se définit comme l'action en responsabilité civile engagée contre un magistrat de l'ordre judiciaire en cas de dol, de concussion, de déni de justice ou de faute professionnelle[1000]. À la vérité, cette qualification frappe normalement tous les magistrats. Il serait logiquement inacceptable que le déni de justice du magistrat de l'ordre judiciaire soit condamné, tandis que le magistrat de l'ordre administratif en serait exonéré.

D'ailleurs l'incrimination de déni de justice parle clairement du juge sans en préciser l'ordre (administratif ou judiciaire[1001]). Ainsi, tout magistrat qui s'est rendu coupable, de faute dans l'exercice de ses fonctions peut être jugé par le juge judiciaire[1002].

Ce cas de responsabilité personnelle met en relief le fait que le service de la justice a fonctionné de manière défectueuse du fait d'un de ses agents. La responsabilité de ce dernier est alors engagée devant le juge judiciaire. Cette responsabilité ne peut-elle pas être envisagée de façon impersonnelle par la garantie de l'employeur sur l'employé ? Ce qui est davantage intéressant est l'hypothèse où le dol, la concussion, le déni ou la faute professionnelle sont avérés après acte. L'acte juridictionnel vicié encourt quel sort et est-ce encore le magistrat seul qui sera comptable ? Assurément, à l'occasion d'une telle procédure, le juge judiciaire est revêtu de plus de pouvoir que ceux soupçonnés pour réparer l'injustice, surtout quand l'acte juridictionnel contesté n'est plus susceptible de recours.

---

[999] cf. MORAND-DEVILLER (J), *Cours de droit administratif*, op.cit., p. 640.

[1000] V. Lexique des termes juridiques.

[1001] Art. 4 C. Civ.

[1002] cf. art. 246 code de procédure civile.
Art. 33 de la loi n° 75/16 du 8 décembre 1975 fixant la procédure et le fonctionnement de la Cour suprême.
V. OWONA (J), *Droit administratif spécial de la République du Cameroun*, op.cit. p. 200 ; MESSI (T), Le contrôle de cassation de la Cour suprême au Cameroun, op.cit. p.26s.

B. Les recours en matière de gestion du domaine des personnes publiques

Le domaine privé des personnes morales de Droit public est soumis à un régime normatif qui le sort du monopole de l'encadrement juridique du Droit public. La conséquence en est que le juge judicaire se retrouve par moment compétent pour un contentieux dans lequel le bien appartient à une personne publique qui est d'ailleurs partie au contentieux.

1. La particularité de la gestion du domaine privé

Par comparaison au domaine public où le Droit public a fait son nid, le domaine privé est régi par des règles moins monolithiques. C'est que le domaine public connait une gestion dans laquelle la règle de l'affectation à l'utilité publique est prégnante, et ceci sans compter que les règles de sa protection et les prérogatives de l'administration y sont relativement exorbitantes[1003].

Les dépendances du domaine privé sont gérées autrement. La doctrine tend à conférer à ladite gestion un but de rentabilité. En effet, l'utilité publique n'est pas la marque de fabrique du domaine privé qui se gère comme les terrains des particuliers sur plus d'un aspect, et leur cession à perte est inadmissible.

Le régime juridique de la gestion du domaine privé est mixte. Il est constitué de règles exorbitantes du Droit commun et de règles du Droit commun. Hors Droit commun, l'administration y bénéficie des privilèges concernant les dettes et créances administratives ; le régime fiscal du domaine privé est dérogatoire ; des travaux publics peuvent y être exécutés... Le domaine privé peut être constitué, géré et aliéné suivant des modes de Droit privé avec des formalités simplifiées. Pour ce dernier cas, le domaine privé peut être constitué par dons, legs, achats et échanges[1004], il peut être donné à bail. L'existence de règles de Droit privé fonde la compétence du juge judiciaire.

2. La règle de la dévolution des compétences juridictionnelles

La compétence du juge dépend de la matière en vertu de la règle suivant laquelle la compétence suit le fond. La gestion du domaine privé des personnes publiques étant mixte, il est avéré que les juges administratifs et judiciaires sont tous les deux compétents à connaitre des contentieux y relatifs.

Les contentieux de la vente et de l'achat, des cessions et acquisition à titre gratuit et de l'échange sont de la compétence du juge judiciaire. Les litiges

---

[1003] cf. art. 2 à 9 de l'ordonnance n° 74/2 du 6 juillet 1974 fixant le régime domanial.

[1004] Art. 5 s du décret n° 76/167 du 27 avril 1976 fixant les modalités de gestion du domaine privé de l'État.

relatifs aux contrats de location relèvent aussi en principe du juge judiciaire quand le contrat n'est pas administratif. Le juge administratif a eu l'occasion de déclarer son incompétence relativement au contentieux de la gestion du domaine privé, quand il est question de règles de Droit commun[1005] dont la solution relève du juge judiciaire.

En admettant la gestion privative des terrains domaniaux, le législateur a introduit la compétence du juge judiciaire dans une matière où le terrain appartient à la personne publique où le litige met en cause une personne morale de Droit public[1006], mais dont le Droit appliqué justifie l'immixtion du juge judiciaire en la matière. Ce cas comme ceux déjà présentés fait voir des interventions insidieuses du juge judiciaire en la matière administrative. Ces interventions s'étendent aux recours relatifs au droit de propriété et aux libertés fondamentales pour lesquelles la compétence du juge judiciaire est expresse.

Section 2 : Les interventions relatives au Droit de la propriété et aux libertés fondamentales

La qualité de gardien naturel des droits et libertés est reconnue au juge judiciaire. Cette qualité n'est pas contestée même quand l'atteinte est portée par l'administration au Droit de propriété ou des libertés fondamentales. Le juge judiciaire est ainsi reconnu compétent en matière d'emprise (paragraphe 1) et de voie de fait (paragraphe 2) imputées à l'administration, même si sa compétence n'est pas exclusive de celle du juge administratif.

Paragraphe 1 : L'emprise et l'intervention du juge judiciaire

Les droits et libertés des particuliers peuvent faire l'objet d'atteintes causées par l'administration. Parmi les droits et libertés fondamentaux consacrés, la Constitution garantit en bonne place le droit de propriété[1007]. L'emprise est liée à la propriété immobilière et en constitue une atteinte (A). Les litiges soulevés à la suite des empiétements de l'administration sur la propriété immobilière relèvent pour partie du juge administratif et pour partie du juge judiciaire (B).

[1005] CS/CA, jugement n° 16 DU 28 novembre 1985, KAMDEM WAFO Michel contre État du Cameroun.

[1006] Art. 9 de l'ordonnance n° 72/6 du 26 août 1972, précitée.

[1007] Préambule de la loi constitutionnelle du 18 janvier 1996.

A. La constitution de l'emprise

L'emprise est l'acte qui porte atteinte à la propriété immobilière. Cette atteinte s'identifie par son domaine (la propriété privée immobilière) et son caractère.

1. Le domaine : La propriété privée immobilière

Pour la constitution de l'emprise, il faut qu'il y ait atteinte à la propriété privée immobilière. Ainsi, l'administration doit avoir empiété sur une propriété privée immobilière[1008]. Il n'y a pas emprise quand l'atteinte est portée sur une propriété mobilière. La propriété immobilière a toujours bénéficié de plus de protection parce qu'elle est considérée comme un élément fondamental de la richesse[1009], et que suivant le principe « res mobilis res vilis », la propriété immobilière exige une protection plus efficace que la propriété mobilière. La propriété immobilière fait l'objet de garanties multiples et les atteintes qu'elle peut régulièrement subir sont clairement codifiées, à savoir la réquisition et l'expropriation pour cause d'utilité publique.

Indifféremment, l'emprise est constituée que l'atteinte porte sur un terrain nu ou sur un immeuble bâti. Elle l'est aussi dès que l'atteinte est posée, qu'elle ne concerne qu'une partie de l'immeuble ou qu'elle s'étende sur la totalité de l'immeuble[1010]. L'emprise concerne ainsi les terrains appartenant aux personnes privées. Pour s'en réclamer, les requérants doivent s'assurer qu'ils sont légalement propriétaires. Au Cameroun, la propriété privée sur les sols est établie par le seul moyen du titre foncier qui est l'acte juridique unique de certification officielle de la propriété immobilière[1011]. Celui qui soutient qu'il y a emprise doit donc être nanti d'un titre foncier. L'emprise est également constituée au regard du caractère que revêt l'atteinte à la propriété privée immobilière.

2. Les caractères

Trois caractères permettent d'identifier l'emprise administrative. D'abord, elle se différencie de l'atteinte qu'un particulier peut porter à la propriété privée immobilière d'un autre[1012]. Ce cas d'emprise n'est pas administratif parce que l'emprise administrative est constituée quand l'acte est posé par l'administration : c'est l'aspect organique. Ensuite, l'emprise se présente

---

1008 Arrêt n° 167/CFJ/CAY du 23 mars 1971, Medou Gaston contre État fédéré du Cameroun Oriental.

1009 PEISER (G), *Contentieux administratif*, Dalloz, 10e éd., 1999, p. 76.

1010 TIENTCHEU NJIAKO (A), *Droits fonciers urbains au Cameroun*, PUA, Yaoundé 2003, p. 376.

1011 Art. 1er du décret n° 76/165 du 27 avril 1976 fixant les conditions d'obtention du titre foncier.

1012 *Art. 555 C Civ.*

comme une véritable dépossession. Provisoire ou définitive, l'emprise dépossède le particulier de son immeuble[1013]. Ce caractère s'analyse en des actes privant le propriétaire privé de la jouissance de ses droits sur la propriété immobilière considérée. En clair, le propriétaire doit être mis dans l'impossibilité de bénéficier soit de l'usage, soit de la jouissance ou du droit de disposition de sa propriété. La privation peut même concerner tous ces aspects du droit de propriété. Enfin, comme dernier caractère, l'emprise doit être irrégulière. Les seuls actes de dépossession de la propriété immobilière qui sont légalement admis sont l'expropriation et la réquisition.

L'emprise régulière ne survient que si le titre juridique qui prive le propriétaire de son immeuble est régulier ; il s'agit de la réquisition et de l'expropriation. L'emprise est irrégulière parce qu'elle est fondée sur un titre irrégulier où que des conditions matérielles irrégulières surviennent lors de la mise en œuvre d'un titre régulier[1014]. Les contestations survenant à la suite des emprises irrégulières font pour partie intervenir le juge judiciaire dans le cadre d'un acte posé par l'administration.

B. La compétence du juge judiciaire en matière d'emprise

L'emprise irrégulière relève de l'acte administratif irrégulier sur la propriété privée immobilière. Étant donné qu'il s'agit de l'acte administratif, il parait normal que le juge administratif soit totalement compétent pour statuer en cas de contentieux. Mais le législateur a choisi différemment en ne reconnaissant au juge administratif que la compétence d'apprécier la régularité, la réparation incombant au juge judiciaire.

1. L'incompétence en matière d'appréciation.

L'emprise repose sur l'acte administratif et l'irrégularité est celle de cet acte ou des conditions matérielles de sa mise en œuvre. Hormis le juge pénal qui est compétent pour apprécier la légalité d'un acte administratif[1015], le juge judiciaire saisi d'une telle question n'est pas habilité à se prononcer sur la légalité de l'acte portant emprise. Cette opération relève du juge administratif qui est compétent pour apprécier le caractère régulier ou irrégulier de l'emprise.

Par détermination de la loi, le juge judiciaire (hormis le juge répressif) est incompétent pour connaître de la contestation de l'emprise[1016]. Une interprétation laissait croire que la contestation relevait du juge judiciaire[1017], ce qui n'est pas exact dans la mesure où le texte est clair là-dessus et que la

---

[1013] CS/CA, jugement n° 46 du 27 mai 1982, Dame Veuve André Testas née Mathilde Jeanne Tuytelaers contre État du Cameroun.
[1014] cf. TIENTCHEU NJIAKO (A), op.cit., p. 375.
[1015] Supra.
[1016] Art. 3(2) de la loi n° 2006/022, précitée.
[1017] cf. OWONA (J), *Droit administratif spécial de la République du Cameroun*, op.cit., p. 198.

jurisprudence administrative et judiciaire reste constante sur l'incompétence du juge judiciaire ordinaire en matière de constatation. L'opération de constatation est un examen devant conduire le juge à apprécier si l'acte posé par l'administration est régulier ; il s'agit donc d'un contrôle de légalité qui relève du juge administratif.

La victime de l'emprise irrégulière peut saisir le juge administratif pour l'opération de qualification juridique de l'acte et des faits. Puis, il s'adresse au juge judiciaire pour la réparation. L'autre schéma est qu'il saisit le juge judiciaire qui, lui, va surseoir à statuer. Ledit juge saisit à son tour le juge administratif par la question préjudicielle et ce n'est qu'après que le juge administratif ait confirmé l'irrégularité de l'emprise, que le juge judiciaire peut statuer.

2. Le pouvoir de mettre fin et de réparer

En matière d'emprise, le juge judiciaire a le pouvoir de mettre fin à l'emprise et de réparer les dommages causés. Le juge judiciaire est interpelé pour rétablir les personnes lésées dans leur droit[1018], même si le dommage fait suite à une action de l'administration.

Le juge judiciaire intervient en aval après que le juge administratif ait indiqué le caractère irrégulier de l'emprise. Le texte lui donne le pouvoir « d'ordonner » toute mesure pour qu'il y soit mis fin[1019]. Ceci laisse entrevoir qu'il est porteur, en la matière, de prérogatives exorbitantes, car rien n'exclut à cette lecture qu'il puisse prononcer des jugements assortis d'astreintes et adresser des injonctions à l'administration[1020] afin qu'il soit mis fin à l'occupation illégale de la propriété immobilière considérée.

La réparation de l'emprise irrégulière est également de la compétence du juge judiciaire[1021]. Il apprécie alors l'indemnité à allouer à la victime. Il peut indemniser l'ensemble des préjudices. Ce pouvoir lui est également reconnu en matière de voie de fait qui est une autre situation dans laquelle la responsabilité de la puissance publique relève de la compétence du juge judiciaire.

1018 CS/CA, arrêt n° 174 du 12 décembre 1972, MONNEY Moïse contre administration du territoire. « Considérant en effet que les tribunaux de l'ordre judiciaire sont gardiens de la propriété privée… ».

1019 Art. 3(2) de la loi n° 2006/022, précitée.

1020 Infra.

1021 CS/CA, jugement n° 56 du 24 avril 1986, Koume Jemba Joseph contre État du Cameroun.

Paragraphe 2 : La voie de fait et l'intervention du juge judiciaire

« La voie de fait est constituée dès lors que l'administration procède à une opération matérielle manifestement insusceptible de se rattacher à l'exercice d'un de ses pouvoirs et portant atteinte soit à une liberté publique, soit à la propriété mobilière ou immobilière[1022] ». Cette définition indique les conditions de la voie de fait (A) qui sont par ailleurs consacrées par le Droit positif. Le juge judiciaire jouit ici des mêmes prérogatives qu'en matière d'emprise (B).

A. Les conditions de la voie de fait.

Pour qu'il y ait voie de fait, il faut que l'acte posé soit d'origine administrative. Dans le même cadre, cet acte doit porter atteinte à une liberté publique ou au droit de propriété ; c'est son champ d'application. La dernière condition est le caractère manifestement illégal de l'acte concerné.

1. Le champ d'application de la voie de fait.

La notion de voie de fait fut pour la première fois appliquée au Cameroun par les arrêts MAX KELLER[1023] et MVE NDONGO[1024]. Dans les faits de l'espèce MVE NDONGO, ce dernier alors préfet de la Boumba et Ngoko avait saisi la production cacaoyère d'un contribuable récalcitrant sans suivre la procédure particulière organisée par le code général des impôts. La voie de fait était donc établie parce qu'un bien (la production cacaoyère) de ce contribuable avait été arbitrairement saisi. Comme différence d'avec l'emprise, la voie de fait a un champ d'application plus large. L'emprise irrégulière a pour domaine la propriété privée immobilière. La voie de fait, elle concerne de façon générique le droit de propriété ; c'est le premier volet de son champ d'application. Le droit de propriété dont il est question concerne autant la propriété mobilière que la propriété immobilière.

S'agissant de la propriété mobilière qui se décline en une atteinte sur le bien meuble appartenant à une personne privée, la voie de fait peut être constituée par la confiscation illégale d'une production cacaoyère[1025], la saisie irrégulièrement d'un véhicule,[1026] suivie de sa destruction[1027]. Elle concerne l'atteinte portée à tout bien meuble par un acte irrégulier de l'administration.

[1022] Voir Lexique des termes juridiques sur la notion de voie de fait

[1023] CFJ/AP, arrêt n° 8 du 16 octobre 1968, État du Cameroun contre Max Keller Ndongo.

[1024] CFJ/AP, arrêt n° 10 du 17 octobre 1968, Mve Ndongo Abraham contre État du Cameroun.

[1025] CFJ/AP, arrêt n° 10 du 17 octobre 1968, Mve Ndongo.

[1026] CFJ/AP, Arrêt n° 8 du 16 octobre 1968, Max Keller Ndongo, op.cit.

[1027] CS/CA, jugement n° 03 DU 1er octobre 2003, Ena Mballa Hubert contre Communauté urbaine de Yaoundé.

S'agissant de la propriété immobilière, la voie de fait est en train de s'étendre au même champ que l'emprise. Dans l'affaire Atangana Ntonga, le juge administratif se révèle confus quant à ce domaine de proximité qui existe entre l'emprise et la voie de fait. En effet, il qualifie une atteinte immobilière d'emprise et de voie de fait : « entendu que dans le cas d'espèce, il s'agit bien d'une voie de fait administrative (empiétement et dégradation du terrain d'ATANGANA) que, dans ces conditions, la compétence des tribunaux de l'ordre judiciaire est totale et s'étend sur l'ensemble du préjudice résultant de l'emprise immobilière irrégulière[1028] ». La doctrine qui suit les pas fébriles du juge situe cet arrêt dans le cadre de l'emprise pour les uns[1029] et dans celui de la voie de fait pour les autres[1030]. La première tendance doctrinale semble être la bonne[1031].

L'atteinte à la propriété immobilière consiste en un empiétement pouvant se traduire par la privation du titulaire du pouvoir de jouir de son droit de propriété. Cette atteinte peut s'accompagner ou non de diverses dégradations de l'immeuble. Il peut s'agir de la privation du droit d'accéder à son domicile (Droit de jouissance[1032]), de l'atteinte portée à son immeuble tenant à son occupation, à l'enlèvement de clôture et à des dégradations diverses[1033].

Le second volet du champ d'application de la voie de fait est l'atteinte à une liberté individuelle. Le caractère fondamental ou non du droit ou de la liberté dont il est question ne semble pas retenir particulièrement l'attention du juge, qui se contente davantage de considérer qu'il y a eu atteinte à un droit ou à une liberté pour retenir la voie de fait. Dans l'affaire Dame BINAM, la publicité d'une décision de suspension de la requérante portait atteinte à l'inviolabilité de la personne[1034] ; la voie de fait était ainsi consécutive à une atteinte à l'intégrité physique et morale de la requérante.

L'atteinte peut être constituée par la violation du domicile. Dans l'espèce KUELA Valeri[1035], sous-préfet d'Akonolinga, il s'invite avec Monsieur MINLO Auguste son adjoint d'arrondissement chez Monsieur EBEN Edouard

---

[1028] CS/CA, jugement n° 22 du 30 novembre 1978, Atangana Ntonga Sylvestre contre État du Cameroun.

[1029] BINYOUM (J), *Droit administratif*, cours polycopié, Université de Yaoundé, (S-D), p. 204.

[1030] GUESSELE ISSEME (L-P), *L'apport de la Cour suprême au droit administratif camerounais*, thèse de doctorat/PHD en Droit public, Université de Yaoundé II, 2010, pp. 192-196.

[1031] Infra.

[1032] CS/CA, jugement n° 18 du 28 novembre 1985, Kamdem Wafo Michel contre État du Cameroun.

[1033] cf. KEUTCHA TCHAPNGA (C), Note sous Cour suprême/Assemblée plénière, Arrêt du 16 août 1990, Affaire Albert Ono Ngafor contre État du Cameroun, in juridis périodique n° 46, Yaoundé, 2001, pp. 39-45.

[1034] CS/CA, jugement n° 12 du 28 janvier 1982, Dame Binam née Ngo Njom Fidèle contre État du Cameroun.

[1035] CS/CA, arrêt n° 07 du 16 décembre 2004, Kuela Valeri Norbert et Minlo Auguste contre Adjudant-Chef Eben Edouard Steve.

le commandant de la brigade de gendarmerie. Le fait est que le sieur EBEN s'était opposé à cette initiative et malgré que le sous-préfet ait argué qu'il y était allé dans le cadre de sa tournée et que cela était donc un acte posé dans l'exercice de ses fonctions, le juge a retenu qu'il s'agissait bien d'une violation de domicile constitutive d'une voie de fait administrative.

La voie de fait a ainsi pour domaine d'application les atteintes administratives sur la propriété privée mobilière et immobilière, et l'atteinte aux droits et libertés fondamentaux. Ce vaste champ le distingue de l'emprise et cette distinction est amplifiée par l'exigence que l'acte contesté soit manifestement illégal.

2. Le caractère manifestement illégal de l'acte

La voie de fait n'est constituée que si l'acte que l'administration a posé est manifestement illégal. Ce critère permet de faire la distinction entre l'emprise et la voie de fait quand il est question d'une atteinte portée sur une propriété privée immobilière. Dans l'affaire ATANGANA NTONGA[1036], le juge administratif s'est retrouvé en train de qualifier l'atteinte à la propriété immobilière privée d'emprise. Il a en l'espèce constaté l'irrégularité. Il a été dit que l'irrégularité caractérisait l'emprise.

La voie de fait exige que l'irrégularité ne soit pas simple, mais qu'elle soit telle qu'elle ne peut aucunement être admise. Il y a donc une échelle dans l'irrégularité entre emprise et voie de fait.

Le caractère manifestement illégal apparait quand :

- Il y a un manque de Droit, c'est-à-dire quand l'administration viole une liberté ou un droit fondamental ou porte atteinte à la propriété privée sans qu'aucun texte ne l'y autorise.
- Il y a un manque de procédure, c'est-à-dire quand, même en s'appuyant sur un texte, l'administration viole les procédures et porte atteinte aux droits et libertés fondamentaux ou porte atteinte à la propriété privée.

Pour revenir à l'affaire ATANGANA NTONGA, l'administration effectuait des travaux de voirie (il n'y avait pas manque de droit) et c'est durant ces travaux qu'il y a incidemment eu empiétement et dégradation du terrain du requérant (il n'y a plus un manque de procédure, ceci rentrant dans les catégories normales de dommages de travaux publics). Même si le dommage causé était substantiel, il s'agit bien d'une emprise.

Le caractère manifestement illégal de l'acte constitutif de la voie de fait s'apprécie par le juge. Il s'agit d'un acte posé par l'autorité administrative qui ne peut d'aucune manière être rattaché à l'exercice du pouvoir administratif.

[1036] CS/CA, jugement n° 22 du 30 novembre 1978, op.cit.

Le seul rattachement avec l'administration est que l'acte est posé par une autorité administrative[1037], mais alors l'acte dont il est question est grossièrement illégal tel qu'il est injustifiable.

Le juge de la voie de fait est désigné suivant l'objet du recours contentieux. Le juge judiciaire est compétent dans le contentieux de la voie de fait comme il l'est dans celui de l'emprise.

B. Les pouvoirs du juge judiciaire quant à la constatation

Comme pour l'emprise, le contentieux de la voie de fait obéit à deux phases : d'une part celle de la constatation dans laquelle le juge judiciaire est incompétent et d'autre part celle de la réparation qui relève du juge judiciaire.

1. L'incompétence du juge judiciaire quant à la constatation

Malgré que l'acte litigieux soit manifestement illégal, il est néanmoins organiquement rattaché à l'administration et c'est donc au juge administratif qu'il revient de constater son illégalité. Avant que l'acte ne soit déclaré manifestement illégal, l'acte posé par une autorité administrative est réputé légal et administratif. Ce n'est qu'après examen qu'il peut être dit que cet acte est en réalité insusceptible de se rattacher à la légalité administrative, et qu'il est même grossièrement illégal. Le seul juge apte à s'y prononcer est le juge administratif.

L'ordonnance de 1972 confiait à l'Assemblée plénière de la Cour suprême la compétence de constater la voie de fait[1038]. Cette logique consistant à confier l'appréciation de légalité de la voie de fait à l'instance de second degré de la juridiction administrative a été reprise par le texte de 2006 qui indique que cette compétence ressortit désormais à la Chambre administrative de la Cour suprême[1039]. Cette instance est justement celle qui, à l'issue de la réforme de 2006, a remplacé l'Assemblée plénière.

Le juge administratif peut être saisi par le moyen de la question préjudicielle[1040], et ce n'est qu'après qu'il se soit prononcé en déterminant qu'il y a effectivement voie de fait que le juge judiciaire peut alors intervenir.

2. Le pouvoir de mettre fin et de réparer du juge judiciaire

Le juge judiciaire intervient pour le cas de la voie de fait quand le recours qui lui est adressé a pour objet de mettre fin à la voie de fait et d'obtenir réparation. Le pouvoir de mettre fin dont il dispose est similaire à celui qui lui

---

1037 V. les intéressants développements du Professeur GUESSELE ISSEME (L-P), *L'apport de la Cour suprême au Droit administratif camerounais*, op.cit., p. 189s.

1038 Art. 9 (4) de l'ordonnance n° 72/6, précitée.

1039 Art. 3(2) de la loi n° 2006/022, précitée.

1040 CS/CA, jugement n° 63 du 26 mai 1968, Momeny Ngisi Emile contre État du Cameroun ; CS/CA, jugement n° 70 du 29 juin 1989, Signe Pierre Aimé….

est reconnu en matière d'emprise, puisqu'il s'agit de l'exceptionnelle possibilité qui lui est donnée d'adresser des directives à l'administration. En effet, il peut ordonner et prendre toutes les mesures pour qu'il soit mis fin à la voie de fait[1041].

Le pouvoir de réparer la voie de fait revient également au juge judiciaire. Sa compétence est totale, car elle s'étend à l'ensemble du préjudice[1042]. Le juge judiciaire en appréciant le préjudice alloue des dommages et intérêts à la victime.

Le domaine administratif est ainsi le fond qui détermine le juge compétent. Dans un système qui aurait la prétention de contenir deux ordres juridictionnels, la matière administrative par la séparation des contentieux relèverait alors du contentieux administratif. Les textes précisent que le juge administratif connait de l'ensemble du contentieux administratif qui concerne l'État, les collectivités territoriales décentralisées et les établissements publics[1043]. Il y a pourtant des domaines dans lesquels le législateur admet la concurrence des compétences. Ce sont précisément des cas tels que l'emprise et la voie de fait administrative dans lesquels pour partie, le juge judiciaire est interpelé.

La plénitude de juridiction du juge répressif justifie qu'il bénéfice du pouvoir d'apprécier la légalité. D'autres contentieux comme celui relatif au domaine privé des personnes publiques vont aussi dans le sens de la démonstration. N'étant pas expressément énumérés par le législateur, des segments de la responsabilité publique tombent entre les mains du juge judiciaire, ce qui peut paraître comme une entorse à la règle de séparation des contentieux. Au résultat, le juge judiciaire rend dans ces matières des jugements qui tendent à montrer que véritablement, il est le gardien des droits et libertés individuels.

1041 Art. 3 (2) de la loi n° 2006/022.

1042 cf. CFJ/CAY, arrêt n° 157 du 23 mars 1971, Medou Gaston contre État fédéré du Cameroun Oriental.

1043 Art. 2(2) de la loi n° 2006/022 précitée.

CONCLUSION DU TITRE

Les recours soumis à la connaissance du juge administratif sont de divers ordres. La classification fait ressortir deux principaux types de recours à savoir celui objectif et celui subjectif. En réalité, le juge administratif est interpelé pour diverses actions tenant parfois juste à déclarer la légalité d'un acte administratif. Les recours donnant lieu à jugement (recours ordinaires) lui offrent l'occasion de se prononcer sur le fond du litige. La procédure de jugement relativement longue est quasi pareille à tous les recours ne relevant pas de l'urgence. Ceux qui tiennent à l'urgence sont traités avec les mêmes règles, mais à brefs délais.

Les recours en la matière participent à la protection des justiciables contre le bénéfice du préalable dont jouit l'administration, et donnent la possibilité au juge, sans préjudicier au fond de prendre des mesures d'instruction ou de faire surseoir à l'application d'un acte décisoire. Certaines sphères de la responsabilité publique présentent l'exigence des pouvoirs du juge judiciaire de juger l'administration. Les jugements y relatifs se font d'une certaine manière de la même façon que ceux soumis à la juridiction administrative, car des règles telles que le contradictoire ou encore l'instruction du dossier demeurent. Des différences à l'exemple de la dispense du recours administratif sont tout de même à prendre en considération.

De plus, le législateur a admis des matières du contentieux administratif qui échappent à la compétence du juge administratif. Dans ces dernières, le juge judiciaire se retrouve investi du pouvoir de connaître des recours dirigés contre l'administration, quoique la compétence de principe demeure celle du juge administratif.

CONCLUSION DE LA PARTIE

Le procès administratif fait suite à la survenance d'un fait ou d'un acte juridique émanant de l'administration. Les cas d'ouverture du contentieux administratif sont d'abord d'ordre textuel. Ceux-ci, indiqués par les textes sont conçus comme tenant à la technique de l'énumération. Par la suite, il y a détermination jurisprudentielle des matières relevant du contentieux administratif ; un Droit fortement prétorien ne pouvait procéder autrement.

Les cas d'ouverture constituent les éléments générateurs du contentieux à la condition qu'il existe bien un préjudice indemnisable imputable à l'administration. L'entame du recours contentieux est administrative dans la mesure où le recours administratif, à savoir le recours gracieux préalable[1044] est impératif pour que la requête introductive d'instance soit jugée recevable. Exigé, le recours gracieux lie le contentieux et permet à l'administration de se prononcer avant le juge. Certains recours en sont exonérés.

Les parties sont également assujetties à certaines conditions relatives à la capacité, à l'intérêt et à la qualité pour agir.

Quand cet ensemble de préalables est rempli, alors le juge peut statuer au fond suivant des conditions formelles bien précises. Il émane de cet office un acte : la décision de justice. Elle doit être exécutée, ce qui n'est pas sans difficulté, même s'il existe quelques possibilités de contourner les obstacles y relatifs.

[1044] Depuis la suppression du recours hiérarchique.
CFJ/CAY, arrêt n° 108 du 8 décembre 1970, Noutackdie Joseph Lebrun contre État du Cameroun Oriental.

TROISIÈME PARTIE :

L'EXÉCUTION DE LA DÉCISION DU JUGE ADMINISTRATIF

La posture du juge a toujours été délicate. Souvent considéré comme étant désigné et donc inféodé à ceux dont il tient le pouvoir, sa marge de manœuvre s'est parfois déterminée à partir de son mode d'accès à sa fonction. Cela a souvent donné lieu à son élection[1045] pour lui confier l'onction et la même légitimité populaire que les membres de l'Exécutif et ceux des assemblées parlementaires. Cette pratique n'est pour autant qu'une exception dans les États au Droit d'inspiration romano-germanique comme le Cameroun.

Le juge est porteur de la garantie opératoire du Droit entrevu comme étant un dispositif assorti de sanctions[1046]. Cela n'empêche que son office ne puisse pas toujours s'accomplir librement par l'existence de certaines contingences. Son autorité sur les personnes privées n'est pas constatée, et pourtant, il ne peut valablement dire que sa décision exécutoire est toujours exécutée. Des exemples très simples convainquent. Pour le technicien du Droit judiciaire, on peut citer la contrainte par corps qui est une incarcération consécutive au défaut du versement des amendes d'une personne condamnée par la juridiction. La contrainte par corps est limitée dans le temps et le condamné récalcitrant peut s'en sortir sans que la condamnation pécuniaire n'ait été exécutée. L'affaire Société Générale va dans le même sens au regard de ce que le juge français, en condamnant un trader à payer une somme que seules peuvent verser des milliardaires, a fait voir que ce juge a pris une décision plus symbolique qu'applicable.

Face à l'administration, le juge rencontre encore plus de difficultés que face aux particuliers. Les obstacles tiennent non seulement à la nature même de ce justiciable qu'est l'administration, mais également à l'ensemble des prérogatives dont elle jouit, quand il ne s'agit pas, comme au Cameroun, des pouvoirs dont est dévêtu le juge face à la nature récalcitrante de l'administration.

Les difficultés d'exécution de la décision du juge administratif (Titre II) existent dans tous les systèmes judiciaires et c'est pour cela que le juge a souvent bénéficié de l'apport du législateur pour faire respecter sa décision. Cet apport reste minimal au Cameroun. Néanmoins, il est de principe que le juge (administratif) prend des décisions qui doivent être exécutées par l'administration elle-même (Titre I).

1045 En Allemagne Fédérale, les seize juges du tribunal de Karlsruhe sont élus par le Parlement

1046 JEAMMAUD(A), « La règle de droit comme modèle », recueil Dalloz 1990, chroniques, p. 214.

TITRE I :

L'OBLIGATION D'EXÉCUTER LA DÉCISION DU JUGE ADMINISTRATIF

Autant l'acte administratif qui fait grief est dit décisoire[1047], autant la décision de justice dont celle du juge administratif est décisoire. La conséquence en est que la décision du juge administratif produit des effets de Droit, c'est-à-dire qu'elle crée des droits et des obligations vis-à-vis des parties au procès.

Il est ainsi impératif que la décision du juge administratif soit exécutée par les parties, quelles qu'elles soient. De la part des administrés, il n'y a pas de réelles difficultés pour les faire plier encore que la partie adverse a la maîtrise des moyens de contraintes pour obtenir l'exécution d'une décision qui lui est favorable. La situation est différente quand c'est plutôt l'administration qui succombe. Le juge a-t-il le pouvoir de prendre une décision qui s'impose à l'administration ? La réponse est affirmative. Elle tient d'abord à un fondement théorique qui n'est pas souvent suffisamment mis en évidence et qui le devrait dans un contexte juridique comme le nôtre : ce fondement est celui de la hiérarchie des organes (Chapitre 1). La réponse affirmative tient ensuite à un fondement pratique qui est l'autorité de la chose jugée (Chapitre 2) qui, au-delà de l'administration, est une prescription du Droit positif qui impose à tous ceux qui sont d'une manière ou d'une autre concernés de se soumettre à la décision du juge, quel que soit son ordre.

[1047] CS/CA, jugement n° 23 du 3 février 1977, Yeyap Njoya contre État du Cameroun.

CHAPITRE 1 :

LE FONDEMENT THÉORIQUE : LA HIÉRARCHIE DES ORGANES

Le détour opéré par le recours à la théorie générale du Droit public est rendu nécessaire dans la mesure où la nature des organes et des relations entre lesdits organes doit bien indiquer la place qui est celle de l'administration à côté de la juridiction. De manière classique, les organes sont identifiés en rapport avec leurs fonctions. Cette opération permet de déterminer d'abord une séparation, puis une hiérarchisation des organes concernés ; ce qui constitue le contenu (Section 1) de la théorie de la hiérarchie des organes par laquelle, l'administration n'occupe pas une position dominante. Les implications sont alors multiples (Section 2) et la plus importante est certainement la classification du Droit matériel.

Section 1 : Le contenu

La conceptualisation des fonctions de l'État se rapporte aux activités et aux types d'action que l'État mène. Elle induit une répartition des tâches par fonction (Paragraphe 1). Les tâches étant différentes et considérées comme de valeurs inégales, cela conduit à l'existence d'une pyramide des organes (Paragraphe 2) qui implique une hiérarchie entre lesdits organes.

Paragraphe 1 : La répartition des fonctions

CARRE de MALBERG écrit que « par fonctions étatiques, il faut entendre, en Droit public, les diverses activités de l'État en tant qu'elles constituent des manifestations diverses, des modes d'exercices variés de la puissance étatique[1048] ». Cette théorie se fonde sur le principe de la séparation (A) accompagné d'un cantonnement des tâches par fonction, c'est-à-dire d'une spécialisation (B).

A. Le préalable : la séparation

La théorie de la séparation des fonctions de l'État n'est pas une conception autonome. Elle puise indirectement sa source et se rapproche fortement de celle de la séparation des pouvoirs. La seconde concerne plus les divisions constitutionnelles et politiques des structures de pouvoir de l'État, tandis que

[1048] CARRE DE MALBERG (R), *Contribution à la théorie générale de l'État*, Dalloz 2004, tome 1, p. 259.

la séparation des fonctions est assise sur une identification des organes et une indication des fonctions. Il en ressort plusieurs divisions dont celles dominantes se rapportant aux fonctions dualistes de l'État.

1. Le Dualisme

Le maître de Vienne est la tête de proue des théoriciens dualistes qui conçoivent qu'il faut distinguer la fonction qui consiste à poser des règles de Droit de celle qui consiste à les transposer[1049]. Ces deux fonctions sont constitutives de l'antithèse entre « legis latio et legis executio[1050] » et ont ceci de particulier qu'elles indiquent qu'il n'y a que deux types de fonctions étatiques : Celle de législation et celle de l'exécution.

Désignée à partir de la fonction ; l'activité législative est celle de création de normes juridiques générales et abstraites. Elle est le fait du législateur, c'est-à-dire des assemblées parlementaires. L'activité d'exécution est celle de l'accomplissement d'actes matériels et d'édiction d'actes juridiques en application des actes pris par l'organe de législation.

L'activité d'exécution se différencie de celle de législation parce qu'elles n'ont pas la même fonction, car la première est conception initiale, alors que la seconde quand bien même elle est conception, ne l'est que par exécution. Aussi, le résultat en est que l'activité d'exécution consiste à « procurer la réalisation de règles législatives préexistantes[1051] ».

L'observation qui en découle est qu'il y a une évidente superposition entre les organes qui incarnent les fonctions de législation et d'exécution. La législation revient au Parlement qui est au-dessus de l'exécution revenant à la fois à l'administration et à la juridiction. Ces derniers sont semblables par le type de leur fonction (exécution), ce qui tend à leur donner le même niveau dans une pyramide à deux échelles que d'autres théories ne partagent pas.

2. Le dépassement du dualisme

Plusieurs autres thèses ont eu à proposer des appréhensions intéressantes des fonctions étatiques. Parmi elles, il y a la thèse quadrialiste qui conçoit qu'à part les trois fonctions traditionnelles, il fallait rajouter une autre, celle dite de gouvernement. Cette conception énonce que l'État se manifeste dans certaines activités qui intéressent l'unité politique et les grands intérêts nationaux, et que cette activité se détache de celle développée par les « trialistes ». Ce courant de pensée[1052] paraît contestable parce qu'il décrit en réalité au sens

---

1049 KELSEN (H), *Théorie pure du Droit*, Dalloz, Paris 1962, p. 311s.

1050 LEBEN (C), *Charles Eisenmann, Écrits de théorie du droit de Droit constitutionnel et d'idées politiques*, Paris, 2002, éditions panthéon-ASSAS, p. 191.

1051 Ibid. p. 192.

1052 Sur la question, voir les écrits d'HAURIOU et de CHAPUS. Pour CHAPUS (R), *Recueil juridique*, Dalloz, 1958, chronique II.

large, l'activité de l'Exécutif, et fait une extension qui pourrait même conduire à introduire une activité nouvelle détachant la législation ordinaire de celle constitutionnelle.

La thèse trialiste est la thèse des trois fonctions : la législation, l'administration et la juridiction. Elle tire ses racines de la théorie de la séparation des pouvoirs. La doctrine constitutionnelle de Montesquieu a systématisé l'existence de trois sortes de pouvoirs que sont la puissance législative, la puissance exécutrice « des choses qui dépendent du Droit des gens » et la puissance exécutive du Droit civil[1053]. Devant par la suite être réaménagée, cette doctrine dans sa transcription au trialisme fonctionnel désigne trois fonctions (pouvoirs) : La législative, l'exécutive et la judiciaire.

B. La spécialisation

À travers le trialisme, il y a une mise en perspective de l'Exécutif, mais aussi de l'administration[1054] qui est son bras séculier. Occultée par certains auteurs, la fonction administrative est mieux représentée par Léon DUGUIT. Le problème est que la séparation constatée n'a pas toujours donné explicitement lieu à une hiérarchisation et la spécialisation induite par la séparation n'a fait qu'étendre la difficulté.

1. La détermination des tâches

Il y a trois types de fonctions qui se dégagent des théories majeures que sont le dualisme et le trialisme. Le dualisme conçoit deux fonctions principales et admet l'existence pour la seconde fonction (celle de l'exécution) de deux types de tâches ou sous-fonctions, ce qui au final donne la possibilité d'admettre qu'il y a trois tâches ou activités dans le dualisme. La démonstration n'est pas utile pour le trialisme où les trois fonctions apparaissent de manière évidente. En résumé et par rapport à l'objet des développements, on a la fonction de législation, la fonction d'administration et la fonction de juridiction.

La fonction de législation attribue l'activité de création des lois formelles aux assemblées. La fonction d'administration consiste en la réalisation des buts d'intérêt général. L'activité de la juridiction est celle de trancher les litiges.

L'administration et la juridiction mènent leurs activités sur prescription de la loi, d'où l'affirmation de leur inféodation à l'organe législatif. **L'administration est sous le contrôle de la juridiction, d'où l'affirmation de la supériorité du second organe sur le premier**. La démonstration n'est néanmoins qu'à son entame.

1053 De l'Esprit des lois, chapitre VI du livre XI.
1054 JELLINEK (G), *Allgemeine staatslehre*, 6e éd, p. 610s.

2. Le Confinement

L'autre implication de la séparation des organes et de la spécialisation qui en découle est le confinement qui consiste à restreindre les champs d'intervention des uns et des autres. Il s'agit en réalité d'éviter qu'il y ait à nouveau confusion des tâches, et partant des enchevêtrements, chevauchements et conflits de compétences. Mais aussi, il y a dans le confinement une partition de l'ensemble des activités étatiques.

Le juge ne doit pas faire acte d'administration[1055]. De même, l'administration n'a pas la compétence de légiférer en période normale et encore moins de s'ériger en juge, d'où l'abandon de la pratique du ministre-juge qui a prévalu sous la monarchie.

La séparation des organes est ainsi une répartition des activités de l'État par organe. L'effet en est la spécialisation des fonctions, mais, aussi leur catégorisation qui, inéluctablement, conduit à une hiérarchisation des organes dans laquelle l'administration ne vient qu'après la juridiction.

Paragraphe 2 : La pyramide des organes

La représentation qui est faite des organes auxquels sont accolées les différentes fonctions de l'État laisse entrevoir que la spécialisation et le confinement par activité dont ils font l'objet ne sont pas rigides. Il existe effectivement pour eux des possibilités de poser des actes qui, s'il fallait être rigide, ne leur reviendraient pas. Cela a pour conséquence un enchevêtrement (A) à effet sur leur hiérarchisation. Cette superposition est par ailleurs induite par la nature et le statut juridique des actes que ces organes prennent les uns par rapport aux autres (B).

A. L'enchevêtrement

Les organes que sont le Législatif, la juridiction et l'administration sont relativement dépendants les uns des autres. Le lien de dépendance qui existe ici a un effet sur leur superposition en fonction des différents degrés de la dépendance par organe.

1. L'élément de dépendance

Les interprétations de la théorie de la séparation des pouvoirs ont donné lieu, pour partie, à l'idée de l'isolement des pouvoirs. Il n'en est pourtant rien puisque les théoriciens de la séparation des pouvoirs, et en particulier Montesquieu, formulaient un idéal politique reposant sur un harmonieux assemblage des trois pouvoirs. La conséquence devait être la modération par

---

1055 V.DE BECHILLON (D), « Le gouvernement des juges : une question à dissoudre », recueil Dalloz 2002, Chronique, p. 973s.

le fait qu'un organe unique n'exerce pas la totalité des pouvoirs[1056]. Plus encore, les trois pouvoirs doivent même pouvoir se neutraliser. Par exemple, « le roi a le pouvoir d'empêcher la promulgation des lois ; les chambres ont le droit de surveiller leur exécution et de punir les ministres qui ne les feraient pas observer...[1057] »

Le trialisme fonctionnel a récupéré cet esprit en substituant l'administration à l'Exécutif. Ainsi, le Législatif, l'administration et la juridiction sont liés. Le premier lien intervient au niveau de la qualification de l'activité générale de ces organes : l'activité juridique. Tous les trois, d'une manière ou d'une autre, prennent des actes juridiques. La fonction législative consiste à poser des règles de Droit générales, abstraites et impersonnelles. La fonction administrative consiste à émettre des actes juridiques et à poser des actes matériels. La fonction juridictionnelle consiste principalement à dire le Droit[1058]. Le second lien est celui de l'effet de prolongement des actes pris par le Législatif. Les textes législatifs ont vocation à être appliqués, c'est-à-dire respectés. Cette obligation incombe à la juridiction et à l'administration qui, de façon majeure, prennent des actes habilités par les lois formelles. Entre elles, l'administration s'édicte des textes qu'elle doit elle-même observer, et le respect de ces textes et des lois formelles par l'administration est sous la surveillance de la juridiction. L'effet est imparable.

2. L'effet

En adoptant une posture tenant à considérer les organes comme étant désincarnés, et donc en mettant de côté les personnes qui s'y trouvent (leurs statuts), il apparaît que, même de façon théorique, les trois organes dont il est question ne s'équivalent pas. Ces organes ne se présentent pas horizontalement.

L'organe législatif n'est pas comptable de son activité devant l'administration et la juridiction. Pour cette dernière, la règle est même que la juridiction n'est pas juge des lois. L'acte juridique d'origine législative est la loi de l'administration et de la juridiction[1059]. La conséquence en est que l'organe législatif est dans une position plus relevée que les deux autres.

La juridiction et l'administration sont également de niveaux différents. L'administration est comptable devant la juridiction, ce qui est un élément fondamental de la distinction. De surcroit, à part que la juridiction est juge de

---

[1056] EISENMANN (C), « L'esprit des lois et la séparation des pouvoirs », in Mélanges CARRE de MALBERG, 1933, p. 163s.
[1057] CHANTEBOUT (B), *Droit constitutionnel*, 21e éd. Armand COLIN, 2004, p. 93.
[1058] V. DUGUIT (L) in LEBEN (C), *Charles Eisenmann, Écrits de théorie politique, de droit constitutionnel et d'idées politiques*, op.cit., p. 197.
[1059] ABANE ENGOLO (P E), *L'application de la légalité par l'administration au Cameroun*, thèse de doctorat/PHD en Droit public, université Yaoundé II, 2009, p. 41.

ce justiciable particulier en application des textes législatifs ou d'origine administrative, par son activité prétorienne, peut elle-même émettre des règles juridiques[1060] imposées à l'administration.

L'effet des distinctions faites entre les organes législatifs, administratifs et juridictionnels est qu'ils ne se présentent pas de façon équivalente. Ils se présentent de façon verticale avec une pyramide dans laquelle le palier supérieur est occupé par la fonction législative, celui intermédiaire revient à la juridiction, et le palier inférieur appartient à l'administration. Par voie de conséquence, l'administration est inféodée à la juridiction ; donc au juge administratif. Ainsi, il va donc de soi que l'administration se plie et exécute les décisions du juge administratif. La pyramide des normes amplifie cette hiérarchie des organes et des fonctions.

B. L'induction par la pyramide des normes

La règle de Droit est un conducteur des comportements individuels dans la société. Elle émane de l'activité juridique qui se rattache à la juridiction, à l'administration et à l'organe législatif. Il existe une subordination des actes juridiques qui a un effet sur la hiérarchie des organes et qui consolide le fondement théorique de l'obligation pour l'administration d'exécuter la décision de justice.

1. La hiérarchie des normes

Le Droit positif est composite. Il est composé d'actes juridiques divers qui se posent en se superposant pour former l'ordre juridique. « Par ordre juridique on entend l'ensemble ordonné et structuré de tous les éléments qui contribuent à la construction du Droit[1061] ». Cette proposition suggère une hiérarchie des sources, mais surtout une pluralité des éléments de l'ordre juridique. De nombreuses normes imbriquées dans plusieurs actes juridiques sont les éléments de l'ordre juridique. Ces éléments ne se posent pas et ne s'imposent pas de la même manière, à tel point qu'ils forment une pyramide : c'est la hiérarchie des actes juridiques.

La hiérarchie des normes est déterminée à partir de l'ordre juridique qui est « synonyme d'ordonnancement ; l'ordre désigne alors à la fois le principe logique qui commande les relations entre les divers éléments constitutifs et l'ensemble articulé qu'ils forment[1062] ».

En clair, les actes juridiques sont nombreux, ils ont des origines différentes, mais ils sont d'un niveau inégal. Pour rester dans les généralités, l'acte

---

[1060] D'AMBRA (D), *L'objet de la fonction juridictionnelle : Dire le droit et trancher les litiges*, LGDJ, T. 236, Paris 1994, P XXI.

[1061] LASERRE-KIESOW (V), « L'ordre des sources ou le renouvellement des sources du Droit », recueil DALLOZ 2006, chroniques, p. 2280.

[1062] CHEVALLIER (J), « l'ordre juridique », in *Le droit en procès*, PUF, Paris 1984, p. 7.

législatif est supérieur aux actes juridictionnels et administratifs parce que ces derniers procèdent de lui. L'acte administratif subit la sanction de l'acte juridictionnel, ce qui tout au moins situe l'acte juridictionnel au-dessus de l'acte de l'administration[1063]. Cette superposition n'est pas sans effet sur les organes.

2. L'effet sur les organes

En postulant que l'ordre juridique serait (facteur de) la superposition des éléments qui contribuent à la construction du Droit, le Professeur Laserre-Kiesow fait envisager un ordre des sources, ou plutôt des contributeurs qui font le Droit. Ceci signifie que l'ordre normatif a pour implication un ordre organique qui est la hiérarchie des organes.

Dans ce sens, « à la pyramide des actes juridiques correspond une hiérarchie des organes chargés de les adopter[1064] ».

La structuration qui découle de la hiérarchie des actes juridiques est celle de la représentation pyramidale des organes. Étant donné que l'acte de l'administration peut être sanctionné par acte du juge administratif, il en ressort une affirmation de la supériorité de l'acte juridictionnel sur l'acte administratif et comme effet, il en découle une superposition de la juridiction (administrative) sur l'administration. Cette hiérarchie est également la résultante d'un certain nombre de facteurs qui, directement ou non, confortent la supériorité de la juridiction.

Section 2 : Les facteurs

La matérialisation de la hiérarchie des organes se traduit par des éléments dont le moins discuté est celui de la valeur des actes (Paragraphe 1). Au même titre, il faut présenter la prérogative de contraindre (Paragraphe 2) qui, sans être consacrée de la même manière dans tous les ordres juridiques, demeure un facteur à prendre en considération dans la constitution de la hiérarchie des organes.

Paragraphe 1 : La valeur des actes

Le rapport de force existant entre l'administration et la juridiction est induit à partir de la pyramide des normes. Il a été relevé que les actes juridiques d'origine juridictionnelle sont supérieurs à ceux d'origine administrative. Le détail de cette affirmation d'une superposition organique à partir des règles est davantage indiqué au contact avec la valeur de la production normative de

---

[1063] Sur cette logique, V EISENMANN (C), *Cours de droit administratif*, tome 2, op.cit., p. 537.
[1064] DUHAMEL (O), *Le pouvoir politique en France*, PUF, Paris 1991, p. 54.

la juridiction. Les deux catégories envisagées sont la jurisprudence (A) de manière générale et les principes généraux du Droit de manière singulière (B).

A. La jurisprudence administrative

La jurisprudence est constituée par la production normative du juge. Il s'agit de l'ensemble de ses décisions. De façon large, elle comprend d'une part les décisions de pure application de la législation, et d'autre part, s'y trouvent des décisions réellement normatives en cas de vide, ou d'imprécision de la règle existante[1065]. La jurisprudence administrative est la production normative du juge administratif.

Les principes généraux du Droit font partie de l'œuvre jurisprudentielle, mais ils sont à considérer à part, dans la mesure où ils occupent une place prestigieuse. Ceci amène à effectuer une séparation à l'intérieur de la jurisprudence entre les principes généraux du Droit et les règles générales. Cette seconde catégorie qui nous intéresse est considérée par rapport à l'autre comme énonçant des principes secondaires. Ces principes concernent la procédure juridictionnelle et le régime général de l'activité administrative notamment.

La valeur de la jurisprudence dans la hiérarchie des normes est souvent déterminée par rapport à la place qu'occupe son auteur dans la pyramide des organes. Le Professeur René CHAPUS énonce à ce propos que « L'œuvre du juge administratif, en tant qu'il s'exprime lui-même (...), ne peut se situer qu'au niveau qui est le sien dans la hiérarchie des sources formelles du Droit[1066] ». Il poursuit sa logique en l'illustrant par le fait que le juge administratif ne peut sanctionner la loi, mais qu'il peut invalider les actes des titulaires du pouvoir réglementaire (même les décrets). « En bref, serviteur de la loi, il est censeur des décrets[1067] ».

Il est en effet difficile de situer l'acte juridictionnel ailleurs qu'au-dessus de l'acte réglementaire. La Décision juridictionnelle, même générale est donc supérieure à celle administrative.

B. Les principes généraux du droit

La plus prestigieuse découverte du juge est le principe général du Droit. Il s'agit des principes dégagés et formulés par le juge. Les principes généraux du Droit sont créés par interprétation de l'État du droit. Un principe peut être inscrit dans un texte, mais sa valorisation en tant que principe général ne relève que de l'indication du juge à ce sujet.

[1065] cf. AMSELEK (P) (S-d), *Interprétation et droit, Bruylant et presses universitaires d'Aix-Marseille*, 1995 (16 contributions).
[1066] CHAPUS (R), *Droit administratif général*, tome 1, 15e éd. Montchrestien, 2001, p. 111.
[1067] Ibid.

Parmi les quelques principes généraux du Droit constitués par le juge administratif camerounais, on peut citer :

- L'égalité de tous devant le service public[1068] ;
- La non-rétroactivité des actes administratifs[1069] ;
- Tout acte administratif peut faire l'objet d'un recours pour excès de pouvoir[1070].

En vertu de la logique selon laquelle la valeur de la décision de justice est celle de son auteur, les principes généraux ont au moins une valeur supérieure au règlement. Le principe veut que les principes généraux du Droit aient une valeur infra législative et supra décrétale. Il arrive que le juge administratif contourne une loi (illégale) pour apprécier la conformité d'un règlement par rapport à un principe général. Cette hypothèse qui expose une situation d'application de l'écran transparent transpose l'exception selon laquelle certains principes généraux seraient de valeur supra législative. La règle demeure néanmoins que les principes généraux du Droit de manière singulière et la jurisprudence administrative de façon générale sont de valeur supra décrétale, ce qui entraine une supériorité du juge administratif sur l'administration. Au-delà même de leur seule valeur, les actes juridictionnels s'imposent d'autorité à l'administration.

Paragraphe 2 : La force des actes juridictionnels

Les décisions de la juridiction (administrative) sont impératives à l'endroit de leurs destinataires. L'administration est ainsi obligée de s'y conformer, car l'acte du juge administratif est un acte de contrainte (A). Cet acte se déploie à travers la possibilité offerte d'y recourir et par les aménagements de la contrainte (B).

A. Les attributions de la décision du juge administratif

La règle de Droit est une règle de conduite. Elle diffère des autres règles de conduite parce qu'elle est contrainte et que sa violation peut donner lieu à des sanctions[1071].

[1068] CFJ/CAY, arrêt n° 51 du 25 mars 1969, Dame Ngue André contre commune de plein exercice de Mbalmayo.

[1069] CFJ/CAY, ADD n° 55 du 25 mars 1969, Emini Tina Etienne contre État fédéré du Cameroun.

[1070] CS/CA, jugement n° 40 du 29 mai 1980, Monkam Tientcheu David contre État du Cameroun.

[1071] VAN De KERCHOVE (M) et OST(F), *Le système juridique entre ordre et désordre*, PUF, 1988, p. 48.

La théorie des normes juridiques indépendantes de Hans KELSEN[1072] tend à faire une distinction entre normes sans disposition sanctionnatrice et norme à disposition sanctionnatrice. Cette vision dépassée aurait eu pour effet de relativiser l'affirmation que la norme d'origine jurisprudentielle n'en est pas totalement une du fait du refus de l'autorité publique de s'incliner face à elle. Cependant, cette norme s'impose réellement à l'administration.

1. La contrainte

La théorisation de la nature de la décision de justice a posé problème dans la mesure où, cantonnée à la fonction d'exécution pure du Droit, la doctrine refusait de concevoir que le juge puisse être émetteur de l'une des sources du Droit. Le maître de Vienne argumentait à ce propos que « si la doctrine traditionnelle n'a pas su apercevoir que la décision juridictionnelle n'est que la continuation du processus de création du Droit, si elle est tombée dans l'erreur de lui attribuer le caractère de fonction simple déclarative, c'est parce qu'elle n'a pas pris conscience de la fonction normative des décisions juridictionnelles…[1073] ».

À raison, la fonction du juge n'est pas simplement déclarative, car à cette œuvre juridictionnelle (dont la non-normativité n'est d'ailleurs pas considérée) se superpose l'œuvre jurisprudentielle. Cette dernière présente un juge artisan de la règle de Droit.

La particularité majeure de l'œuvre de justice est qu'en dehors le cas des avis émis par le juge[1074], la décision de justice est d'effet impératif. Devant le juge judiciaire et pour les litiges opposant deux personnes physiques par la décision de justice, la partie ayant eu gain de cause peut immédiatement requérir les autorités pour l'exécution de la décision de justice quand la partie qui a succombé se révèle récalcitrante. En matière répressive, la condamnation du juge est exécutoire. Le juge administratif ne pouvait raisonnablement pas être dévêtu du pouvoir de prononcer des décisions non exécutoires, car ce serait remettre même en question l'opportunité de son existence.

Le juge administratif prend des décisions qui font grief. Ces décisions sont obligatoires et s'imposent à toutes les parties, dont l'administration. La décision du juge administratif est donc opposable à l'administration et la sanction dont elle est porteuse en est l'illustration.

2. La sanction

L'illustration du pouvoir de la décision du juge administratif sur les actes de l'administration est la sanction. Le recours contentieux contre

---

[1072] KELSEN (H), *Théorie pure du Droit*, op-cit, p. 74.

[1073] Ibid. p. 320.

[1074] MARTIN-LAPRADE (B), *Les « avis » contentieux*, AJDA 1988, 89.

l'administration peut donner lieu à la condamnation de cette dernière. Auquel cas, le juge a le pouvoir de prendre des sanctions contre l'administration.

Les sanctions types sont l'annulation et la réparation. L'annulation concerne l'acte administratif unilatéral. La sanction d'annulation est le pouvoir de faire sortir de l'ordonnancement juridique un acte unilatéral. Plus qu'une simple déclaration d'illégalité, elle rend l'acte inexistant. La réparation est le pouvoir donné au juge de condamner pécuniairement l'administration[1075]. Le préjudice d'origine administrative peut ainsi être réparé par le biais de l'indemnisation. En condamnant ainsi l'administration, le juge prend à contre-pied celle-ci qui, à l'occasion du recours gracieux préalable, n'a pas satisfait la victime. Le juge administratif a ainsi le pouvoir de faire justice.

Le préjudice d'origine administrative peut ainsi être réparé par le biais de l'indemnisation. En condamnant ainsi l'administration, le juge prend à contre-pied celle-ci qui à l'occasion du recours gracieux n'a pas satisfait la victime. Le juge administratif a ainsi le pouvoir de faire justice.

Il peut infliger d'autres sanctions que sont la rectification et la réformation des décisions administratives[1076]. Ce pouvoir lui permet d'intervenir non plus seulement de l'extérieur, mais aussi d'intervenir à l'intérieur de l'acte querellé pour y opérer des retouches. Il a ainsi la prérogative de modifier les dispositions d'un acte décisoire. Les moyens de contraindre sont ajoutés à la contrainte pour conforter le devoir de l'administration d'exécuter les décisions du juge administratif.

B. Les voies de contrainte

Le juge administratif a le pouvoir de prendre des décisions qui obligent l'administration. Le fait en est que l'administration est soumise au contrôle de légalité, et c'est par ce canal que le juge administratif peut exercer la contrainte.

1. Le contrôle de légalité

La soumission de l'administration au Droit est assortie de contrôle. Ce dernier peut être interne, il est mis en œuvre par la voie du pouvoir hiérarchique. Le contrôle peut être externe, il est exercé par le juge. Ce dernier a le pouvoir de vérifier, à l'occasion de l'examen du recours contentieux, si l'administration s'est conformée au Droit.

Le contrôle juridictionnel de légalité est ainsi la prérogative donnée au juge administratif de jouer son rôle de veille, parce qu'il lui revient à cette occasion,

---

1075 Supra

1076 V. notamment le contentieux fiscal et celui des élections administratives.

de se prononcer sur ce que l'administration a eu ou non à se soumettre à la légalité.

En cas de non-respect du Droit, le juge a par la voie du recours qui lui est adressé, la possibilité de sanctionner l'administration en la condamnant à indemniser la victime ; ou en modifiant l'ordonnancement juridique. Cette modification sera soit l'annulation, soit la rectification ou la réformation de l'acte litigieux[1077].

Le contrôle de légalité est un moyen pour le juge d'effectivement assurer la soumission de l'administration au Droit[1078]. Le régime de responsabilité administrative sous domination prétorienne et le pouvoir du juge administratif de sanctionner l'administration par le biais du contrôle de légalité constituent des facteurs d'affirmation de l'autorité du juge administratif sur l'administration, et de l'obligation par la seconde de se soumettre aux décisions du premier.

2. Les suppléments de la contrainte

La décision de justice est par elle-même déjà exécutoire et l'administration doit s'y soumettre. Ceci signifie que la décision du juge administratif est par sa seule existence contraignante pour ses destinataires.

Il peut arriver que l'administration passe outre en ne respectant pas la décision de justice parce qu'elle ne s'est pas du tout conformée à la décision du juge, ou qu'elle ne l'a exécutée qu'en partie[1079]. Dans cette éventualité, les ordres juridiques ont eu à aménager un certain nombre de techniques constitutives de supplément de contrainte et devant amener l'administration à se plier au jugement. Des plus illustres, les avancées sur la question en France se sont matérialisées par l'octroi d'un pouvoir d'astreindre et d'enjoindre l'administration[1080]. Ces deux techniques renforcent les pouvoirs du juge administratif qui non seulement peut prendre des décisions contraignant l'administration, mais en plus a la possibilité de s'assurer que la décision prise est effectivement exécutée par l'autorité administrative.

La position de l'administration par rapport au juge ne prête nullement à équivoque. En l'exprimant expressément ou non, la doctrine après identification a constamment situé le juge au-dessus de l'administration. Cette classification tient d'une vérité irréfragable : la fonction du juge administratif consiste à dire et à faire le Droit. À cette occasion, il peut être amené à condamner l'administration. Le terme « condamner » est fort et à connotation répressive. Il exprime le pouvoir qui est celui du juge de prononcer des

---

[1077] Supra.
[1078] cf. GUETTIER (C), *La responsabilité administrative*, LGDJ, 1996 V. aussi FOULQUIER (N), *Les droits subjectifs des administrés*, LGDJ, 2003.
[1079] CS/CS, jugement n° 22 du 28 février 2002, Kon Abondo Gérard contre État du Cameroun.
[1080] Infra.

jugements allant à l'encontre de l'administration. Il revient à ce dernier de se soumettre auxdites décisions.

La hiérarchie des organes qui mobilise la pyramide des normes sert de fondement théorique à l'obligation pour l'administration d'exécuter les décisions du juge administratif. Le fondement pratique relatif à l'autorité de la chose jugée vient compléter cette obligation qui incombe à l'administration.

CHAPITRE 2 :

LE FONDEMENT PRATIQUE : L'AUTORITÉ DE LA CHOSE JUGÉE

Les décisions prises par les juridictions sont revêtues de l'autorité de la chose jugée. Les décisions du juge administratif n'en font pas exception. Qu'elles soient des décisions de fond, ou qu'elles soient prises en matière d'urgence, la décision du juge administratif a l'autorité de la chose jugée.

L'autorité de la chose jugée signifie que la décision juridictionnelle s'impose avec force de vérité légale[1081]. Faisant abstraction de ses conditions et en se contentant de son effet, l'autorité de la chose jugée s'apparente dans une certaine mesure à l'autorité de la chose décidée. Pour cette seconde notion, le doyen VEDEL représentant les règles essentielles qui dominaient l'activité administrative s'intéressait au privilège de la décision exécutoire pour identifier et initier la théorie de l'autorité de la chose décidée[1082]. La chose décidée a une autorité ; celle de la force juridique des décisions exécutoires car, l'administration a le pouvoir de prendre des actes qui s'imposent à leurs destinataires[1083].

La décision du juge administratif jouit de la même autorité, et même si elle a son mode de constitution propre (Section 1) et une portée aux éléments singuliers (Section 2), il demeure qu'elle est la force irréfragable de la décision du juge administratif.

Section 1 : La constitution de l'autorité de chose jugée

L'effet fondamental de la décision du juge est son opposabilité. L'implication en est que la décision de justice doit être exécutée. Les parties sont donc obligées de s'y conformer. L'autorité de la chose jugée ne concerne que les décisions de justice devenues définitives.

La constitution de l'autorité de la chose jugée concerne ses conditions. Il s'agit des facteurs par lesquels ladite autorité est impliquée (Paragraphe 2) et des vecteurs qui sont davantage les modalités de constitution de l'autorité de la chose jugée (Paragraphe 1).

1081 PEISER (G), *Contentieux administratif*, 10e éd. DALLOZ 1997, p. 195.

1082 EISENMANN (C), *Cours de Droit administratif*, tome 2 LGDJ, Paris, 1983, p. 753.

1083 VEDEL (G), Droit administratif, Collection Thémis, tome1, 1958, notamment p. 33 ; p. 110.

Paragraphe 1 : Les vecteurs de l'autorité de la chose jugée

Par vecteurs, il faut entendre les voies par lesquelles une décision du juge administratif acquiert la valeur d'autorité de la chose jugée. De prime abord, il est nécessaire que l'affaire ait été jugée, car une espèce en cours de jugement ne peut être revêtue de la force de la chose jugée. L'autorité de la chose jugée n'est constituée que pour les décisions de justice définitive (B). Elle l'est par le jeu de délai (A) même si cette dernière condition est parfois relative.

A. La condition des délais

L'autorité de la chose jugée confère à la décision de justice une opposabilité. Cette autorité s'acquiert à certaines conditions dont celle des délais.

1. Le cadre temporel

Cet aspect est souvent occulté et pourtant, il y a une dimension temporelle dans l'autorité de la chose jugée. En effet, cette autorité n'est acquise que pour les arrêts et les jugements devenus définitifs.

Deux conditions alternatives servent de facteurs de détermination du caractère définitif d'une décision de justice. L'une d'elles est l'épuisement des voies de recours. Il n'y a pas mise en jeu des délais à ce niveau, dans la mesure où en cas d'inexistence d'autres possibilités de faire recours, la décision issue de l'appel ou de la cassation ne peut qu'être exécutée.

L'autre élément qui, lui, intègre les délais concerne la décision du juge administratif encore susceptible de recours[1084]. Il s'agit globalement des jugements et dans une certaine mesure des arrêts de la Chambre administrative rendus en appel.

Le délai pour former appel est de quinze jours à compter du lendemain de la modification de la décision de la juridiction inférieure. Passés quinze jours, tout recours est frappé de forclusion. Ainsi, après la notification de la décision susceptible de recours, celle-ci ne devient pas immédiatement opposable et n'est donc pas encore revêtue de l'autorité de la chose jugée. C'est à compter de quinze jours après la notification que ladite décision de justice devient opposable. Ce délai est le même pour les pourvois formés contre les décisions de référé administratif et de sursis à exécution[1085] prises par le Tribunal administratif. Il faut mentionner que la condition de délai peut être contournée.

[1084] Art. 73 de la loi n° 2006/016 du 29 décembre 2006 fixant l'organisation et le fonctionnement de la Cour suprême.

[1085] Ibid. Art. 108 et 111 (2).

2. La dérogation

La condition de délai ne rentre pas en jeu en cas d'irrévocabilité, c'est-à-dire lorsque les voies de recours sont épuisées. Cette condition s'attache spécifiquement aux décisions de justice susceptibles de recours. En effet, la règle veut que, passé un délai, la décision de justice acquière autorité de la chose jugée. Cette règle est fondée sur le principe des droits acquis qui est une exigence élémentaire de sécurité juridique[1086]. Ainsi, dès qu'une décision de justice a définitivement créé des droits et des obligations, il est normal qu'elle soit opposable.

Il y a néanmoins une dérogation qui autorise le juge à réviser un jugement ayant acquis l'autorité de la chose jugée. Infime, cette hypothèse porte dérogation parce qu'elle présente la possibilité d'attaquer l'autorité de la chose jugée des décisions juridictionnelles définitives. Il est stipulé que « tout acte juridictionnel des juridictions inférieures devenu définitif et entaché de violation de la loi peut être déféré à la Cour suprême par le procureur général près de ladite cour[1087] ». Ce type de recours n'est mis en action que par le seul procureur général de la Cour suprême et dans le seul intérêt de la loi[1088].

Le principe est que ce pourvoi en cassation ne produit pas d'effet pour les parties. Mais, « sur ordre du ministre de la Justice, la cassation intervenue à la suite d'un tel pourvoi produit effet à l'égard de toutes les parties[1089] ». Autant l'autorité de la chose jugée a des similitudes avec l'autorité de la chose décidée, autant cette dérogation dans « l'intérêt de la loi » a quelque rapport avec la nullité d'ordre public des actes administratifs. Il s'agit pour ces deux derniers de sauvegarder l'intérêt suprême de la loi, quitte à entamer des droits (mal) acquis.

B. La décision de justice définitive

Seule la décision de justice définitive revêt l'autorité de la chose jugée. Cette décision acquiert cette protection et cette force suivant des modalités différentes liées au degré de l'instance juridictionnelle.

- **La décision rendue par l'instance inférieure**

Les décisions de justice du Tribunal administratif sont revêtues de l'autorité de la chose jugée. Pour ce faire, il faut au préalable que le juge ait eu à prononcer la décision du Tribunal sur le cas concerné. Il est ensuite nécessaire que les délais de recours aient expiré. Ce délai est de quinze jours à compter du lendemain de la notification du jugement[1090]. Il s'agit ici de

[1086] CS/CA, jugement n° 22 du 25 janvier 1990, Zangue Pius contre État du Cameroun.
[1087] Art. 36 de la loi n° 2006/016
[1088] Idem.
[1089] Ibid.
[1090] Ibid. Art. 73.

l'autorité de la chose jugée acquise par l'impossibilité de faire recours du fait de l'expiration des délais.

- **La décision rendue par l'instance supérieure**

Les décisions de justice rendues par la Chambre administrative sont revêtues de l'autorité de la chose jugée parce que toutes les voies de recours sont expirées. Après avoir statué en appel ou sur un pourvoi en cassation, la décision prise par le juge est réputée définitive. Cela a pour implication qu'elle devient exécutoire et ne peut plus faire l'objet d'autres recours, car toutes les voies de recours sont épuisées. C'est l'autorité de la chose jugée acquise par épuisement des voies de recours.

Au-delà du critère lié au caractère définitif des jugements et arrêts ainsi que du critère établi en la condition de délai, l'autorité de la chose jugée est fonction d'un certain nombre d'éléments qui l'identifient et l'expriment.

Paragraphe 2 : Les facteurs de l'autorité de la chose jugée

Le régime général de l'autorité de la chose jugée a été résumé par l'article 1351 du Code civil comme étant relatif à l'objet du jugement, à la cause et aux parties. Le discriminant qui apparaît à ce niveau est celui de l'identité qui concerne autant les parties au procès (A) que l'objet et la cause sur lesquels il a été statué (B).

A. L'identité des parties

L'autorité de la chose jugée est relative à certains facteurs dont fait partie l'identité des parties. Il s'agit de toutes les parties justiciables. Cela signifie que le ministère public (partie jointe) et le collège de juges ne sont pas concernés par la condition de l'identité des parties.

1. Les principales parties au procès

Le demandeur et le défendeur sont les principales parties au procès. Cette condition davantage rattachée à l'autorité relative de la chose jugée implique que toute décision juridictionnelle fasse grief à l'endroit du demandeur et du défendeur. Ceux-ci doivent la considérer comme ayant une force probante dans le contentieux les opposant.

Par voie de conséquence, l'une des deux parties ne peut plus refuser de se conformer à la décision du juge, mais surtout, tout autre recours contentieux[1091] qui oppose les mêmes parties pour ladite cause ne peut être examiné au fond. Le fait en est que le juge a eu au préalable à statuer à

[1091] Sous réserve des autres facteurs de détermination de l'autorité de chose jugée que sont l'objet et la cause

l'occasion du même litige opposant ces mêmes parties et qu'il ne doit donc plus en connaître.

L'autre côté de l'identité des parties est que ce facteur présent parmi les autres[1092] conduit tout juge à considérer que l'affaire a déjà eu à être tranchée et qu'il faut simplement en tirer les conséquences. Cette hypothèse est par exemple celle d'un contentieux sur lequel le juge judiciaire a eu à se prononcer et dans lequel les parties à l'instance sont les mêmes que celles qui saisissent le juge administratif. L'hypothèse tient également dans le même ordre juridictionnel quand une instance a déjà eu à connaitre de la même affaire opposant les mêmes parties. Le cas du jugement Société civile immobilière NGANKEU[1093] est à relever. Le litige opposait ladite société à l'État du Cameroun et à la Société civile immobilière du Centre. Il s'agissait d'un litige foncier pour lequel la Chambre administrative avait eu à trancher en défaveur du requérant en 1991[1094], position confirmée par L'Assemblée plénière en 1994[1095]. Le même requérant a, à maintes reprises, voulu faire réexaminer la même affaire en 1996 devant le même ordre juridictionnel et devant le juge judiciaire contre les mêmes défendeurs. En l'espèce, l'autorité de la chose jugée invoquée par la défense n'a pas été retenue parce que le recours contentieux ne pouvait être examiné au fond car « irrecevable pour recours gracieux vicié ».

2. Les tiers intervenants

Le recours contentieux tel qu'il est introduit oppose le demandeur au défendeur. Il arrive que des intervenants recevables surgissent. Forcés ou volontaires, ces intervenants ont la particularité de greffer au procès des tiers qui n'étaient pas parties au procès initial.

Par le biais des interventions, les tiers qui, à l'introduction du recours contentieux, n'étaient pas liés en deviennent parties soit du côté du demandeur, soit du côté du défendeur. Liés à l'affaire par le moyen de l'intervention, les intervenants au procès sont directement concernés par l'autorité de la chose jugée au même titre que les demandeurs et défendeurs primaires.

La règle de l'identité des parties induit que la chose jugée n'est opposable qu'aux parties à l'instance juridictionnelle[1096]. Cette implication ne s'applique pas quand l'autorité de la chose jugée est absolue. Dans ce dernier cas, la chose jugée est opposable à toutes les personnes intéressées. Et ces personnes

---

[1092] *Infra.*

[1093] *CS/CA, jugement n° 122 du 9 AOÜT 2006 ? Société civile immobilière Ngankeu contre État du Cameroun (Minuh) et SCI du Centre (Georges Kyriakides).*

[1094] *CS/CA, jugement n° 84 du 28 février 1991.*

[1095] *CS/AP, Arrêt n° 635 du 18 août 1994.*

[1096] BINYOUM (J), *Droit administratif*, cours polycopié, Université de Yaoundé, (S-D), p. 245.

peuvent s'en prévaloir[1097]. Hormis l'identité des parties, l'identité d'objet et l'identité de cause constituent également des facteurs de détermination de l'autorité de la chose jugée.

B. L'identité d'objet et de cause

Les conditions d'objet et de cause qui sont indiquées dans l'article 1351 du Code civil ont été reprises par le juge camerounais dans la détermination de l'autorité de la chose jugée.

1. L'identité d'objet

L'objet se rapporte à la réclamation. Le juge est saisi par voie de recours qui est une requête dans laquelle le demandeur émet des réclamations. Ces réclamations peuvent être greffées par celle des intervenants. Le recours peut porter sur une réclamation unique ou sur plusieurs réclamations. L'ensemble des réclamations constitue l'objet du recours.

La condition d'identité d'objet signifie qu'un recours contentieux est irrecevable s'il a pour but ultime des réclamations ayant déjà fait l'objet d'une autre décision de justice. Le juge ayant statué sur l'objet dont il est à nouveau saisi, les voies de recours étant épuisées ou les délais ne permettant plus d'y statuer à nouveau, la demande de jugement de l'affaire ayant le même objet est alors irrecevable[1098]. Cette conséquence est la même s'agissant de la cause.

2. L'identité de cause

La cause est le fondement de la requête, c'est-à-dire l'élément ou l'ensemble d'éléments qui justifient le recours. Il y a un lien étroit entre l'objet et la cause parce que ce que recherche le requérant (objet) tient des circonstances ayant généré le litige. Il peut s'agir d'éléments factuels comme d'un acte administratif. Ce fait générateur du préjudice le fonde à porter sa réclamation devant le juge administratif.

Comme pour l'objet, l'identité de cause entraine l'irrecevabilité du nouveau recours, le juge ayant déjà statué dessus. Exemple peut être pris du jugement AMENCHI Martin[1099]. Dans l'espèce, le sieur AMENCHI a été révoqué du corps de la sureté nationale en 1981. Il a intenté une action devant le juge administratif qui a annulé l'acte de révocation pour vice de forme. Le conseil de discipline non requis jusqu'alors est constitué pour rectifier le vice de forme. Par un autre acte, mais sur les mêmes motifs, le sieur AMENCHI est à nouveau révoqué en 1987. Ce dernier saisit alors le juge administratif qui décida que la décision du juge de céans en 1983 emportait annulation de la

[1097] Infra.
[1098] CS/CA, jugement n° 31 du 28 septembre 1978, Ndougsa Bernard contre État du Cameroun.
[1099] CS/CA, jugement n° 88 du 30 juin 2004, Amenchi Martin contre État du Cameroun.

révocation, et que le Sieur AMENCHI ne pouvait plus être révoqué pour les mêmes motifs, c'est-à-dire ici pour les mêmes causes.

Les conditions que pose l'article 1351 du Code civil ont été reçues par le juge administratif[1100] qui consacre pour l'autorité de la chose jugée l'exigence de la triple identité de partie, de cause et d'objet. Ces conditions impératives sont cumulatives. L'autorité de la chose jugée étant constituée, la décision de justice acquiert une force exécutoire, car elle doit dès lors être observée.

Section 2 : Les implications de l'autorité de la chose jugée

La décision de justice devenue définitive est revêtue de l'autorité de la chose jugée. Il en découle qu'elle acquiert une force impérative, elle devient obligatoire. Cette obligation a un aspect subjectif (Paragraphe I), quant à ses destinataires et un aspect matériel (Paragraphe II) quant à son contenu.

Paragraphe 1 : L'aspect subjectif

La chose jugée est opposable. Elle s'impose aux parties au procès et même au-delà d'elles (A). La particularité au niveau de l'aspect subjectif de la chose jugée est son opposabilité aux autorités (B) qui, quelle que soit leur nature, sont obligées par la décision de justice, dès qu'elles sont concernées par elle.

A. L'imposition aux parties

La sphère individuelle de l'autorité de la chose jugée permet de déterminer l'effectivité de ladite autorité, mais aussi de la qualifier. Pour la détermination de l'effectivité de l'autorité de la chose jugée, la sphère individuelle dont il est question est celle de la triple identité de partie, de cause et d'objet, constituant les exigences de détermination de la chose jugée. Pour la qualification, la sphère individuelle amène à distinguer l'autorité relative de l'autorité absolue de la chose jugée.

1. L'autorité relative de chose jugée

La force obligatoire de la décision de justice est dite relative quand celle-ci ne concerne que les parties au procès. Cette conception restrictive est d'origine civiliste[1101], car l'autorité de la chose jugée telle qu'elle y est appréhendée est d'abord constituée et appliquée « entre les mêmes parties ».

En contentieux administratif, le principe est que l'autorité de la chose jugée est relative parce que, telle que conçue, la décision de justice est toujours la

[1100] CFJ/CAY, Arrêt n° 42 du 30 avril 1968, Ekwalla Edoube Eyango Stéphane contre État fédéré du Cameroun Oriental ; CFJ/CAY, arrêt n° 104 du 27 janvier 1970, Tchoumba Ngouankeu Isaac contre État fédéré du Cameroun Oriental.
[1101] Art. 1351C Civ.

résultante d'un litige qui oppose des parties bien précises et connues. Ces dernières en faisant prévaloir leurs moyens, le font en rapport avec leurs intérêts à agir. Or, l'intérêt est personnel, c'est le gain que toute partie escompte d'un jugement. La décision de justice ne devrait donc n'être que la loi des parties.

Le critère généralement arrêté pour déterminer le caractère relatif de la chose jugée est la sphère des effets de la décision de justice sur les parties en particulier, et sur les justiciables de manière large. Le moyen de la détermination est alors l'opération de distinction des contentieux[1102]. La principale distinction est celle de contentieux objectif et de contentieux subjectif. À partir de la « subjectivation » du contentieux administratif, le procès est réellement considéré comme opposant les parties en présence qui seront par ailleurs les seules à pouvoir se prévaloir de la décision de justice. Le fait en est que les décisions de justice pour lesquelles le recours était de plein contentieux sont considérées comme étant revêtues de l'autorité relative de la chose jugée. Il est en effet inimaginable que la condamnation pécuniaire (indemnisation) de l'administration profite à ceux qui n'en ont pas fait la demande.

2. L'autorité absolue de la chose jugée

La démarche arrêtée pour l'identification de l'autorité relative de la chose jugée est la même qu'ici. Eu égard à la sphère individuelle qui, en termes d'effet, présente une décision de justice débordant le cadre des seules parties, l'autorité absolue se rattache particulièrement à l'annulation.

Le contentieux de l'excès de pouvoir ou de l'annulation se caractérise par le fait que la décision d'annulation juridictionnelle fait sortir l'acte administratif de l'ordonnancement juridique. En intentant le recours, l'intérêt à agir du requérant est bien personnel, mais l'annulation de l'acte administratif est une sortie de vigueur (rétroactive) de cet acte, ce qui implique qu'il ne peut pas avoir d'effet pour le seul recourant. Quand le juge annule l'acte administratif, l'annulation dont il s'agit s'étend à « toutes les parties intéressées ». La conséquence en est que les parties au procès ne peuvent pas à elles seules s'en réclamer : c'est l'autorité absolue de la chose jugée.

Des atténuations existent néanmoins à la rigidité de la distinction entre autorité relative et autorité absolue de la chose jugée. En Droit privé en particulier, l'exception de relativité de la chose permet aux tiers de se prévaloir des effets d'un jugement pour lequel ils n'étaient pas parties.

En Droit administratif, la question de l'autorité absolue de la chose jugée ne fait pas de doute quant à l'annulation d'actes réglementaires par rapport à

1102 PEISER (G), Contentieux administratif, 10e éd. Dalloz 1997, GUETTIER (C), « chose jugée », J-Cl. Adm, fasc. 1110.

l'annulation de décisions individuelles. Quand cette autorité est relative, la décision individuelle et celle pluri-individuelle annulées ne devraient avoir d'effet que pour les parties au procès. Il a même été vu dans l'affaire Ambassa Biayi[1103] que le juge saisi en annulation d'un arrêté mettant en débet plusieurs personnes, l'a annulé pour vice de forme, précisant que les effets de cette annulation portent sur le seul requérant.

Parties ou non au procès, la décision de justice s'applique également aux autorités publiques par le fait de l'autorité de la chose jugée.

B. L'imposition aux autorités publiques

La décision du juge (administratif) a vocation à être exécutée. D'ailleurs, le procès administratif met en opposition deux principales parties et l'administration en est l'une. Elle doit se plier à la décision du juge. Cette décision est également opposable aux autorités de justice prises dans leur globalité.

1. Aux autorités de justice

Il s'agit en premier lieu du juge. La décision définitive du juge s'impose au juge. Bénéficiant d'une présomption de vérité légale, une décision de justice définitive ne doit plus être remise en jugement. Le juge qui a prononcé le jugement en est lié de même que tout autre juge[1104] de tout ordre juridictionnel. Cela ne signifie pas que par la chose jugée est instituée une sorte d'arrêt de règlements[1105], car le précédent n'oblige pas le juge qui conserve son pouvoir d'appréciation qu'il exerce en respectant l'inviolabilité des décisions juridictionnelles définitives.

Le juge judiciaire est lié par la décision définitive du juge administratif ; c'est le cas quand le juge administratif a eu à statuer sur l'illégalité d'un acte administratif par la voie de l'exception préjudicielle. Le juge administratif est également tenu de respecter la chose jugée au Judiciaire[1106]. La seule exception qui existe est la possibilité du pourvoi en cassation ouverte au procureur général près la Cour suprême « dans le seul intérêt de la loi ». Ce pourvoi ouvert contre les actes juridictionnels des juridictions inférieures (ici les tribunaux administratifs) devenus définitifs et entachés de violation de la

[1103] CS/CA, jugement n° 56 du 31 juillet 1980, Ambassa Biayi Jean Marie contre État du Cameroun.
[1104] BINYOUM (J), *Droit administratif*, op.cit., p. 246.
[1105] GOHIN (O), *Contentieux administratif*, op.cit., p. 309.
[1106] CS/CA, jugement n° 122 du 09 août 2006, Société Civile Immobilière NGANKEU contre État du Cameroun et SCI du Centre (Georges KYRIAKIDES), op.cit. cft BINYOUM (J), op.cit.

loi ne produit d'effet pour les parties que sur ordre du ministre de la Justice[1107], sauf en matière pénale[1108].

La décision de justice définitive s'impose en second lieu aux auxiliaires de justice. Ces derniers qui ont pour mission générale de participer à la bonne administration de la justice peuvent être requis pour l'application d'une décision juridictionnelle. Les huissiers, avocats, notaires et autres auxiliaires de justice sont obligés d'exécuter ou d'apporter leur concours à l'exécution de la décision de justice du moment qu'ils en sont requis.

2. Aux autorités administratives

La chose jugée s'impose aux autorités administratives intéressées. Quand elles sont parties au procès, elles doivent se plier à la décision de justice et l'exécuter. Ainsi, l'administration est tenue de se conformer à l'autorité de la chose jugée en exécutant intégralement la décision de justice.

Le juge administratif s'est notamment positionné dans ce sens dans l'un des considérants de l'affaire Claude HALLE. « Considérant que les actes par lesquels l'administration viole la chose jugée sont entachés d'excès de pouvoir et encourent l'annulation pour avoir méconnu l'autorité de la chose jugée...[1109] ».

La décision de justice définitive s'impose donc à l'administration quand elle est partie au procès[1110], c'est aussi le cas quand elle n'est qu'intéressée. L'hypothèse principale de l'administration, partie intéressée, est celle où elle est appelée à apporter son concours à l'exécution de la décision de justice. Ce cas est particulièrement celui du concours de la force publique à l'exécution des jugements tels que déterminés par la jurisprudence Couitéas[1111]. Cette décision de justice relative à la condamnation du refus du concours de la force publique et reprise par la doctrine[1112] exprime bien que l'autorité administrative peut être condamnée quand elle ne se plie pas face à l'autorité de la chose jugée.

L'exemple simple est celui d'un contentieux opposant des acquéreurs d'un même immeuble non encore immatriculé. L'administration ne pourra délivrer de titre foncier qu'à celui qui aura eu gain de cause devant le juge. L'autorité

[1107] Art. 36 de la loi n° 2006/016, précitée.

[1108] En matière pénale, le pourvoi bénéficie d'office à la partie qui avait été définitivement condamnée.

[1109] CFJ/CAY, arrêt n° 105 du 8 décembre 1970, Claude Halle contre État du Cameroun Oriental.

[1110] CS/CA, Arrêt n° 7 du 25 novembre 1976, Atangana Valentin contre État du Cameroun.

[1111] CE, 30 novembre 1923, Couitéas, S 1923, 3, 57, concl. Note M. HAURIOU.

[1112] ANDRIANTSIMBAZOVINA (J), « Quel avenir pour la jurisprudence Couiteas ? », DA 1998, chron. N° 17.

de la chose jugée a également une dimension matérielle qui concerne le contenu de la décision du juge administratif.

Paragraphe 2 : L'aspect matériel

À la dimension subjective relative aux parties concernées par la décision de justice définitive se superpose une autre qui est objective. Cette dimension objective est celle qui concerne directement tout le fond de la décision du juge qui est opposable (A). Il reste que le principe de l'effet de la décision revêtue de l'autorité de la chose jugée peut matériellement être dilué par le juge (B).

A. La protection du contenu de la décision de justice

L'autorité de la chose jugée est l'attribut de la décision de justice définitive. Par elle, cette décision devient opposable aux parties au procès. L'opposabilité dont il est question a un aspect matériel qui est l'inclination face au contenu de la décision dont le principe est bien repris dans l'affaire Claude Halle.

1. L'affaire Claude HALLE

La Cour Fédérale de Justice a eu l'opportunité de statuer de façon intéressante sur l'autorité de la chose jugée dans l'affaire Claude HALLE[1113]. En l'espèce, le requérant est irrégulièrement imposé. Il forme un recours devant le juge administratif en se fondant sur l'illégalité d'un article du rôle dont l'auteur est le trésorier payeur de Douala. Le juge en son arrêt n° 212 du 29 septembre 1962 annule alors le rôle à cause dudit article. En réaction, l'administration revient plusieurs mois après sur sa décision en la modifiant tout en la conservant.

« Considérant que les actes par lesquels l'administration viole la chose jugée sont entachés d'excès de pouvoir et encourent l'annulation pour avoir méconnu l'autorité de la chose jugée,

Que dans le cas d'espèce, la décision de refus du trésorier payeur de Douala fondée sur un article de rôle régulièrement annulé par arrêt devenu définitif viole l'autorité de la chose jugée dudit arrêt n° 212 du 29 septembre 1962 ; qu'elle encourt par la suite l'annulation…

Y faisant droit, annule la décision de refus du trésorier payeur de Douala… »

Dans cette affaire, il est consacré que l'administration ne peut, en modifiant la partie litigieuse de la décision annulée par le juge, rendre la décision régulière sous peine de violer l'autorité de la chose jugée. Ainsi,

---

[1113] CFJ/CAY, arrêt n° 105 du 8 décembre 1970, Claude HALLE contre État du Cameroun Oriental

l'administration doit intégralement mettre en exécution la décision de justice. Dans son contenu, la décision du juge est constituée d'un ou plusieurs points de jugements. En vertu d'une exigence d'intégralité, ses destinataires, quels qu'ils soient n'ont aucunement le loisir d'effectuer des choix ; ils doivent se soumettre à la décision de justice dans son intégralité.

2. L'exigence de l'exécution intégrale

La décision de justice, comme nous l'avons déjà dit, est constituée d'un ou plusieurs points de jugements. Ceux-ci sont fonction de l'ensemble des demandes formulées par les parties et de la position du juge. Le juge doit en effet se prononcer sur chaque élément de la demande de telle sorte que sa décision puisse avoir plusieurs branches. Un requérant peut en effet demander à la fois l'annulation d'un acte administratif unilatéral et la condamnation pécuniaire de l'administration pour les dommages subis. Ce cas de figure requiert du juge une intervention dans deux branches pour le même jugement à savoir : l'annulation et l'indemnisation.

L'ensemble des points sur lesquels le juge a statué constitue la décision de justice. Elle interpelle ses destinataires dans sa totalité, car elle est intégralement opposable. Le juge détient néanmoins quelques pouvoirs de modulation dans l'orientation du sens de sa décision.

B. Le pouvoir de modulation du juge administratif

Le juge administratif détient un pouvoir dans la modulation de la décision de justice quant à ses effets. Quoiqu'infime, ce pouvoir est tout de même significatif dans la mesure où il introduit des dérogations à l'autorité de la chose jugée.

L'une des possibilités à lui offertes est de déterminer les cibles de sa décision dans l'excès de pouvoir. Il a été vu que le principe pour les recours en excès de pouvoir est que l'autorité de la chose jugée est absolue. L'effet de la décision de justice déborde le cadre strict des parties au procès et s'étend à toute personne intéressée.

L'application de la modulation a été effectuée dans l'affaire Ambassa Biayi[1114] dans laquelle, l'effet du recours pour excès de pouvoir contre un acte décisoire collectif n'a été retenu que pour le seul requérant.

L'annulation pour excès de pouvoir est rétroactive. La décision définitive a donc cet effet. En France, la prise en considération des conséquences difficiles de certaines annulations a conduit le Conseil d'État à revirer partiellement sa jurisprudence. Il a été admis que le juge peut moduler dans le temps les conséquences manifestement excessives de certaines annulations

[1114] CS/CA, jugement n° 54 du 31 juillet 1980, Ambassa Biayi Jean-Marie, opcit.

rétroactives[1115]. De même, à partir des jurisprudences Rodiere et Veron-Réville, le Conseil d'État s'est autorisé à indiquer « précisément à l'administration la marche à suivre quant aux effets de ses annulations contentieuses[1116] ».

Le Professeur GOHIN qualifie ces modulations d'exception de la chose jugée[1117] fort à propos, dans la mesure où elles sont des dérogations aux principes classiques de l'autorité de la chose jugée. Pour autant, elles ne destituent pas la force probante de la décision de justice, mais en aménagent les effets.

L'autorité de la chose jugée est acquise pour les décisions de justice devenues définitives. Le caractère définitif est déduit soit lorsque les voies de recours sont épuisées, ou lorsque les délais de recours ont expiré. La décision de justice revêtue de l'autorité de la chose jugée est opposable.

Par l'autorité de la chose jugée, la décision de justice devient exécutoire. L'effet en est que les parties intéressées par la décision du juge administratif doivent se plier dès que la décision devient définitive. Ainsi, les personnes privées de même que l'administration sont soumises à l'acte juridictionnel définitif du fait de l'autorité de la chose jugée. Au final, par l'autorité de la chose jugée, les parties concernées dont l'administration sont astreintes à l'obligation d'exécuter la décision rendue par le juge administratif.

[1115] CE Ass, 11 mai 2004, Association AC ! et autres : RFDA 2004, 454, Concl, DEVYS.
[1116] GOHIN (O), *Contentieux administratif*, op.cit., p. 309.
[1117] Ibid.

CONCLUSION DU TITRE

Les décisions du juge administratif doivent être exécutées par leurs destinataires. Si le problème ne se pose pas réellement quant à l'obligation pour les personnes privées de s'incliner devant la décision du juge, la situation semble plus complexe quant à l'administration. Le fait est que cette dernière jouit d'un ensemble de pouvoirs et que la délicatesse et l'étendue de ses prérogatives tendent à la situer à un niveau autre que celui dans lequel se situent les simples justiciables. En réalité, les justiciables sont tous égaux et le juge est au-dessus de l'autorité administrative.

Les bases de la force probante de la décision du juge (administratif) sur l'administration sont duales. D'abord, celle dite théorique qui représente une hiérarchie des organes et des normes. À travers elle, l'administration est conçue comme étant un organe dont les autorités et les actes sont sous l'autorité de la justice. Et ensuite, l'organe juridictionnel voit ses décisions revêtues de l'autorité de la chose jugée, ce qui est la base ou le fondement dit pratique de l'obligation pour l'administration d'exécuter la décision de justice. Dès lors que la décision du juge administratif est devenue définitive, elle doit être exécutée par l'administration. Mais le problème est qu'il existe justement des difficultés dans l'exécution des décisions du juge administratif qui peuvent difficilement être contournées.

TITRE II

LES DIFFICULTÉS DE L'EXÉCUTION

La hiérarchie des normes et des organes met la juridiction au-dessus de l'administration. De surcroit, parce qu'elles sont revêtues de l'autorité de la chose jugée, les décisions du juge administratif s'imposent à l'administration. Il incombe donc à l'administration d'exécuter la décision de justice.

La question de l'exécution des décisions de justice par l'administration est délicate. Le principe tel qu'il est consacré est bien l'obligation pour elle de se plier à la décision de justice. Mais le fait est qu'elle jouit d'un certain nombre de privilèges qui font qu'il est difficile pour le juge de la contraindre, et ceci encore plus quand l'administration fait preuve de mauvaise foi ou d'insoumission face à la décision du juge. Cette question est traitée de diverses manières par les ordres juridiques qui tantôt renforcent les pouvoirs du juge sur la question de la contrainte, ou tantôt, laissent le juge sans moyens.

Dans l'ordonnancement juridique camerounais, il est visible que le législateur a porté son choix sur le confinement du juge[1118]. Pour autant, certains éléments plus ou moins convergents sont constitutifs de voies de contournement juridictionnel. Au raisonnement et à la prise en compte de quelques règles particulières, il est possible d'amener l'administration à exécuter la décision de justice. Pour autant, le problème de ces possibilités de contraintes juridictionnelles est qu'elles ne peuvent être réellement exprimées que si les justiciables, trop rapidement résignés, se font plus exigeants. Mais également, il est rendu nécessaire que le juge fasse acte de courage et d'inventivité. L'exécution des décisions de justice engage la nation et est un facteur de l'État de droit. En effet, un État soumis au Droit, c'est également un État respectueux des décisions de justice. L'administration, le législateur et le juge sont tous les trois concernés, car il en va de la crédibilité et de la viabilité d'un système juridique tout entier. Il sera ainsi tour à tour présenté d'abord les privilèges de protection de l'administration (Chapitre 1) et les voies de contournement juridictionnel (chapitre 2).

[1118] *Infra.*

CHAPITRE 1 :

LES PRIVILÈGES DE PROTECTION DE L'ADMINISTRATION

Le juge, qu'il soit judicaire ou administratif est dans une position fébrile quant à l'exécution de ses décisions par l'administration. Eu égard au fait que le juge est organiquement au-dessus de l'administration, et que sa décision est supérieure au règlement, il est normal que l'administration se plie et exécute la décision de justice. Surtout, l'autorité de la chose jugée qui est l'attribut de toute décision de justice devenue définitive la rend opposable. L'acte juridictionnel est ainsi conforté dans sa force obligatoire. Cela n'est pourtant pas suffisant puisque l'administration, de mauvaise foi, peut décider de passer outre la décision de justice[1119] quand cette même administration n'est pas surprotégée. Elle jouit en effet d'un ensemble de prérogatives qui protègent ses biens contre le juge (section 1), et qui la mettent également hors de portée des possibilités de contrainte du juge (Section 2).

Section 1 : Les privilèges de protection des biens de l'administration face au juge.

L'administration est propriétaire au même titre que les particuliers. Sa propriété est constituée de biens meubles et immeubles. Les biens domaniaux [1120]et le domaine public sont concernés. Les dépendances du domaine privé dans une certaine mesure et bien évidemment celles du domaine public font l'objet de protections exorbitantes. Ainsi, les biens en question sont par principe inaliénables, imprescriptibles et insaisissables[1121]. Ces protections limitent le juge tant dans la recevabilité de certaines demandes que dans la possibilité de contraindre l'administration sur ses biens (paragraphe 1). Cette protection s'étend à l'ouvrage public (paragraphe 2) qui jouit également des prérogatives de protection contre des « atteintes pouvant être portées par le juge ».

[1119] RIVERO (J), « le Huron au Palais-Royal, ou réflexions naïves sur le recours pour excès de pouvoir », D 1962, chron p. 37.

[1120] Domaine privé de l'administration.

[1121] Art. (2) de l'ordonnance n° 74/2 du 6 juillet 1974 fixant le régime domanial

Paragraphe 1 : La protection des biens publics

Le bien public est protégé par son inaliénabilité, imprescriptibilité et insaisissabilité. Il apparait de ces règles de protection que celle qui est entièrement relative au juge est la saisissabilité qu'il ne peut ordonner (A). La conséquence en est la limitation de la contrainte juridictionnelle quant aux biens publics (B).

A. La saisie interdite

Des protections qui sont celles des biens publics, l'insaisissabilité est la principale qui concerne le juge. Il lui est proscrit de prononcer cette condamnation, ce qui constitue pour l'administration un privilège de protection.

L'administration est propriétaire et gestionnaire des biens. Elle est propriétaire de biens rattachés à son domaine privé, et elle est gestionnaire de ceux du domaine public. La garantie d'insaisissabilité est octroyée aux dépendances du domaine public[1122]. Ce qui n'est pas le cas pour les biens domaniaux.

Des raisons de cette protection, il y a un aspect historique et un autre d'ordre théorique. Le premier nous situe à la période de la monarchie où les propriétés de la couronne ne pouvaient d'aucune manière subir les assauts du juge. Le second qui reste d'actualité est attaché au régime juridique du domaine public. Ce domaine a pour vocation d'être utilisé à des fins de satisfaction de l'utilité publique. Aussi, quand il n'est pas utilisé par un service public, il est directement affecté à l'usage direct du public. Cette finalité constituée par l'affectation[1123] de la dépendance du domaine public justifie que ce domaine fasse l'objet d'une telle garantie juridique.

Les biens des domaines privés des personnes morales de Droit public font l'objet de règles particulières quant à leur gestion. Mais ces règles ne sont pas rigides. Il s'agit davantage pour elles d'un conditionnement particulier. L'aliénation par exemple est sous condition, c'est-à-dire que la vocation de rentabilités dudit domaine conduit à limiter les dépossessions à perte.

Le juge n'est directement concerné que par l'insaisissabilité. Seuls les biens du domaine public sont insaisissables. Le domaine public est constitué de biens meubles et immeubles. Indifféremment de la nature du bien, dès lors qu'il appartient au domaine public, il ne peut faire l'objet d'aucune saisie : c'est l'effet de la protection.

[1122] Ibid.

[1123] DE LAUBADERE (A), « Domanialité publique, propriété administrative et affectation », RDP, 1950.

B. L'effet de la protection

En consacrant l'insaisissabilité du domaine public, le législateur a entendu le garantir contre toutes actions allant dans ce sens. Le juge ne peut ainsi ordonner qu'une saisie soit effectuée sur un bien meuble ou immeuble qui est incorporé au domaine public.

Quand un recours contentieux va dans le sens de demander au juge qu'il ordonne la saisie d'une dépendance du domaine public, le juge administratif ne pourra que se déclarer incompétent. Ainsi, un jugement initial ne peut normalement pas prononcer la saisie d'un bien du domaine public. Par ailleurs, la décision de justice devenue définitive et non exécutée par l'administration ne peut, au titre de l'exercice de la contrainte, donner lieu à une procédure de saisie sur le domaine public.

L'effet général de l'insaisissabilité est la consécration de l'exclusion de procédures juridictionnelles permettant d'obtenir de saisie sur des meubles corporels ou sur des biens incorporels. Le principe est donc qu'il n'y a pas de voie d'exception contre l'administration publique. Toutefois, s'agissant de l'insaisissabilité, seul le domaine public est expressément bénéficiaire de cette protection. L'ouvrage public est également protégé (paragraphe 2) contre les assauts du juge administratif.

Paragraphe 2 : La protection de l'ouvrage public

Le pouvoir du juge serait dans une certaine mesure limité quand le recours contentieux vise à porter atteinte à l'ouvrage public. La règle de protection y relative est celle de l'intangibilité de l'ouvrage public (A). Cette règle ancienne a évolué en Droit français, mais il faut s'attarder sur cette règle au Cameroun (B).

A. L'intangibilité de l'ouvrage public

L'ouvrage public peut être source de dommages. La saisine du juge pourrait donc être dirigée vers la réparation des dommages dont la suppression de l'ouvrage public constitue une éventualité. C'est à ce niveau que les pouvoirs du juge se trouvent limités en vertu de la règle de l'intangibilité.

1. Le Contenu de l'intangibilité

La construction de l'ouvrage public peut être fondée sur un acte illégal ou une procédure irrégulière. Cela peut être le cas d'une expropriation qui n'a pas été respectueuse des exigences de légalité. Cette expropriation de fait est en réalité une emprise ou une voie de fait selon les cas[1124]. Les dommages peuvent ainsi résulter de la construction d'un ouvrage sur une parcelle mal

---

[1124] Supra.

acquise, tout comme la construction régulière de l'ouvrage public peut de façon disproportionnée porter un préjudice aux immeubles voisins. Le dommage peut porter sur l'existence même de l'ouvrage public[1125], notamment sur le défaut d'entretien ou encore provenir des troubles résultant de l'activité de l'ouvrage public[1126].

La survenance de dommages attribués à l'ouvrage public peut donner lieu à l'ouverture du recours contentieux. Quand la demande du requérant vise la suppression de l'ouvrage public, le juge se retrouve limité par le principe d'intangibilité. De tradition, l'intangibilité de l'ouvrage public remonte à un vieil arrêt de 1853 qui a repris l'adage selon lequel « l'ouvrage public mal planté ne se détruit pas ».

L'intangibilité de l'ouvrage public limite ainsi les pouvoirs du juge. Même irrégulièrement implanté, le juge ne peut prononcer la suppression de l'ouvrage public. Comme quoi l'administration doit seule décider de se soumettre à la décision du juge. Dans le cas contraire, ne pouvant prononcer la suppression de l'ouvrage, le juge ne pourra se contenter que de condamner pécuniairement l'administration[1127]. Cela devait évoluer en France.

2. L'évolution en Droit français

Il est prétentieux d'affirmer que le Droit français a évolué à contresens, et que le principe d'intangibilité appartient désormais au passé[1128]. Ce qu'il faut noter est qu'il y a néanmoins tout au moins deux inflexions à la rigidité de la règle de l'intangibilité.

La première inflexion est l'œuvre du Conseil d'État dans l'arrêt Epoux Denard[1129]. Le juge a accepté de connaître d'un recours visant à faire supprimer une buse installée pour faciliter l'écoulement des eaux. La commune qui a installé ladite buse n'est pour autant pas condamnée parce que le motif invoqué par le maire pour justifier la construction de la buse n'était entaché d'aucune erreur manifeste d'appréciation. Ceci laisse envisager que la justification satisfaisante d'une implantation contestée aurait conduit à une probable suppression dudit d'ouvrage, puisque le juge avait même admis sa compétence à statuer sur le fond du litige.

La seconde inflexion est l'œuvre de la Cour de cassation dans l'affaire BAUDON de MONY[1130]. Le recours fait suite à l'édification d'un barrage électrique par E.D.F. sur des terrains privés. L'Assemblée plénière de la Cour

[1125] Ex :Troubles de jouissance affectant l'ensoleillement, la vue et l'environnement.

[1126] Nuisances olfactives et sonores, bruits permanents du passage de trains ou de véhicules…

[1127] AUBY (J- M), DUCOS-ADER (R), *Droit administratif*, Dalloz 1979, pp. 600-601.

[1128] Affirmation de TIENTCHEU NJIAKO(A), *Droits fonciers urbains au Cameroun*, PUA 2013, p. 395

[1129] CE, 19 avril 1991, Époux Denard

[1130] C. Cass-Ass, 6 janvier 1994, Arrêt Baudon de Mony.

de cassation a estimé que l'édification a fait suite à une procédure irrégulière d'expropriation.

Sans prononcer la suppression du barrage, le juge a refusé de reconnaître qu'il y avait eu expropriation, car l'irrégularité (expropriation de fait) de la procédure malgré les édifications intangibles ne légalise pas l'expropriation mal effectuée.

Le pouvoir d'enjoindre l'administration octroyé au juge par la loi française du 8 février 1995 est probablement l'élément déterminant pour fortement présumer de l'abandon inéluctable de la règle de l'intangibilité. La situation est beaucoup plus incertaine au Cameroun quant à ladite règle.

B. La posture du juge camerounais

La règle de l'intangibilité de l'ouvrage public est en France de consécration jurisprudentielle. Existe-t-elle au Cameroun ? C'est le pouvoir du juge face à l'ouvrage public mal planté qui est ici concerné.

1. L'incertitude

Dans leurs enseignements, les publicistes camerounais dispensant le Droit administratif des biens évoquent régulièrement l'intangibilité de l'ouvrage public. En le faisant, ils donnent à cette notion le même fond que celui déjà présenté, à savoir qu'elle constitue un privilège de protection de l'ouvrage public.

Quand des références sont données, ce sont celles relatives d'une part au vieil arrêt français de 1853, et d'autre part à l'adage selon lequel l'ouvrage public mal planté ne se détruit pas. Cette incorporation d'une technique de protection du bien public est néanmoins incertaine au Cameroun. La doctrine est une source d'inspiration et d'orientation du Droit, mais la règle de Droit n'est issue que de la législation ou de la jurisprudence. S'agissant de la règle de l'intangibilité, aucun texte législatif ou réglementaire ne tend à la consacrer au Cameroun. Les recherches effectuées au niveau de la production jurisprudentielle ont également été négatives. Il n'existe donc à ce stade de la recherche, aucun élément normatif qui permet d'affirmer avec fermeté que la règle de l'intangibilité est consacrée au Cameroun. Cela n'empêche pas que le juge soit limité quand un dommage est attribué de quelque manière à un ouvrage public.

2. L'anéantissement du juge

L'incertitude de l'existence de la règle de l'intangibilité de l'ouvrage public est avérée. Les instruments de consécration du Droit sont effectivement muets là-dessus ; du moins par rapport à une reconnaissance explicite de ladite règle.

Il reste que le juge est quasiment impuissant face à une situation dans laquelle un ouvrage public est mal planté où quand il crée un dommage grave à un administré. Le principe veut que le juge administratif ou judiciaire puisse indemniser, mais qu'il ne doive pas enjoindre l'administration[1131].

L'intangibilité de l'ouvrage public repose en effet sur plusieurs fondements dont l'un des plus importants est la règle selon laquelle le juge ne peut adresser d'injonction à l'administration, et un autre étant la primauté de l'intérêt général de l'ouvrage sur les intérêts des particuliers et sur toute considération de régularité juridique[1132]. Au moins ces deux considérations sont réelles au Cameroun. L'implication en est qu'il n'est pas possible au juge de faire droit à la demande d'un requérant visant la suppression d'un ouvrage public.

Il est vrai que ce cas est davantage une limitation dans la compétence de juger que dans celle de faire exécution, mais il est indéniable que dans l'hypothèse par exemple du recours en déclaration d'illégalité, le fait que l'administration n'en prenne pas acte et continue à édifier irrégulièrement un ouvrage public, le juge ne pourra aucunement le faire supprimer si on s'en tient aux facteurs d'anéantissement du pouvoir du juge. Ces privilèges de protection concernent également l'administration active.

Section 2 : Les privilèges de protection de l'administration active contre le juge

L'administration publique jouit de plusieurs privilèges d'ordre juridictionnel. Parmi eux se trouve l'effet non suspensif des recours qui est lui-même lié au bénéfice du préalable. Cet effet a pour inconvénient que le préjudice peut continuer d'être posé alors que le juge est en train d'examiner l'affaire. Il est alors possible que, le temps du procès, l'administration ait posé des actes irréversibles, comme la construction d'un ouvrage public. Au niveau de la contrainte juridictionnelle à exécuter la décision de justice, le juge jouit souvent de certains pouvoirs dont l'astreinte et le pouvoir d'enjoindre (paragraphe 1) sont les principales modalités qui sont malheureusement interdites par principe à l'encontre de l'administration. Le juge en fait une saine et constante application (paragraphe 2).

Paragraphe 1 : La protection contre les astreintes et l'injonction

Comme moyen pour garantir l'exécution des décisions de justice, il est octroyé au juge de nombreux pouvoirs. C'est le cas de la contrainte par corps, de l'astreinte et de l'injonction. Seules les deux dernières sont possibles contre

[1131] Infra.
[1132] AUBY (JM), DUCOS-ADER(R), *Droit administratif*, op.cit., p. 600. N° 439.

l'administration, mais alors, elles sont par principe interdites au Cameroun. La justification de l'interdiction dont il est question (A) relaie l'idée d'éviter d'outrepasser les fonctions et pouvoirs des organes de l'État. Le Droit positif spécifiquement camerounais consacre ainsi ces limitations du juge (B) ; l'administration n'en est que plus protégée.

A. Les Justifications de l'interdiction

C'est dans les bases théoriques du Droit public qu'il faut rechercher le fondement de l'interdiction d'enjoindre ou de prononcer des astreintes contre l'administration.

1. Les bases théoriques générales

Faisant abstraction de l'ordre juridique camerounais et se situant plus dans un contexte général, il apparait que deux facteurs se joignent et tiennent lieu d'explication de l'interdiction. Ces facteurs sont d'ordre historique et théorique.

C'est dans les pratiques de la période monarchique que se situe le lien historique de l'interdiction. L'administration est un corps d'exécutants de la volonté du monarque. Le monarque ne peut mal faire ; il est puissant et par conséquent, son administration aussi. Les administrations locales relevant de ses obligés sont aussi protégées du moment qu'elles reversent les impôts. De surcroit, la justice n'est pas libre ; elle est même retenue[1133]. En tout point, le juge était réellement limité dans sa charge.

L'autre fondement est d'ordre théorique, il s'agit de la séparation des pouvoirs. Cette théorie procède à une représentation de la distanciation des pouvoirs étatiques les uns vis-à-vis des autres. Trois pouvoirs sont institués. Chacun d'eux a une sphère d'intervention précise, ce qui rend bien distincts les pouvoirs en question[1134]. Aussi, il y a un impératif dans cette théorie de la séparation qui est l'autonomie. Cet impératif interdit à chacun des pouvoirs d'outrepasser ses fonctions et surtout de donner des ordres aux autres. Des assouplissements sont intervenus à ce niveau notamment en France où la législation offre certains moyens de contrainte au juge face à l'administration récalcitrante. À ce niveau au Cameroun, la législation n'a pas trop évolué.

2. Les justifications de l'interdiction au Cameroun

L'assimilationnisme colonial a eu tendance à reproduire dans les territoires sous occupation les réalités des États occidentaux. En matière juridique, le Cameroun a hérité des grands principes de l'ordre juridique français. La

---

[1133] SAUVEL (T), *« La justice retenue de 1806 à 1872 »*, RDP, 1970, 237 ; BENOIT (F.P), *« Les fondements de la justice administrative », in mélanges Marcel WALINE*, LGDJ, p. 283s.
[1134] TIMSIT(G), *« M. Le maudit. Relire Montesquieu » in mélanges René CHAPUS*, Montchrestien 1992, pp. 617-632.

communauté juridique créée n'était certes pas identique au Droit français du fait de certains facteurs tels que la règle de la spécialité législative[1135], mais il n'en demeure pas moins vrai que les États devenus indépendants consacrent tous l'existence de trois pouvoirs.

S'agissant spécifiquement des bases théoriques des limitations du pouvoir d'enjoindre l'administration et de prononcer des astreintes contre elle, il faut en dire que le fait d'éviter d'outrepasser la fonction de juger[1136] qui est le fondement là-bas, ne peut que l'être également ici. Les causes et les explications des tendances juridiques sont généralement les mêmes quoiqu'on soit en présence de deux ordres juridiques différents. Cela l'est davantage quand le système juridique est pareil, faisant paraître une communauté dite juridique[1137]. Cet état de choses est renforcé par l'existence d'interdictions normatives par lesquelles le juge camerounais est limité.

B. L'interdiction normative

Le Droit français a évolué sur la question des interdictions faites au juge de contraindre l'administration. La loi du 16 juillet 1980 relative aux astreintes prononcées en matière administrative et à l'exécution des jugements par les personnes morales de Droit public est intervenue pour déblayer le champ à l'injonction. Le Droit camerounais pour sa part n'a pas opéré une telle réforme.

1. L'absence de prescription

L'astreinte est une voie de contrainte exercée à l'encontre d'une personne récalcitrante en vue de l'amener à exécuter son obligation. Il s'agit d'une condamnation contre cette personne récalcitrante qui consiste au versement d'une somme d'argent qui augmente en fonction des jours de retard. En consacrant la possibilité d'y recourir contre l'administration par la loi du 16 juillet 1980, le législateur français donnait au juge le pouvoir de contraindre les personnes morales de Droit public. Cette réforme préparait l'introduction d'un pouvoir d'enjoindre l'administration. La loi initiée à cet effet devait être déclarée comme étant constitutionnelle par le Conseil Constitutionnel par sa décision en date du 2 février 1995[1138]. Assurément, l'intérêt de la réforme était supérieur à celui de conforter un effet de la séparation des pouvoirs néfastes pour les administrés. L'injonction est

1135 Supra.

1136 DE BECHILLON (D), « Le gouvernement des juges : une question à dissoudre » recueil Dalloz, 2002, chroniques p. 973.

1137 GONIDEC (P.F) « L'État et le Droit » in Encyclopédie juridique de l'Afrique, N.E.A, 1982, t. 1, p. 293

1138 CC 2 février 1995, organisation des juridictions et procédure civile, pénale et administrative, décision n° 95-360 Decl. Conf. Rec. Cons const. 195.

consacrée par la loi du 8 février 1995 instituant l'injonction juridictionnelle en cas d'inexécution de la chose jugée.

Le Droit positif camerounais n'a pour sa part introduit aucune disposition allant dans ce sens. Hormis le rare cas des mesures d'urgence[1139], le pouvoir d'enjoindre l'administration n'est accordé ni au juge administratif ni au juge judiciaire.

2. L'existence de proscription

L'État du Droit a évolué en hexagone et la doctrine s'en félicite. Une voix plutôt réservée sur la question est celle du professeur Olivier GOHIN. Cet universitaire établit le constat selon lequel le juge administratif est très timide et prudent, qu'il « s'estime encore mal assuré dans son autorité » pour enjoindre l'administration[1140]. Que le juge reste davantage dans la posture du refus de contraindre par astreinte[1141] et que ce constat s'observe dans les différentes juridictions[1142], quel que soit leur ordre juridictionnel.

Cette observation qui faisait état d'un reflux dans l'application du Droit est inopérante au Cameroun. La raison en est que la législation interdit de façon générale toute mesure de contrainte d'origine juridictionnelle contre l'administration. Ainsi, le magistrat qui intime des ordres ou des défenses à des autorités exécutives ou administratives est punissable de la détention de six mois à cinq ans[1143]. Étant donné que c'est par le moyen de l'injonction que l'astreinte est non seulement prononcée, mais également assurée ; sans pouvoir d'enjoindre, le magistrat est logiquement dépouillé de celui d'astreindre. Ces interdictions sont renforcées par leurs applications juridictionnelles par lesquelles le juge réaffirme sa limitation.

Paragraphe 2 : L'application juridictionnelle

Les textes interdisent au juge de donner des ordres à l'administration ; ce qui a un effet sur l'astreinte qui à son tour ne peut ni être décidée ni être imposée. Ces textes camerounais (différents de ceux communautaires) sont suivis par les juges dans leur office (A). D'ailleurs, l'inclination du juge fait l'objet de garanties juridiques (B) tenant à la sanction du juge par ses pairs.

A. L'alignement jurisprudentiel

De façon sous-jacente, comme le juge l'affirme des fois, enjoindre l'administration serait porter atteinte au respect de l'indépendance, car

---

1139 Infra.
1140 GOHIN (O), *Contentieux administratif*, op.cit, p. 317.
1141 Ibid., p. 321
1142 C. Cass. 1re Civ, 21 décembres 1987, BRGM contre société Lloyd Continental ; 11 juillet 1984, SNCF contre groupement régional des ASSEDIC de la région parisienne.
1143 Art. 126(b) C.P

l'administration est le « bras séculier de l'Exécutif dont l'activité est protégée par le principe de la séparation des pouvoirs[1144] ». Le juge a ainsi eu à affirmer son alignement sur l'interdiction normative à lui faite de ne pas donner des ordres à l'administration.

1. L'affirmation

Deux décisions de justice de 1968 peuvent être considérées comme étant de celles qui ont permis au juge de faire une application de l'interdiction faite à lui de donner des ordres à l'administration.

Dans l'ordre chronologique, la première décision est celle de l'affaire Nyandja Félix[1145]. En l'espèce, le fusil de chasse du requérant a été irrégulièrement confisqué par l'administration. Il saisit le juge administratif afin qu'il ordonne la restitution de son arme. Le juge a alors affirmé son incompétence à faire des injonctions à l'administration et précisé que dans ce cas, il ne pouvait que condamner l'administration à verser des dommages et intérêts.

> « Considérant que si le juge administratif ne peut sans commettre un excès de pouvoir faire des injonctions à l'administration, et par la suite en l'espèce ordonner à celle-ci de restituer au requérant son arme ou alors au cas de perte de celle-ci, de lui en procurer une autre en remplacement, il est de son pouvoir lorsque les conditions de la mise en jeu de la responsabilité de l'État se trouvent réunies, de condamner celui-ci à des dommages-intérêts envers le recourant, en réparation du préjudice qu'il a pu lui causer ».

Le juge de la Cour Fédérale de Justice confirme ce positionnement dans l'affaire Meka Oyono Gabriel le 20 mai 1968. Cette position du juge administratif est quasiment constante encore que les quelques décisions qui prêtent à équivoque ne font pas état d'une injonction claire et expresse[1146]. D'ailleurs, le juge administratif a eu à réaffirmer son alignement à l'interdiction.

2. Les réaffirmations

De nombreuses décisions du juge administratif camerounais ont explicitement et parfois implicitement suivi la prescription de l'interdiction de contraindre l'administration en prononçant des astreintes et des injonctions.

L'affaire Onambele Germain est une illustration par laquelle, le juge administratif a eu à confirmer son inclination à s'abstenir de prescrire des obligations positives de faire ou de ne pas faire à l'administration.

[1144] OWONA (J), *Droit administratif spécial de la République du Cameroun*, Edicef, 1985, p. 225.
[1145] CFJ/SCAY, arrêt n° 37 du 30 avril 1968, Nyandja Félix, contre État fédéral du Cameroun
[1146] Infra.

« Attendu qu'il convient de prime abord de rappeler que le juge de l'excès de pouvoir, lorsqu'il est saisi, se contente de constater l'illégalité de l'acte qui lui est déféré et prononce son annulation. Qu'il ne peut ni se substituer à l'administration pour prendre à sa place un acte régulier ni réformer l'acte de manière à le rendre légal ni même adresser des injonctions à l'administration en la condamnant à des obligations de faire[1147] », l'affaire Libam Michelin[1148] est allée dans le même sens. La Chambre administrative de la Cour suprême avait eu à prononcer un jugement en faveur du sieur Libam qui réclamait son droit à être « intégré au 1er échelon de la 2e catégorie 'A' premier grade de la fonction publique ».

L'État fait appel au prétexte qu'il reproche au premier jugement « d'avoir violé les règles jurisprudentielles relatives aux condamnations prononcées contre l'administration » et que le juge administratif ne peut adresser des injonctions à l'administration. Le juge de l'Assemblée plénière a alors pris position contre les arguments du représentant de l'État en disant qu'il existait une règle de Droit liant la compétence de l'administration à donner droit au sieur Libam. Que le premier juge, « loin de prononcer une injonction », a simplement constaté que la revendication du requérant était fondée en Droit[1149]. Cette position confirme que le juge administratif se plie effectivement à l'interdiction de donner des ordres à l'administration. Des garanties à l'application juridictionnelle de la prohibition de contraindre l'administration existent. Elles limitent davantage le pouvoir de contrainte du juge.

B. La garantie de l'application juridictionnelle de l'interdiction

Le magistrat qui intime des ordres à l'administration peut être sanctionné. La règle est qu'il est interdit au magistrat de prescrire des obligations positives de faire ou de ne pas faire à l'autorité administrative. Cette interdiction est impérative pour les jugements de fond de sorte que son non-respect peut donner lieu à des sanctions. Le juge judiciaire ou administratif qui passe outre l'interdiction encourt des poursuites pénales, et il peut être puni d'une détention allant de six mois à cinq ans[1150].

Contrairement à l'option française qui autorise le juge à prononcer des astreintes contre l'administration et à l'enjoindre, le Droit camerounais préfère interdire cette éventualité. Non seulement elle proscrit la possibilité pour le juge administratif d'obliger l'administration, mais en plus elle prescrit des

---

1147 CS/CA, jugement n° 87 du 30 juin 1983, Onambele Germain contre État du Cameroun. V. aussi CS/CA, jugement n° 92 du 28 juillet 1983, Tchouankeu Joseph contre État du Cameroun. Sur les développements y relatifs, V.BINYOUM (J) Droit Administratif, op.cit, pp. 247-248.
1148 CS/CA, jugement n° 10 du 27 octobre 1994, Libam Michelin contre État du Cameroun.
1149 CS/AP, arrêt, n° 17 du 27 mars 2003, État du Cameroun contre Libam Michelin
1150 Supra

sanctions contre les magistrats qui ignoreraient cette interdiction. Garantir l'interdiction de contraindre à exécuter plutôt que garantir l'exécution de la décision de justice, l'option est paradoxale quant à l'État de droit, dont le juge est par excellence le garant.

La systématisation de l'empêchement du juge à donner des ordres à l'administration est compréhensible. Elle procède forcément à des objectifs de cloisonnement fonctionnel. Cela est critiquable, car l'administration peut refuser de s'incliner devant la décision de justice. Le Droit doit alors évoluer là-dessus pour garantir le respect de la chose jugée.

Les angles d'approche sont différents et les résultats aussi : ou garantir le cloisonnement et donner des interdictions au juge, ce qui est favorable à l'administration, ou briser la barrière et redonner au juge son rôle de garant du respect des droits et libertés, ce qui est favorable aux administrés.

La législation camerounaise reste positionnée dans la première option par principe. Pour autant, des contournements sont possibles.

CHAPITRE 2 :

LES MOYENS JURIDICTIONNELS DE CONTOURNEMENT

La non-exécution de la décision de justice par l'administration peut relever du mauvais vouloir de cette dernière. Pour y faire face, certains ordres juridiques ont expressément attribué au juge le pouvoir de contraindre l'administration par sa condamnation à des astreintes et par la faculté de l'enjoindre. Le refus que pose l'ordonnancement juridique du Cameroun à reconnaître ce pouvoir au juge est plus qu'évident. Il demeure néanmoins des zones non rigides dans lesquelles, le juge peut bien s'assurer de l'exécution de la décision de justice. Deux cas de figure sont à observer : d'abord celui où le juge de céans impose sa décision (section 1) et le cas de figure d'un recours juridictionnel nouveau qui pourrait être intenté pour faire plier l'administration (section 2). Ces deux voies exceptionnelles laissent quelques espaces au juge pour obliger l'administration à exécuter la décision de justice.

Section 1 : Le pouvoir du juge de céans d'imposer sa décision

L'hypothèse ici n'est pas celle de l'inexécution d'une décision de justice ayant acquis l'autorité de la chose jugée. Elle correspond à la prise de la décision initiale qui condamne l'administration. Le pouvoir de contraindre s'exerce donc a priori à ce niveau, le principe étant que le juge est incompétent pour prononcer des astreintes et des injonctions contre l'administration publique[1151]. Le domaine en termes de type de recours reste confiné (paragraphe 1) même si, à titre d'exploration, des dispositions du Droit communautaire tendent à élargir cette éventualité (paragraphe 2) donnant ainsi plus de possibilités d'obliger l'administration.

Paragraphe 1 : Le confinement des domaines

Le législateur camerounais a prévu quelques exceptions au principe interdisant de prononcer des obligations positives de faire ou de ne pas faire à l'administration. La première possibilité est offerte dans les recours en matière d'urgence (A) et la seconde est ouverte pour les recours relatifs à la protection des Droits et libertés fondamentaux (B). Il apparait alors que le juge judiciaire et le juge administratif sont quelque peu autorisés à franchir l'interdiction.

[1151] Supra

A. La possibilité dans les recours en matière d'urgence

Les recours en matière d'urgence offrent au juge administratif l'occasion de prononcer des décisions incidentes qui tiennent lieu d'obligation positive pour l'administration. Il s'agit du sursis à exécution et du référé administratif.

1. Le cas du sursis à exécution

Recours incident, le sursis à exécution a pour vocation de faire surseoir l'administration à poser des actes. Les actes faisant l'objet du sursis à exécution doivent être de nature à causer un préjudice irréparable[1152]. Ce recours est conditionné par l'existence d'un recours au fond.

Les textes n'attribuent pas expressément au juge administratif le pouvoir de donner des ordres à l'administration à l'occasion du recours en sursis à exécution. Mais la lecture des dispositions textuelles conduit à effectuer l'interprétation selon laquelle, sans en employer le mot, le juge est bien revêtu de ce pouvoir. En prononçant le sursis à exécution, le juge administratif suspend de droit l'acte attaqué de l'administration. Sans cette fin, l'objectif du recours en question serait vicié et son fondement ébranlé. Il s'agit en effet de faire interrompre ou d'empêcher la survenue d'un préjudice irréparable par le sursis à exécution. Il est clair que le juge se retrouve habilité à priver l'administration de l'une de ses prérogatives : celle du bénéfice du préalable et de la décision exécutoire.

Plus encore, le sursis à exécution est « ordonné », ce qui donne par la terminologie une force probante à la décision du juge. Un exemple peut être pris dans l'affaire COGEFAR où le requérant estimait avoir été illégalement astreint par l'administration fiscale. Il saisit le juge du fond et parallèlement, il intenta un recours en sursis à exécution, car les impositions étaient pour lui insoutenables. Ainsi, la juridiction de céans dans sa décision « ordonna qu'il sera jusqu'au jugement sur le fond, sursis au paiement des impositions en cause[1153] ». Il reste vrai que le sursis à exécution est une mesure exceptionnelle, qu'elle n'est que provisoire, et même que le juge administratif semble timide à l'ordonner[1154]. Mais, ce recours attribue bien au juge le pouvoir de prononcer des obligations positives contre l'administration.

[1152] Art. 30 (2) de la loi n° 2006/022 du 29 décembre 2006 fixant l'organisation et le fonctionnement des tribunaux administratifs.

[1153] Ordonnance de sursis à exécution du 10 mars 1986, Société Cogefar contre État du Cameroun.

[1154] GUIMDO DONGMO (B-R), *Le juge administratif camerounais et l'urgence. Recherches sur la place de l'urgence dans le contentieux administratif Camerounais*, thèse de doctorat d'État en Droit public, Université de Yaoundé II, 2004, p. 356.

2. Le cas du référé administratif

Le référé administratif est un recours incident qui, comme celui du sursis à exécution, offre l'occasion au juge administratif de prendre des mesures pouvant obliger l'administration.

L'aspect souple du référé administratif est que son objet n'est pas dirigé contre un acte de l'administration. Ce recours vise davantage à apporter des éclaircissements au juge du fond. Aussi, le juge des référés intervient pour prendre toutes les mesures utiles susceptibles d'apporter la vérité ; ce sont donc des mesures en majorité liées à l'instruction de l'affaire. Ce faisant, le juge des référés peut être saisi parce que l'administration s'est interdit le droit de donner certains éléments de preuve au requérant.

Ceci signifie que l'administration peut faire obstacle à la quête d'informations de la partie adverse. En saisissant le juge des référés, le requérant peut parce qu'il y a urgence conduire le juge à prononcer une décision faisant succomber l'obstacle que posait l'administration. Contre son gré l'administration devra lever l'obstacle et permettre à l'instruction de se faire, car la décision du juge de référé est exécutoire par provision[1155]. Ce juge peut en effet « ordonner, en référé, toutes les mesures utiles...[1156] »

La particularité du sursis à exécution et du référé administratif est qu'il s'agit d'interventions du juge administratif par voie d'ordonnance judiciaire. Mais aussi que, sans que les textes n'aient explicitement pris position sur ce qu'il y a là des possibilités d'enjoindre l'administration, tout au moins le juge administratif y jouit de plus d'autorité. À titre illustratif, dans l'affaire Hamadou Abba[1157] à l'occasion d'une opération d'expropriation pour cause d'utilité publique, le juge a ordonné le sursis à exécution, paralysant ainsi l'administration. Cette possibilité est également envisageable dans certains recours de fond.

B. La possibilité dans certains recours non incidents

Le juge du fond peut dans certaines circonstances prendre des actes juridictionnels réellement porteurs de contraintes pour l'administration. Cette possibilité est quelque peu offerte au juge judiciaire. Cela l'est moins pour le juge administratif appelé à statuer en fond du litige.

1. Devant le juge judiciaire

Le contentieux administratif relève du juge administratif. Seulement, certaines sphères du contentieux qui concerne l'administration sont attribuées

---

1155 Art. 29 de la loi n° 2006/022, précitée.

1156 Ibid.

1157 Ordonnance de sursis à exécution n° 51/OSE/CAB/PCA/CS du 13 septembre 2006, HAMADOU ABBA contre État du Cameroun (PM).

à la compétence contentieuse du juge judiciaire. C'est le cas de l'emprise et de la voie de fait pour lesquelles la compétence est partagée entre juge administratif et juge judiciaire. Le juge administratif est compétent pour statuer sur la légalité de l'acte litigieux[1158]. Cette compétence n'est pas partagée avec le juge répressif parce que ce dernier bénéficie de la plénitude de compétence. Quand le juge non répressif est saisi, il doit renvoyer l'affaire à la Chambre administrative[1159] si la question de l'appréciation de légalité se pose.

Pour autant, le juge non répressif est compétent, tout comme le juge répressif quand il s'agit de réparer le préjudice causé par la voie de fait ou l'emprise. C'est à ce niveau que le juge judiciaire détient des pouvoirs exorbitants.

En charge de la réparation du préjudice causé par l'emprise ou par la voie de fait, le juge judiciaire peut simplement condamner pécuniairement l'administration. Cette condamnation consiste au versement de dommages et intérêts.

Plus considérable encore est le pouvoir que les textes attribuent à ce juge en lui donnant la possibilité d'ordonner toute mesure pour qu'il y soit mis fin[1160]. Voilà donc un domaine certes résiduel, mais existant où le juge (judiciaire) peut prescrire des obligations positives de faire ou de ne pas faire à l'administration bien que ce pouvoir d'injonction ne soit pas clairement consacré par les textes. Parmi les « mesures utiles », le juge judiciaire peut astreindre l'administration. Dans une affaire dans laquelle la conservation foncière du Wouri était défenderesse (parmi d'autres défendeurs), et dont la contestation portait sur une demande de mainlevée d'une inscription hypothécaire, le juge judiciaire des référés a admis que la requérante subissait une voie de fait par le refus d'y faire droit. Il a non seulement ordonné une levée de l'inscription hypothécaire, mais aussi a condamné les défendeurs à une astreinte de 200 000 francs par jour de retard. L'État par la conservation foncière du Wouri était bien défenderesse au procès[1161].

L'injonction est également une mesure utile que peut prendre le juge judiciaire. L'une des illustrations est cette affaire récente où le juge des référés a eu à connaître d'un recours opposant une association humanitaire au service

---

[1158] CS/CA, jugement n° 63 du 26 mai 1988, Nomeny Ngisi Emile contre État du Cameroun ; CS/CA, jugement n° 70 du 29 juin 1989, Signe Pierre Aimé contre État du Cameroun.
[1159] Cette compétence était celle de l'Assemblée plénière, ce qui a été modifié par les lois de 2006.
[1160] Art. 3 (2) de la loi n° 2006/022, précitée.
[1161] Ordonnance de référé n° 189 du 2 juin 2009, Madame TOUKAM Alice contre la CA-SCB Cameroun, Me LOTIN, les ETS GUIFO TOMDONMOU, Monsieur le Conservateur de la propriété foncière.

régional des domaines du littoral[1162]. Le litige portait sur la rectification de coordonnées du plan d'un titre foncier. La décision de la juridiction fut libellée en ces mots : « ordonnons la rectification des coordonnées erronées des plans du titre foncier n° 31367/W établi au nom de l'Association Humanitaire Afrique Future à la diligence conjointe des chefs de service régionaux des domaines et des affaires foncières et du Cadastre du littoral ». Le juge administratif tend quelquefois vers cette attitude.

2. Devant le juge administratif

Les pouvoirs du juge judiciaire sont, du fait des textes, considérables en matière d'emprise et de voie de fait. Ceux du juge administratif ne sont pas augmentés par les textes pour les cas du référé administratif et du sursis à exécution.

De manière générale, le juge du fond n'est pas autorisé à enjoindre l'administration à prononcer des astreintes contre elle.

À l'observation et à l'étude, certaines décisions (jugement et arrêt) du juge administratif semblent se démarquer des interdictions normatives et de la rétive tendance quasi unanime de la jurisprudence administrative quant à ses pouvoirs de contraindre. Prenons en quelques-unes :

- L'affaire Libam Michelin[1163]. L'Assemblée plénière est saisie en appel contre un jugement de la Chambre administrative dans lequel le juge a donné droit au sieur Libam Michelin qui réclamait son intégration au 1er échelon de la 2e classe catégorie « A » premier grade de la fonction publique. Le représentant de l'État fait notamment valoir en appel que le 1er juge a prononcé des condamnations contre l'administration et l'a enjointe. L'Assemblée plénière a estimé que le premier juge s'est simplement posé la question de savoir si l'administration avait une compétence liée et tel était le cas. « Qu'en ordonnant l'intégration de LIBAM », le juge avait fait une saine application de la réglementation en vigueur.
- L'affaire Ndougsa Bernard[1164]. Le requérant saisit la Chambre administrative parce que l'État refuse de l'admettre à l'École des Postes de Yaoundé, sur le prétexte qu'il n'a pas été à Toulouse subir un préalable perfectionnement. Or, le sieur Ndougsa a régulièrement passé le concours d'admission dans cette école et c'est justement à cause de l'administration qu'il n'a pas été à Toulouse. Le juge a

[1162] Ordonnance de référé n° 363 du 22 octobre 2009, l'Association Humanitaire Afrique Future contre Monsieur le Chef de service Régional des domaines et des affaires foncières du littoral à Douala.
[1163] CS/AP, Arrêt n° 17 du 27 mars 2003, État du Cameroun contre Libam Michelin.
[1164] CFJ/AP, arrêt n° 215 du 18 Aout 1972, Ndougsa Bernard contre République fédérale du Cameroun.

estimé que le refus de l'État porte atteinte à un droit acquis. Ainsi il « ordonne son admission à l'École des Postes… ».

- L'affaire Bongo Henri[1165]. Le requérant était fondé à demander la rectification d'un titre foncier puisque toutes les conditions y relatives étaient réunies. L'autorité administrative était alors liée, mais n'y a pas procédé. Le juge a estimé le recours recevable et « ordonné la rectification du titre foncier n° 136/Région bamileké du 6 janvier 1956 par adjonction du nom de Bongo Henri Aimé ».

Par habitude, le juge administratif fait usage de prudence terminologique, ce qui fait que sa phraséologie tend rarement vers des incursions dans les expressions laissant admettre qu'un ordre est donné à l'administration. Cet échantillon qui n'est qu'une exception congrue relève fort à propos un franchissement de la limite imposée. Il faut rappeler que deux de ces espèces sont relatives au non-respect de la compétence liée, et que l'autre concerne les droits acquis. La justification qui peut être avancée est alors que lorsque l'obligation de soumission à la légalité est ligotée, le juge en condamnant l'administration, s'autorise à faire acte de fermeté. Il ordonne et se rapproche tant bien que mal de l'injonction. Dans le Droit communautaire, des dispositions ouvertes sont offertes au juge.

Paragraphe 2 : Les possibilités dans le Droit communautaire

Les ordres juridiques des États sont faits de règles, œuvre du discours, objet national et d'autres qui émanent de sources non nationales dont la plus importante est le Droit communautaire. En vertu des dispositions du Droit communautaire ou d'un Droit d'intégration, il est possible au juge de prononcer des obligations positives contre l'administration (B). Ces obligations se déclinent essentiellement en voies d'exécution (A) caractérisées par la délicatesse de leur régime juridique dès qu'elles sont tournées contre l'administration publique.

A. L'inclusion des voies d'exécution contre l'administration.

Le droit à l'exécution forcée est d'origine civiliste. Par le biais du Droit communautaire, il a fait sa mue en se généralisant de manière sourde, incluant ainsi les personnes publiques dans son champ matériel.

1. Les personnes publiques concernées

On distingue l'administration d'État de celles décentralisées. Cette dernière catégorie est constituée des collectivités territoriales décentralisées et des établissements publics. Il faut aussi distinguer les établissements publics

[1165] CS/CA, jugement n° 38 du 18 janvier 2006, Bongo Henri Aimé contre État du Cameroun.

qui sont des services publics administratifs et les services publics industriels et commerciaux qui sont des entreprises publiques.

Le Droit communautaire qui institue les voies d'exécution est le Droit OHADA et en particulier l'acte uniforme portant organisation des procédures simplifiées de recouvrement des créances et des voies d'exécution (AUVE). Le traité OHADA est le droit des États-parties dans les secteurs réglementés, et il a pour vocation de régir les rapports de Droit des affaires. S'il faut admettre que les normes OHADA s'imposent à l'État, personne morale[1166], il faut savoir qu'ils interviennent davantage dans la vie et l'activité quotidienne des services publics industriels et commerciaux. Pour autant, l'administration publique intervenant dans le secteur productif n'est pas la seule concernée.

S'agissant spécifiquement des voies d'exécution, l'AUVE ne résout pas directement la question de ses destinataires. Mais, il indique néanmoins que toutes les personnes susceptibles de délivrer des titres exécutoires et reconnus comme tels par les législations nationales sont tenues par ses dispositions[1167]. Or, toutes les administrations publiques peuvent émettre des titres portant obligation de payer, tout comme elles peuvent être condamnées par le juge à indemniser le préjudice à elles imputé. Les mises en débet et les impositions en sont des exemples[1168]. Par voie de conclusion, les administrations publiques, indifféremment de leurs statuts sont toutes destinataires des dispositions protectrices, mais aussi répressives de l'acte uniforme portant organisation des procédures de recouvrement des créances et des voies d'exécution (AUVE).

2. Les voies d'exécution concernées

« Les saisies mobilières et immobilières constituent les voies d'exécution par excellence[1169] ». Il s'agit des saisies-ventes[1170] qui ont remplacé l'ancienne saisie-exécution.

Par cette voie d'exécution, le débiteur à défaut de règlement peut voir ses biens saisis et vendus. La saisie des récoltes sur pied[1171] qui est une forme de la saisie-vente est également admise, tout comme celle des véhicules terrestres à moteur[1172].

[1166] NEMEUDEU (R), « La recherche du critère d'arbitrabilité des litiges concernant les personnes morales de droit public en droit OHADA », RASJ, vol6, n° 1, 2009, P45s.
[1167] Art 33(5) de l'AUVE.
[1168] La loi française n° 92/1476 du 31 décembre 1992 est très précise en son article 98 là-dessus, quand elle dispose qu'elle concerne l'État, les collectivités territoriales et les établissements publics dotés d'un comptable public.
[1169] WANDJI KAMGA (A-D), *Le droit à l'exécution forcée. Réflexion à partir des systèmes juridiques Camerounais et français*, thèse de doctorat PHD, Universités de Limoges, 2009, p. 327.
[1170] Art 91 à 146 de l'AUVE, précité.
[1171] Ibid. art 147.
[1172] Art 103.

D'autres procédures existent telles la saisie et la cession des rémunérations de travail, ou encore celle relative au paiement des créances d'aliments qui ne concernent pas véritablement l'administration, à la différence de la saisie-attribution des créances. Il s'agit d'une procédure par laquelle « tout créancier muni d'un titre exécutoire constatant une créance liquide et exigible peut, pour en obtenir le paiement, saisir entre les mains d'un tiers les créances de son débiteur portant sur une somme d'argent...[1173] ». Par cette procédure, une personne qui viendrait à être reconnue comme étant créancière de l'administration (le cas de l'administration condamnée à verser des dommages et intérêts), pourrait valablement faire effectuer une saisie contre tout débiteur de l'administration (c'est le cas des personnes imposées). Cette technique met en jeu un système de compensation de créance qui fait intervenir trois parties, dont l'administration publique.

La saisie-appréhension des biens meubles corporels[1174] et la saisie des droits d'associés et des valeurs mobilières[1175] sont aussi à considérer. La première concerne les obligations de livraison et de restitution, tandis que la seconde porte sur la possibilité de pratiquer des saisies-ventes sur les titres et valeurs mobilières et sur les parts sociales. Cet ensemble de prescriptions a des effets sur l'administration dont le principal est de faire céder un certain nombre de ses prérogatives de protection et de privilèges juridictionnels.

B. L'effet

Le Droit OHADA a vocation à s'appliquer dans toute l'étendue des territoires des États membres. Son inclusion dans les ordres juridiques nationaux a un effet indéniable sur un certain nombre de règles internes aux États, ce qui en fait une voie de contournement des privilèges que le Droit étatique accorde aux administrations.

1. L'immédiateté

Dans l'ordre des normes internationales, il faut distinguer le Droit international du Droit communautaire. Leurs différences apparaissent dans leurs étendues spatiales, leurs cadres d'élaboration et leurs effets. La norme communautaire ou celle d'intégration est originairement issue d'un traité garanti par un organisme qui sert de lien organique entre des États membres. Le bloc de ce Droit comprend : le traité originaire, les additifs, les décisions jurisprudentielles et le Droit dérivé[1176].

La particularité du Droit communautaire et de celui d'intégration est qu'il a vocation à s'appliquer directement dans les États membres : c'est

[1173] Ibid. Art. 153, 154 à 172.
[1174] Art. 218 à 226.
[1175] Art. 236 à 245 et art. 85 à 90.
[1176] Doivent également être inclus, les traités que la communauté passe avec d'autres pays et entités internationales, et les actes unilatéraux.

l'immédiateté. Cette spécificité détache ce Droit du Droit international, car le principe de l'entrée de vigueur des normes internationales dans les États membres est l'approbation en la forme législative[1177]. Ainsi, le Droit communautaire et celui de l'intégration sont d'effet direct.

Dans la hiérarchie des normes, le classement classique met la Constitution au sommet de la hiérarchie des normes étatiques. Celle-ci est suivie de la loi, puis des règlements[1178]. La prise en considération des normes juridiques d'origine externe aux États bouleverse cette hiérarchie en ceci qu'elles viennent se situer juste après la Constitution et au-dessus des lois. Pire encore, leur entrée en vigueur nécessite parfois des réaménagements dans la Constitution, à tel point que la valeur de celle-ci par rapport à la norme d'origine externe peut prêter à équivoque[1179].

Le Droit interne camerounais est sujet à des fluctuations de normes de Droit communautaire et d'intégration dont les principales sont le Droit CEMAC[1180] et le Droit OHADA[1181]. L'encadrement du secteur productif est l'objet du Droit OHADA. En réalité, ce Droit à plus d'un égard concerne les rapports existant entre créanciers et débiteurs. C'est dans cet ordre d'idées que les personnes morales de Droit public sont de près ou de loin concernées par la réglementation OHADA. Étant donné que « les actes uniformes sont directement applicables et obligatoires dans les États-parties, nonobstant toute disposition contraire du Droit interne antérieure ou postérieure[1182] », et que ces actes sont supérieurs aux lois formelles dans la pyramide des normes, il va de soi qu'ils prévalent lorsqu'ils sont convoqués à l'occasion d'un procès.

2. L'application juridictionnelle

La vocation « affairiste » du Droit OHADA fait qu'il a dans son origine été considéré comme n'étant pas applicable devant le juge administratif. S'agissant des voies d'exécution posées, l'AUVE étant d'effet direct, il revient aux juridictions nationales de l'appliquer.

La relation débiteur-créancier n'est pas seulement le fait des personnes privées. Même les personnes morales de Droit public peuvent se retrouver en situation de débiteur ou de créancier. Au-delà de certains domaines comme la matière fiscale, la décision de justice peut bien créer ledit rapport. L'administration peut en effet être condamnée à indemniser le préjudice qui

---

[1177] V. art. 19(1), 30 et 43 de la loi constitutionnelle du 18 janvier 1996.

[1178] Omission faite de la norme juridictionnelle (qui est tout au moins équivalente au règlement) parce que la juridiction n'a pas pour vocation première de créer le Droit.

[1179] GOHIN (O) et TCHAKALOFF (M), « la Constitution est-elle encore la norme fondamentale de la République ? », recueil Dalloz 1999, chron. p. 126 s ; ALLAND (D), « De l'ordre juridique international », in revue droits, t. 33, ordre juridique 2/p. 94 s.

[1180] CEMAC : Communauté économique et monétaire de l'Afrique Centrale.

[1181] OHADA : Organisation pour l'Harmonisation en Afrique du Droit des Affaires.

[1182] Art. 10 du traité OHADA.

lui est imputé, le principe en la matière étant que l'indemnisation est pécuniaire. Devant cette situation et hormis les exceptions énumérées, le Droit interne exclut la possibilité de prononcer des voies d'exécution contre l'administration. La règle de l'insaisissabilité des biens de l'administration (domaine public) est clairement consacrée par la législation nationale[1183].

Cette interdiction concerne tant le juge judiciaire que le juge administratif. Il est évident que le juge ne saurait saisir un bien du domaine public quand il existe des biens saisissables dans le patrimoine privé de la personne publique. Dans ce cas, le bien du domaine privé des personnes publiques est en vertu des dispositions OHADA saisissable d'office. Ceci pourrait même être étendu à des biens comme les parts sociales de l'État dans certaines sociétés commerciales.

Des voies d'exécution peuvent donc désormais être prises à l'encontre de l'administration. L'absence de spécifications textuelles fait que tout juge de tout ordre juridictionnel puisse en décider ainsi. Par contre, la défense ou la suspension de l'exécution relève de la compétence de la Cour d'appel[1184] quand la décision émane du juge judiciaire. Cette compétence devrait probablement relever de la Chambre administrative de la Cour suprême statuant en appel, s'il est conçu que la compétence de la défense à exécution est celle de l'instance d'appel[1185] et qu'il y a séparation des contentieux. Ces développements sur le Droit OHADA des voies d'exécution appartiennent encore à ce stade à la dogmatique, et attendent d'être expérimentés. Mais un fait est que le juge peut à nouveau être saisi en cas de non-exécution de la chose jugée.

Section 2 : Les recours juridictionnels face au refus d'exécution

L'autorité de la décision de justice oblige ses destinataires à l'exécuter. Dès qu'elle est réputée définitive, l'autorité administrative doit s'y conformer. Il arrive que l'administration refuse clairement de se plier à la décision de justice. De surcroit, elle peut faire obstacle à l'exécution d'une voie d'exécution prononcée contre elle. Pour faire plier l'administration, des recours internes sont à cet effet prévus.

En cas de constatation du refus de l'administration d'exécuter une décision de justice, des voies sont ouvertes pour la contraindre. Le Droit français admet la possibilité pour l'autorité administrative indépendante en charge de la défense des droits des citoyens d'enjoindre l'administration[1186]. L'autre voie

[1183] Art. 2 de l'ordonnance n° 74/2, précitée.

[1184] WANDJI KAMGA (A-D), *Le droit à l'exécution forcée. Réflexion à partir des systèmes juridiques camerounais et français*, op.cit., p. 305.

[1185] Ibid.

[1186] PEISER (G), *Contentieux administratif*, op-cit, p. 201.

consacrée en Droit français et que le Droit camerounais admet est juridictionnelle. Elle consiste en l'ouverture d'un nouveau recours (paragraphe 1). À l'occasion de ce dernier, le juge a le pouvoir de condamner à nouveau l'administration, voire même de prescrire à son encontre des obligations positives (paragraphe 2).

Paragraphe 1 : L'ouverture d'un nouveau recours contentieux

En vertu du Droit administratif camerounais, et faisant abstraction de l'impact du Droit communautaire, il s'avère sauf quelques exceptions que la juridiction manque de moyens de contrainte vis-à-vis de l'administration. Il lui est difficile d'obliger l'administration. Le juge d'une instance est quasiment tenu de compter sur le bon gré de l'administration pour voir ses décisions exécutées. Néanmoins, en cas de refus d'exécuter, un nouveau recours contentieux est possible, car le refus constitue un moyen d'illégalité.

A. Le moyen d'illégalité

Le refus d'exécuter la décision de justice est une atteinte à l'autorité de la chose jugée. En effet, toute décision de justice devenue définitive est garantie par la chose jugée[1187]. Elle bénéficie d'une présomption de vérité légale et est donc opposable à ses destinataires. L'administration, partie au procès face à la décision de justice définitive ne doit que s'incliner. Seulement, certaines fois, l'administration peut ne pas exécuter la décision de justice ou ne l'exécuter qu'en partie.

Le bénéficiaire d'une décision du juge administratif au préjudice de l'administration qui refuse de s'y plier[1188] peut à nouveau saisir le juge administratif.

Le nouveau recours introduit devant le juge administratif ne consiste pas à un *rejugement* d'une instance dont le jugement est devenu définitif. Il consiste à informer le juge de la non-exécution d'une décision de justice par l'administration. Cette nouvelle action n'est offerte qu'aux parties à l'instance initiale. La difficulté majeure est celle de l'indication du moyen d'illégalité à soulever.

Les textes ne font malheureusement pas cas du moyen juridique pouvant être le fondement d'un tel recours. L'implication en est que sur la seule base des textes, ce type de recours semble irrecevable. Le mutisme textuel n'est pas l'interdiction et le juge administratif dans son œuvre jurisprudentielle a donné

[1187] CFJ/CAY, Arrêt n° 42 du 30 avril 1968, Ekwalla Edoube Eyango Stéphane contre État du Cameroun, CFJ/Arrêt n° 104 du 27 janvier 1970, Tchoumba Isaac contre État du Cameroun.

[1188] Le refus est généralement marqué par le silence et l'inaction prolongée de l'administration.

de la matière et une base légale au recours formé contre l'inexécution de la décision juridictionnelle par l'administration.

Dans l'affaire Claude HALLE[1189], le juge administratif a eu à poser des bases importantes dans la possibilité d'un nouveau contentieux. En l'espèce, un arrêt du 29 septembre 1962 a annulé une décision d'imposition parce que cette décision était partiellement irrégulière. L'autorité administrative a alors juste rectifié la partie irrégulière de la décision annulée. Le juge a estimé que « les actes par lesquels l'administration viole la chose jugée sont entachés d'excès de pouvoir », car l'administration aurait dû considérer tout l'acte comme étant annulé.

Le problème qui se pose est que l'énumération textuelle ne fait pas état de cette hypothèse de l'excès de pouvoir et qu'il n'a pas été trouvé d'autres décisions consacrant cette catégorie de l'excès de pouvoir. Pour autant, du point de vue de la simple expression grammaticale, il y a bien abus ou excès de pouvoir quand l'autorité administrative, jouissant de toutes ses prérogatives exorbitantes, se refuse à exécuter la décision du juge. La lecture de quelques décisions de justice récentes qui ne font pas allusion à la notion d'excès de pouvoir permet néanmoins de confirmer que la violation de l'autorité de la chose jugée par l'administration donne droit à l'ouverture d'un nouveau recours devant le juge de l'excès de pouvoir[1190], pour condamner pécuniairement l'administration récalcitrante.

B. La constitution de la voie de fait

Toute décision de justice revêtue de l'autorité de la chose jugée est opposable à l'administration. Qu'elle émane du juge judiciaire ou qu'elle provienne du juge administratif, elle oblige dans son intégralité l'administration. L'inexécution d'une décision de justice peut constituer une voie de fait.

Le droit à la justice qui implique le bénéfice de jouir de l'effet de la décision de justice est une règle fondamentale de la République. Y porter atteinte revient à priver le justiciable du bénéfice que la décision du juge lui a conféré. L'inexécution de la décision de justice ou l'exécution d'un acte annulé peut ainsi constituer une voie de fait[1191]. La non-exécution d'une décision de justice conduit alors le juge judiciaire, compétent pour réparer et prendre toutes les mesures utiles, à contraindre l'administration à s'incliner en exécutant la décision de justice inconsidérée.

[1189] CFJ/CAY, Arrêt n° 105 du 8 décembre 1970, Claude Halle contre État du Cameroun Oriental.

[1190] CS/CA, jugement n° 22 du 28 février 2002, Kon Abondo Gérard contre État du Cameroun ; CS/AP, Arrêt n° 17 du 27 mars 2003, État du Cameroun contre Libam Michelin.

[1191] PEISER (G), *Contentieux administratif*, op.cit., p. 200.

Comme pour l'excès de pouvoir, cette hypothèse n'est pas expressément prévue dans les textes et le juge est timidement saisi sur la question. L'une des rares espèces est l'affaire Dame Toukam Alice[1192] dans laquelle, il avait été irrégulièrement effectué une inscription hypothécaire sur son titre foncier. Le juge du fond avait tranché en statuant qu'il n'y avait pas lieu à cette inscription hypothécaire sur son titre foncier. La partie adverse et l'administration n'avaient alors pas eu à exécuter la décision du juge du fond, ce qui a conduit le juge des référés saisi d'indiquer que cela constituait « une gravissime voie de fait à laquelle le juge des référés doit mettre un terme ». Renvoyant les parties à mieux se pourvoir au principal, le juge des référés a fait droit à la demande de Dame Toukam en ces termes : « Attendu qu'il est constant que l'inscription hypothécaire litigieuse ait été opérée au mépris de la décision du Tribunal qui a dit n'y avoir lieu à inscription hypothécaire sur titre foncier n° 26983/W, qu'il s'agit d'une voie de fait justifiant la compétence du juge des référés », le juge jouit alors d'un pouvoir accentué pour faire plier l'administration récalcitrante.

Paragraphe 2 : Les pouvoirs de faire exécuter

Le juge judiciaire et le juge administratif ne disposent pas des mêmes pouvoirs pour faire tomber le refus de l'administration d'exécuter une décision de justice. L'ouverture d'un nouveau recours juridictionnel est l'occasion pour le juge judiciaire d'enjoindre et d'astreindre l'administration, alors que le juge administratif est réduit à l'allocation d'indemnités.

A. L'injonction et l'astreinte

Seul le juge judiciaire devrait pouvoir enjoindre l'administration et l'astreindre. Cette possibilité est uniquement donnée à l'occasion des contentieux sur l'emprise et la voie de fait. La non-exécution de la décision de justice, tout comme l'exécution d'un acte annulé par le juge, peut constituer une voie de fait.

La voie de fait ne peut être réparée par le juge administratif qui n'est compétent que pour en constater l'existence. La réparation de la voie de fait impartie au juge judiciaire. À ce titre, ce dernier peut non seulement accorder des dommages-intérêts à la victime, mais il a aussi le pouvoir d'ordonner toute

---

[1192] Ordonnance de référé n° 189 du 02 juin 2009, Madame Toukam Alice conte la CA-SCB Cameroun, Me Lotin, ETS Guiffo Tomdonmou, Monsieur le Conservateur de la propriété foncière.

- « constatons que la CA SCB a opéré une inscription hypothécaire sur le titre foncier n° 26983/W appartenant à TOUKAM Alice Thérèse au mépris de la décision du juge de fond de céans qui a dit n'y avoir à inscription litigieuse,
- Disons que cette méprise de la CA SCB est une véritable voie de fait »

mesure pour qu'il y soit mis fin[1193]. C'est ainsi que le juge judiciaire peut enjoindre l'administration et condamner celle-ci à verser des astreintes.

Quand l'administration, par quelques manœuvres, se refuse à exécuter une décision de justice, l'ouverture d'un nouveau recours pour voie de fait peut être faite. Si tel est le cas, le juge judiciaire, juge de la réparation, pourra alors prononcer des obligations positives contre l'administration[1194]. La différence d'avec la décision de justice non exécutée est que le nouveau jugement la renforce et prononce en des termes impératifs la condamnation de l'administration. S'il en était besoin, le juge renforce l'autorité de la décision d'un autre juge pour amener l'administration à se conformer à la décision de justice. Le juge administratif semble pour sa part confiné à allouer des dommages et intérêts.

B. L'allocation des dommages-intérêts

En référence au Droit strictement national, le juge administratif n'a pas formellement le pouvoir de contraindre l'administration en prononçant contre elle des injonctions et des astreintes. Ceci est vrai quand il est question de condamner l'administration. Cela l'est aussi quand d'aventure, un nouveau recours est formé parce que l'administration s'est refusé d'exécuter la décision de justice.

Saisi d'un nouveau recours formé contre le refus d'exécution de l'administration, le juge administratif n'a de pouvoir que de rappeler que ses décisions sont revêtues de l'autorité de la chose jugée, et par la suite, il peut allouer des dommages et intérêts à celui qui se prévaut d'une décision non exécutée par l'administration[1195], l'hypothèse étant le recours de plein contentieux.

Il est vrai qu'à l'occasion de ce nouveau recours, le juge administratif fait parfois preuve de fermeté terminologique[1196], mais il est davantage confiné à faire indemniser pour refus d'exécution de l'administration. Les sommes allouées à cet effet sont des dommages-intérêts compensatoires.

L'administration se retrouve ainsi face à une double condamnation : la première qui a consisté alternativement ou cumulativement à l'annulation d'un acte administratif et à l'allocation de dommages-intérêts et la seconde consistant à l'allocation de dommages-intérêts compensatoires parce que la première décision n'a pas été exécutée. La lourdeur du coût total à débourser est alors l'un des arguments qui pourraient pousser l'administration à préférer se plier à la décision de justice, de peur qu'une nouvelle décision vienne

---

[1193] Art. 3(2) de la loi n° 2006/022, précitée.

[1194] Supra.

[1195] CFJ/CAY, Arrêt n° 97 du 27 janvier 1970, Eloundou Martin contre État du Cameroun Oriental ; CS/CA, jugement n° 22 du 28 février 2002, Kon Abondo op.cit.

[1196] V. CS/AP, arrêt n° 17 du 27 mars 2003, État du Cameroun contre Libam Michelin, op.cit.

encore plus diminuer son patrimoine financier. Il est par ailleurs possible de former des recours devant les instances juridictionnelles communautaires quand les autorités administratives refusent d'exécuter une décision de justice.

L'interdiction générale faite au juge de prononcer des décisions intimant des ordres ou des défenses à l'administration[1197] n'est pas sans exception. Il existe quelques portions du contentieux de la responsabilité publique qui donnent le pouvoir au juge de contraindre les autorités administratives.

1197 Art. 126 (b) C-P.

CONCLUSION DU TITRE

L'exécution de la décision de justice par l'administration n'est pas acquise tant que cette dernière ne s'y est pas conformée. Ce problème inhérent au contentieux administratif n'est pas inconnu dans le contentieux judiciaire. Il arrive souvent que le juge de Droit commun prononce des décisions qui n'auront pas la possibilité de se matérialiser. C'est le cas d'une condamnation d'un individu par contumace et dont l'arrestation et l'incarcération restent hypothétiques. C'est aussi le cas d'une forte condamnation pécuniaire d'un individu manifestement incapable de verser les sommes dues du fait de son impécuniosité.

En contentieux de la responsabilité publique, la difficulté de l'exécution de la décision de justice est encore plus amplifiée. Il faut dire qu'il y a des difficultés de divers ordres. La plus importante réside dans l'ensemble des privilèges de protection dont jouit l'administration publique. Elle consiste en un ensemble de garanties pour le personnel et les biens administratifs, et davantage par l'existence d'interdiction faite au Judiciaire. Si même en France il a été octroyé au juge administratif le pouvoir d'enjoindre l'administration et d'assortir ses condamnations d'astreintes, cela ne va pas sans relativisation. Le juge administratif français se refuse à prononcer des astreintes d'office. Il ne la prononcerait pas non plus quand « l'exécution serait en cours[1198] ». Ce genre d'attitude qui n'est qu'un aperçu relève bien que le juge, même quand il en a le pouvoir, préfère se garder de prononcer des obligations positives à l'encontre de l'administration. Cet état d'esprit doit être dépassé pour donner force à la chose jugée.

1198 PEISER Ibid. (G), *Contentieux administratif*, op.cit.

CONCLUSION DE LA PARTIE

Le juge est le gardien et le garant de la justice. Ses décisions dès qu'elles deviennent définitives sont revêtues de l'autorité de la chose jugée. Fondée sur les théories de la hiérarchie des normes et de la hiérarchie des organes, l'autorité de la chose jugée situe la décision du juge au-dessus de la volonté de l'administration. Elle implique que les autorités administratives sont tenues d'exécuter la décision du juge, car elle leur est opposable.

L'enjeu de cette préoccupation de l'exécution de la décision de justice par l'administration est qu'il existe certaines difficultés pouvant la rendre hypothétique. Le législateur a accordé à l'administration bon nombre de privilèges. S'y retrouvent l'insaisissabilité de certains biens administratifs et l'intangibilité de l'ouvrage public. Plus illustratif est encore le principe de l'interdiction des contraintes qui limite le juge à prononcer des décisions sans réellement les assortir de contraintes. Il est vrai que quelques domaines du contentieux de la responsabilité publique font exception à cette interdiction[1199]. Néanmoins, ils demeurent très congrus.

Finalement, il semble qu'il faille des garanties à la garantie. Le questionnement formulable est : qui est (ou qu'est-ce qui est) la garantie de l'exécution de la décision du juge pourtant réputé être le garant de la justice ? Comme quoi, parfois, l'autorité de la chose jugée ne se suffit pas (ne s'autosuffit pas). Des formules adoptées ailleurs, le juge a été investi de plus de pouvoir. Le Droit camerounais n'a pas véritablement sourcillé là-dessus.

L'équation demeure complexe. Le législateur, complice de l'administration, peut valablement l'appuyer par le moyen de la validation législative des actes administratifs[1200]. En plus, qui n'a pas à l'esprit ce cas au début du siècle dernier de ce maire qui, ne disposant pas du pouvoir de suspendre le garde champêtre durant plus d'un mois le suspendait systématiquement au début de chaque mois et à chaque fois ? Le juge annulait la suspension que le maire reprenait ; le jeu de pendule était parfait[1201]. Il ne faut pas effectivement se méprendre. Face au mauvais vouloir de l'administration, il est bien difficile de réaliser la décision de justice[1202].

Plus qu'une question de Droit, l'exécution des décisions de justice par l'administration relève d'un état d'esprit. Elle a également pour support les conséquences politiques de l'image de l'État, dont l'administration n'est pas respectueuse des décisions de justice.

1199 Supra.

1200 PRETOT (X), « Les validations législatives et le droit au procès équitable », RDP, 2001, p. 25.

1201 V. RIVERO (J), « Le HURON au palais royal… », Op.cit.

1202 OWONA (J), *Droit administratif spécial de la République du Cameroun*, op.cit., p. 225.

CONCLUSION GÉNÉRALE

Le justiciable, l'administration et le juge administratif sont en général les protagonistes dont la relation est établie par le contentieux administratif. Entre les deux premiers se trouve le juge qui doit régler la relation conflictuelle qui surgit à l'occasion du recours contentieux.

Un quatrième acteur intervient aussi, à savoir le législateur. Il donne au juge un cadre d'action et une marge de pouvoir. Dans ce cadre, la lecture des textes fait montre de l'existence de dispositions penchant largement en faveur de l'administration. Les éléments y concourant sont plutôt nombreux : la complexité de la procédure administrative contentieuse, l'existence des zones du pouvoir administratif intouchable, l'impérative exigence du recours gracieux préalable, la fragile indépendance de la magistrature… Autant de raisons qui peuvent justifier la désertion du prétoire par les justiciables. Si en plus de ces obstacles il faut rajouter les questions liées à l'exécution des décisions de justice par l'administration, il devient plus qu'évident que le justiciable est dans un confort juridique hypothétique quand il doit faire face à l'administration en justice.

Des évolutions sont quand même à noter dans le contentieux administratif camerounais. La déconcentration de la juridiction administrative[1203] a pris une assise textuelle (2004) définitive par les réformes de 2006. Celle-ci a apporté du mieux sur l'indication de l'autorité habilitée à recevoir le recours gracieux préalable. Les délais du traitement juridictionnel des recours contentieux sont mieux maitrisés ; et ceux des recours en matière d'urgence le sont davantage. La logique de l'économie juridictionnelle des deniers publics semble révolue ; le juge administratif s'autorise même si cela demeure timide, des « raids prétoriens » dans la prescription d'obligations positives à l'encontre de l'administration. Par ailleurs, il est délié des réquisitions du ministère public et le vieux et fébrile argument tenant à sa formation privatiste est démonté par la récente ouverture d'une section spéciale de formation de juges administratifs dans l'institut public en charge de leur recrutement. Assurément, le contentieux administratif camerounais, à peine constitué, fait sa mue dans le climat général de libéralisation du Droit. Les conséquences sont et seront à plusieurs égards favorables à l'administré, car l'État de Droit c'est aussi la préservation des intérêts individuels et collectifs à la fois.

1203 Art. 40 de la loi constitutionnelle du 18 janvier 1996.

BIBLIOGRAPHIE

1. ABA'A OYONO (JC), *Chronique du Grain de Sable dans la Fluidité jurisprudentielle à la Chambre administrative du Cameroun*, RASJ, vol. 5, n° 1, 2008.

2. ABA'A OYONO (J-C), *La Compétence de la Juridiction administrative en Droit camerounais*, Thèse de Doctorat N.R, Université de Nantes, 1994, 510 p.

3. ABANE ENGOLO (P E), *L'Application de la Légalité par l'Administration au Cameroun*, Thèse de Doctorat/PHD en Droit, Université de Yaoundé II, 2009, 515 p.

4. AMSELEK (P), *La Qualification des Contrats de l'Administration*, AJ, 1983.

5. AMSELLEK (P), (S-D) *Interprétation et Droit*, Bruylant et Presses Universitaires d'AIX-Marseille, 1995.

6. ANDRIANTSIMBAZOVINA (J), *Quel Avenir pour la Jurisprudence couitéas ?*, DA 1988, Chron. n° 17.

7. ANOUKAHA (F), *La Délimitation des Compétences entre la Cour commune de Justice et d'Arbitrage OHADA et les Cours suprêmes nationales en matière de Recouvrement de Créances*, juridis périodique n° 59, 2004.

8. ATANGANA-MALONGUE (T), *Le Domaine de la Loi applicable au Statut personnel dans l'Avant-projet du Code camerounais des Personnes et de la Famille*, RASJ, vol. 6, n° 1, 2009.

9. AUBY (J-M), *Le principe de Publicité de la Justice et le Droit public*, Annales de la Faculté de Droit de Toulouse, 1968 (1).

10. AUCOC (L), *Conférences sur l'Administration et le Droit administratif*, t. 1, 1re éd. DUNOD, 1869.

11. BADINTE(R), *La Responsabilité pénale du Président de la République sous la Ve République*, in Mélanges P. GELARD, 1999.

12. DE BECHILLON (D), *Le Gouvernement des Juges : une Question à dissoudre*, recueil Dalloz 2002, Chronique.

13. BENOIT (F-P), *Les fondements de la Justice administrative*, in Mélanges Marcel WALINE, LGDJ 1974.

14. BERNARD (P), *La Notion d'Ordre public en Droit administratif*, LGDJ, 1962.

15. BETTATI (M), *Réflexions sur la Portée du Code international de Conduite pour le Transfert de Technologie : Éloge de l'Ambigüité*, in *Études offertes à C.A. COLLIARD*, PEDONE, 1984.

16. BIGAUT (C) ET CHANTEBOUT (B), *De l'Irresponsabilité prétendue des ministres sous la Ve République,* pouvoirs n° 92, 2000.

17. BIGOT (G), *L'Autorité judiciaire et le Contentieux de l'Administration. Vicissitudes d'une Ambition,* 1800-1872, LGDJ, 1999.

18. BILONG (S), *L'insaisissable Responsabilité sans Faute de la Puissance publique en Droit camerounais,* Annales de la FSJP de Dschang, AES S.A Yaoundé, T. 1, vol. 1, 1997.

19. BILONG (S), *Le Déclin de l'État de Droit au Cameroun : le Développement des Immunités juridictionnelles*, juridis périodique, n° 62, 2005.

20. BINYOUM (J), *Bilan de vingt ans de Jurisprudence administrative de la Cour suprême au Cameroun*, 1re partie 1957-65, RCD, série 2, n° 15 et 16, 1978 et 2e partie 1961-72.

21. BINYOUM (J), *Droit administratif*, Yaoundé, cours polycopiés, sans date, 227 p.

22. BIPOUN WOUM (J M), *La représentation de l'État en Justice au Cameroun*, RCD, n° 28, 2de série, 1984.

23. BIPOUN-WOUM (J-M), *Recherches sur les Aspects actuels de la Réception du Droit administratif dans les États d'Afrique noire d'Expression française : Le Cas du Cameroun*, RJPIC, 1972, n° 3, p. 359.

24. BOLZE (C) et PEDROT (P) (S-d), *Les Juges uniques : Dispersion ou Réorganisation du Contentieux*, coll. Thèmes et commentaires, Dalloz, 1996 ; 283 p.

25. BOULOUIS (J), *Faut-il supprimer le Droit administratif ?*, pouvoirs, n° 46, le Droit administratif, 1988.

26. BOURDIEU (P), *Question de sociologie*, minuit, Paris, 1981, 271 p.

27. BOYER (C), *Les Magistrats*, Que Sais-Je ? PUF, Paris 1985, 127 p.

28. BRETHE de la GRESSAYE (J), *Montesquieu, Fondateur du Droit Public moderne*, in Mélanges STASSINOPOULOS, 1973.

29. BRISSON (J-F), *Les Recours administratifs en Droit public français*, collection bibliothèque Droit public, T 185, Paris, LGDJ.

30. BUFFELAN-LANDRE (JP), *De l'Indépendance de la Magistrature*, Les Petites Affiches, 11 juin 1993.

31. BUGNICOURT (J), *Le Mimétisme administratif en Afrique, Obstacle majeur au Développement*, RFSP, 1973, p. 1254.

32. BURDEAU (F), *Histoire du Droit administratif*, PUF-Thémis, 1995, 512 p.

33. BURDEAU (G), *Remarques sur la Classification des Fonctions étatiques*, RDP 1945.

34. CALLEY (G), *Les Notes en Délibéré dans la Procédure administrative contentieuse*, Les Petites Affiches, 25 juin 2003.

35. CARRE DE MALBERG (R) :

- *Contribution à la Théorie générale de l'État*, tome 1, édition Dalloz, Paris 2004, 837 p.

- *Contribution à la Théorie générale de l'État*, tome 2, édition Dalloz, Paris, 2004, 638 p.

36. CHABANOL (D), *Faut-il bruler le Tribunal des Conflits ?* AJDA, 1988.

37. CHANTEBOUT (B), *Droit constitutionnel*, 21e édition, Armand Colin, Paris, 2004, 592 p.

38. CHEVALLIER (J), *Du Principe de Séparation au Principe de Dualité*, RDFA, 1990, p. 712.

39. CHEVALLIER (J), *La fin des Écoles ?*, RDP 1997, p. 679.

40. CHEVALLIER (J), « L'ordre juridique », in *Le Droit en Procès*, PUF, Paris, 1984.

41. CHEVALLIER (J), *L'État de Droit*, in *Problèmes sociaux*, la Documentation française, n° 899, Paris, 2004, 110 p.

42. CONAC (G), *Le Juge de l'État en Afrique francophone*, *Afrique contemporaine* n° 156, 4e trimestre 1990, numéro spécial : *La Justice en Afrique* (S-d) de GAUDUSSON (Jean Dubois) et CONAC (Gérard), Economica, Paris.

43. D'AMBRA (D), *L'Objet de la Fonction juridictionnelle : Dire le Droit et trancher les Litiges*, Thèse, LGDJ, Paris 1994, T236, 339 p.

44. DE GAUDUSSON (J), *Le Statut de la Justice en Afrique noire*, in *La Justice en Afrique*, (S-d) DUBOIS DE GAUDUSSON (J) et CONAC (G.), Afrique contemporaine, n° spécial, la Documentation française, 1990.

45. DE LAUBADERE (A), *Les Éléments d'Originalité contractuelle de l'Administration*, in Mélanges à MESTRE, 1949.

46. DECOCQ (A), *Le Désordre juridique français*, in *Écrits en Hommage à Jean FOYER*, PUF, 1997.

47. DEGUERGUE (M), *Procédure administrative contentieuse*, Montchrestien, Paris, 2003, 223 p.

48. DELAMY (B), *Les Principes constitutionnels dans la Jurisprudence judiciaire. Le Juge judiciaire, le Juge constitutionnel ?*, RDP, 2002.

49. DELCROS (B), *L'Unité de la Personnalité juridique de l'État*, LGDJ, Paris, 1976, 322 p.

50. DELION (A-G), *Réforme administrative : Déconcentration et Unité d'action*, AJ, 1963.

51. DELVOLVE (P), *Paradoxe du (paradoxe sur le) Principe de Séparation des Autorités administratives et judiciaires*, in *Mélanges René CHAPUS*, Montchrestien, 1992.

52. DJOUTSOP (F R), *La Négation du Droit à la Vie de l'Enfant à naître*, RASJ, vol. 2, n° 1, 2009.

53. DOUAT (E), *La Cassation, Procédure et Moyens de Cassation*, J.-Cl adm-fasc. 1107.

54. DRAGO (R), *L'Évocation dans la Procédure administrative*, RDP, 1957.

55. DREYFUS (F) et D'ARC (F), *Les Institutions politiques et administratives de la France*, 5e édition, Economica, Paris, 1997, 360 p.

56. DUGUIT (L), *Traité de Droit constitutionnel*, tome 2, é de BOCCARD, 3e éd. 1928.

57. DUHAMEL (O), *Le Pouvoir politique en France*, PUF, Paris, 1991, 429 p.

58. DUPUIS (G), *Les Privilèges de l'Administration*, Thèse de doctorat en Droit, Paris, 1962, 648 p.

59. DUPUY (R-J), *Le Pourvoi en Cassation et la Dualité du Contentieux de l'Annulation* », RDP, 1950, 505.

60. EISENMANN (C), *L'Esprit des Lois et la Séparation des Pouvoirs*, Mélanges CARRE de MALBERG, 1993.

61. EISENMANN (C), *La Pensée constitutionnelle de Montesquieu*, in *La Pensée politique et constitutionnelle de Montesquieu. Bicentenaire de l'Esprit des lois 1748-1948*, Sirey, 1952.

62. EISENMANN (C), *L'Esprit des Lois et la Séparation des Pouvoirs*, in Mélanges Carré de MALBERG, 1933.

63. EISENMANN (C), *Écrits de Théorie du Droit, de Droit constitutionnel et d'Idées politiques*, éditions Panthéon-Assas, Paris, 2002, 668 p.

64. EISENMANN (Charles) :

- *Cours de Droit administratif*, tome1, LGDJ, Paris, 1982, 786 p.
- *Cours de Droit administratif*, tome 2, LGDJ, Paris, 1983, 908 p.

65. EISENMANN (P), *Le nez de Cléopâtre ou les Affaires de la Causalité*, Dalloz, 1954, chron.

66. ESSOMBA ONAMBELE (R S), *Le régime juridique de l'Évocation en contentieux administratif camerounais*, Mémoire de DEA en droit public, Université de Yaoundé II, 2009, 179 p.

67. FALCONE (P-M), *The Council of State*, in *An Introduction to French Administration*, la Documentation française, IIAP, Paris, 1996, 238 p.

68. FATÔME (E) et REDOR (M-J), *Le Juge administratif et le Développement du Partenariat*, in *Le Juge administratif à l'aube du XXIe siècle (40e anniversaire des TA)* presses universitaires de Grenoble, 1995.

69. FAVOREU (L), *Résurgence de la Notion de Déni Justice et Droit au Juge*, in Mélanges Jean WALINE, Paris, Dalloz 2002, p. 513.

70. FEUER (G), *Contribution à la Théorie de l'Appel dans la Procédure contentieuse administrative*, RDP, 1958, 19.

71. FOUGERE (L), *Le Conseil d'État, son Histoire à travers les Documents de l'Époque (1799-1974),* éd. du CNRS, 1974, 1012 p.

72. FOULETIER (M), *Recherche sur l'Équité en Droit public*, LGDJ, 2003, 502 p.

73. FOYER (J), *Les Destinées du Droit français en Afrique*, penant, 1962.

74. FRYDMAN (P), *L'ordre public et le Juge*, eod loc.

75. GAUDEMET (J-M) et MOLINIER (J), *Finances publiques, Emprunt, Fiscalité,* tome 2, éd. MONTCHRESTIEN 1988, 577 p.

76. GAUDEMET (Y), *Les Procédures d'Urgence dans le Contentieux administratif*, RFDA, 1988, p. 420.

77. GAUDEMET (Y), *Remarques sur l'Évolution des Sources du Droit contentieux administratif*, in Mélanges Pierre DRAI, Dalloz 2000.

78. *GAZIER (F), Réflexions sur les Symétries et Dissymétries du Tribunal des Conflits, RFDA, 1990.*

79. GENY(F), *Méthodes d'Interprétation et Sources en Droit privé positif*, Paris, tome 1, 1919.

80. GOHIN (O), *Contentieux administratif*, 4e édition, Litec, Paris, 2005, 436 p.

81. GONIDEC (PF), *L'État et le Droit*, in Encyclopédie juridique de l'Afrique, N.E.A. 1982, tome 1.

82. GONIDEC (P-F), *Les Droits africains, Évolutions et Sources*, 2e édition, LGDJ, Paris, 1976.

83. GRIMAL (P), MILLOTE (J-P), PACAUT (M), *Histoire générale de l'Europe*, 1re édition, PUF, Paris, 1980, tome 1, 557 p.

84. GUEDON (M J), *Les Autorités administratives indépendantes*, Paris, LGDJ, 1991, coll. Systèmes, Droit administratif, 142 p.

85. GUESSELE ISSEME (L-P), *L'apport de la Cour suprême au Droit administratif camerounais*, Thèse de Doctorat/PHD en Droit public, Université de Yaoundé II, 2010, 703 p.

86. GUGLIELMI (G-J), *La Notion d'Administration publique dans la Théorie juridique française (De la révolution à l'Arrêt CADOT (1789-1889)*, LGDJ, 1990, 378.

87. GUILLIEN (R), VINCENT (J), GUINCHARD (S), MONTAGNIER (G), *Lexique des Termes juridiques*, 13e édition, Dalloz, Paris, 2001, 592 p.

88. GUIMDO DONGMO (B-R), *La Responsabilité politique du Gouvernement dans la Constitution camerounaise*, Revue de la Recherche juridique Droit prospectif 2007-4, PUAM, 120e numéro, p. 2099.

89. GUIMDO DONGMO (B-R), *Le Droit d'Accès à la justice administrative au Cameroun, Contribution à l'Étude d'un Droit fondamental*, Droit prospectif, PUAM, 2008.

90. GUIMDO DONGMO (B-R), *Le Juge administratif camerounais et l'Urgence. Recherche sur la Place de l'Urgence dans le Contentieux*

administratif camerounais, Thèse Doctorat d'État, Université de Yaoundé II, 2004, 607 p.

91. HOLO (TH), *Requiem pour la Chambre administrative*, RBSJA, n° 10, juillet 1988.

92. JACQUOT (H), *Le Contentieux administratif au Cameroun*, RCD, n° 8, 1975.

93. JEAMMAUD (A), *La Règle de Droit comme Modèle* » recueil Dalloz 1990, Chronique.

94. JESTAZ (P), *La Jurisprudence, Ombre portée du Contentieux*, D 1989, chron, p. 149.

95. KAMDEM (J C), *L'Intérêt et la Qualité dans la Procédure administrative contentieuse au Cameroun*, RCD, n° 28, série, 1984.

96. KAMDEM (J-C), *Contentieux administratif*, tome 1, Université de Yaoundé, Année 1985-1986, 279 p.

97. KAMTO (M), *Révision constitutionnelle ou Écriture d'une nouvelle Constitution*, lex lata, n° 023-024, 1996.

98. KAMTO (M), *La Fonction administrative contentieuse de la Cour suprême du Cameroun*, in *Les Cours suprêmes en Afrique-III la Jurisprudence administrative*, (S-d) DE GAUDUSSON Jean et CONAC Gérard, Economica, Paris, 1988.

99. KAMTO (M), *Droit administratif processuel du Cameroun*, collection sciences juridiques, PUC, 1990, 256 p.

100. KAMTO (M), *Pouvoir et Droit en Afrique. Essai sur les Fondements du Constitutionnalisme dans les États d'Afrique noire francophone*, LGDJ, 1987, 545 p.

101. KELSEN(H), *Théorie pure du droit*, Dalloz, Paris, 1962, 496 p.

102. KEUTCHA TCHAPNGA (C), « *Note sous CS/AP, arrêt du 16 août 1990, Affaire Albert ONO NGAFOR contre Etat du Cameroun* », in juridis périodique n° 46, 2001.

103. KEUTCHA TCHAPNGA (C), SIETCHOUA DJUITCHOKO (C), « *Note sous CS/CA, Jugement n° 29 du 03 mai 1990, Affaire MBARGA Symphorien contre État du Cameroun* », juridis périodique n° 43, 2000.

104. KOURILSKY (P) et VINEY(G), *Le Principe de Précaution*, rapport, éd O. Jacob 1999, 250 p.

105. LAFERRIERE (E), *Traité de la Juridiction administrative*, 2e édition, 1986, tome 1.

106. LAMPUE (P), *La Distinction des Contentieux*, in Mélanges Georges Scelle, LGDJ, 1950.

107. LASERRE-KIESOW (V), *L'Ordre des Sources ou le Renouvellement des Sources du Droit*, recueil Dalloz 2006, chroniques.

108. LAUBABERE (A de), MODERNE (F), DELVOLVE (P), *Traité des Contrats administratifs*, LGDJ, 2e édition, T1, 1223 p.

109. LE BRAZIDEC (G), *René Capitant, Carl Schmitt : Crise et Réforme du Parlementarisme (De WEIMAR à la cinquième République)*, Logiques juridiques, l'Harmattan, 1998, 310 p.

110. LEBEN (C), *Charles Eisenmann, Écrits de Théorie du Droit, de Droit constitutionnel et d'Idées politiques*, Paris, 2002, éditions Panthéon-Assas, 668p.

111. LECLERC (C), *Comment sont portées à la Connaissance des Parties les Décisions des Juridictions administratives ?*, S 1963. Chron. 5.

112. LEGENDRE (P), *Histoire de l'Administration de 1750 à nos Jours*, PUF-Thémis, 1968, 580 p.

113. LEVY (De), *Les Développements récents du Droit administratif anglais*, in Mélanges René CHAPUS, Montchrestien, 1992.

114. LONG (Marceau), *Le Conseil d'État, Rouage de l'Administration et Juge administratif suprême*, Rev. Adm, 1995.

115. MARTIN-LAPRADE (B), *Les « Avis » contentieux*, AJDA 1988, 89.

116. MASSOT (J), *La Cassation*, AJDA, 1995, 200.

117. MBARGA (E), *Évolution politique au Cameroun en 1972 : Le Référendum du 20 mai 1972 et la Formation de la République unie du Cameroun*, Annales de la FDSE, n° 6.

118. MBOME (F-X), *Histoire des Institutions et des Faits sociaux*, Fasst éditions, 2009, 166 p.

119. MBOME (F-X), *Les grands Arrêts de la Jurisprudence administrative camerounaise*, édition revue et corrigée, Yaoundé, 1986, 365 p.

120. MBOUYOM (F X), *Recueil des grands Arrêts de la Jurisprudence administrative de la Cour suprême,* 1970-1975.

121. MESCHERIAKOFF (A), *Le Régime juridique du Recours gracieux préalable dans la Jurisprudence administrative camerounaise*, RCD, série II, n° 515 et 16, 1978.

122. MESCHERIAKOFF (A-S), *Le Déclin de la Fonction administrative contentieuse au Cameroun*, RJPIC, n° 4, 1980.

123. MESSI (T), *Le Contrôle de Cassation de la Cour suprême du Cameroun*, Thèse de Doctorat de 3e cycle en Droit, Université de Yaoundé (S-d), 371 p.

124. MESTRE (J-L), *Introduction au Droit administratif français*, Collection Droit fondamental, PUF 1985, 294 p.

125. MODERNE (F), *Le Juge administratif français et les Règles du Procès équitable*, RUDH, 1991, n° 7-9.

126. MOMO (B), *Le Problème des Délais dans le Contentieux administratif camerounais*, Annales de la FSJP de Dschang, Université de Dschang, t. 1, vol. 1, 1997.

127. MORAND DEVILLER (J), *Cours de Droit administratif*, 9e édition, Montchrestien, Paris 2005, 817 p.

128. MOUANGUE KOBILA (J), *Le Préambule du Texte constitutionnel du 18 janvier 1996 : De l'Enseigne décorative à l'Étalage utilitaire*, lex lata, n° 023-024, 1996.

129. MOULIOM (I), *Le Contentieux de l'Imposition au Cameroun (Essai d'analyse sur sa nature juridique)*, Thèse de Doctorat en Droit public, Université de Yaoundé II, juin 2002, 294 p.

130. NCHOUWAT (A), *Le Juge et l'Évolution du Droit administratif au Cameroun*, Thèse de Doctorat de 3e cycle en Droit, Université de Yaoundé II, 1994, 454 p.

131. NTAH A MATSAH (H M), L*e ministère public dans le Contentieux administratif au Cameroun : Contribution à l'Étude des Organes de la Juridiction administrative camerounaise*, Thèse de Doctorat/PHD en Droit, Université de Yaoundé II, 2010.

132. NYOBE NLEND, *Le Tribunal de Grande Instance au Cameroun*, Thèse de Doctorat de 3e cycle, Université de Yaoundé, 1988.

133. ONDOA (M), *La Constitution duale : Recherches sur les Dispositions constitutionnelles transitoires au Cameroun*, RASJ, 2002, Vol. 1, n° 2.

134. ONDOA (M), *Le Droit administratif français en Afriques francophone : Contribution à l'Étude de la Réception des Droits étrangers en Droit interne*, RJPIC, vol. 56, n° 3, 2002.

135. ONDOA (M), *Le Droit de la Responsabilité publique dans les États en Développement : Contribution à l'Étude de l'Originalité des Droits africains*, Thèse de Doctorat d'État en Droit public, 3 tomes, Université de Yaoundé II, 1997.

136. ONDOA(M), *La Constitution Duale. Recherches sur les Dispositions constitutionnelles transitoires au Cameroun*, RDSJ 2000-vol1, n° 2.

137. ORDONNEAU (P), *Le Costume des Membres du Conseil d'État*, in *Le conseil d'Etat*, (S-d) Louis FOUGERE, éd. du CNRS, 1974.

138. OULD BOUBOUTT (A.S), *L'Apport du Conseil constitutionnel au Droit administratif*, Economica, Paris, 1987, 590 p.

139. OWONA (J), *La nouvelle Constitution camerounaise. De l'État fédéral à l'État Unitaire,* RJPIC, n° 1, 1973.

140. OWONA (J), *Droit administratif spécial de la République du Cameroun*, édicef, Paris, 1985, 256 p.

141. OWONA (J), *La Réforme politique et constitutionnelle du 9 juin 1979 au Cameroun*, REPEA, 1980, p. 486.

142. PACTEAU (B), *Le Juge unique dans les Juridictions administratives* Gazette du Palais, 30-31 janvier 1998.

143. PAMBOU TCHIVOUNDA, *Recherche sur l'Urgence en Droit administratif français*, RDP, 1983.

144. PEISER (G), *Contentieux administratif*, 10e édition, Dalloz, Paris 1997, 246 p.

145. PEKASSA NDAM (G), *Les Établissements publics indépendants : une Innovation fondamentale du Droit administratif camerounais*, RASJ, vol. 2, n° 1, 2001.

146. POUYAUD (D), *Le Recours en Rectification d'Erreur matérielle devant les Juridictions administratives*, RFDA, 1993, 721.

147. RIALS (S) et BARANGER (D), *Textes constitutionnels étrangers*, 7e édition, PUF, Paris, 1982, 127 p.

148. RIALS (S), *Constitutionnalisme, Souveraineté et Représentation* in *La continuité constitutionnelle en France de 1789 à 1989*, colloque de l'AFC, 1990.

149. RICCI (J-C), *Contentieux administratif*, HACHETTE, Paris, 2007, 255 p.

150. RIVERO (J), *Le Huron au Palais-royal, ou Réflexions naïves sur le Recours pour excès de Pouvoir*, D 162, Chron.

151. ROBERT (H), *La Monarchie de juillet*, que sais-je ? PUF, n° 1002, 126 p.

152. RONNY (A), *Les Magistrats des tribunaux administratifs et des Cours administratives d'Appel*, RFDA, 1988.

153. ROUAULT (M-C), *Force doit rester à la Séparation des Pouvoirs. Remarques sur une Interprétation stricte de la Voie de Fait*, Les Petites Affiches, 8 janvier 1992, n° 4.

154. ROUSSILLON (Cl), *Le Régime législatif de la France d'outre-mer,* Bibliothèque juridique de l'Union française, Paris, 1952.

155. SAUVEL (T), *La justice retenue de 1806 à 1872*, RDP, 1970, 237.

156. SAVY (R), *La Constitution des Juges*, Dalloz, 1983, 1, n° 105.

157. SCHAEGIS (C), *L'Intérêt en Droit administratif processuel*, RGDP, 1999, n° 1.

158. SEURIN (J-C), *Les Origines historiques de la Séparation des Pouvoirs*, in Mélanges AUBY, 1992.

159. SIETCHOUA DJUITCHOKO (C), *Perspectives ouvertes à la Juridiction administrative du Cameroun par la Loi n° 96/06 du 18 janvier 1996 portant révision de la Constitution du 2 juin 1972,* Annales de la FSJP de Dschang, AES, Yaoundé, t. 1, vol. 1, 1997.

160. TCHAKALOFF (M.F.C) et GOHIN (O), *La Constitution est-elle encore la Norme fondamentale de la République ?,* recueil Dalloz 1999, chron.

161. TEBOUL (G), *La Coutume, Source formelle de Droit en Droit administratif*, Rev. Droits, 1986, n° 3.

162. TIMSIT (G), *M. le Maudit, relire Montesquieu*, in Mélanges René CHAPUS, Montchrestien 1992.

163. TOGOLO (O), *Le Juge camerounais et le Juge de la CEMAC : un Regard prospectif* », juridis périodique N° 63, 2005.

164. TROPER (M), La Constitution de 1791 aujourd'hui, RFDC, n° 9, 1992.

165. TROPER (M), *La séparation des Pouvoirs et l'Histoire constitutionnelle française*, LGDJ 1980.

166. TRUCHET (D), *Fusionner les Juridictions administratives et judiciaires ?*, in Mélanges Jean-Marie AUBY, Dalloz 1992.

167. TRUCHET (D), *Mauvaises et bonnes Raisons de mettre fin au Dualisme juridictionnel*, in *Justice*, n° 3, 1996.

168. VAN DE KERCHOVE (M) et OST (F), *Le système juridique entre Ordre et Désordre*, PUF 1988, 254 p.

169. VEDEL (G), *Le Droit administratif peut-il être indéfiniment jurisprudentiel ?*, EDCE, 1979.

170. VIRALLY (M), *L'Introuvable acte de Gouvernement*, RDP, 1952.

171. WALINE (M), *Le Pouvoir normatif de la Jurisprudence*, in Mélanges Scelle, 1950.

172. WANDJI KAMGA (A D), *Le Droit de l'Exécution forcée. Réflexion à partir des Systèmes juridiques camerounais et français*, Thèse de Doctorat/PHD, Université de Limoges, 2009, 594 p.

173. YEM GOURI (M), *Bilan de l'Unité du Droit administratif dans les Pays d'Afrique noire francophone*, penant 1988, n° 797.

TABLE DES MATIÈRES

DROIT
AUX ÉDITIONS L'HARMATTAN

Dernières parutions

L'EXPLOITANT DE BANQUE ET LE DROIT AU TCHAD

Thomas Dingamgoto

De toutes les activités entrepreneuriales, le secteur bancaire est de celles qui font l'objet d'un encadrement législatif scrupuleux et d'une veille règlementaire permanente. Si l'histoire du droit bancaire tchadien est étroitement liée à celle du droit bancaire français, les textes législatifs et règlementaires des activités bancaires au Tchad ont connu des évolutions internes notables. Pour l'exploitant de banque comme pour l'ensemble des acteurs de la chaîne économique et financière, ces mutations rendent indispensables l'appropriation de ces normes nouvelles.

(Coll. Études Eurafricaines, 674 p., 49 euros)

ISBN : 978-2-343-16034-4, EAN EBOOK : 9782140104879

L'ÉGALITÉ DE L'HOMME ET DE LA FEMME DANS LE MARIAGE
Etude comparée des droits du Bénin, du Burkina Faso et du Mali

Aïssata DABO

Des États africains ont rénové leurs législations sur le mariage dans l'idée de les conformer au dispositif juridique international, qui place désormais l'égalité homme-femme au centre des débats. Toutefois, l'objectif est largement dévié par le pluralisme juridique qui demeure, en droit et en fait, un frein pour l'indifférenciation des droits des sexes. Cet ouvrage se propose de rechercher la mesure de l'égalité, en matière de mariage, réellement promue par les droits béninois, burkinabè et malien.

(Coll. Études africaines, 614 p., 49 euros)

ISBN : 978-2-343-15377-3, EAN EBOOK : 9782140105197

LA NATIONALITÉ ET L'APATRIDIE EN AFRIQUE

Charles Lasserre Yakite

Le droit à la nationalité est un droit humain fondamental reconnu par le droit international. Les apatrides ne peuvent se prévaloir de la protection de la nationalité et sont donc vulnérables à la privation de leurs droits. Les États africains doivent élaborer des cadres législatifs et mettre en place des politiques nationales pour lutter contre l'apatridie. Cet ouvrage vise à faire des recommandations à l'Union africaine et aux organisations internationales intéressées pour résoudre l'épineux problème de nationalité et de l'apatridie.

(Coll. Études africaines, 156 p., 17 euros)

ISBN : 978-2-343-15353-7, EAN EBOOK : 9782140104725

LE CONTENTIEUX DE L'ANNULATION AU CONGO

Lovane Lhakhy-Tsamby

Dans ce livre, l'auteur examine la question relative au contentieux de l'annulation, au Congo. Lorsqu'un acte administratif est entaché d'illégalité, il est susceptible d'annulation. Au Congo, l'annulation d'un acte administratif illégal relève de la compétence exclusive de la chambre administrative de la Cour suprême. La Cour constitutionnelle est exceptionnellement compétente pour annuler un acte administratif entaché d'illégalité lorsqu'il est pris dans le domaine électoral. Elle n'est pas juge de la légalité des actes administratifs au même titre que le juge administratif ordinaire.

(Coll. Harmattan Congo-Brazzaville, 120 p., 14 euros)

ISBN : 978-2-343-15430-5, EAN EBOOK : 9782140104305

PROTECTION DE LA QUALITÉ DES EAUX DOUCES AU CANADA ET DANS L'UNION EUROPÉENNE

Le partage des compétences

Claire Joachim

Cet ouvrage analyse l'organisation des rapports entre les ordres juridiques par le droit constitutionnel canadien et le droit de l'Union européenne. Cette étude est innovante car : la grille d'analyse du droit constitutionnel canadien a été appliquée à l'Union européenne. Ce qui met en évidence des mécanismes similaires dans le partage des compétences. Le domaine de la protection de la qualité des eaux douces a été choisi pour révéler les enjeux de ces relations dans une perspective globale. Ce travail fait ressortir que l'intégration européenne est accentuée par une centralisation des compétences. Ainsi, la sphère du pouvoir des états membres se vide progressivement de sa substance. Le droit entrerait donc en mutation à l'aune de la protection de l'environnement.

(Coll. Le Droit aujourd'hui, 546 p., 49 euros)

ISBN : 978-2-343-10974-9, EAN EBOOK : 9782140104541

LE BIEN-ÊTRE ANIMAL : DE LA SCIENCE AU DROIT

Sous la direction de Sophie Hild et Louis Schweitzer

Chercheurs, experts, membres de la Commission européenne ou du ministère de l'Agriculture se sont succédé pour répondre à plusieurs questions du plus haut intérêt : quelle définition scientifique donner au bien-être de l'animal ? Sur quels critères l'évaluer ? Quels droits nationaux ou internationaux le prennent-ils en compte ? Quels animaux sont concernés ? Quels obstacles s'opposent au souci d'assurer le bien-être animal ? Les réponses données conforteront les démarches à conduire en faveur de dispositions réglementaires nouvelles.

(Coll. Colloques et rencontres, 364 p., 37 euros)

ISBN : 978-2-343-15918-8, EAN EBOOK : 9782140104329

DROITS FONCIERS DES FEMMES ET DES CADETS SOCIAUX EN CÔTE D'IVOIRE

Cellule de Suivi et d'Analyse de la Mise en Oeuvre de la Loi sur le Foncier Rural

Le séminaire-atelier "Sécurisation des droits fonciers des femmes et cadets sociaux en milieu rural" tenu à Grand-Bassam en 2017 avait pour objectif d'identifier les dispositions, existantes ou à adopter, pour améliorer la sécurisation des droits fonciers des femmes et des cadets sociaux en milieu rural. Comment comprendre la nature des obstacles qui y nuisent, identifier et clarifier les dispositions qui existent dans le cadre juridique et institutionnel de la Côte d'ivoire ? les services centraux et décentralisés de l'Administration, Chambre des Chefs et Rois Traditionnels de Côte d'Ivoire, partenaires internationaux de développement, organisations professionnelles agricoles, notaires, juristes, géomètres, chercheurs, ONG, presse etc, tous sont concernés par cette problématique.

(Coll. Harmattan Côte-d'Ivoire, 192 p., 22 euros)

ISBN : 978-2-343-15394-0, EAN EBOOK : 9782140103728

L'UNIVERS CARCÉRAL, LA MÈRE DÉTENUE ET SON ENFANT

Elaine Mangin

Sur les 80 893 personnes écrouées en France au 1er février 2018, on dénombre 3103 femmes. 2482 sont détenues au sein d'un établissement pénitentiaire, exécutant une peine privative de liberté. Parmi elles, des mères de famille qui ont souvent la charge exclusive des enfants restés en milieu libre, mais aussi des femmes incarcérées avec leur bébé. Mais les efforts du droit positif et de la pratique pénitentiaire pour leur assurer le respect de la vie familiale et veiller au maintien d'un lien mère-enfant sain, des difficultés juridiques et psychologiques subsistent.

(Coll. Bibliothèques de droit, 158 p., 17,5 euros)

ISBN : 978-2-343-15834-1, EAN EBOOK : 9782140103681

CONSTITUTIONNALISME ET MÉTISSAGE CULTUREL AU-DELÀ DES DROITS DE L'HOMME

Salvatore Bonfiglio

Les sociétés multiculturelles demandent une réinterprétation des principes constitutionnels, capable de favoriser la cohésion sociale, notamment par l'extension des droits fondamentaux aux « non-citoyens ». Il s'agit de reconnaître à l'individu en tant que tel un statut de droits fondamentaux, pour affirmer ainsi le caractère à la fois moral et juridique de la dignité de la personne.

(Coll. Harmattan Italia, 208 p., 26 euros)

ISBN : 978-2-336-31233-0, EAN EBOOK : 9782140103193

LA PROCÉDURE

Sous la direction de Joanna Genovese et Giovanna Debernardi

La procédure est souvent perçue par les parties comme une source de difficultés supplémentaires dans la résolution d'un conflit. Elle est en réalité protectrice des droits des individus. Il n'existe pas qu'une procédure mais une pluralité. Il est question de procédure civile, de procédure collective, de procédure pénale... La procédure s'adapte en fonction des contraintes et besoins tant par la dématérialisation que la déjudiciarisation.

(Coll. Droit privé et sciences criminelles, 138 p., 16,5 euros)

ISBN : 978-2-343-15460-2, EAN EBOOK : 9782140102769

LE RECOURS AUX MODES ALTERNATIFS DE RÈGLEMENT DES LITIGES EN MATIÈRE DE PROPRIÉTÉ INTELLECTUELLE

Jean Tankeu

Préface de Joseph Fometeu

La mondialisation et le développement des échanges économiques posent de nouveaux défis en matière d'application des droits de propriété intellectuelle. Plus le commerce et les affaires s'intensifient au niveau international, plus la question des effets des droits de propriété intellectuelle et de leur application au-delà des frontières nationales devient pertinente. D'où le développement du contentieux non juridictionnel international de la propriété intellectuelle auquel l'auteur consacre cet ouvrage.

(326 p., 33 euros)

ISBN : 978-2-343-15648-4, EAN EBOOK : 9782140102653

MÉTHODOLOGIES DE LA SÉCURITÉ URBAINE

François Dieu, Bruno Domingo

Quelles sont les méthodologies de la sécurité urbaine ? Comment réaliser un diagnostic local de sécurité ? Quelles sont les précautions à prendre avec les chiffres de la délinquance ? Comment mesurer le sentiment d'insécurité et la victimisation ? Quelles sont les modalités de diffusion de l'information au sein des dispositifs de prévention ? Comment mettre en place un observatoire local de la délinquance ? En bref, comment impulser une réflexion objective et un partenariat dynamique pour une politique de sécurité efficace ?

(Coll. République et sécurité, 276 p., 28,5 euros)

ISBN : 978-2-343-15718-4, EAN EBOOK : 9782140102295

DROIT DES ENTREPRISES INDIVIDUELLES

Commerçant / Entreprenant / Bail à usage professionnel / Fonds de commerce / Vente commerciale / Commerce électronique

Cheikh Abdou Wakhab Ndiaye

L'entreprise est une notion moderne et polysémique qui n'a fait son apparition que très récemment dans le droit sénégalais. L'entreprise individuelle concerne le commerçant, personne physique, et l'entreprenant. Son droit est un véritable droit du développement. Il matérialise une volonté de promouvoir l'initiative privée par, d'une part, la facilitation des conditions d'accès au monde des affaires et, d'autre part, la mise en place d'un climat favorables aux investissements. Il est ainsi un creuset où les droits OHADA, UEMOA et sénégalais sont conjugués pour la réalisation de cette ambition.

(Coll. Harmattan Sénégal, 404 p., 40 euros)

ISBN : 978-2-343-15882-2, EAN EBOOK : 9782140102196

LES FINANCES PUBLIQUES DU GABON

Droit budgétaire et droit de la comptabilité publique

Fidèle Mengue Me Engouang

Considéré comme un pays riche, grâce à ses ressources naturelles, le Gabon demeure pourtant un Etat pauvre. L'une des raisons de ce paradoxe est la mauvaise gestion des moyens financiers dont dispose l'Etat. L'assainissement de la gestion des finances publiques constitue donc un des défis majeurs que doivent relever le gouvernement et l'administration. Ce qui exige une parfaite maîtrise des normes juridiques applicables en la matière, en plus d'une grande probité morale. Cet ouvrage veut contribuer au renforcement des capacités des personnes. Il traite des règles et des procédures d'élaboration, d'adoption, d'exécution et de contrôle du budget de l'Etat.

(Coll. Finances publiques, 386 p., 38 euros)

ISBN : 978-2-343-15534-0, EAN EBOOK : 9782140101335

L'INCOHÉRENCE DES LOIS DE CIRCONSTANCES EN MATIÈRE PÉNALE

Paul Laurent

Pour adapter le droit pénal à la criminalité, le Législateur adopte des lois pour des motifs qui échappent à la stricte nécessité juridique, au profit de l'opportunité. Ces lois en réponse à des faits divers sont des lois de circonstances. Leur développement est indéniable. Ce mouvement s'opère aux dépens de la politique pénale de réflexion et des règles de forme classiques. Cette adaptation du droit aux évolutions de la criminalité mérite analyse et débat.

(Coll. Bibliothèques de droit, 272 p., 27 euros)

ISBN : 978-2-343-15317-9, EAN EBOOK : 9782140101625

LE TRAIN DE VIE EN DROIT PRIVÉ

Michaël Martinez

Préface de Philippe Delmas Saint-Hilaire

Locution issue du langage courant, « train de vie » a été importée dans la sphère juridique à la fin des années 1930 pour lutter contre la fraude fiscale et s'y est répandue à partir des années 1960 sans être définie. La première partie de cet ouvrage s'intéresse au contenu juridique de cette notion. Elle est définie comme la jouissance, à titre habituel d'une certaine quantité de biens et de services, caractérisant à la fois un niveau de vie et une habitude de vie. La seconde partie porte sur les effets attachés au train de vie.

(Coll. Logiques Juridiques, 526 p., 45 euros)

ISBN : 978-2-343-15845-7, EAN EBOOK : 9782140101731

L'ORGANISATION DES NATIONS UNIES ET L'EFFECTIVITÉ DES DROITS FONDAMENTAUX DES DÉPLACÉS INTERNES

Rolince Mbungo

Le déplacement interne des populations au sein de leur propre pays pose un réel défi de protection des droits de l'homme. Si l'ONU s'est intéressée tardivement à ce phénomène, elle a entrepris de construire un meilleur cadre juridique et institutionnel international pour la protection des déplacés internes. Plus de deux décennies après ses principales initiatives, il a fallu éprouver la capacité de celles-ci à concrétiser les droits déclarés en droits effectifs. Il importerait que l'ONU renforce le cadre juridique et en restructure l'architecture institutionnelle.

(Coll. Le Droit aujourd'hui, 574 p., 45 euros)

ISBN : 978-2-343-11008-0, EAN EBOOK : 9782140099908

Structures éditoriales du groupe L'Harmattan

L'Harmattan Italie
Via degli Artisti, 15
10124 Torino
harmattan.italia@gmail.com

L'Harmattan Hongrie
Kossuth l. u. 14-16.
1053 Budapest
harmattan@harmattan.hu

L'Harmattan Sénégal
10 VDN en face Mermoz
BP 45034 Dakar-Fann
senharmattan@gmail.com

L'Harmattan Cameroun
TSINGA/FECAFOOT
BP 11486 Yaoundé
inkoukam@gmail.com

L'Harmattan Burkina Faso
Achille Somé – tengnule@hotmail.fr

L'Harmattan Guinée
Almamya, rue KA 028 OKB Agency
BP 3470 Conakry
harmattanguinee@yahoo.fr

L'Harmattan RDC
185, avenue Nyangwe
Commune de Lingwala – Kinshasa
matangilamusadila@yahoo.fr

L'Harmattan Congo
67, boulevard Denis-Sassou-N'Guesso
BP 2874 Brazzaville
harmattan.congo@yahoo.fr

L'Harmattan Mali
Sirakoro-Meguetana V31
Bamako
syllaka@yahoo.fr

L'Harmattan Togo
Djidjole – Lomé
Maison Amela
face EPP BATOME
ddamela@aol.com

L'Harmattan Côte d'Ivoire
Résidence Karl – Cité des Arts
Abidjan-Cocody
03 BP 1588 Abidjan
espace_harmattan.ci@hotmail.fr

L'Harmattan Algérie
22, rue Moulay-Mohamed
31000 Oran
info2@harmattan-algerie.com

L'Harmattan Maroc
5, rue Ferrane-Kouicha, Talaâ-Elkbira
Chrableyine, Fès-Médine
30000 Fès
harmattan.maroc@gmail.com

Nos librairies en France

Librairie internationale
16, rue des Écoles – 75005 Paris
librairie.internationale@harmattan.fr
01 40 46 79 11
www.librairieharmattan.com

Librairie l'Espace Harmattan
21 bis, rue des Écoles – 75005 Paris
librairie.espace@harmattan.fr
01 43 29 49 42

Lib. sciences humaines & histoire
21, rue des Écoles – 75005 Paris
librairie.sh@harmattan.fr
01 46 34 13 71
www.librairieharmattansh.com

Lib. Méditerranée & Moyen-Orient
7, rue des Carmes – 75005 Paris
librairie.mediterranee@harmattan.fr
01 43 29 71 15

Librairie Le Lucernaire
53, rue Notre-Dame-des-Champs – 75006 Paris
librairie@lucernaire.fr
01 42 22 67 13

www.ingramcontent.com/pod-product-compliance
Lightning Source LLC
LaVergne TN
LVHW011139061026
849535LV00003B/533